贪污贿赂犯罪理论与实践

TANWUHUILUFANZUI LILUN YU SHIJIAN

主　编　陈小雄
副主编　游北灵　陈晓琴
撰稿人　陈小雄　游北灵　陈晓琴
　　　　黄　飙　杨珊珊　朱小玲　刘志刚

中国政法大学出版社
2020・北京

图书在版编目（CIP）数据

贪污贿赂犯罪理论与实践/陈小雄主编. —北京:中国政法大学出版社,2020.9
ISBN 978-7-5620-9609-2

Ⅰ.①贪…　Ⅱ.①陈…　Ⅲ.①贪污贿赂罪－研究－中国　Ⅳ.①D924.392.4

中国版本图书馆CIP数据核字(2020)第154575号

出版者　中国政法大学出版社
地　　址　北京市海淀区西土城路25号
邮寄地址　北京100088信箱8034分箱　邮编100088
网　　址　http://www.cuplpress.com (网络实名：中国政法大学出版社)
电　　话　010-58908586(编辑部) 58908334(邮购部)
编辑邮箱　zhengfadch@126.com
承　　印　保定市中画美凯印刷有限公司
开　　本　720mm×960mm　1/16
印　　张　20.75
字　　数　350千字
版　　次　2020年9月第1版
印　　次　2020年9月第1次印刷
定　　价　59.00元

目 录
CONTENTS

第一章 chapter 1 贪污罪理论与实践

第一节 贪污罪的立法与解释

一、贪污罪的立法

贪污罪的历史演变过程有着深刻的政治制度、历史文化和法治环境，不同历史时期统治阶级对贪污罪的认识程度和惩治措施不一样，但法律制度上对贪污行为都是抑制和惩治的。官吏贪污贿赂犯罪为历代统治者打击的重点，历朝历代都有相关规定。我国古代没有贪污罪的称谓，称此等罪行为“贪墨”“犯赃”。《左传》曾引夏书：“昏、墨、贼、杀，皋陶之刑也。”其中的墨就是指的贪贿行为，表明我国在夏朝就已经有了关于贪污受贿行为的规定了。以后历代都有关于处罚贪污相关行为的规定，西周《吕刑》有“五过之疵”，其中的“惟来”就是关于贪污罪的规定。在中国近代，清朝于1910年颁布的《大清新刑律》、南京临时政府颁布的《中华民国暂行新刑律》对贪污罪都作了规定。纵观历代王朝反腐历史，我们可以发现历代统治者都非常重视整治官吏，打击贪污犯罪，以协调阶级内部及外部关系，从而维护政权稳定，发展经济。[1]

中国共产党从建党初期就相当重视惩治党内的腐败问题，在土地革命、抗日战争和解放战争期间，各根据地出台过一些惩罚贪污行为的条例和法规。1978年改革开放以来，市场经济逐步建立，拜金主义有所抬头，贪污犯罪愈演愈烈，贪污行为成为困扰我国国家和社会的一个重大的现实问题，贪污犯罪案件的数量屡创新高，金额巨大屡次刷新，而且伴随中国社会转型大有愈

〔1〕 徐留成、王强军编著：《贪污罪专题整理》，中国人民公安大学出版社2009年版，第3~4页。

演愈烈的趋势，惩治和防范贪污犯罪是一项长期而艰巨的工作。贪污罪不仅严重阻碍了中国改革开放的进一步发展，而且还在某种程度上削弱了执政党和政府的公信力。

在中华人民共和国刑事立法上，党和国家一直高度重视用刑罚手段同贪污腐败犯罪作斗争。考察中华人民共和国成立以来我国惩治贪污犯罪的刑法立法历程，我国立法对贪污罪的规定大致分三个阶段：

（一）《惩治贪污条例》对贪污罪的规定

中华人民共和国成立后对于贪污罪的立法规定最早见于1952年颁布的《惩治贪污条例》（已失效，下同）。《惩治贪污条例》第2条规定："一切国家机关、企业、学校及其附属机构的工作人员，凡侵吞、盗窃、骗取、套取国家财物，强索他人财物，收受贿赂以及其他假公济私违法取利之行为，均为贪污罪。"

《惩治贪污条例》关于贿赂犯罪的规定有以下特点：①把索取、收受贿赂的行为规定为贪污罪；②索取、收受贿赂犯罪的主体比较宽泛；③法律文本中没有"利用职务便利"和"为他人谋取利益"的规定；④规定了犯罪的具体数额标准，并规定最高法定刑为死刑；⑤行贿、介绍贿赂犯罪参酌受贿犯罪的规定处罚；⑥领导人员对下属人员的犯罪行为负有纠举的责任。[1]

《惩治贪污条例》第一次界定了贪污贿赂犯罪的含义，但是当时没有明确区分贪污罪和贿赂罪，而是采取"大贪污罪"概念的规定来界定贪污罪，即把贪污罪和贿赂罪放在一起，笼统地规定为"贪污罪"。《惩治贪污条例》将贪污罪放在侵犯财产犯罪范畴中规范，规定了贪污罪的数额标准以及死刑制度。

《惩治贪污条例》在犯罪主体上将贪污罪的犯罪主体规定为"国家机关、企业、学校及其附属机构的工作人员"；犯罪手段规定为"侵吞、盗窃、骗取、套取国家财产，强夺他人财物、收受贿赂以及其他假公济私、违法取利的行为"；在法定刑上依据犯罪情节的轻重，规定了死刑、无期徒刑、有期徒刑、劳役、管制以及行政处分；同时与以往惩治贪污犯罪的条例相比，在法定刑方面增加了两项新的内容：第一，增加了管制、剥夺政治权利和没收财产。第二，专门规定了从重、加重、从轻、减轻的处刑情况。

《惩治贪污条例》是中华人民共和国成立初期为惩治贪污贿赂犯罪制定颁

〔1〕 戴玉忠："我国贿赂犯罪刑法制度的演变与发展完善"，载《法学杂志》2016年第4期。

布的，对贪污、贿赂犯罪的规定比较具体，可操作性比较强，为当时以及其后的一个时期惩治贪污贿赂等职务犯罪提供了刑法规范。[1]

（二）1979 年《刑法》对贪污罪的规定

1979 年《刑法》将贪污罪规定在分则第五章的“侵犯财产罪”中，该法第 155 条第 1 款规定：“国家工作人员利用职务上的便利，贪污公共财物的，处五年以下有期徒刑或者拘役；数额巨大、情节严重的，处五年以上有期徒刑；情节特别严重的，处无期徒刑或者死刑。”第 2 款规定：“犯前款罪的，并处没收财产，或者判令退赔。”第 3 款规定：“受国家机关、企业、事业单位、人民团体委托从事公务的人员犯第一款罪的，依照前两款的规定处罚。”第 191 条规定：“邮电工作人员私自开拆或者隐匿、毁弃邮件、电报的，处二年以下有期徒刑或者拘役。犯前款罪而窃取财物的，依照第一百五十五条贪污罪从重处罚。”可见，1979 年《刑法》对贪污罪的具体行为表现并没有作出详细的规定，只是笼统地将贪污罪定义为“国家工作人员利用职务上的便利，贪污公共财物的行为”。在法定刑上，根据犯罪情形的轻重不同，将贪污罪的刑罚分为了五年以下有期徒刑或者拘役、五年以上有期徒刑以及无期徒刑甚至死刑三个量刑档次。

与之前的《惩治贪污条例》相比，1979 年《刑法》对贪污罪的规定具有以下特点：一是将贪污罪与贿赂犯罪明确分离，通过立法的方式区别开来；二是缩小贪污罪的主体范围，将其定义在“国家工作人员和受国家机关、企业、事业单位、人民团体委托从事公务的人员”；三是将贪污罪的犯罪对象限制为“公共财物”；四是将“利用职务上的便利”明确规定为认定贪污罪的客观构成要件；五是规定受贿罪的法定最高刑为有期徒刑 15 年，却规定贪污罪法定最高刑为死刑。这说明，1979 年《刑法》把贪污罪作为较受贿罪危害性更大的犯罪对待。

1979 年《刑法》关于“贪污罪”的规定，对于犯罪主体的界定比较笼统，这与当时计划经济的大环境是相符合的。然而，随着市场经济的深入发展，比较笼统的犯罪主体规定显然出现了法的“滞后性”，越来越不能适应经济社会的发展。另外，对于法定刑方面，贪污罪的法条以及司法解释并未就“数额巨大”“情节严重”“情节特别严重”的情形作出具体的规定，这也使

[1] 戴玉忠：“我国贿赂犯罪刑法制度的演变与发展完善”，载《法学杂志》2016 年第 4 期。

得法官在认定犯罪情节上拥有了较大的自由裁量权，使得对其在司法实践中很难进行准确的把握。结果出现了“同数异罚”的情况，即贪污相同的数额，但是由于法官的认定不同，出现了不同的判决结果。

1979 年《刑法》第 83 条规定，国家工作人员是指一切国家机关、企业、事业单位和其他依照法律从事公务的人员。1985 年，最高人民法院、最高人民检察院（以下简称“两高”）联合发布的《关于当前办理经济犯罪案件中具体应用法律的若干问题的解答（试行）》（已失效）中规定，贪污罪的主体可以是集体经济组织工作人员，这对 1979 年《刑法》作了一定程度的扩张。1988 年全国人大常委会发布的《关于惩治贪污罪贿赂罪的补充规定》(已失效，下同) 对 1979 年《刑法》中贪污罪的内容进行了修正，对于贪污罪的含义、主体、手段等主要犯罪构成要素作了明确的规定，同时在量刑问题上，将贪污数额和犯罪情节相结合，明确各类贪污犯罪的量刑档次。立法技术原则由“宁粗勿细”转向具体明确；重新明确了贪污罪的概念和犯罪构成等内容；贪污罪的犯罪主体范围明确扩大；法定刑设计采取了交叉规定方式。1995 年，全国人大常委会颁布的《关于惩治违反公司法的犯罪的决定》适应市场经济需要，将职务侵占罪从贪污罪中分离出来，进一步缩小了贪污罪的范围。1995 年《关于惩治违反公司法的犯罪的决定》中首次根据不同主体将原贪污、挪用公款等罪分解成贪污罪、挪用公款罪和职务侵占罪、挪用资金罪，将公司、企业人员侵占公司、企业财产的行为规定为职务侵占罪，把非国有公司企业人员剔出国家工作人员的范围，与国家工作人员在公司、企业的贪污犯罪行为区分开。而对于公司、企业中的国家工作人员侵占本公司、企业财产的，以贪污罪论处。

(三) 1997 年《刑法》对贪污罪的规定

1997 年《刑法》在分则中独立规定了“贪污贿赂罪”，并将贪污罪作为首条犯罪进行规定。该法第 382 条规定：“国家工作人员利用职务上的便利，侵吞、窃取、骗取或者以其他手段非法占有公共财物的，是贪污罪。受国家机关、国有公司、企业、事业单位、人民团体委托管理、经营国有财产的人员，利用职务上的便利，侵吞、窃取、骗取或者以其他手段非法占有国有财物的，以贪污论。与前两款所列人员勾结，伙同贪污的，以共犯论处。”第 383 条规定：“对犯贪污罪的，根据情节轻重，分别依照下列规定处罚：（一）个人贪污数额在十万元以上的，处十年以上有期徒刑或者无期徒刑，可以并处没收财产；情节特别严重的，处死刑，并处没收财产。（二）个人贪污数额在五万元以上不满十万元的，处五年以上有期徒刑，可以并处没收财产；情节特别严重的，处无期徒刑，并处没收财产。（三）个人贪污数额在五千元以上不满五万元的，处一年以上七年以下有期徒刑；情节严重的，处七年以上十年以下有期徒刑。个人贪污数额在五千元以上不满一万元，犯罪后有悔改表现、积极退赃的，可以减轻处罚或者免予刑事处罚，由其所在单位或者上级主管机关给予行政处分。（四）个人贪污数额不满五千元，情节较重的，处二年以下有期徒刑或者拘役；情节较轻的，由其所在单位或者上级主管机关酌情给予行政处分。对多次贪污未经处理的，按照累计贪污数额处罚。”第183条规定：“保险公司的工作人员利用职务上的便利，故意编造未曾发生的保险事故进行虚假理赔，骗取保险金归自己所有的，依照本法第二百七十一条的规定定罪处罚。国有保险公司工作人员和国有保险公司委派到非国有保险公司从事公务的人员有前款行为的，依照本法第三百八十二条、第三百八十三条的规定定罪处罚。”第271条规定：“公司、企业或者其他单位的人员，利用职务上的便利，将本单位财物非法占为己有，数额较大的，处五年以下有期徒刑或者拘役；数额巨大的，处五年以上有期徒刑，可以并处没收财产。国有公司、企业或者其他国有单位中从事公务的人员和国有公司、企业或者其他国有单位委派到非国有公司、企业以及其他单位从事公务的人员有前款行为的，依照本法第三百八十二条、第三百八十三条的规定定罪处罚。”第394条规定：“国家工作人员在国内公务活动或者对外交往中接受礼物，依照国家规定应当交公而不交公，数额较大的，依照本法第三百八十二条、第三百八十三条的规定定罪处罚。”

1997年《刑法》体现了党和国家对贪污行为的政策和量刑随社会经济发展而变化，法律也随之做相应的修改，彰显了现代社会职务型犯罪更加复杂化的背景下，党和国家对危害国家财产安全和职务廉洁性的贪污贿赂犯罪的高度重视。1997年《刑法》与1979年《刑法》相比较，对于贪污罪问题做了进一步科学合理、明确具体的立法规定，明确贪污罪的新概念，将贪污罪从侵犯财产犯罪中分出与贿赂犯罪等构成单独的新的一章，明确并适当缩小贪污罪的犯罪主体范围，立法技术坚持具体明确的原则等规定，进一步丰富和发展了贪污罪的犯罪相关理论问题。1997年《刑法》在1979年《刑法》

的基础上，在内容上做出了四个突出的改变[1]：其一，在犯罪主体上排除了集体经济组织工作人员。改革开放前我国实行计划经济，但是随着改革开放的深入，国有经济在整个经济体系中的比重不断下降，同时个体、私营经济的比重不断上升，此种情况下，将集体组织工作人员再划定在“贪污罪”的主体中显然与当前的经济发展不相符合。在这样的大背景下，1997年《刑法》将集体经济组织工作人员在贪污罪的犯罪主体上进行了排除。其二，将贪污罪的起刑点从2000元提高到5000元。1979年《刑法》通过修正案将贪污罪的起刑点规定为2000元，而在对1997年刑法进行修订的时候，通过相关的司法解释将其罪的起刑点提高到了5000元。其三，在条文中对于贪污罪的犯罪手段进行了规定。1997年《刑法》第382条对于贪污罪的手段在法条内予以列举和归类，贪污罪的犯罪手段列举了侵吞、窃取、骗取三种手段。其四，对犯罪情节以及犯罪数额作了更为细致的规定。1997年《刑法》第383条通过四个层次数额上的区别对量刑进行了划分：“十万元以上”“五万元以上不满十万元”“五千元以上不满五万元”以及“不满五千元”。

面对严峻的反腐败形势，为了从严治党、依法治国、形成制度反腐的长效机制，完善惩治腐败法律规定的就成了必然的要求。在此背景之下，全国人大常委会于2015年8月29日审议通过了《刑法修正案（九）》，开启了反腐败进一步朝着法治化、制度化方向的新篇章。修改后的《刑法》第382条规定：“国家工作人员利用职务上的便利，侵吞、窃取、骗取或者以其他手段非法占有公共财物的，是贪污罪。受国家机关、国有公司、企业、事业单位、人民团体委托管理、经营国有财产的人员，利用职务上的便利，侵吞、窃取、骗取或者以其他手段非法占有国有财物的，以贪污论。与前两款所列人员勾结，伙同贪污的，以共犯论处。”第383条规定：“对犯贪污罪的，根据情节轻重，分别依照下列规定处罚：（一）贪污数额较大或者有其他较重情节的，处三年以下有期徒刑或者拘役，并处罚金。（二）贪污数额巨大或者有其他严重情节的，处三年以上十年以下有期徒刑，并处罚金或者没收财产。（三）贪污数额特别巨大或者有其他特别严重情节的，处十年以上有期徒刑或者无期徒刑，并处罚金或者没收财产；数额特别巨大，并使国家和人民利益遭受特别重大损失的，处无期徒刑或者死刑，并处没收财产。对多次贪污未经处理

[1] 顾玲：“贪污罪的立法史考察及其完善”，扬州大学2014年硕士学位论文，第8页。

的，按照累计贪污数额处罚。犯第一款罪，在提起公诉前如实供述自己罪行、真诚悔罪、积极退赃，避免、减少损害结果的发生，有第一项规定情形的，可以从轻、减轻或者免除处罚；有第二项、第三项规定情形的，可以从轻处罚。犯第一款罪，有第三项规定情形被判处死刑缓期执行的，人民法院根据犯罪情节等情况可以同时决定在其死刑缓期执行二年期满依法减为无期徒刑后，终身监禁，不得减刑、假释。”《刑法修正案（九）》对贪污罪的修改主要体现为以下几个方面：

第一，改变了以往单纯的犯罪构成数额标准。1997 年《刑法》原来规定的贪污罪属于数额犯罪犯，在量刑标准上根据犯罪情节的轻重处以不同的刑罚。这种将贪污罪的构成采用数额化的立法模式，无法适应复杂多样的实际案件情况，更无法全面反映贪污犯罪行为的社会危害性，在同一犯罪数额上也存在量刑失衡的问题。因此，《刑法修正案（九）》将贪污罪的具体数额加情节轻重模式改为数额较大加情节轻重模式。《刑法修正案（九）》删去对贪污、受贿犯罪规定的具体数额，原则规定数额较大或者情节较重、数额巨大或者情节严重、数额特别巨大或者情节特别严重三种情况，相应规定三档刑罚，并对数额特别巨大，并使国家和人民利益遭受特别重大损失的，保留适用死刑。具体定罪量刑标准由两高通过制定司法解释予以确定。同时，考虑到反腐斗争的实际需要，对犯贪污受贿罪，如实供述自己罪行、真诚悔罪、积极退赃，避免、减少损害结果发生的，规定可以从宽处理。在“较重情节”这一定性情节之上，根据严重程度进行分层，即“严重情节”“特别严重情节”等，作为量刑梯度分别对应不同的刑罚，而数额在这里也只是作为情节的重要内容之一，与其他情节并列存在，并无二致。

因此，从犯罪形态上来看，修改前后的贪污罪主要是从数额犯到情节犯的转变；从量刑标准来看，修改前后的贪污罪主要体现了从数额向情节的转变。总体来看，是从数额到情节的转变。[1]《刑法修正案（九）》采用了数额加情节的定罪量刑标准。这一修改既避免了单一数额规定的弊端，赋予了条文更多的灵活性，使其适应能力增强，同时也强调了综合考察案件各种情节对定罪量刑的重要性，通过司法机关的司法解释也可以防止司法人员适用

〔1〕 张彩红、程国栋：“从《刑法修正案（九）》看我国反腐败犯罪的立法向度”，载《长白学刊》2016 年第 3 期。

法律的随意性，便于执法统一。

第二，具体规定了从轻、减轻以及免除处罚的情节。对于贪污犯罪行为的从轻、减轻以及免除处罚情节，1997 年《刑法》中并没有明确规定，造成了司法实务中的量刑难题。《刑法修正案（九）》根据贪污犯罪行为人的犯罪情节和认罪态度，明确规定了可以从轻、减轻或者免除处罚的情况。

《刑法修正案（九）》对提起公诉前的认罪、悔罪、退赃等行为从轻、减轻、免除处罚作了新规定。对犯贪污受贿罪，在提起公诉前如实供述自己罪行、真诚悔罪、积极退赃，避免、减少损害结果的发生，属于贪污受贿数额较大或者有其他较重情节的，可以从轻、减轻或者免除处罚；属于贪污受贿数额巨大或者有其他严重情节的、属于贪污受贿数额特别巨大或者有其他特别严重情节的，可以从轻处罚。这样规定，有利于鼓励贪污受贿犯罪行为人在提起公诉前，如实供述自己的罪行，促使其真诚悔罪、积极退赃。

第三，增加了终身监禁的规定。《刑法修正案（九）》在定罪量刑方面的另一个重大修改就是对贪污、受贿罪增加了“终身监禁”的规定。所谓终身监禁，是指将犯罪人监禁终身，限制其人身自由直到死亡的刑罚。这实际上是从刑罚适用角度，对贪污犯罪行为人规定了两种减刑、假释模式，一种是能够减刑、假释的模式，另一种是限制减刑、假释的模式。

《刑法修正案（九）》将《刑法》第 383 条修改为：犯贪污、受贿罪被判处死刑缓期二年执行的，人民法院根据犯罪情节等情况可以同时决定在其死刑缓期执行二年期满依法减为无期徒刑后，终身监禁，不得减刑、假释。终身监禁制度属于《刑法修正案（九）》中关于贪污受贿罪刑罚的制度创新，虽然目前还仅限于贪污受贿犯罪分子适用，然而这一创新制度改善了我国原刑罚体系的不足，对促进我国反腐斗争的进程、推动废除死刑的改革等都有着重要的作用。同时，在我国大力反腐的大背景下，引入终身监禁的惩罚措施，使得犯罪分子永远失去回归社会的可能性，也对潜在的犯罪分子有极大的威慑作用，这在相当大的程度上有助于达到预防腐败犯罪的目标。

二、贪污罪的解释

对于贪污罪的解释，在新中国成立后各个不同的历史阶段有不同的反映。截止到 2019 年年底，已经宣布失效的涉及贪污罪的解释主要有：《关于在办理贪污、受贿等经济犯罪案件中正确运用免予起诉的几点意见》（1982 年）、

《关于贪污罪追诉时效问题的复函》(1982年)、《转发中央政法委员会办公室政法函(83)6号文件的通知》(1983年)、《关于当前办理经济犯罪案件中具体应用法律的若干问题的解答(试行)》(1985年)、《人民检察院直接受理的经济检察案件立案标准的规定(试行)》(1986年)、《人民检察院直接受理的法纪检察案件立案标准的规定(试行)》(1986年)、《关于执行法(研)发(1987)6号文件有关问题的请示的批复》(1987年)、《八省市法院审判贪污、受贿、走私案件情况座谈会纪要》(1987年)、《"关于挪用公款归个人使用或者进行非法行动以贪污论处的问题"的修改补充意见》(1987年)、《关于执行〈关于惩治贪污罪贿赂罪的补充规定〉若干问题的解答》(1989年)、《关于贪污受贿投机倒把等犯罪分子必须在限期内自首坦白的通告》(1989年)、《关于执行〈通告〉第二条有关规定的具体意见》(1989年)、《关于执行〈通告〉的若干问题的答复》(1989年)、《全国部分省市法院刑事审判工作会议纪要》(1989年)、《〈关于偷支储蓄户存款行为如何定性处理问题的请示〉的批复》(1989年)、《关于查处邮电工作人员渎职案件的暂行规定》(1990年)、《关于贪污盗窃粮票油票等计划供应票证应如何处理问题的电话答复》(1990年)、《关于贪污受贿案件免予起诉工作的规定》(1991年)、《关于利用职务上的便利条件窃取技术资料转让获利是否构成犯罪问题的电话答复》(1992年)、《关于贪污、挪用公款所生利息应否计入贪污、挪用公款犯罪数额问题的批复》(1993年)、《关于办理科技活动中经济犯罪案件的意见》(1994年)、《关于邮政工作人员窃取汇款通知单伪造取款凭证的行为应如何定罪问题的答复》(1996年)、《关于对贪污、受贿、挪用公款犯罪分子依法正确适用缓刑的若干规定》(1996年)、《关于检察机关直接受理立案侦查案件中若干数额、数量标准的规定(试行)》(1997年)、等等。

截止到2019年年底,已经宣布失效及现行有效的涉及贪污罪的解释主要有:(1)已失效的解释:《关于公私合营企业的私方人员利用职权违法取利的行为应如何适用法律问题的批复》(1957年)。(2)现行有效的解释:《关于审理军人违反职责罪案件中几个问题的处理意见》(1988年)、《关于审理挪用公款案件具体应用法律若干问题的解释》(1998年)、《关于人民检察院直接受理立案侦查案件立案标准的规定(试行)》(1999年)、《关于审理贪污、职务侵占案件如何认定共同犯罪几个问题的解释》(2000年)、《关于〈中华人民共和国刑法〉第九十三条第二款的解释》（2000年）、《关于贯彻执行〈全国人民代表大会常务委员会关于《中华人民共和国刑法》第九十三条第二款的解释〉的通知》（2000年）、《关于〈全国人民代表大会常务委员会关于《中华人民共和国刑法》第九十三条第二款的解释〉的时间效力的批复》（2000年）、《关于国家工作人员在农村合作基金会兼职从事管理工作如何认定身份问题的答复》（2000年）、《关于佛教协会工作人员能否构成受贿罪或者公司、企业人员受贿罪主体问题的答复》（2003年）、《全国法院审理经济犯罪案件工作座谈会纪要》（2003年）、《关于办理妨害预防、控制突发传染病疫情等灾害的刑事案件具体应用法律若干问题的解释》（2003年）、《关于对行为人通过伪造国家机关公文、证件担任国家工作人员职务并利用职务上的便利侵占本单位财物、收受贿赂、挪用本单位资金等行为如何适用法律问题的答复》（2004年）、《关于国家机关、国有公司、企业委派到非国有公司、企业从事公务但尚未依照规定程序获取该单位职务的人员是否适用刑法第九十三条第二款问题的答复》（2004年）、《关于办理职务犯罪案件认定自首、立功等量刑情节若干问题的意见》（2009年）、《关于办理国家出资企业中职务犯罪案件具体应用法律若干问题的意见》（2010年）、《关于办理职务犯罪案件严格适用缓刑、免予刑事处罚若干问题的意见》（2012年）、《关于〈中华人民共和国刑法修正案（九）〉时间效力问题的解释》（2015年）、《关于办理贪污贿赂刑事案件适用法律若干问题的解释》（2016年）、《关于贪污养老、医疗等社会保险基金能否适用〈最高人民法院最高人民检察院关于办理贪污贿赂刑事案件适用法律若干问题的解释〉第一条第二款第一项规定的批复》（2017年）、《关于办理减刑、假释案件具体应用法律的补充规定》（2019年），等等。

第二节 贪污罪的犯罪构成

一、贪污罪的客体

（一）贪污罪的客体

犯罪客体是指我国刑法保护的为犯罪行为所侵犯的社会关系。犯罪客体是构成犯罪的必备条件。[1]理论界对于贪污罪的客体存在着不同观点：有学者认为，贪污罪的客体是复杂客体，其主要客体为公共财物的所有权，次要客体为国家机关的正常活动与威信。[2]也有学者认为，贪污罪的客体是复杂客体，即本罪既侵犯国家工作人员的职务廉洁性，也侵犯了公共财产的所有权，其中国家工作人员的职务廉洁性是本罪的主要客体。[3]还有学者认为，贪污罪侵犯的客体是简单客体，即公共财物所有权。[4]

对于贪污罪的客体认识存在不同观点是存在一定历史原因的。1979 年《刑法》将贪污罪规定在侵犯财产罪中，而 1997 年《刑法》则将贪污罪单列在贪污贿赂罪一章中。刑法立法上贪污罪章节的变化，容易导致人们对贪污罪的犯罪客体的认识发生变化。1979 年《刑法》是在强调公有制为主的经济时期背景下制定的，将贪污罪归入财产犯罪是基于特定的历史条件下对于公共财产保护的需要。当时我国刑法学界通说认为，贪污罪的客体是复杂客体，主要客体为公共财物的所有权，次要客体为国家机关的正常活动与威信。而 1997 年《刑法》第 382 条规定国家工作人员利用职务上的便利，侵吞、窃取、骗取或者以其他手段非法占有公共财物的，是贪污罪。1979 年《刑法》和 1997 年《刑法》的不同规定导致相应的刑法保护的法益的重点发生了变化。1979 年《刑法》对贪污罪客体的规定侧重点在于保护公共财产，而 1997 年《刑法》对贪污罪客体的规定侧重点在于国家工作人员职务行为的廉洁性。虽然刑法保护的法益的侧重点发生了变化，但并不影响贪污罪是复杂客体。也就是说，1979 年《刑法》贪污罪的主要客体为公共财物的所有权，次要客体为国家工作人员的职务廉洁性。1997 年《刑法》贪污罪的主要客体为国家工作人员的职务廉洁性，次要客体为公共财物的所有权。贪污罪的客体是维护国家工作人员职务行为的廉洁性，此种行为不仅亵渎了公务活动的廉洁性，而且侵犯了公共财产所有权。侵犯国家工作人员职务行为的廉洁性和公共财物所有权结合在一起，是贪污罪的重要特征之一。[5]

---

〔1〕《刑法学》编写组：《刑法学（上册·总论）》，高等教育出版社 2019 年版，第 99 页。

〔2〕高铭暄、马克昌主编：《中国刑法学》，中国人民大学出版社 1989 年版，第 525 页。

〔3〕高铭暄、马克昌主编：《刑法学》，北京大学出版社、高等教育出版社 2011 年版，第 627 页。

〔4〕赵秉志主编：《新刑法教程》，中国人民大学出版社 1997 年版，第 781 页。

〔5〕陈兴良主编：《新旧刑法比较研究——废、政、立》，中国人民公安大学出版社 1998 年版，第 149~150 页。

目前，我国刑法理论的通说认为，贪污罪侵犯的客体是复杂客体，既侵犯公职人员的职务廉洁性，又侵犯公共财产的所有权。其中，公职人员的职务廉洁性是本罪的主要客体。[1]笔者认为该表述是合乎情理的。

(二) 贪污罪的犯罪对象

犯罪对象，是犯罪分子实施犯罪行为所作用的人或物。物是一定社会关系的物质表现；而人则是一定社会关系的主体或者承担者。1997 年《刑法》第 382 条第 1 款规定贪污罪的犯罪对象是“公共财物”；第 382 条第 2 款规定贪污罪的犯罪对象是“国有财物”；第 183 条第 2 款规定的是非国有保险公司的“保险金”；第 271 条第 2 款规定的是“非国有公司、企业以及其他单位的财物”；第 394 条规定的是“国内公务活动或者对外交往中接受礼物”。

1. “公共财物”的理解

1997 年《刑法》第 91 条规定：“本法所称公共财产，是指下列财产：(一) 国有财产；(二) 劳动群众集体所有的财产；(三) 用于扶贫和其他公益事业的社会捐助或者专项基金的财产。在国家机关、国有公司、企业、集体企业和人民团体管理、使用或者运输中的私人财产，以公共财产论。”

可见，1997 年《刑法》第 91 条规定的公共财产具体包括：①国有财产。国有财产是把国家人格化后作为权利主体所拥有的一切财物和产权，是贪污罪的主要侵犯对象。根据我国宪法、物权法和有关法律，国有财产包括矿藏、水流、国有森林、草原、荒山荒地和其他海陆自然资源；国有企业事业单位的生产资料、产品以及其他财产；一切国家机关、事业单位、人民团体的各项财产；中国国土境内的自然与社会环境中所包括的一切文物、古迹和其他一切所有权归属于国家的财产。②劳动群众集体所有的财产。1997 年《刑法》第 91 条规定劳动群众集体所有的财产也属于公共财产，而根据我国《宪法》第 9 条、第 10 条的规定，公共财产包括：所有权属于集体的土地等自然资源；我国集体经济体制下的属于集体所有的财产，包括集体所有制的公司、企业和其他经济组织所拥有的，所有权属于该组织共有的财产，以及按照集体所有制形式进行管理的一切社会财产；所有权属于集体的公共设施。③用于扶贫和其他公益事业的社会捐助或者专项基金的财产。公益事业是指服务于社会公共利益的事业，包括养老院、孤儿院、残障康复中心和各类慈善组

[1] 《刑法学》编写组：《刑法学（下册 · 各论）》，高等教育出版社 2019 年版，第 257 页。

织。社会捐助是机构、单位或者个人向慈善事业所捐赠的物品和款项。而专项基金是指用于救灾、救济扶贫或者其他各项公益事业的专项基金。其财物的最终用途和目的是“公益事业”。用于扶贫和其他公益事业的社会捐助或者专项基金的财产，主要指国有财产之外的，由社会捐献、赞助的财产。不论这些财产是属于国家、集体财产还是个人，也不论是来自国内还是国外，不管所捐助的钱款和物品之前的所有权归属于个人、团体还是其他组织，一旦捐助行为成立，这些物品和钱款的所有权即发生变更，成为共有财产的一部分。这类财产有三个特点：财产的使用目的是“社会公益事业”；财产的类型是社会捐助款和专项基金；社会捐助或者专项基金的财产不论其来源都是公共财产。④以公共财产论。1997 年《刑法》第 91 条第 2 款还规定，在国家机关、国有公司、企业、集体企业和人民团体管理、使用或者运输中的私人财产，依法视为公共财产。这种财产虽然属于私人所有，但既然国家机关、国有公司、企业、集体企业以及人民团体基于合法的形式在一定时间内享有其形式管理权、保存或使用权，在这段法律关系的有效期之内，其就有承担保护、管理的义务和损坏毁失依法赔偿的责任，最终的损失仍视为公共财物的损失。

2. “非国有公司、企业以及其他单位的财物” 的理解

根据 1997 年《刑法》第 271 条第 2 款的规定，国有公司、企业或者其他国有单位中从事公务的人员和国有公司、企业或者其他国有单位委派到非国有公司、企业以及其他单位从事公务的人员，利用职务上的便利，将本单位财物非法占有，数额较大的，构成贪污罪。

在此种情形之下，贪污罪的犯罪对象是“本单位财物”，即“非国有公司、企业以及其他单位的财物”。这里就出现了一个难题：就是在混合所有制及严惩贪腐的背景下，贪污罪的犯罪对象是否仅局限于“公共财物”？有人认为，只要国家工作人员利用职务上的便利，非法占有其职务监管下的财物，无论财产公有还是私有，国家工作人员的职务廉洁性都遭到了侵犯，便可认定为贪污罪。因此，贪污罪的对象应扩大到公私财产。[1] 有人认为，只要有公有资本，就应当将该公司、企业的财产作为一个整体，全部认定为公共财

[1] 徐立、陈斌：“贪污罪基本问题新论”，载《湖北社会科学》2010 年第 1 期。

物。[1]有人认为，不能一律视为公共财物，只有国有、集体单位控股（包括绝对控股和相对控股）的企业财产才能认定为公共财物，除此之外的不能认定为公共财物。[2]也有人认为，在当前刑法体系的语境下，对于“争议条文”的法律性质的解释，不应从整体上将其解释为法律拟制或是注意规定，可以将其拆分开来进行解释。对此，《刑法》第183条第2款便可以拆分为对行为主体和行为方式的规定以及犯罪对象的规定；《刑法》第271条第2款可以拆分为对行为主体的规定和犯罪对象的规定。[3]

笔者认为，“非国有公司、企业以及其他单位”包括各个股东都属于国有单位和部分股东是国有单位这两种情况，而按照我国现行法律的规定只有国有独资公司、企业才属于国有公司、企业，因此，将《刑法》第183条第2款非国有公司的保险金和《刑法》第271条第2款非国有公司、企业以及其他单位的财产理解为《刑法》第382条贪污罪所规定的“公共财产”确实有些牵强，也不符合相关法律规定。因此，混合制公司、企业的财产并不能简单地理解为《刑法》第382条贪污罪所规定的“公共财产”，《刑法》第183条第2款非国有公司的保险金和《刑法》第271条第2款非国有公司、企业以及其他单位的财产应属于《刑法》第382条贪污罪所规定的“公共财产”的例外，《刑法》第183条第2款和第271条第2款所规定的贪污罪也属于一般形态下贪污罪的特殊形态。同时，我们也可以看到，《联合国反腐败公约》第17条规定，公职人员贪污罪的犯罪对象是“因职务而受委托的任何财产、公共资金、私人资金、公共证券、私人证券或者其他任何贵重物品”，该规定应成为国内法的借鉴。

3. “保险金”的理解

1997年《刑法》第183条第2款规定，非国有保险公司的保险金也有可能成为贪污罪的犯罪对象。国有保险公司的工作人员有前款行为的或国有保险公司委派到非国有保险公司从事公务的人员有前款行为的，都应当按照贪污罪定罪量刑。对于第一种情况，国有保险公司的工作人员骗取的保险金属于国有资产；对于第二种情况，被国有公司委派的行为人骗取的保险金的属

[1] 唐世月：“贪污罪犯罪对象研究”，载《中国法学》2000年第1期。

[2] 周光权：《刑法各论》（第2版），中国人民大学出版社2011年版，第404页。

[3] 赵拥军：“对贪污罪对象‘公共财物’的再次审视”，载《犯罪研究》2015年第4期。

性在理论界存在争论：有人认为，此处的保险金应当和《刑法》第271条第2款规定的“本单位财物”的属性相同，属于含有公共财产成分的混合制经济组织的财物。也有人认为，不需要对此处的保险金进行财产权性质判断，只要是本人所在保险公司的保险金就可以成立。[1]笔者认为，这里的保险金实质上是非国有保险公司保险金，其属性与国有资产不同。但在司法实践中也没有必要一定分清该保险金权属的性质，刑法规定的非国有保险公司从事公务的人员只要利用职务上的便利，故意编造未曾发生的保险事故进行虚假理赔，骗取了本人任职的保险公司的保险金归自己所有，就按照贪污罪定罪处罚。

4. “国内公务活动或者对外交往中接受礼物”的理解

1997年《刑法》第394条规定：“国家工作人员在国内公务活动或者对外交往中接受礼物，依照国家规定应当交公而不交公，数额较大的，依照本法第三百八十二条、第三百八十三条的规定定罪处罚。”应交公的礼物也属于贪污罪的犯罪对象，但并不是每一件应交公的礼物都属于贪污罪的犯罪对象。从《刑法》第394条的规定可以看出，应交公的礼物而没上交需要符合一定条件才能构成犯罪对象的。第一，该礼物是在对外交往或者国内公务活动中，以国家工作人员的身份接受的。接受礼物的活动无论是国内还是国外都是“公务”性质的。第二，该礼物是根据国家规定应该交公而没有交公的，国务院对该项要求颁布了专门的文件进行规定。第三，该礼物经济价值数额较大。

需要特别注意的是，我国“依照国家规定”中的“国家规定”是指哪些规定呢？自20世纪80年代以来颁布的涉关礼物（或礼品）之诸多禁止性规定，诸如1980年11月7日国务院发布的《关于在对外活动中不赠礼、不受礼的决定》、1988年12月1日国务院发布的《国家行政机关及其工作人员在国内公务活动中不得赠送和接受礼品的规定》和1993年10月5日中共中央、国务院发布的《关于反腐败斗争近期抓好几项工作的决定》、1993年12月5日国务院发布的《关于在对外公务活动中赠送和接受礼品的规定》、1995年4月30日中共中央办公厅发布的《关于对党和国家机关工作人员在国内交往中收受礼品实行登记制度的规定》等。1993年12月16日中共中央办公厅发布的《关于认真贯彻执行〈国务院关于在对外公务活动中赠送和接受礼品的规

[1] 蒋成连：“贪污罪的犯罪对象应为公私财物”，载《宜宾学院学报》2016年第9期。

定〉的通知》第2条规定："所受礼物，价值按照我国市价折合人民币不满200元的，留归受礼人使用；200元以上的，按照以下办法处理：（一）贵重礼品，黄金、珠宝制品，高级工艺品，有重要历史价值的礼品，由受礼单位交礼品管理部门送有关机构或者博物馆保存、陈列。（二）专业用品、设备器材和具有科研价值的礼品，可以留给受礼单位。（三）高级耐用品，汽车、摩托车，交礼品管理部门；电视机、摄像机、录像机、组合音响、高档照相机等，交礼品管理部门处理，经礼品管理部门同意后也可以留给受礼单位。（四）食品、烟酒、水果类礼品，可以归受礼人本人或者其所在单位。（五）高中档实用物品，如钟表、收录机、衣料、服装等，按照国内市价折半价由受礼人所在单位处理，可以照顾受礼人，每人一年以两件为限。（六）其他贵重物品和未经礼品管理部门批准归受礼人或者其所在单位的物品，全部交由礼品管理部门处理。礼物变卖收入一律上缴国库。"第3条规定："在对外公务活动中如果对方赠送礼金、有价证券，应当谢绝；确实难以谢绝的，所收礼金、有价证券一律上缴国库。"上述法条对"应当交公"的具体标准、接收的主体等进行了规定。1995年4月30日颁行的《关于对党和国家机关工作人员在国内交往中收受礼品实行登记制度的规定》（中办发［1995］7号）第3条第1款规定："按照第二条的规定须登记的礼品，自收受礼品之日起（在外地接受礼品的，自回本单位之日起）一个月内由本人如实填写礼品登记表，并将登记表交所在机关指定的受理登记的部门。受理登记的部门可将礼品的登记情况在本机关内公布。"这对收到礼物（或礼品）交公的期限等作了规定。

（三）贪污罪犯罪对象的几个特殊问题

1. 知识产权能否成为贪污罪的犯罪对象

理论界对著作权、商标权、专利权以及商业秘密权等权利能否成为贪污罪的犯罪对象有不同的观点。有人持否定说，认为上述知识产权只是可以产生财富的信息，本身并不是财物，因而不能成为贪污罪的犯罪对象。[1]有人认为，知识产权是具有特殊性质的财产，不能不作区分将其归为贪污罪的犯罪对象，而应当设立单独的侵害知识产权的专门条款来处罚相应的行为。[2]有人

〔1〕唐世月："贪污罪犯罪对象研究"，载《中国法学》2000年第1期。

〔2〕赵建平：《贪污贿赂罪界限与定罪量刑研究》，中国方正出版社2000年版，第73页。

持肯定说，认为知识产权应当是贪污罪的犯罪对象，理由是：知识产权是一种民事法律权利，应该受刑法的保护；无论财富的存在形式如何，但都能够带来一定利益，贪污行为人追求的也是这项利益，如果单独设立相关的条款或者将其排除在贪污罪的对象范围之外，将会削弱贪污罪的作用；同样侵犯了贪污罪的客体。[1]

笔者认为，刑法所规定的贪污罪的犯罪对象并未将知识产权排除在外，因为知识产权虽有一定的特殊性，但其本身仍然是一种财产权，其价值是可以评估的，因此，知识产权只要符合刑法所规定的贪污罪犯罪对象的其他特征，就应是贪污罪的犯罪对象。

2. 违禁品是否能够成为贪污罪的对象

理论界对违禁品能否成为贪污罪的犯罪对象存在不同的观点。有人认为，违禁品在法律规定上是禁止流通或者限制流通的，其本身就不具有合法性，并且其数额也无法计算。因此，违禁品不能成为贪污罪的对象。[2]有人则认为，贪污罪的犯罪对象不是以能否流通、有没有具体的价格来衡量为标准加以判断的，因此，违禁品可以成为贪污罪的犯罪对象。[3]

笔者认为，违禁品的类别及来源十分复杂，虽然不能禁止或限制流通，但其价格是可以评估的；依据我国法律规定，违禁品的所有权属于国家，即属于国有财产；如果将违禁品排除在贪污罪的犯罪对象之外，势必留下立法漏洞，影响刑网的严密，导致轻纵犯罪情形的发生。因此，违禁品属于贪污罪的犯罪对象。

二、贪污罪的客观方面

从1997年《刑法》第382条的规定可以看出，贪污罪客观方面特征有二：一是行为人利用职务上的便利；二是行为人以侵吞、窃取、骗取或者以其他手段非法占有公共财物。

---

〔1〕王吉春："论贪污罪的对象"，载《天水行政学院学报》2014年第2期。

〔2〕唐世月："贪污罪犯罪对象研究"，载《中国法学》2000年第1期。

〔3〕赵慧、张忠国：《贪污贿赂犯罪司法适用》，法律出版社2006年版，第22页。

(一) 利用职务上的便利

1. "利用职务上的便利"的含义

职务是指行为人在工作中从事业务享有的职能权力与负有的职责义务的集中表现。"职务"含义应为依法规定、授权或合同约定从事管理社会公共事务或管理、经营国有财产，所享有的法定或者实际职权并承担的对应职责。从刑法上看，国家工作人员的"职务"产生须源自法律、法规、规章、规定、决定及具有约束力的规范性文件规定或者授权，如选举、任命、指派、提名、批准，等等。受委托管理、经营国有财产人员的"职务"依据源自合同约定，即通过承包合同、租赁合同、聘用合同的约定取得对国有财产的管理、经营权限。[1]

职务最基本的含义是职位要求应该承担的工作，贪污罪的职务包括主管、管理、经营、经手。具体来说，主管主要是指负责调拨、处置及其他支配公共财物的职务活动；管理是指负责保管、处理及其他使公共财物不被流失的职务活动；经营是指将公共财物作为生产流通手段等经办公共财物的职务活动。[2]经手，是指具有领取、支出等经办公共财物流转事项的权限，经手人虽然不负责公共财物的管理和处置，但具有基于职务产生的对公共财物的临时控制权。经手行为要求行为人对经手的财物有暂时的支配权，而在流水线上从事生产劳动的工人，接触自己所付诸劳动的产品，这是他们从事的生产劳动或者服务性劳动所需要的过手行为，而不是从事管理性的职务活动。[3]

利用职务上的便利，这里的便利就是方便的条件和机会。这种便利的内容可分为两类：①经手、管理公共财物的职务便利。具有这种职务便利的行为人，都直接接触公共财物，并在自己的职责范围内享有领取、使用、支配等职权。②主管公共财物的职权便利。主管是指不直接接触公共财物，但对公共财物享有收益或者处分的职权，也就是指审查、批准、调拨、安排使用或者以其他方式支配自己管理的单位内的财物的职权。

那么，什么是利用职务上的便利？一般认为，利用职务上的便利，实际上就是利用工作上的便利，具体指利用职务与地位所形成的主管、管理、经

〔1〕乔子轩："贪污罪中'利用职务上的便利'的司法认定探讨"，西南政法大学2015年硕士学位论文。

〔2〕张明楷：《刑法学》(下)，法律出版社1997年版，第910页。

〔3〕陈正云："认定国家工作人员职务犯罪若干问题研究"，载《政法论坛》1999年第4期。

营、经手公共财物的权力及便利条件。1999 年，最高人民检察院颁布的《人民检察院直接受理立案侦查案件立案标准的规定（试行）》中，将贪污罪利用职务上的便利界定为“利用职务上主管、管理、经手公共财物的权力及方便条件”。这里的“主管是指国家工作人员虽然不具体负责管理、经手公共财物，但在其主管期间有通过职权调拨、管理、使用或者通过其他方式支配公共财物的权力”。[1]

2. 利用职务上的便利是构成贪污罪的关键

贪污罪中的利用职务上的便利，是针对职务而言的，与贪污罪主体的职务相对应。在理解贪污罪中的“利用职务上的便利”时，应注意以下几点：①在便利与职务的关系上，该便利必须是行为人直接利用本人职权或职权所形成的便利条件。这就排除了行为人因为职位或职务权力形成的人情、人事关系等间接影响，通过与本人职务上无制约关系的其他人的行为取得公共财物。这种直接利用本人职务上的便利可分为两大类：一类是国家工作人员直接利用其职权，即主管、管理、经营、经手的权力；另一类是指国家工作人员虽然没有直接利用其职权，但直接利用了职权所形成的便利条件。②现实中担任的职务。行为人利用的必须是本人现阶段的职务便利。如果利用刚离任或者将赴任所具有的效应和影响来获取便利，占有公共财物不能以贪污罪论处，不存在现实中担任的职务；现实中担任职务，即使行为人在非工作期间，利用职务的便利，非法占有公共财物，仍以贪污罪论处。现实中是否担任的职务，对行为人利用职务的便利非法占有公共财物定性为贪污罪具有前提条件。

利用职权上的便利是贪污罪的本质特征，这是指行为人利用本人职务范围内的权力和地位所形成的有利条件，即利用其职权、职务范围内主管、管理、经手、保管、经营公共财物的有利条件，非法占有公共财物。[2]对于行为人而言，并非图利的犯罪行为即为贪污，只有该图利行为利用了其职务时，才能成为贪污罪。利用与职务无关仅因工作关系熟悉作案环境或易于接近作案目标、凭工作人员身份容易进入某些单位等方便条件非法占有公共财物的，不成立贪污罪。

---

〔1〕 陈兴良：《口授刑法学》，中国人民大学出版社 2007 年版，第 688 页。

〔2〕 王仲兴编著：《新刑法典导论》，中山大学出版社 1998 年版，第 539 页。

利用职务上的便利是构成贪污罪的一个显著特征，也是区别贪污罪与其他大多数侵犯财产罪的主要标志。可见，利用职务上的便利在贪污罪中占有显著的地位，利用职务上的便利，是贪污罪区别于其他非职务犯罪的关键，是清晰辨别罪与非罪、此罪与彼罪的界限。行为人之所以能非法占有公共财物，其逻辑前提就在于有职务便利可供利用，通过利用职务便利达到非法占有的目的，如果没有职务便利可利用或者利用了非职务便利，即便达到了非法占有公共财物的目的，也不能构成贪污罪。

但不是意味着只要利用职务上的便利构成犯罪就是贪污罪，因为利用职务上的便利只是贪污罪客观方面要件的一个组成部分，需要与其他构成要件密切关联，方可构成贪污罪。具体包括：①贪污罪的主体是特殊主体，职务便利依附于贪污罪的特定主体上，行为人若不符合贪污罪的主体要件，就没有“利用职务上的便利”的可能性；②贪污罪的客体是复杂客体，包括公共财物所有权和职务廉洁性，按照我国刑法规定，贪污罪主体“利用职务上的便利”非法占有公共财物的，才侵犯职务的廉洁性；③贪污罪的主观方面是故意，从行为人犯罪心态来看，不论是直接故意还是间接故意都应包括“利用职务上的便利”的内容，希望或放任“利用职务上的便利”非法占有公共财物的发生；④非法占有公共财物的目的。只有利用职务上的便利与上述要件紧密结合，才可能构成贪污罪。

3. 利用职务上的便利需要职务本身具有合法性

国家工作人员享有职权、履行职责是有关国家机关或单位依法赋予的，其所具有的职权与职责也就是所具有的职务具有合法性，应该正确行使职权和忠实履行职责。如果贪污罪的行为人不正确行使职权，或滥用其职权，违背职务活动的合法性，就破坏了国家法律所保护的社会关系和法律秩序，危害国家机关的权威和社会对国家工作人员的信任，侵害了公共财产。

贪污罪中“利用职务上的便利”的“职务”必须具有合法性。[1]因为贪污罪的立法目的是不仅要保护公共财产，更要维护国家工作人员职务行为的廉洁性。但如果国家工作人员的职务是非法的，非法占有公共财物也就谈不上侵犯职务的廉洁性了。[2]

---

〔1〕 陈正云：“认定国家工作人员职务犯罪若干问题研究”，载《政法论坛》1999年第4期。

〔2〕 唐世月：《贪污罪研究》，人民法院出版社2002年版，第154页。

贪污罪的行为人在利用职务便利非法占有公共财物上表现为享有职权的合法性，而行为人行使职权偏偏利用其职权范围内的合法条件，非法占有公共财物。不是利用职权或职责无关的，仅因工作关系熟悉作案环境，或凭借工作人员身份，较易接近作案目标或对象方便的，不成立贪污罪。即使行为人利用了职务上的便利，但非法占有的财产并非其主管、管理、经营、经手的财物，也不成立贪污罪。

贪污罪中利用职务上的便利，这里的“职务”，需要具有合法性要件，这个合法性是指行为人现行存在的职务具有合法性。一般认为，职务行为合法生效并成立正当行为的要件有四个：①职务行为的主体必须合法；②职务行为主体必须在法定的职权范围内实施，符合一定的权限规则；③职务行为必须具有一定的法律依据，在程序上必须符合法律的规定且其行为不能造成违法性的结果；④职务行为的手段必须适当。这里的合法性是指形式上的合法性，而不是实质上的合法性。所谓形式上的合法性是指行为人的国家工作人员身份是得到了组织任命和考察后取得的，并且职务具有稳定性和现实存在的形式上的合法性，对外具有公信力，这种职务便具有了职务形式上的合法性。至于实质上是否合法，不是认定职务合法性的标准，因为行为人形式上取得合法性履行了职务，该职务权力行使产生的法律效果与其他合法取得的职务没有区别。不能因为实质上不合法，而否认职务形式上的合法性，否则就会削弱对国家机关廉洁性的保护。

（二）非法占有公共财物

1997 年《刑法》第 382 条规定，贪污罪的行为手段是利用职务上的便利实施的，包括侵吞、窃取、骗取或其他手段。1997 年《刑法》对贪污罪的手段作了清晰的规定，贪污手段多种多样，但归纳起来无外乎是侵吞、窃取、骗取或者其他手段这四种。

1997 年《刑法》对贪污手段侵吞、窃取、骗取作了明晰的界定，现行的很多手段都可包含在贪污罪的上述三种手段中。但刑事立法不可能穷尽贪污的各种手段，“其他手段”是贪污手段的兜底性规定。所谓“其他手段”，就是指侵吞、窃取、骗取手段无法包容的，利用职务上的便利，非法占有公共财物的行为。这种立法技术的规定有利于司法机关在处理贪污案件时能灵活办案。因为，对于符合刑法要求的贪污主体，查证行为人“利用职务上的便利”属实，不管具体的贪污手段如何，只要是非法占有公共财物都可认定为贪污罪。

具体来说，利用职务上的便利非法占有公共财物的贪污手段包括以下四种：

1. 侵吞

侵吞是指行为人将基于职务自己管理或经手的公共财物据为己有或者使他人所有。侵吞应该是行为人利用职务上的便利，将因职务关系或其他合法的条件持有的公共财物非法据为己有或转归他人所有的行为方式。也就是说，侵吞公共财物是行为人利用了职务上的便利条件完成的，是基于职务或者其他的合法条件管理或经手的公共财物非法占有公共财物，而不是通过诈骗、窃取等方式。行为人具有长期非法占有公共财物的目的，而不是短期地挪用和暂时地转借使用。行为人将在自己管理或经手的公共财物非法变更为自己或者第三者所有，是利用自己职务的便利直接完成的，一般无须借助他人的意志或行为。

在司法实践中，“侵吞”的表现形式大致有：①将自己管理或经手的公共财物非法占有；②将处于自己控制之下的公共财物非法转移给他人或者倒卖、变卖；③将自己管理、使用或经手的公共财物非法转卖或擅自赠送他人；④将自己管理、使用或经手的公共财物非法截留、扣押，应当上交而不上交，应当支付而不支付；⑤将依法追缴的赃款赃物或罚没款物私自用掉或非法据为私有；⑥国家工作人员在国内公务活动或者对外交往中接受礼物，依照国家规定应当交公而不交公，数额较大的，也属于侵吞。

2. 窃取

所谓“窃取”，系将自己基于职务而共同占有、支配或者辅助、监视占有下的本单位财物非法占为己有。[1]窃取是行为人利用职务上的便利，将自己与他人合法管理、经手的公共财物，采取不为人知的方法，非法地秘密据为己有。这里的窃取是指违背公共财物所有者的意志，利用职务上的便利，以平和方式取得公共财物。

侵吞与窃取是不同的贪污手段，侵吞是将自己管理、经手的公共财物以别人不知道的方式据为己有。利用职务上的便利窃取的公共财物应当是贪污罪行为人与他人共同管理的，而不是行为人单独管理的财物。如果是行为人

〔1〕 陈洪兵：“论贪污罪中‘侵吞’‘窃取’‘骗取’及‘其他手段’”，载《法治研究》2014年第8期。

单独管理的公共财物，行为人非法地秘密据为己有，那属于侵吞，秘密“窃取”自己保管的公共财物，逻辑上讲不通。只有当行为人与他人共同占有公共财物时，行为人利用职务上的便利窃取该财物的，才属于贪污罪中的“窃取”。

贪污罪中，利用职务上的便利中的“窃取”与普通的“盗窃”，在行为手段上有相似之处，都是要采用秘密的方法，非法占有财物。但贪污罪中是基于利用职务上的便利，行为人是公共财物的主管者、管理者、经手者。如果不是利用职务上的便利，比如是利用对本单位情况熟悉的条件，“窃取”公共财物的，那就构成盗窃罪。

司法实践中，利用职务上便利的窃取主要表现为以下几种情形：“一是直接盗窃库款，即利用管库或经手现金之便，将公款直接盗出归自己所有；二是利用管库或经手公物之便，盗窃公物归自己所有；三是‘现金抽头’，即在办理收入或支付现金业务时，从客户或其他工作人员已经清点过的整捆或整扎现金中零星抽取现金私藏。”[1]

3. 骗取

骗取是行为人利用职务上的合法形式，采用虚构事实或隐瞒真相等欺骗手段，使具有公共财物处分权的管理人员产生认识错误，进而取得公共财物。骗取的手段很多，如采取虚填、伪造单据、涂改账目、虚报冒领等。

贪污罪中的骗取是行为人利用职务上的便利实施了欺诈行为，使得公共财物的管理人员产生错误的认识，而将财产自愿交给行为人。理论界对于骗取方式的认识是一致的，而对骗取对象的认识是不一致的，有学者将贪污罪中利用职务上便利骗取的对象归纳为三种情况[2]：

其一，行为人自己单独主管、管理、经手的公共财物。行为人对自己依法行使职权而管理的公共财物，采取虚构事实或者隐瞒真相的方法而非法获取的，并非“自己骗自己”，而是将公共财物所有权从国家机关、企业、事业单位、人民团体等机构中转移到自己手中，不管是属于自己管理还是他人管理的公共财物只要是行为人利用了职务上的便利虚构事实或者隐瞒真相获取的，就是贪污罪的“骗取”。[3]

---

〔1〕 参见董邦俊：《贪污罪新论》，中国方正出版社 2004 年版，第 139 页。

〔2〕 参见董邦俊：《贪污罪新论》，中国方正出版社 2004 年版，第 142 页。

〔3〕 孟庆华、谭笑珉、高秀东：《贪污罪的定罪与量刑》，人民法院出版社 2001 年版，第 145 页。

其二，他人单独主管、管理、经手的公共财物。他人单独主管、管理、经手的单位财物是他人独立主管、管理、经手的公共财物。行为人利用职务上的便利，采取虚构事实或者隐瞒真相的方法，将其他工作人员管理之下的公共财物骗取到手，非法据为己有的行为。〔1〕这里的“骗取”是行为人利用职务上的便利，采取虚构事实或者隐瞒真相的方法，使他人“自愿”地将其主管、管理或者经手的公共财物交付给行为人。

其三，行为人自己与他人共同主管、管理、经手的公共财物。骗取的对象还存在一种情况，行为人自己与他人共同主管、管理、经手的公共财物。这种情况实质和他人单独主管、管理、经手的公共财物的类型相通，都是行为人利用职务上的便利，采取虚构事实或者隐瞒真相的方法，使他人“自愿”地将其主管、管理或者经手的公共财物交付给行为人。

总之，行为人利用职务上的便利，采取欺骗的手段，将自己主管、管理、经手的公共财物，他人自己主管、管理、经手的公共财物，以及自己与他人共同主管、管理、经手的公共财物，以非法长期占为己有为目的，都属于贪污罪中的骗取。

贪污罪中，非法占有公共财物的骗取与窃取都利用了职务上的便利，但二者存在一定区别。利用职务上便利的窃取是行为人自己窃取自己主管、管理、经手的公共财物，而不需要采用虚构事实的方法，行为一旦被他人发现，很难掩盖。而利用职务上便利的骗取则不同，行为人实施行为必须采用虚构事实、隐瞒真相的方法。如果不能揭露其行为的欺骗性，就难以否定其行为的合法性。〔2〕

4. 其他手段

贪污罪客观方面的“其他手段”是指除侵吞、窃取、骗取以外的其他非法占有公共财物的行为手段。现代社会日新月异，社会生活纷繁复杂，新的犯罪手段层出不穷，而法律语言的表述具有局限性，贪污罪的犯罪表现形式也多种多样，法律不可能列举穷尽所有的贪污行为方式。刑法之所以这样规定，是立法技术问题，因为立法不可能穷尽列举。1997 年《刑法》除了列举侵吞、窃取、骗取方法非法占有公共财物之外，还使用了“其他手段”加以

---

〔1〕王作富主编：《刑法分则实务研究》（下），中国方正出版社 2007 年版，第 1107 页。

〔2〕董邦俊：《贪污罪新论》，中国方正出版社 2004 年版，第 143~144 页。

概括规定。

根据1997年《刑法》及其司法解释，以下两种行为方式应属贪污罪中的“其他手段”〔1〕：①间接贪污。如国家工作人员利用职务之便，使用单位雇用的工人为自己干活等。②利用职权长期无偿借用或者占用公共财物的贪污。我国设立贪污罪的立法目的就在于保护公共财物的安全，保持国家工作人员职务的廉洁性。此行为侵害了公共财物，又亵渎了国家工作人员职务的廉洁性，应受到贪污罪的法律谴责。

在司法实践中，对于“其他手段”实施贪污犯罪，常有以下几种形式：①内外勾结，“迂回贪污”。即工作人员利用职务上的便利，内外勾结，将自己管理、经营的公共财物以“合法”形式，转给与其勾结的外部人员，然后再迂回取回，据为己有；②公款私存，私货坐吃利息。即工作人员利用职务上的便利，将公款存入银行，或将公物出租，并将所得的利息私吞；③利用合同非法占有公款，即行为人在为本单位购买货物、推销产品等经济活动中，在与他人签订经济合同时，双方恶意串通，提高合同标的价格，然后将抬高的差价私分等；④利用新技术手段进行贪污。即行为人利用职务便利，运用新的科技手段进行贪污的行为；⑤利用彩票、福彩抽奖作弊贪污。

三、贪污罪的主体

贪污罪作为一种严重的职务犯罪，不仅严重腐蚀国家的廉洁性，而且会对国家财产造成损失，破坏党和政府的形象，损害社会公共利益和人民群众的切身利益，具有极大的社会危害性。贪污罪的主体的本质是具有公务性，即从事公务，其理论依据是具有公务性是进一步确定贪污主体范畴的根据。贪污罪的主体特殊性表现在：首先，职务性犯罪是贪污罪的最终性质，通常情况下从事贪污行为的犯罪主体都必须是具有一定职务的人。其次，多数贪污罪都是国家公务人员以及一些法律或法规规定的主体滥用职权，从而造成国家或个人利益受到损害。〔2〕

贪污罪主体的公务性决定了并非所有的国家机关、国有企事业单位以及集体组织中工作的人员都能构成贪污罪的犯罪主体，也并非所有经手、管理

〔1〕何琳：“贪污罪客观方面若干问题研究”，中国政法大学2006年硕士学位论文。

〔2〕刘光显、张泗汉主编：《贪污贿赂罪的认定与处理》，人民法院出版社1996年版，第181页。

公共财物的人员均能构成贪污罪的犯罪主体，只有因从事公务而经手、管理公共财物的人员才能构成贪污罪的犯罪主体，那些从事劳务工作的人员不能构成贪污罪的犯罪主体。

从中华人民共和国成立至今，随着时代发展，不同阶段国家政策和人们认识有所不同，贪污罪的主体历经五次修改，关于贪污罪主体的立法不断完善。1997 年《刑法》规定的贪污罪的主体为“国家工作人员”以及“受国家机关、国有公司、企业、事业单位委托经营、管理国有财产的人员”。但是随着我国社会政治、经济的发展，贪污的手段越来越多样化，贪污共犯的身份越来越复杂，对贪污罪主体认识存在的一定的模糊性和不一致性直接影响是否是贪污罪，以及如何量刑，影响法律适用上的统一性。在司法实践中出现了许多疑难复杂案件，给司法部门带来了认定上的困难。因此，实践中，对贪污罪主体的认定不仅具有重大的理论意义，而且具有深远的实践意义。

（一）贪污罪的主体演变

1. 1952 年《惩治贪污条例》所规定的贪污罪的主体

1952 年《惩治贪污条例》是中华人民共和国成立以来第一部针对贪污罪的法规，且是以立法形式对贪污罪予以明确的法律。《惩治贪污条例》规定“一切国家机关、企业、学校及其附属机构的工作人员”“社会团体的工作人员”“现役革命军人”均可以成为贪污罪的主体。从当时的立法解释和司法实践情况看，国家机关、企业、学校及其附属机构的工作人员，都是国家工作人员。1957 年 8 月，最高人民法院通过司法解释，明确公私合营企业中的私方人员利用职权违法取利的，也应以国家工作人员贪污罪论。从 1952 年《惩治贪污条例》颁布到 1979 年《刑法》实施之前，刑事司法和惩治贪污的实践中一直使用 1952 年《惩治贪污条例》中规定的贪污罪主体的概念。当然，1952 年《惩治贪污条例》尚不完善，司法实践中暴露出诸多问题。例如，它对国家工作人员的范围并没有明确的界定。因此，可能导致在有关人员执行时出现一些不确定的情况。

2. 1979 年《刑法》所规定的贪污罪的主体

1979 年《刑法》在确认国家公务人员假公济私，侵吞国家人民财产视为犯罪行为的基础上，同时也规定了受委托从事公务的人员如果有参与犯贪污罪事件也会受到法律的制裁，即规定贪污罪的主体是“国家工作人员”和“受国家机关、企业、事业单位委托从事公务的人员”。

1982 年，全国人大常委会通过《关于严惩严重破坏经济的罪犯的决定》(已失效，下同)。《关于严惩严重破坏经济的罪犯的决定》第 1 条第 2 款规定，国家工作人员，将国家工作人员限定为从事公务的人员，包括在国家各级权力机关、各级行政机关、各级司法机关、军队、国营企业、国家事业机构中工作的人员，以及其他各种依照法律从事公务的人员，对贪污罪的主体进一步完善。

1988 年，全国人大常委会通过《关于惩治贪污罪贿赂罪的补充规定》，进一步扩大了贪污罪主体的范畴。《关于惩治贪污罪贿赂罪的补充规定》中明确表示国家公职人员和其他工作人员若利用手中权力为自己或他人谋取私利，或者是侵吞国家人民财产，都会受到法律的惩罚。《关于惩治贪污罪贿赂罪的补充规定》将“集体经济中人”以及只要是参与管理公共财产的人员若有类似不法行为，有损国家人民利益和财产的行为，也纳入贪污罪的惩治之下。1988 年《关于惩治贪污罪贿赂罪的补充规定》扩大了贪污罪主体的范围，但导致贪污罪主体的范畴不明确，不易理解，在司法实践操作中难免出现混乱现象。进而，1989 年两高颁布的《关于执行〈关于惩治贪污罪贿赂罪的补充规定〉若干问题的解答》（已失效）将贪污罪的主体扩大为“国家工作人员、集体经济组织人员或者其他经手、管理公共财物的人员”，贪污罪主体呈扩大的趋势。有些实务部门甚至把一些经手公共财物的劳务人员，如公共汽车售票员，也纳入了贪污罪的主体范围，这严重违背了贪污罪的立法宗旨。

随着改革开放和市场经济进一步发展，企业为适应市场经济发展，逐步建立了现代公司治理制度。根据新的形势的变化，1995 年，全国人大常委会颁布了《关于惩治违反公司法的犯罪的决定》，把公司、企业中不具有国家工作人员身份的人员和其他经手、管理公共财物的人员，从贪污罪、挪用公款罪和受贿罪的主体中划分出来，分别归入职务侵占罪、挪用资金罪和公司、企业人员受贿罪中，贪污罪的主体排除了公司、企业中不具有国家工作人员身份的人员。

1995 年 12 月 25 日，最高人民法院在《关于办理违反公司法受贿、侵占、挪用等刑事案件适用法律若干问题的解释》（已失效）中，对国家工作人员的概念做了进一步的解释和说明，将受国有公司、国有企业委派或者聘请，作为国有公司、国有企业代表，在中外合资、合作、股份制公司、企业中，行使管理职权，并具有国家工作人员身份的人员明确为国家工作人员。

3. 1997 年《刑法》所规定的贪污罪的主体

1997 年《刑法》第 382 条对贪污罪的主体作了新的规定，即将贪污罪的主体限定为国家工作人员和受国家机关、国有公司、企业、事业单位、人民团体委托管理、经营国有财产的人员。依照《刑法》第 93 条的规定，贪污罪的主体包括：在国家机关中从事公务的人员；在国有公司、企业、事业单位、人民团体中从事公务的人员，国家机关、国有公司、企业、事业单位委派到非国有公司、企业、事业单位、社会团体从事公务的人员，其他依照法律从事公务的人员；受国家机关、国有公司、企业、事业单位、人民团体委托管理、经营国有财产的人员。这一变化充分考虑了我国当前的国情和反腐败斗争的实际需要。

1997 年《刑法》对贪污罪、挪用公款罪、受贿罪的主体作了重新规定。同时，贪污罪的主体与挪用公款罪、受贿罪的主体范围出现了差异。在 1997 年《刑法》之前，贪污罪、挪用公款罪、受贿罪主体范围是相同的。

（二）贪污罪的主体范围

从我国 1997 年《刑法》第 382 条的规定中可以看出贪污罪的主体是特殊主体，即必须是国家工作人员。而 1997 年《刑法》第 93 条规定："本法所称国家工作人员，是指国家机关中从事公务的人员。国有公司、企业、事业单位、人民团体中从事公务的人员和国家机关、国有公司、企业、事业单位委派到非国有公司、企业、事业单位、社会团体从事公务的人员，以及其他依照法律从事公务的人员，以国家工作人员论。"

在法律实际适用中，最高人民法院颁布的《全国法院审理经济犯罪案件工作座谈会纪要》、两高颁布的《关于办理国家出资企业中职务犯罪案件具体应用法律若干问题的意见》、最高人民法院颁布的《关于在国有资本控股、参股的股份有限公司中从事管理工作的人员利用职务便利非法占有本公司财物如何定罪问题的批复》等文件又对贪污做了具体解释。

根据 1997 年《刑法》第 93 条的规定，我们可以看出，对于贪污罪主体的规定有五类：①国家机关工作人员；②国有公司、企业、事业单位、人民团体中从事公务的人员；③国家机关、国有公司、企业、事业单位、人民团体委派到非国有公司、企业、事业单位、社会团体中从事公务的人员；④受国家机关、国有公司、企业、事业单位、人民团体委托，管理、经营国有财产的人员；⑤其他依照法律从事公务的人员。

1. 国家机关工作人员

1997年《刑法》中所称的国家机关工作人员，是指在国家机关中从事公务的人员，包括在各级国家权力机关、行政机关、司法机关和军事机关中从事公务的人员。根据《宪法》的规定，国家机关工作人员包括：第一，国家权力机关的国家工作人员，即全国与地方各级人大及其常委会中从事公务的人员；第二，国家行政机关的国家工作人员，即在国务院及各部委和地方人民政府及所属的各级管理机构中从事公务的人员；第三，国家审判机关的国家工作人员，即各级人民法院中从事公务的人员；第四，国家检察机关的国家工作人员，即各级人民检察院中从事公务的人员；第五，军队系统中的国家工作人员，即对国家武装力量实行管理的各级机构中从事一定公务的人员。根据有关立法解释的规定，依照法律、法规规定行使国家行政管理职权的组织中从事公务的人员，或者在受国家机关委托代表国家行使职权的组织中从事公务的人员，或者虽未列入国家机关人员编制但在国家机关中从事公务的人员，视为国家机关工作人员。在乡（镇）以上中国共产党机关、人民政协机关中从事公务的人员，司法实践中也应当视为国家机关工作人员。

2. 国有公司、企业、事业单位、人民团体中从事公务的人员

国有公司、企事业单位和人民团体中从事公务的人员界限比较容易明确。这里的国有公司，是指依照公司法成立，财产全部属于国家所有的公司。国有资本控股及参股的股份有限公司不属于国有公司。国有企业，是指财产全部属于国家所有，从事生产、经营活动的营利性的非公司化经济组织。国有事业单位，是指受国家机关领导，财产属于国家所有的非生产、经营性单位，包括国有医院、科研机构、体育、广播电视、新闻出版等单位。人民团体，是指由国家组织成立的、财产属于国家所有的各种群众性组织，包括乡级以上工会、共青团、妇联等组织。

3. 国家机关、国有公司、企业、事业单位、人民团体委派到非国有公司、企业、事业单位、社会团体中从事公务的人员

根据最高人民检察院《关于人民检察院直接受理立案侦查案件立案标准的规定（试行）》的规定，国有公司、企业或者其他国有单位中从事公务的人员和国有公司、企业或者其他国有单位委派到非国有公司、企业以及其他非国有单位从事公务的人员，利用职务上的便利，将本单位财物非法占为己有的，以贪污罪追究刑事责任。

国家机关、国有公司、企业、事业单位委派到非国有公司、企业、事业单位、社会团体从事公务的人员，这里的委派是指受有关国有单位委任而派往非国有单位从事公务。被委派的人员，在被委派以前可以是国家工作人员，也可以是非国家工作人员。不论被委派以前具有何种身份，只要被有关国有单位委派到非国有单位从事公务，就应视为国家工作人员。所谓委派，即委任、派遣，其形式多种多样，如任命、指派、提名、批准等。不论被委派的人身份如何，只要是接受国家机关、国有公司、企业、事业单位委派，代表国家机关、国有公司、企业、事业单位在非国有公司、企业、事业单位、社会团体中从事组织、领导、监督、管理等工作，都可以认定为国家机关、国有公司、企业、事业单位委派到非国有公司、企业、事业单位、社会团体从事公务的人员。如国家机关、国有公司、企业、事业单位委派在国有控股或者参股的股份有限公司从事组织、领导、监督、管理等工作的人员，应当以国家工作人员论。国有公司、企业改制为股份有限公司后，原国有公司、企业的工作人员和股份有限公司新任命的人员中，除代表国有投资主体行使监督、管理职权的人外，不以国家工作人员论。

4. 受国家机关、国有公司、企业、事业单位、人民团体委托，管理、经营国有财产的人员

1997年《刑法》第382条第2款规定的“受委托管理、经营国有财产”，是指因承包、租赁、临时聘用等管理、经营国有财产。这里的受委托管理、经营国有财产的人员是指受国家机关、国有公司、企业、事业单位、人民团体委托管理、经营国有财产的人员。这些人员主要是指以承包、租赁等方式，管理、经营国有公司、企业，或者其中的某个部门等，以承包人、租赁人的身份等，在承包、租赁合同约定的时间、权限范围内，管理、经营国有财产的人员。

5. 其他依照法律从事公务的人员

1997年《刑法》第93条第2款规定的“其他依照法律从事公务的人员”应当具有两个特征：一是在特定条件下行使国家管理职能；二是依照法律规定从事公务。具体包括：①依法履行职责的各级人民代表大会代表；②依法履行审判职责的人民陪审员；③协助乡镇人民政府、街道办事处从事行政管理工作的村民委员会、居民委员会等农村和城市基层组织人员；④其他由法律授权从事公务的人员。

按照全国人大常务委员会2000年4月29日发布的《关于〈中华人民共和国刑法〉第九十三条第二款的解释》（已被修改）的相关规定，村委会居委会等进行基层工作的相关人员，在协助政府进行相关行政管理工作的时候，他们也是“其他按照法律从事公务的相关人员”。主要包括：①对国家拥有所有权的土地进行经营和管理；②社会中依靠捐助所得到的公益事业款物的管理；③代征、代缴税款；④土地征用补偿费用的管理；⑤救灾、防汛、优抚、扶贫、移民、抢险、救济款物的管理；⑥关于计划生育、户籍、征兵工作，或者其他行政管理工作。

此外，根据2002年12月28日全国人大常委会《关于〈中华人民共和国刑法〉第九章渎职罪主体适用问题的解释》的规定，以下人员也视为国家机关工作人员：在依照法律、法规规定行使职权的组织中从事公务的人员，或者在受国家机关委托代表国家机关行使职权的组织中从事公务的人员，或者虽未列入国家机关人员编制，但在国家机关中行使职权的人员。

另外，对于贪污罪主体范围的个别具体问题，两高还通过司法解释予以明确，具体如下：①国有资本控股、参股的股份有限公司中从事管理工作的人员。根据最高人民法院《关于在国有资本控股、参股的股份有限公司中从事管理工作的人员利用职务便利非法占有本公司财物如何定罪问题的批复》（法释［2001］17号）的规定，在国有资本控股、参股的股份有限公司中从事管理工作的人员，除受国家机关、国有公司、企业、事业单位委派从事公务的以外，不属于国家工作人员。对其利用职务上的便利，将本单位财物非法占为己有，数额较大的，应当依照《刑法》第271条第1款的规定，以职务侵占罪定罪处罚。②国家出资企业中的国家工作人员。经国家机关、国有公司、企业、事业单位提名、推荐、任命、批准等，在国有控股、参股公司及其分支机构中从事公务的人员，应当认定为国家工作人员。具体的任命机构和程序，不影响国家工作人员的认定。经国家出资企业中负有管理、监督国有资产职责的组织批准或者研究决定，代表其在国有控股、参股公司及其分支机构中从事组织、领导、监督、经营、管理工作的人员，应当认定为国家工作人员。国家出资企业中的国家工作人员，在国家出资企业中持有个人股份或者同时接受非国有股东委托的，不影响其国家工作人员身份的认定。③改制前后主体身份发生变化的国家工作人员。两高《关于办理国家出资企业中职务犯罪案件具体应用法律若干问题的意见》（法发［2010］49号）规定，国家工作人员在国家出资企业改制前利用职务上的便利实施犯罪，在其不再具有国家工作人员身份后又实施同种行为，依法构成不同犯罪的，应当分别定罪，实行数罪并罚。国家工作人员利用职务上的便利，在国家出资企业改制过程中隐匿公司、企业财产，在其不再具有国家工作人员身份后将所隐匿财产据为己有的，依照《刑法》第382条、第383条的规定，以贪污罪定罪处罚。

四、贪污罪的主观方面

从1997年《刑法》第382条的规定可以看出，贪污罪的主观方面具体表现为犯罪主体在个体认识上存在主观故意以及在个体意志上以非法占有为目的，这两点是构成贪污罪主观要件的重要组成部分。

（一）贪污罪主观方面具有故意

1. 贪污罪犯罪故意的认识因素

从认识因素上看，贪污罪主体对于自己的特殊身份（包括纯正国家工作人员身份、以国家工作人员论身份以及因公务行为而特定化身份）、对于自己的公务行为和利用职务之便对公共财物的侵害以及由此造成的后果属明知，这是每一个能正常履行公务的人均能具备的。但这种明知在程度上是一般性的，即只要认识到自己行为的非法性即可，至于行为性质的法律定位，为专业裁决，与其无关。而国家工作人员或者受委托管理、经营国有财产的人员，其文化程度和受政治思想教育、职业教育程度已经足以使其明确知道什么是贪污及其社会危害程度。贪污者的这种明确认识，与贪污的动机与目的有更密切的联系，是其意志因素形成的基础。

贪污者的贪污行为就是明知其行为犯罪的情况下，受占有欲驱使实施的，贪污行为人对自己的贪污行为的性质，是明确无误的。这种明确无误表现在贪污行为人对自己利用职务便利，将公共财物据为己有的认识上，至于贪污者对自己的行为是否构成犯罪以及犯罪等严重程度有无认识，则不属于贪污罪的故意内容。

而作为贪污罪主观故意方面的认识因素应该包括以下几点：①行为人明确认知自身行为的性质。贪污行为的性质，是贪污罪客观方面的重要内容，即利用职务上的便利，而实施侵吞、窃取、骗取或其他手段。行为人必须明确知晓自己行为的性质是“非法占有”，即明确知晓自己占有的财物是国家财物或公共财产，自己作为个体并不享有其所有权和使用权，但行为人还是通过“侵吞、窃取、骗取或者其他手段”“非法”地占有。行为人必须主观知晓自己的行为是“非法”的，是违反法律规定，没有法律许可的。如果行为人在不知情的情况下，主观认为自己对目标财物可以用合法的手段合法地进行支配或占有的话，则不符合贪污罪的主观认识要件。②行为人明确认知贪污对象的属性。行为人明确认知贪污对象是公共财物。根据1997年《刑法》第382条第1款和第2款的规定，行为人要明确认知自己行为的对象是“公共财物”或者“国有财物”。也就是说，行为人必须明确知晓其占有的财物是公共财物或国有财物，而国有企业、事业单位的财物虽然是单位财物但也被认定为国有财物，而国有保险公司的保险金和应该交公的礼物都属于公共财物。行为人要主观明确知晓其侵占对象的属性。③行为人明确认知自身行为可能造成的后果或危害。贪污结果的性质，即发生非法占有公共财物的结果。行为人除了要知道自己占有的财物是公共财物或国有财物，是不属于自己的所有之外，还要知道自己的这种行为是非法的，是没有法律依据和许可的。除此以外，行为人还要明确知晓自己非法占有财物后，可能造成的后果或者危害。行为人要明确知晓自己非法占有财物的后果是什么，自己的这种行为所导致的公共财物或国有财产被非法占有是存在因果关系的。如果行为人对自己行为的后果并不知晓，即并不知道自己的行为会造成国家财物或公共财产被非法侵占，则不具备贪污罪的主观要件。

2. 贪污罪犯罪故意的意志因素

根据1997年《刑法》第14条的规定，犯罪故意按照对犯罪行为造成的结果的态度，分为直接故意和间接故意。但是对于贪污罪而言，学界普遍认为过失并不构成贪污罪，间接故意是否构成贪污罪一直存在争议。在我国刑法学界，有学者认为，一般情况下，贪污罪由直接故意构成，但是在特定的条件下也表现为间接故意。间接故意在构成内容上也有两个特征：一是在认识因素上，表现为行为人认识到自己的行为“可能”发生危害社会结果的心理态度；二是在意志因素上，表现为行为人放任危害结果发生的心理态度。但通说认为，贪污罪的罪过形态表现为直接故意，是行为人明知自己的行为侵犯了职务的廉洁性，会发生侵害公共财物的结果，并且希望这种结果发生，还具有不法占有公共财物有目的。[1]具体理由如下：从意志因素上看，就是行为人希望发生非法占有公共财物的结果。该结果是行为人利用职务上的便利，侵吞、窃取、骗取或以其他手段非法占有公共财物的必然归宿。贪污罪的主观方面表现为直接故意，行为人对于构成犯罪事实，如犯罪客体、犯罪行为、犯罪结果等，有具体确定的认识进而决定使其发生。

笔者认为，贪污犯罪者的主观方面的意志因素是希望，是积极地追求，努力实现非法占有公共财物，这是他们最终想要达到的结果或目标。贪污罪的故意具有明确贪污的希望，即具有非法占有公共财物目的希望，这种希望是建立在明确认识贪污性质基础之上的，并且与非法占有目的具有密切联系。贪污罪在主观方面只能由直接故意构成，间接故意不能构成贪污罪。

（二）贪污罪主观方面具有以非法占有公共财物的目的

犯罪目的是指行为人希望其犯罪行为达到的某种结果，贪污罪的犯罪目的就是行为人希望其行为能达到将公共财物非法占有的结果。所谓“非法占有公共财物的目的”，是指行为人利用职务便利侵吞、窃取、骗取或以其他手段非法控制公共财物后，希望最终转移公共财物的所有权，使公共财物所有者永久地丧失所有权。非法占有目的是将他人的财物作为自己所有的财物进行支配，并遵从财物用途进行利用、处分的意思。[2]

非法占有公共财物的目的是贪污罪主观方面必不可少的要件，因为对于贪污行为人如果没有将公共财物非法据为己有的目的，贪污罪本身就失去了行为的意义，贪污目的必然存在于贪污行为人的主观意识之中。“非法占有”实际上是“行为人企图非法改变其所有权”，行为人要在意志上“企图变更公共财产或国有财物的所有权为目的”。而非法占有公共财物，即可以是行为人企图将公共财物永久地占为己有，也可以是行为人希望将公共财物非法获得之后再传送给第三者占有。非法占有公共财物，就是行为人意图转移公共财物的所有权，排除所有权人对其所享有的公共财物行使所有权。贪污罪的主观方面应不以行为人主观具有将公共财物非法占为已有或非法取得公共财物的所有权的犯罪目的为必要条件，只要行为人具有非法占有公共财物的犯罪目的，将公共财物置于自己非法控制的意图，即已充足了贪污罪的主观要件。

［1］ 张明楷：《刑法学》（第2版），法律出版社2004年版，第910页。
［2］ 张明楷：“论财产罪的非法占有目的”，载《法商研究》2005年第5期。

贪污罪目的的重要意义就在于非法占有公共财物的目的是认定贪污罪是否成立的一个必备要件。

贪污罪的这种犯罪目的不仅是贪污罪的犯罪构成要件之一，而且是贪污罪区别于他罪的标准之一。有无非法占有公共财物的目的，这也是贪污罪与挪用公款罪的主要区别。贪污罪的犯罪目的是非法占有公共财物，而挪用公款罪的犯罪目的则是挪用公款归个人使用，并不具有非法占有所挪用公款的目的，非法占有公共财物，包括所有权的全部即占有、使用、收益和处分。

但事实上以非法占有为目的并非贪污罪所独有，侵占罪、盗窃罪均要求行为人具有非法占有的主观目的。刑法中侵吞、窃取、骗取都属于故意行为，而且在主观上都应该是以非法占有为目的。正如有的学者所言，"'以非法占有为目的'是我国立法中'诈骗''骗取'用词中的应有之义"。〔1〕

因此，司法机关在判定贪污罪时必须认定行为人在主观上具有非法占有公共财物的目的存在一定难度。因为非法占有的犯罪目的属于行为人的主观心理状态，一般情况下只有行为人心知肚明，倘若行为人拒绝供认，司法人员就只能通过间接证据进行证明或者通过理性进行认定。由于贪污案件的情况是复杂多样的，贪污案件中证据的情况也是复杂多样的，所以司法人员在司法实践中对这一目的的判断就出现主观认识不同的问题。

司法实践中，对行为人利用职务便利采用不如实上报（虚报、谎报、多报、重复报）抑或冒充他人等手段骗领公共财物后，又实施了如下行为的，应当推定其具有非法占有的目的：①将公共财物用于个人花销或生活支出，为亲友或其他关系人谋利益；②将公共财物予以私分；③拒不退还、长时间不予归还、直到案发才归还的；④将公共财物予以隐匿；⑤将公共财物予以私存或理财，存入以他人名义开立的账户并实际控制；⑥将公共实物予以变卖；⑦携带公共财物潜逃；⑧将公共财物汇往国外。〔2〕

虽然我国的法律还没有设定贪污罪非法占有目的的推定规则，但是在一些司法解释和指导性意见中已经有了关于一些犯罪的"目的推定"。比如，最高人民法院对非法占有目的的推定规则，作了一些有益的探索，最高人民法

---

〔1〕 郦毓贝："金融诈骗罪需具有非法占有的目的——以票据诈骗罪为视角"，载《中国检察官》2006年第8期。

〔2〕 何家弘、黄健："贪污罪非法占有目的之推定规则初探"，载《法学杂志》2016年第10期。

院于2001年印发的《全国法院审理金融犯罪案件工作座谈会纪要》对于行为人通过诈骗的方法非法获取资金，造成数额较大资金不能归还，列举了七种行为：①明知没有归还能力而大量骗取资金的；②非法获取资金后逃跑的；③肆意挥霍骗取资金的；④使用骗取的资金进行违法犯罪活动的；⑤抽逃、转移资金、隐匿财产，以逃避返还资金的；⑥隐匿、销毁账目，或者搞假破产、假倒闭，以逃避返还资金的；⑦其他非法占有资金、拒不返还的行为。列举的这七种情形可认定行为人具有“非法占有目的”。这些规定为我们推定贪污罪中非法占有目的的规则提供了借鉴，[1]有助于准确惩处贪污犯罪，也有助于有效预防贪污犯罪。

第三节 贪污罪的疑难问题

一、不同身份者共同侵吞单位财物定性

（一）理论界的争论

理论界对不同身份者共同侵吞单位财物定性存在不同的观点。[2]

（1）主犯决定说。该说认为，共同犯罪中起到主要作用的是主犯，其本人犯罪行为的性质直接影响着共同犯罪的本质，从犯无法改变主犯所决定以及实施的犯罪行为的本质，因为在整体的犯罪行为中，从犯发挥的作用与影响是次要的。[3]该说的法律依据是1985年7月18日两高颁布的《关于当前办理经济犯罪案件中具体应用法律的若干问题的解答（试行）》（已废止）的规定，即：“内外勾结进行贪污或者盗窃活动的共同犯罪（包括一般共同犯罪和集团犯罪），应按其共同犯罪的基本特征定罪。共同犯罪的基本特征一般是由主犯犯罪的基本特征决定的。如果共同犯罪中主犯犯罪的基本特征是贪污，同案犯中不具有贪污罪主体身份的人，应以贪污罪的共犯论处。例如：国家工作人员某甲与社会上的某乙内外勾结，由甲利用职务上的便利，侵吞、盗窃或者骗取公共财物，乙在共同犯罪中起次要、辅助作用，甲定贪污罪，乙虽然不是国家工作人员，也以贪污罪的共犯论处。售货员某甲与社会上的某

〔1〕何家弘、黄健：“贪污罪非法占有目的之推定规则初探”，载《法学杂志》2016年第10期。

〔2〕缪树权：“贪污罪若干疑难问题研究”，载《中国检察官》2010年第16期。

〔3〕孟庆华、谭笑珉、高秀东：《贪污罪的定罪与量刑》，人民法院出版社2001年版，第281页。

乙、某丙内外勾结，由甲利用职务上的便利，采取付货不收款、多付货少收款，或者伪开退货票交由乙、丙到收款台领取现金等手段，共同盗骗国家财物，三人共同分赃、甲定贪污罪，乙、丙也以贪污罪的共犯论处。如果共同犯罪中主犯犯罪的基本特征是盗窃，同案犯中的国家工作人员不论是否利用职务上的便利，应以盗窃罪的共犯论处。例如：社会上的盗窃罪犯某甲、某乙为主犯，企业内仓库保管员某丙、值夜班的工人某丁共同为某甲、某乙充当内线，于夜间引甲、乙潜入仓库盗窃国家财物，四人分赃。甲、乙、丁均定盗窃罪，丙虽是国家工作人员，在参与盗窃活动时也曾利用其仓库保管员职务上的便利，但因他在共同犯罪中起次要或辅助的作用，仍以盗窃罪的共犯论处。”

（2）分别定罪说。该说认为，在利用职务之便非法占有公共财产的行为人的身份不同或在共同犯罪人中存在无身份的人的时候，定罪时应当区别对待，将国家工作人员和非国家工作人员分别以贪污罪、普通犯罪论处。

（3）实行行为决定说。该说认为，犯罪本质是由犯罪的实行行为的基本特征所决定的，因此，共同犯罪的罪名应当根据实行行为的构成要件确定犯罪行为的性质。

（4）特殊主体决定说。该说认为，具备不同身份的人共谋实施犯罪行为，且其着手实行的实行行为同时符合了身份犯罪和普通犯罪的构成要件，应当以有特殊身份者构成的罪名来定罪处罚。该说的法律依据是1988年1月21日通过的《关于惩治贪污罪贿赂罪的补充规定》、1997年《刑法》第382条第3款、2000年7月8日实施的《关于审理贪污、职务侵占案件如何认定共同犯罪几个问题的解释》的相关规定。其中，《关于惩治贪污罪贿赂罪的补充规定》第1条第2款规定：“与国家工作人员、集体经济组织工作人员或者其他经手、管理公共财物的人员勾结，伙同贪污的，以共犯论处。”1997年《刑法》第382条第3款规定：“与前两款所列人员勾结，伙同贪污的，以共犯论处。”《关于审理贪污、职务侵占案件如何认定共同犯罪几个问题的解释》第1条规定：“行为人与国家工作人员勾结，利用国家工作人员的职务便利，共同侵吞、窃取、骗取或者以其他手段非法占有公共财物的，以贪污罪共犯论处。”第2条规定：“行为人与公司、企业或者其他单位的人员勾结，利用公司、企业或者其他单位的人员的职务便利，共同将该单位的财物非法占为己有，数额较大的，以职务侵占罪共犯论处。”

(5) 区别对待说。该观点是目前学界的通说。该说认为，一般情况下应当对各共同犯罪人均以真正身份犯所犯的贪污罪定罪处罚，但在特殊情况下应该存在例外。这种例外主要表现在以下两种情形：①如果共同犯罪人都没有利用其中有身份者的职务便利，则共同犯罪人都应以相应的普通犯罪定罪量刑，而不按照贪污罪处罚。②如果无身份者不知道有身份者利用了其职务上的便利，即二人在利用有身份者职务之便上没有共同故意，则分别定罪处罚。

(二) 笔者的观点

上述学说各有利弊，笔者立足于现行有效的法律和解释，赞同通说区别对待说。我们不仅仅要注意《关于惩治贪污罪贿赂罪的补充规定》、1997 年《刑法》第 382 条第 3 款、《关于审理贪污、职务侵占案件如何认定共同犯罪几个问题的解释》第 1 条和第 2 条的规定，还要注意《关于审理贪污、职务侵占案件如何认定共同犯罪几个问题的解释》第 3 条的规定，即："公司、企业或者其他单位中，不具有国家工作人员身份的人与国家工作人员勾结，分别利用各自的职务便利，共同将本单位财物非法占为己有的，按照主犯的犯罪性质定罪。"有人认为这一规定的理论依据并不充分，实践中执行起来也有难以克服的困难，必将造成执法上的混乱。[1]该规定确实存在漏洞。因为按照我国刑法规定，主犯、从犯的划分是以共同犯罪人在共同犯罪中所起的作用为标准的，起主要作用的是主犯，起次要作用的是从犯，而主要和次要具有相对性，也存在无法区分的情形。那么，如果出现无法区分主犯、从犯的情况，如何确定共同犯罪的罪名呢？对此，理论界也提出不同的对策：有人认为，既然主要作用和次要作用具有相对性，就从相对性出发，区分出主犯和从犯。如果按照在共同犯罪中所起作用区分主犯、从犯确有困难，就参照下列因素加以区分：①行为人的职务高低确定主从犯，职务高的为主犯；②当行为人职务相当时，根据行为人的职权与被占有物的关系确定主从犯，行为人的职权与被占有物的联系更为密切的，该行为人视为主犯。有人认为，如果根据案件的实际情况确实难以区分主从犯的，对于国家工作人员和非国家工作人员应以贪污罪和职务侵占罪分别定罪。有人认为，如果各共同犯罪人在共同犯罪中的地位、作用相当，不存在主从关系的，可以贪污罪定罪处罚。

---

〔1〕 车承军："贪污共同犯罪定性刍议"，载《中国刑事法杂志》2000 年第 6 期。

笔者认为第一种意见较为贴近司法解释的原意，也具有可操作性。

二、贪污罪共同犯罪人贪污数额的计算

（一）理论界的争论

理论界对贪污罪共同犯罪人贪污数额应该如何计算存在不同的观点，综合起来主要包括如下几个方面〔1〕：

（1）犯罪总额说。该说认为："在经济犯罪案件中，所有共犯都应对他们造成的公共财产损失的总额负责，而不应搞所谓的'分别负责'。当然，在决定各个犯罪成员的处罚时，应根据各共犯所起的作用和责任的大小，犯罪态度的好坏等加以区别对待，但是，这种区别只能建立在他们对共同犯罪结果负责的基础之上的区别，否则，共同犯罪和单个人犯罪就没有什么区别了。"〔2〕

（2）分赃数额说。该说主张："一般共同犯罪原则上应以本人所得数额作为处罚的基础，同时考虑其在共同犯罪中的地位和作用，综合予以量刑。但是，对于集团犯罪的首犯，则应当按照共同犯罪的总额处罚。"〔3〕

（3）参与数额说。该说主张，各共同犯罪人应对本人实际参与的犯罪数额承担刑事责任。

（4）分担数额说。该说主张，各共犯只对本人"应当分担"的数额负责。"应当分担"应采用百分比的计算方法，要综合考虑参与数额、个人所得、地位和作用等。

（5）平均数额说。该说主张，各共犯都应平均分担共同犯罪的数额。

（6）综合评价说。该说主张，应当综合考虑全案各种因素，而不单纯以某一数额作为定罪量刑的根据。只有对参与数额、分赃数额以及共同犯罪中的地位和作用综合判断，才能对共犯的刑事责任作出正确的判定。

（二）笔者的观点

笔者认为，上述不同观点提出的原因，除了刑法理论不同看法的因素以外，更重要的是对刑法规范和司法解释的不同理解。全国人大常委会于1988

〔1〕缪树权："贪污罪若干疑难问题研究"，载《中国检察官》2010年第16期。

〔2〕孙振东："经济共同犯罪中的赃款数额与定罪量刑"，载《法学》1983年第9期。

〔3〕单长宗、欧阳涛："谈谈经济领域中严重犯罪案件的定罪和量刑问题"，载《法学研究》1983年第3期。

年1月21日发布的《关于惩治贪污罪贿赂罪的补充规定》第2条第2款规定:“二人以上共同贪污的,按照个人所得数额及其在犯罪中的作用,分别处罚。对贪污集团的首要分子,按照集团贪污的总数额处罚;对其他共同贪污犯罪中的主犯,情节严重的,按照共同贪污的总数额处罚。”两高在1989年11月6日发布的《关于执行〈关于惩治贪污罪贿赂罪的补充规定〉若干问题的解答》(已失效)第2条第2、3款规定:“共同贪污犯罪中,各共犯基于共同的犯罪故意,实施共同的犯罪行为,因此,各共犯均应对共同贪污犯罪行为所造成的危害后果负责。对于共同贪污中主犯情节严重的,按照共同贪污的总数额处罚。共同贪污尚未分赃的案件,处罚时应根据犯罪分子在共同贪污犯罪中的地位、作用,并参照贪污总数额和共犯成员间的平均数额确定犯罪分子个人应承担的刑事责任。”正是对于上述刑法规范和司法解释的不同理解,才延伸出对贪污罪共同犯罪人贪污数额应该如何计算的不同理解。

最高人民法院于2003年11月13日印发的《全国法院审理经济犯罪案件工作座谈会纪要》第2条第(四)项规定:“刑法第三百八十三条第一款规定的‘个人贪污数额’,在共同贪污犯罪案件中应理解为个人所参与或者组织、指挥共同贪污的数额,不能只按个人实际分得的赃款数额来认定。对共同贪污犯罪中的从犯,应当按照其所参与的共同贪污的数额确定量刑幅度,并依照刑法第二十七条第二款的规定,从轻、减轻处罚或者免除处罚。”依据该规定,我国目前对贪污罪共同犯罪人贪污数额的认定基本采取的是“参与数额说”,其中的“参与”是广泛的概念,不仅仅是指实行犯,也包括其他类型的共同犯罪人。

第一节 挪用公款罪的立法与解释

一、挪用公款罪的立法

（一）我国古代、近代挪用公款罪的立法

我国有史可考处罚挪用公款行为的规定始于秦朝。1975年12月在湖北省云梦县睡虎地秦墓出土的秦时竹简《法律答问》中就有“府中公金钱私贷之用之，与盗同法”的记载。〔1〕《唐律疏议》卷十一《职制》中“贷所监临财物”规定：“诸贷所监临财物者，坐赃论；若百日不还，以受所监临财物论。强者，各加二等”。卷十五《厩库》“监主以官物借人”规定：“诸监临主守之官，以官物私自借，若借人及借之者，笞五十；过十日，坐赃论减二等”。〔2〕《宋建隆详定刑统》卷十五《厩库》“监临主司以官物私贷借及贷借人”规定：“诸监临主守之官，以官物私自贷，若贷人，及贷之者，无文记，以盗论；有文记，准盗论。笞五十；过十日，坐赃论减二等。”〔3〕《大明律》“私借钱粮”“在官求索借贷人财物”“挪移出纳”等条款对不同情节的挪用公款行为作出了相应规定。〔4〕清朝的《大清律例》基本是以《大明律》为蓝本编纂的，在对于挪用公款行为的立法上基本采用了明律的规定，没有大的变动。

我国古代刑法对挪用型犯罪的规定有以下特点：其一，其犯罪对象都是

〔1〕 睡虎地秦墓竹简整理小组编：《睡虎地秦墓竹简》，文物出版社1990年版。

〔2〕（唐）长孙无忌等撰：《唐律疏议》，刘俊文点校，中华书局1983年版，第222页、第291页。

〔3〕 薛梅卿点校：《宋刑统》，法律出版社1999年版，第275页。

〔4〕 怀效锋点校：《大明律》，法律出版社1999年版。

"官物""管有物",即公家的财物,如"公家驱使之奴掉、牛马驼骡驴、车船、碾陀、邸店""公务上或业务上之管有物"等。其二,其行为在于"私用"。"私自役使""私贷",均为擅自挪用。其三,罪状分明,从事不同活动按情节轻重、具体时限区别对待。如"假请官物,十日不还者笞三十,十日加一等,私服用者,加一等,停留总过八十日,罪正杖一百"。"私贷官物,若百日不还,以受所监临财物论,若卖买有剩利者,计处以乞取监临财物论。强市者,笞五十,有剩利者,计利准枉法论。"[1]

到了近代,1911 年的《大清新刑律》第 370 条规定:"侵占自己依法令、契约照料他人事务之管有物、其有物或属于他人所有权、抵当权及其他物权之财物者,处三等至五等有期徒刑。"第 392 条规定:"侵占公务上或业务上之管有物、其有物属于他人所有物、抵当物及其物权之财物者,处二等或三等有期徒刑。"1928 年颁布的《中华民国刑法》将挪用行为归入侵占罪,其中的公务公益及业务侵占罪,就是指意图为自己或第三人不法所有,擅自处分或占有基于国家事务和公共利益,或基于业务上的原因而持有财物的行为。

(二)国外挪用公款罪的立法状况

外国刑法中的挪用公款罪立法例大致分为如下几种:

1. 规定了挪用型犯罪:挪用公款犯罪和挪用公物犯罪

例如,《西班牙刑法典》第 443 条规定了挪用公款犯罪,对当局或公务员挪用看管的公物或财物的行为规定了罚金刑、资格刑和自由刑。第 444 条规定了挪用公物犯罪,对挪用动产、不动产等行为规定了更为严厉的刑罚。[2] 再例如,《墨西哥联邦刑法典》第 223 条设立了"挪用罪",第 1 款罗列了四种不同的挪用公共财产的行为,第 2 款为挪用罪设定了罚金刑、资格刑和自由刑。[3]

2. 将挪用公款行为纳入背信犯罪

例如,《德国刑法典》第 226 条背信罪规定:"行为人滥用其依据法律或官方委托或法律行为所取得的处分他人财产或使他人负有义务的权限,或者违反其依据法律、官方委托、法律行为及因信托关系而负有的管理他人财产

---

[1] 转引自郭楠:"挪用公款罪客观方面研究",中国政法大学 2009 年硕士学位论文。

[2] 《西班牙刑法典》,潘灯译,中国检察出版社 2015 年版,第 207~209 页。

[3] 《墨西哥联邦刑法典》,陈志军译,中国人民公安大学出版社 2010 年版,第 117~118 页。

利益的义务，致委托人财产的利益遭受损失的，处五年以下自由刑或罚金刑。”《日本刑法典》第247条规定：“为他人处理事务的人，以谋求自己或者第三人的利益或者损害委托人的利益为目的，实施违背其任务的行为，给委托人造成财产上的损害的，处五年以下惩役或者五十万元以下罚金。”[1]

3. 将挪用公款行为作为贪污处理

例如，《菲律宾刑法典》第271条和第220条关于贪污犯罪的基本规定，但是在这两个条款中，均明确将挪用公款的行为作为贪污行为的一种，并针对不同的挪用（贪污）数额和情节规定了轻重不同的法定刑，这些法定刑的类型包括自由刑和罚金刑。[2]

再如，《意大利刑法典》第314条规定：“公务员或受委托从事公共服务的人员，因其职务或服务原因占有或者掌握他人的钱款或财产，将其据为已有的，处以3年至10年有期徒刑。当犯罪人仅以暂时使用物品为目的，并且在暂时使用后立即予以归还时，适用6个月至3年有期徒刑。”[3]

（三）我国新民主主义革命和社会主义建设时期对挪用公款罪的立法

1. 将挪用公款行为作为贪污罪

1933年的中华苏维埃中央执行委员会训令第26号《关于惩治贪污浪费的行为》规定：“凡挪用公款为私人盈利者以贪污论罪。”1939年的《陕甘宁边区惩治贪污条例》第3条规定：“擅移公款，作为私人营利者”，以贪污罪论。1943年的《晋察冀边区惩治贪污条例》第3条规定，挪用公有财物营利者，擅自动用或处分所保管之公共财物者，以贪污罪论处。1947年的《东北解放区惩治贪污暂行条例》也明确将挪用公款的行为作为贪污罪论处。

中华人民共和国成立后，刑事法规没有把挪用公款行为规定为犯罪行为，但在司法实践中却将情节严重的挪用公款行为按照贪污罪处罚。例如，1952年的刘青山、张子善贪污案件，人民法院经过审理所认定的各种犯罪事实中，被告存在挪用专款、粮款的罪行，但全案定性为贪污罪，于1952年2月10日判处刘青山、张子善死刑。

1952年4月18日施行的《惩治贪污条例》（已失效）没有规定对挪用公

---

[1] 《日本刑法典》，张明楷译，法律出版社2006年版，第91页。

[2] 《菲律宾刑法典》，陈志军译，中国人民公安大学出版社2007年版，第79~80页。

[3] 《最新意大利刑法典》，黄风译注，法律出版社2007年版，第113页。

款的行为追究刑事责任，其第2条规定："一切国家机关、企业、学校及其附属机构的工作人员，凡侵吞、盗窃、骗取、套取国家财物，强索他人财物，收受贿赂以及其他假公济私违法取利之行为，均为贪污罪。"同时，在一些行政法规中对挪用公款行为的处罚作了规定。例如，1955年国务院颁布的《关于贯彻保护侨汇政策的命令》规定："凡有侵犯侨汇事情发生，必须分别情节论处；对于有意挪用、侵吞、冒领、盗取侨汇和敲诈侨眷的不法分子，必须依法制裁。"至于"依法制裁"中的"法"是什么法，制裁的类型是什么，语焉不详。1963年11月8日下发的《关于"五反"运动中对贪污盗窃、投机倒把问题的处理意见的报告》指出："长期借支或挪用公款，是违反财政制度的行为，应当令其检讨，归还公款，不要视为贪污。"

1972年国务院颁布的《中国人民银行出纳制度》规定："严禁挪用库款和以白条抵作库款。凡管理人员私自动用库款即以贪污论处。"在国务院批转的《关于中国工商银行系统工作人员经济违法犯罪案件的处理意见》中也规定："挪用银行各项费用款，供个人使用，超过六个月不还或挪用公款进行非法活动的，以贪污论处。私自动用银行库款、营业款和金银的，从动用时起，就以贪污论处。"除此之外，国务院发布的《金银管理条例》《国家金库条例》《楼堂馆所建设管理暂行条例》（已失效）等法规，均有对挪用公款予以行政处罚，构成犯罪的，依法追究刑事责任的规定。可见，从中华人民共和国成立到20世纪70年代，对挪用公款的刑事追究时断时续，且附属在行政法规之中，并按照贪污罪追究刑事责任。有学者指出，这种状况带来了许多问题：①刑事制裁被限定在行政法的特殊内容、特定范围内，其适用效力不具有普遍性；②罪的构成要件缺乏具体性，进而导致罪与非罪的界限缺乏明确性；③刑事责任的刑罚内容，绝对不确定，所谓"依法惩处"或者"依法追究刑事责任"，完全无量刑幅度的依据。〔1〕同时，由于适用上不具有普遍意义而难以有效打击犯罪。〔2〕

我国刑法典自1954年起草至1963年的33稿，历次稿本中均未规定挪用公款罪。全国人大法制委员会在1979年以第33稿为基础开始起草新的刑法

〔1〕喻伟："市场经济下公款挪用行为罪与刑的判定"，载《法学评论》1994年第2期。

〔2〕参见詹复亮：《贪污贿赂犯罪及其侦查实务》（第2版），人民出版社2013年版，第155~156页。

草案，在该刑法草案中增设了挪用特定款物罪，但我国 1979 年《刑法》中没有规定挪用公款罪。

1982 年全国人民代表大会法制委员会起草的《关于惩治贪污、受贿罪的补充规定（草案）》规定："挪用公款归个人使用，超过六个月不还的，或者挪用公款进行非法活动的，以贪污论处。其非法活动构成其他罪的，按照数罪并罚规定处罚。"但该草案也没有正式公布实施。1985 年 7 月 18 日，两高联合发布的《关于当前办理经济犯罪案件中具体应用法律的若干问题的解答（试行）》(已失效，下同）也指出："挪用公款归个人使用或者进行非法活动以贪污论处。"

2. 挪用公款罪作为独立罪名入刑

挪用公款行为独立成罪始于 1988 年。1988 年 1 月 21 日全国人大常委会通过并颁布了《关于惩治贪污罪贿赂罪的补充规定》(已失效，下同），该补充规定第 3 条规定了挪用公款犯罪。其中，第 1 款规定："国家工作人员、集体经济组织工作人员或者其他经手、管理公共财物的人员，利用职务上的便利，挪用公款归个人使用，进行非法活动的，或者挪用公款数额较大、进行营利活动的，或者挪用公款数额较大、超过三个月未还的，是挪用公款罪，处五年以下有期徒刑或者拘役；情节严重的，处五年以上有期徒刑。挪用公款数额较大不退还的，以贪污论处。"第 2 款规定："挪用救灾、抢险、防汛、优抚、救济款物归个人使用的，从重处罚。"第 3 款规定："挪用公款进行非法活动构成其他罪的，依照数罪并罚的规定处罚。"《关于惩治贪污罪贿赂罪的补充规定》之所以独立规定挪用公款罪，是为了适应当时社会形势的变化和同犯罪作斗争的实际需要。正如学者们所指出的：近几年来，许多不法分子，甚至有些党员、干部，利用职务之便，大量挪用公款进行非法活动、营利活动或者长期挪用公款、公物不退还，数额巨大、情节严重，引起了人民群众的不满，要求完善立法，打击挪用公款的犯罪行为。而我国 1979 年《刑法》第 126 条规定，挪用国家救灾、抢险、防汛、优抚、救济款物，情节严重，致使国家和人民群众利益遭受重大损失的，属犯罪行为。1979 年《刑法》第 126 条是禁止把国家拨付的专门款项挪作他用，如把国家的救灾物资用来盖楼堂馆所等。因此，对于挪用公款进行非法活动、营利活动和归个人使用如何处罚，实践中则无法可依。最高人民法院和最高人民检察院曾联合作出司法解释，对挪用公款的，以贪污论处。然而，挪用公款同贪污虽然有联系，但又是两种不同的行为，挪用公款以贪污论处，理论上和实践中都存在矛盾。[1]

我国 1997 年《刑法》第 384 条明确规定了挪用公款罪。1997 年《刑法》第 384 第 1 款规定："国家工作人员利用职务上的便利，挪用公款归个人使用，进行非法活动的，或者挪用公款数额较大、进行营利活动的，或者挪用公款数额较大、超过三个月未还的，是挪用公款罪，处五年以下有期徒刑或者拘役；情节严重的，处五年以上有期徒刑。挪用公款数额巨大不退还的，处十年以上有期徒刑或者无期徒刑。"第 2 款规定："挪用用于救灾、抢险、防汛、优抚、扶贫、移民、救济款物归个人使用的，从重处罚。"

与《关于惩治贪污罪贿赂罪的补充规定》相比较，1997 年《刑法》对挪用公款罪的修改主要表现在：①缩小了挪用公款罪犯罪主体范围。将挪用公款罪犯罪主体由"国家工作人员、集体经济组织工作人员或者其经手、管理公共财物的人员"修改为"国家工作人员"，同时，1997 年《刑法》第 272 条第 2 款规定："国有公司、企业或者其他国有单位中从事公务的人员和国有公司、企业或者其他国有单位委派到非国有公司、企业以及其他单位从事公务的人员有前款行为的，依照本法第三百八十四条的规定定罪处罚。"②明确规定了单独的挪用公款罪罪状与法定刑，挪用公款罪从贪污罪中分离出来。③删除了"挪用公款进行非法活动构成其罪的，依照数罪并罚的规定处罚"的规定。④将挪用扶贫、移民等特定款物归个人使用规定为挪用公款罪，且从重处罚。

1999 年 12 月 25 日，全国人大常委会颁布的《刑法修正案（一）》第 7 条将《刑法》第 185 条修改为："商业银行、证券交易所、期货交易所、证券公司、期货经纪公司、保险公司或者其他金融机构的工作人员利用职务上的便利，挪用本单位或者客户资金的，依照本法第二百七十二条的规定定罪处罚。国有商业银行、证券交易所、期货交易所、证券公司、期货经纪公司、保险公司或者其他国有金融机构的工作人员和国有商业银行、证券交易所、期货交易所、证券公司、期货经纪公司、保险公司或者其他国有金融机构委派到前款规定中的非国有机构从事公务的人员有前款行为的，依照本法第三百八十四条的规定定罪处罚。"至此，1997 年《刑法》所规定的挪用公款罪归

---

〔1〕 陈重："为什么要增设挪用公款罪?"，载《学习与研究》1988 年第 4 期。

纳为三类不同的挪用公款罪：标准的挪用公款罪；加重处罚的挪用公款罪；以挪用公款罪论处的挪用公款罪。

二、挪用公款罪的解释

为了更好地适用刑法对挪用公款行为的定性与处罚，全国人大常委会和两高对相关条文进行了一系列的立法解释和司法解释。

截至2019年底，已经失效挪用公款罪的相关刑法解释有：《关于当前办理经济犯罪案件中具体应用法律的若干问题的解答（试行）》（1985年）、《关于执行法（研）发（1987）6号文件有关问题的请示的批复》（1987年）、《“关于挪用公款归个人使用或者进行非法行动以贪污论处的问题”的修改补充意见》（1987年）、《关于惩治贪污罪贿赂罪的补充规定》（1988年）、《关于执行〈关于惩治贪污罪贿赂罪的补充规定〉若干问题的解答》（1989年）、《关于偷支储蓄户存款行为如何定性处理问题的请示的批复》（1989年）、《关于贪污、挪用公款所生利息应否计入贪污、挪用公款犯罪数额问题的批复》（1993年）、《关于对贪污、受贿、挪用公款犯罪分子依法正确适用缓刑的若干规定》（1996年）、《关于检察机关直接受理立案侦查案件中若干数额、数量标准的规定（试行）》（1997年）、《关于挪用公款给私有公司、私有企业使用行为的法律适用问题的批复》（2000年）、《关于如何认定挪用公款归个人使用有关问题的解释》（2001年）。

截至2019年底，仍然有效的挪用公款罪的相关刑法解释有：《关于挪用国库券如何定性问题的批复》（1997年）、《关于审理挪用公款案件具体应用法律若干问题的解释》（1998年）、《关于人民检察院直接受理立案侦查案件立案标准的规定（试行）》（1999年）、《关于国家工作人员挪用非特定公物能否定罪的请示的批复》（2000年）、《关于〈中华人民共和国刑法〉第九十三条第二款的解释》（2000年）、《关于贯彻执行〈全国人民代表大会常务委员会关于《中华人民共和国刑法》第九十三条第二款的解释〉的通知》（2000年）、《关于〈全国人民代表大会常务委员会关于《中华人民共和国刑法》第九十三条第二款的解释〉的时间效力的批复》（2000年）、《关于国家工作人员在农村合作基金会兼职从事管理工作如何认定身份问题的答复》（2000年）、《关于认真贯彻执行全国人大常委会〈关于刑法第二百九十四条第一款的解释〉和〈关于刑法第三百八十四条第一款的解释〉的通知》

(2002 年)、《关于〈中华人民共和国刑法〉第三百八十四条第一款的解释》(2002 年)、《关于佛教协会工作人员能否构成受贿罪或者公司、企业人员受贿罪主体问题的答复》(2003 年)、《全国法院审理经济犯罪案件工作座谈会纪要》(2003 年)、《关于挪用公款犯罪如何计算追诉期限问题的批复》(2003 年)、《关于办理妨害预防、控制突发传染病疫情等灾害的刑事案件具体应用法律若干问题的解释》(2003 年)、《关于挪用失业保险基金和下岗职工基本生活保障资金的行为适用法律问题的批复》(2003 年)、《关于对行为人通过伪造国家机关公文、证件担任国家工作人员职务并利用职务上的便利侵占本单位财物、收受贿赂、挪用本单位资金等行为如何适用法律问题的答复》(2004 年)、《关于国家机关、国有公司、企业委派到非国有公司、企业从事公务但尚未依照规定程序获取该单位职务的人员是否适用刑法第九十三条第二款问题的答复》(2004 年)、《关于办理职务犯罪案件认定自首、立功等量刑情节若干问题的意见》(2009 年)、《关于办理国家出资企业中职务犯罪案件具体应用法律若干问题的意见》(2010 年)、《关于办理职务犯罪案件严格适用缓刑、免予刑事处罚若干问题的意见》(2012 年)、《关于办理贪污贿赂刑事案件适用法律若干问题的解释》(2016 年)、《关于被告人林少钦受贿请示一案的答复》(2017 年)、《关于办理减刑、假释案件具体应用法律的补充规定》(2019 年)。

第二节　挪用公款罪的犯罪构成

一、挪用公款罪的客体

(一) 挪用公款罪的客体

理论界对于挪用公款罪的犯罪客体存在着简单客体论与复杂客体论的争议。

简单客体论者一般认为，挪用公款罪侵犯的客体是公款的所有权。[1]也有人认为，挪用公款罪的犯罪客体是国家对公款的占有权、使用权和收益权；[2]有人认为，挪用公款罪的犯罪客体是财经管理制度；[3]有人认为，挪用公款

[1] 高铭暄主编:《刑法专论(下编)》，高等教育出版社 2002 年版，第 850~852 页。

[2] 李万勤:“论挪用公款罪侵犯的客体及其归类”，载《政法论坛》1989 年第 4 期。

[3] 卢建平、叶希善、叶良芳编著:《挪用公款罪专题整理》(上篇)，中国人民公安大学出版社 2007 年版，第 19~20 页。

罪侵害的客体是公款的占有权；等等。

复杂客体论者一般认为，挪用公款罪侵犯的客体是国家工作人员的职务廉洁性，也侵犯公共财产的占用、使用和收益权。[1]也有人认为是公共财产所有权、国家财经管理制度和国家工作人员的廉洁性。[2]有人认为，挪用公款罪侵犯的客体是国家财经管理秩序、公共财产所有权中的占有权，使用权和收益权和国家工作人员的职务行为。[3]有人认为："挪用公款罪是一种既侵害财产关系，又具有渎职性质的犯罪。所谓挪用公款，是指国家工作人员利用经手、管理公款的职务便利，不经合法批准而擅自动用公款归个人使用，并准备用毕归还的行为。"[4]

笔者认为，挪用公款罪的犯罪客体是复杂客体，即挪用公款罪侵犯了国家工作人员的职务廉洁性和公共财产的占有、使用及收益权。其中，主要客体是国家工作人员的职务廉洁性，次要客体是公款的占有、使用、收益权。

（二）挪用公款罪的犯罪对象

1. 挪用公款罪的法定犯罪对象

挪用公款罪的犯罪对象是公款和特定物，除上述特定物外的非特定物或一般公物不属于该罪的对象。[5]依据 1997 年《刑法》第 384 条第 1 款的规定，挪用公款罪的犯罪对象包括公款；依据第 384 条第 2 款的规定，挪用公款罪的犯罪对象包括特定物，即挪用归个人使用的用于救灾、抢险、防汛、优抚、扶贫、移民、救济款物。

2. 对公款的理解

何谓公款？有人认为，公款是指"国家或集体所有的货币资金，以及国家金额集体管理、使用、汇兑、储存的私人所有的货币"。[6]有人认为，比照 1997 年《刑法》第 91 条对公共财产的解释，公款应当包括国家所有的公款、

〔1〕 高铭暄、马克昌主编：《刑法学》，北京大学出版社、高等教育出版社 2017 年版，第 629 页。

〔2〕 陈正云、钱舫：《国家工作人员职务经济犯罪的定罪与量刑》，人民法院出版社 2000 年版，第 361 页。

〔3〕 张明之：《中国罪名要论》，中国言实出版社 1997 年版，第 459 页。

〔4〕 王作富主编：《刑法分则实务研究》（下），中国方正出版社 2003 年版，第 1939 页。

〔5〕 高铭暄、马克昌主编：《刑法学》，北京大学出版社、高等教育出版社 2017 年版，第 629 页。

〔6〕 杨兴国：《贪污贿赂犯罪认定精解精析》（修订版），中国检察出版社 2015 年版，第 101 页。

劳动群众集体所有的公款、在国有单位管理、使用和运输的私人所有的款项、用于扶贫或者其他公益事业的社会捐助的款项或专项资金。[1]有人认为，传统意义上的“公款”表现形式为货币资金，包括纸币、铸币，在经济上具有支付、流通作用，属于有形的物质财富代表。但在当今经济迅猛发展的形势下，随着法律逐步完善，支付方式的多元化、新型化趋势日渐明显，国库券、股票、支票、债券等有价证券及存单、信用卡、信用证等金融凭证成为公款的重要载体。这些有价证券和金融凭证可以属于“公款”范围。[2]也有人认为，公款是公共财产中呈货币或者有价证券形态的部分。[3]

笔者认为，根据刑法及其司法解释，公款包括：①货币。②国库券。最高人民检察院 1997 年 10 月 13 日发布的《关于挪用国库券如何定性问题的批复》指出：“国家工作人员利用职务上的便利，挪用公有或本单位的国库券的行为以挪用公款论；符合刑法第 384 条、第 272 条第 2 款规定的情形构成犯罪的，按挪用公款罪追究刑事责任。”③失业保险基金和下岗职工基本生活保障资金。2003 年 1 月 30 日起施行的《关于挪用失业保险基金和下岗职工基本生活保障资金的行为适用法律问题的批复》规定：“国家工作人员利用职务上的便利，挪用失业保险基金和下岗职工基本生活保障资金归个人使用，构成犯罪的，应当依照刑法第三百八十四条的规定，以挪用公款罪追究刑事责任。”④金融凭证、有价证券。最高人民法院于 2003 年 11 月 13 日发布的《全国法院审理经济犯罪案件工作座谈会纪要》规定：“挪用金融凭证、有价证券用于质押，……符合刑法关于挪用公款罪规定的，以挪用公款罪定罪处罚，……”因为以股票、存单等为代表的金融凭证、有价证券与传统意义上的货币不能完全等同，但银行存单可以直接领取现金，支票有支付手段的职能，与货币资金一样具有流动性、交换性、价值性，在一定程度上对货币资金产生了替代作用，挪用股票、存单、债券等可以兑换现金的金融凭证、有价证券与挪用现金、国库券具有相同的社会危害性，所以，该司法解释具有合理性，合乎立法原意。《全国法院审理经济犯罪案件工作座谈会纪要》规定：“挪用金融凭证、有价证券用于质押，使公款处于风险之中，与挪用公款为他人提供

〔1〕 于宏：《挪用犯罪论》，中国检察出版社 2005 年版，第 130 页。

〔2〕 何秉松主编：《职务犯罪的预防与惩治》，中国方正出版社 1999 年版，第 482 页。

〔3〕 高铭暄、马克昌主编：《刑法学》，北京大学出版社、高等教育出版社 2017 年，第 629 页。

担保没有实质的区别。符合刑法关于挪用公款罪规定的，以挪用公款罪定罪处罚，挪用公款数额以实际或者可能承担的风险数额认定。”

3. 一般公物能否成为挪用公款罪的犯罪对象

理论界对一般公物能否成为挪用公款罪的犯罪对象，存在不同的观点：

肯定说认为，非特定公物是挪用公款罪的犯罪对象。其主要理由是：①非特定公物同公款、特定公物一样，属于公共财产的范围。公款与公物本质上并无差异，从法律的公正性出发，一般公物可以成为本罪的犯罪对象。②挪用公款罪的犯罪客体是复杂客体，挪用非特定公物也侵犯了该复杂客体。③挪用非特定公物价值可能远远超过挪用公款的价值，社会危害性巨大，应当受到刑罚处罚。④国外有国家刑法将非特定公物规定为挪用财物罪的对象。如，《巴西刑法典》中的挪用公共财物罪的对象为“任何动产”。[1]

否定说认为，由于刑法已明确将一般公物排除在挪用公款罪的犯罪对象之外，且公物与公款在本质上有所不同。因此，一般公物不能成为挪用公款罪的犯罪对象。[2]

笔者认为，所谓一般公物，是指《刑法》第 384 条第 2 款规定的特定公物之外的公共财产中的物品。2000 年 3 月 6 日最高人民检察院《关于国家工作人员挪用非特定公物能否定罪的请示的批复》中指出：“刑法第 384 条规定的挪用公款罪中未包括挪用非特定公物归个人使用的行为，对该行为不以挪用公款罪论处。如构成其他犯罪的，依照刑法的相关规定定罪处罚。”因此，在司法实践中，不应将一般公物作为挪用公款罪的犯罪对象。

但是，2003 年 10 月 31 日第 58 届联大审议通过的《联合国反腐败公约》第 17 条“公职人员贪污、挪用或者以其他类似方式侵犯财产”将挪用等行为的对象规定为：“因职务而受托的任何财产、公共资金、私人资金、公共证券、私人证券或者其他任何贵重物品。”我国已经于 2006 年 2 月 12 日批准加入该公约，因此该公约对我国产生法律效力。依照国际法优先于国内法的原则，我国应当对国内法进行必要的修订，以便适应国际法的要求，更好地履行国际法所确定的义务。

---

〔1〕 何承斌：“挪用公款罪立法的比较研究”，载《河北法学》2005 年第 2 期，第 46 页。

〔2〕 王峰、杨琼：“挪用公款罪犯罪对象若干问题研究”，载《郧阳师范高等专科学校学报》2009 年第 2 期。

4. 混合型公司、企业的资金能否成为“公款”?

对此，理论界存在着不同的观点。其一，认为国家控股的公司的资金，应当视为国有资金，即可以视为“公款”，国家参股但未控股的公司的资金，按照参股比例来认定其中属于“公款”的部分。[1]其二，认为国家控股的公司的资金，可以视为“公款”，国家参股但未控股的公司的资金，不应认定为“公款”。[2]其三，认为只要公司的资金来源中有国有资金，则公司资金就应全额认定为“公款”。[3]其四，混合型公司、企业的资金属于法人财产，不能视为“公款”。

笔者认为，从《刑法》第272条规定的挪用资金罪与第384条规定的挪用公款罪的立法原意分析，公司、企业的资金和公款存在着明显的差异。依照《公司法》的规定，公司财产与公款也存在着本质的不同。因此，不能轻易将公司（包括国有独资公司）的资金等同于挪用公款罪中的公款。应尽快出台相关的有效解释，以避免司法实践中的不一致，维护司法的公平与公正。

5. 行为人将一般公物予以变卖而挪用变卖款，对此应当如何定性?

对于此种情形，主要有如下几种观点：

其一，认为公物不仅具有使用价值，而且公物还可能被用于变现，行为人挪用公物，一般情形下是直接利用公物的使用价值，但是也不能排除其变卖公物的可能性，虽然货币不同于货物，但是应当将挪用变卖公物款项的行为视为挪用公款的特殊情形，因此，不能排除行为人在此种情形下成立挪用公款罪的可能性。[4]

其二，认为若行为人将公物进行了变卖，而换成货币，并使用该笔款项，则该行为表明行为人挪用公物并非为了使用该公物，而是为了将其转换成公款，并进而使用该笔款项，换言之，行为人在主观上具有非法占有的目的，而并非仅仅是挪用该笔款项，因此，行为人应当成立贪污罪。[5]

其三，认为挪用公款罪注重的是被挪用的对象（公款或者特定款物）从单位被挪用出去时的状态，对于挪用公物的行为，该公物在被挪用之前，在

[1] 祝铭山主编：《中国刑法教程》，中国政法大学出版社1998年版，第696~697页。

[2] 严恒：“贪污罪、职务侵占罪之辨析”，载《中国刑事法杂志》2000年第1期。

[3] 朱孝清：“论贪污贿赂罪的几个问题”，载《人民检察》1998年第3期。

[4] 王作富：“挪用公款罪司法认定若干问题研究”，载《政法论坛》2001年第4期。

[5] 房清侠等：《刑法理论问题专题研究》，中国人民公安大学出版社2003年版，第391页。

被挪用的单位里以实物的形式存在，而且当行为人将其从单位中挪出去时，其依旧是公物，虽然后来行为人将该公物进行变卖换成了货币，但该公物被挪用时尚没有以货币的形式进行呈现，因此，行为人不可能成立挪用公款罪，但是，行为人的行为可能构成渎职犯罪。[1]

笔者认为，行为人擅自挪用的就是非特定公物变卖之后所得的款项，利用的本来就是款项的货币价值，行为人将公物变卖后所得款项当然属于挪用公款罪的犯罪对象。

三、挪用公款罪的客观方面

有学者用“一个构成前提”+“三个构成标准”来概括挪用公款罪的客观方面：“一个构成前提”是指挪用公款罪在客观方面上要求行为人利用职务上的便利；“三个构成标准”是指根据被挪用的公款的用途，可以将挪用行为分为三种不同的类型：“非法活动型”“营利活动型”和“超期未还型”，而且《刑法》第384条还分别为这三种类型的用途规定了不同的入罪标准。[2]依据《刑法》第384条的规定，挪用公款罪的客观方面表现为：国家工作人员利用职务上的便利，挪用公款归个人使用，进行非法活动的，或者挪用公款数额较大、进行营利活动的，或者挪用公款数额较大、超过三个月未还的行为。

（一）利用职务上的便利

理论界通说认为：“所谓利用职务上的便利，是指行为人利用职务权力和地位所形成的主管、管理或者是经手公款的便利条件。如行为人利用本人职务所形成的主管、管理、经营、经手公款（包括特定款物）的便利条件。既包括本人直接经手、管理公款的便利条件，也包括行为人因其职务关系而具有的调拨、支配、使用公款的便利条件。”[3]

“主管”，主要指负责支配、调拨、处置及其他支配公共财物的职务活动；“管理”，指负责保管、处理及其他使公共财物不被流失的职务活动；“经手”，

---

[1] 赵秉志主编：《中国刑法案例与学理研究：分则篇（六）：贪污贿赂罪、渎职罪》，法律出版社2001年版，第90页。

[2] 孟庆华：“挪用公款罪的立法修改完善问题探讨”，载《河北大学学报（哲学社会科学版）》2008年第6期。

[3] 《刑法学》编写组：《刑法学（下册·各论）》，高等教育出版社2019年版，第263页。

指领取、支出等经办公共财物的职务活动。[1]

（二）挪用的含义和特征

“挪用”包含两层意思：①把某种款项移作他用；②私自用（公家的钱。）[2]挪用公款罪的“挪用”是指改变公款用途。[3]“挪用”行为的认定，应注意“挪用”的特征：其一，“挪用”具有非法性。“挪用的非法性应同时包含行为性质的违法性和审批程序的擅自性。”[4]另有学者认为挪用本身就是一种不合法或者违章的行为，不能以是否经过批准为标准。[5]笔者认为第二种观点是比较合理的。其二，“挪用”具有私利性。挪用者是为本人或他人的利益而挪用公款的。如果是为社会公共利益进行挪用，就不能构成挪用公款罪。其三，“挪用”具有个人意志性。依据2003年最高人民法院的《全国法院审理经济犯罪案件工作座谈会纪要》，经单位领导集体研究决定将公款给个人使用，或者单位负责人为了单位的利益，决定将公款给个人使用的，不以挪用公款罪定罪处罚。上述行为致使单位遭受重大损失，构成其他犯罪的，依照刑法的有关规定对责任人员定罪处罚。其四，“挪用”具有社会危害性。行为人改变公款归属的行为实质上造成了对社会的危害。

（三）挪用公款归个人使用，进行非法活动的

1.“挪用公款归个人使用”的认定

（1）“挪用公款归个人使用”是否应该成为挪用公款罪的构成要件。刑法理论界对挪用公款“归个人使用”是否应当成为挪用公款罪的构成要件存在不同的观点。

肯定说认为，“挪用公款‘归个人使用’是刑法明文规定构成挪用公款罪所不可缺少的一个客观要件”。[6]“挪用公款归个人使用与归单位使用，尽管都对公款的使用权构成了一定的侵犯，但两者的社会危害程度是不同的，公款私用的危害程度显然大于挪用公款归单位使用的社会危害程度，而刑法所

---

〔1〕张明楷：《刑法学》（第2版），法律出版社2011年版，第1054页。

〔2〕商务印书馆辞书研究中心修订：《新华词典》（第4版），商务印书馆2001年版，第729页。

〔3〕高铭暄、马克昌主编：《刑法学》，北京大学出版社、高等教育出版社2017年版，第629页。

〔4〕游伟主编：《刑法理论与司法问题研究》，上海文艺出版社2001年版，第525页。

〔5〕马克昌、丁幕英主编：《刑法的修改与完善》，人民法院出版社1995年版，第309页。

〔6〕王作富：“挪用公款罪司法认定若干问题研究”，载《政法论坛》2001年第4期。

要惩治的是具有严重危害程度的犯罪行为，并非一般的违法违纪行为。这正是刑法规定挪用公款罪必须是挪用公款归个人使用的原因所在。至于一般的挪用公款归单位使用的行为，是违反财经纪律和财务制度的行为，不是挪用公款罪法条所要专门惩治的对象。”[1]

否定说认为，“挪用公款‘归个人使用’不应是挪用公款罪的必备要件。因为被挪用公款的去向或用途不同，仅仅反映了行为人的动机不同，而动机如何，即不论挪用公款归谁使用，作何使用，都已经改变了公款的状态，侵害了国家工作人员的廉洁性，因此均不应该影响挪用公款罪的成立。其次，实践中有的行为人挪用公款后既没有谋取私利，也没有‘以个人名义’将公款供企事业单位、机关、团体使用，对这种行为一概不处罚，不利于惩治犯罪”。[2]

笔者认为，从刑法的规定来看，立法者显然将“挪用公款归个人使用”作为犯罪构成的客观要件，且“归个人使用”与不归个人使用性质不同、社会危害性不同，又加以区别之必要，至于理解适用的问题可以通过刑法解释加以解决。因此，笔者认为肯定说比较合理。

（2）“挪用公款归个人使用”的司法认定。1919 年《刑法》颁布后，全国人大常委会、两高多次对“挪用公款归个人使用”进行了解释。1989 年 11 月 6 日两高在《关于执行〈关于惩治贪污罪贿赂罪的补充规定〉若干问题的解答》（已失效）中指出：“挪用公款后，为私利以个人名义将挪用的公款给企业事业单位、机关、团体使用的，应为挪用公款归个人使用。”最高人民法院于 1998 年 4 月 29 日发布的《关于审理挪用公款案件具体应用法律若干问题的解释》中规定：“‘挪用公款归个人使用’，包括挪用者本人使用或者给他人使用，挪用公款给私有公司、私有企业使用的，属于挪用公款归个人使用。”最高人民检察院于 2000 年 3 月 14 日在《关于挪用公款给私有公司、私有企业使用行为的法律适用问题的批复》（已失效）中指出，挪用公款给私有公司、私有企业使用的行为，无论发生在刑法修订前后，均可构成挪用公款罪。最高人民法院在 2001 年 10 月 17 日发布的《关于如何认定挪用公款归个人使用有关问题的解释》（已失效）第 1 条中规定：“国家工作人员利用职务

[1] 孟庆华：《挪用公款罪研究新动向》，北京大学出版社 2006 年版，第 65 页。
[2] 孙谦主编：《国家工作人员职务犯罪研究》，法律出版社 1998 年版，第 135 页。

上的便利，以个人名义将公款借给其他自然人或者不具有法人资格的私营独资企业、私营合伙企业等使用的，属于挪用公款归个人使用。”第2条规定：“国家工作人员利用职务上的便利为谋取个人利益，以个人名义将公款借给其他单位使用的，属于挪用公款归个人使用。”全国人大常委会在2002年5月13日发布的《关于刑法第三百八十四条第一款的解释》中将“归个人使用”明确规定为三种情况：将公款供本人、亲友或者其他自然人使用的、以个人名义将公款供其他单位使用的、个人决定以单位名义将公款供其他单位使用，谋取个人利益的。2003年11月13日发布的《全国法院审理经济犯罪案件工作座谈会纪要》指出，国有单位领导利用职务上的便利指令具有法人资格的下级单位将公款供个人使用的，属于挪用公款行为，构成犯罪的，应以挪用公款罪定罪处罚。

(3)“以个人名义”认定。有人认为，“既然是‘以个人名义’，就是相对于‘以单位名义’而言的，言下之意，凡是以单位名义将公款挪给他人使用的，就不属于挪用公款归个人使用”。[1]有人认为，“据调查‘以个人名义’挪用公款主要有以下几种情况：使用人从挪用人处直接将公款借走，在借款手续或账目上表现为个人借款形式在账目上表现为单位转借形式，但使用人与挪用人在口头上约定或以其他形式明确表达了个人借款的意思，这种形式多以证人证言和犯罪嫌疑人口供为依据定案；法定代表人或主管财务领导自己决定将公款借出，单位账目没有体现，并没有明确是单位借款的部门负责人或具体工作人员未经领导同意，擅自借出的”。

2003年11月13日发布的《全国法院审理经济犯罪案件工作座谈会纪要》指出，认定是否属于“以个人名义”，不能只看形式，要从实质上把握。对于行为人逃避财务监管，或者与使用人约定以个人名义进行，或者借款、还款都以个人名义进行，将公款给其他单位使用的，应认定为“以个人名义”。

(4)“其他单位”的认定。根据1997年《刑法》第30条的规定，单位，是指“公司、企业、事业单位、机关、团体”。全国人大常委会《关于刑法第三百八十四条第一款的解释》既没有限定单位的性质范围，也没有区分国有单位和非国有单位的性质，更没有区分具有法人资格企业和不具有法人资格企业，因此，“其他单位”应该包括除了本单位以外的一切公司、企业、事业

[1] 赵秉志主编：《刑事法判解研究》(第1辑)，人民法院出版社2002年版，第134页。

单位、机关、团体，既包括国有公司、国有企业、事业单位、国家机关、人民团体、集体经济组织、中外合资、中外合作、外资企业，也包括具有法人资格的私营股份有限公司和私营有限责任公司、不具有法人资格的私营独资企业和私营合伙企业等其他所有单位。这也是现代企业制度权利义务平等地受到国家法律的保护和制约的法治精神的体现。

(5)“谋取个人利益”的认定。“谋取个人利益”是主观要件还是客观要件，在理论界和司法实践中存在着不同的观点。有学者认为，“谋取个人利益”是“行为人谋取个人某种好处的主观动机，一般应包含以下内容：既包括谋取个人不正当、非法的利益，也包括谋取个人正当的、合法的利益；既包括行为人与使用人事先约定但尚未实现或者正在实现的利益，也包括行为人与使用人事先未约定但实际已获取的利益。无论个人利益实现与否，只要行为人有谋取个人利益的动机，即符合‘为谋取个人利益’的要件。既包括个人物质利益，也包括个人非物质利益精神、名誉、荣誉等”。[1]另有学者认为，“谋取个人利益”是客观要件，并不是行为人内心和思想上一种无法为外界所观察的意图与想法，而是行为人一种外在的、能够直接为外界与他人了解的行动与事实。[2]笔者赞同“谋取个人利益”属于挪用公款罪的客观要件。

关于“谋取个人利益”的认定，2003 年 11 月 13 日发布的《全国法院审理经济犯罪案件工作座谈会纪要》指出，“谋取个人利益”，既包括行为人与使用人事先约定谋取个人利益实际尚未获取的情况，也包括虽未事先约定但实际已获取了个人利益的情况，其中的“个人利益”，既包括不正当利益，也包括正当利益；既包括财产性利益，也包括非财产性利益，但这种非财产性利益应当是具体的实际利益，如升学、就业等。

有学者进一步说明，一般情况下，“个人利益”应是指行为人本人所获得的利益，但在某些情况下，其他人获得的利益也应当纳入行为人“谋取个人利益”的范围。[3]因此，以下情形也应认为是“谋取个人利益”：其一，为

---

〔1〕 张智斌、易志坚：“浅谈‘挪用公款归个人使用’”，载 https://www.chinacourt.org/article/detail/2002/06/id/6932.shtml.

〔2〕 田旭、刘志伟：“论谋取利益行为的构成要件地位与规范意义——以挪用公款罪与受贿罪的共存形态为切入点”，载《贵州警官职业学院学报》2016 年第 1 期。

〔3〕 廖梅：“挪用公款罪‘个人利益’并非单指‘本人利益’”，载《检察日报》2004 年 7 月 21 日。

特定关系人谋取利益；其二，为单位小部分人谋取利益。

至于非财产性利益的范围，2003 年 11 月 13 日发布的《全国法院审理经济犯罪案件工作座谈会纪要》只是限定为“应当是具体的实际利益”，且举例“如升学、就业等”，在司法实践中应当谨慎把握，不宜任意扩大。“个人利益”不应包括：精神上所获得的愉悦或者享受、正常的人情往来、与他人发生性关系等。[1]

对于行为人谋取的“个人利益”是否需达到一定度或者量的标准，存在不同的观点。“肯定说”认为，“谋取个人利益”既然作为挪用公款罪的一个构成要件，其必然要和其他犯罪所要求的构成要件一样，理应达到一定的度或者量的要求，起码从数量和规模上能够与挪用公款的金额相互对应，能够在思想上触动和引诱行为人实施挪用公款行为。而那些微小的、在日常生活中可以很轻易取得的利益，如被请吃顿饭、接受少量礼品馈赠等，则不能认定行为人谋取了个人利益。“否定说”则认为，对于挪用公款犯罪中的“谋取个人利益”，不应有度或量的限制，只要行为人挪用公款时受到了利益因素的影响，则不论该利益大或小、多或少，均应当认定行为人谋取了个人利益。全国人大常委会在《关于刑法第三百八十四条第一款的解释》中所强调的谋取个人利益，实际是一种目的性要求，行为人目的和意图是否实现，不影响其犯罪的成立。[2]

笔者认为，挪用公款罪的本质特征是国家工作人员利用职务便利，挪用公款谋取私利，全国人大常委会的立法解释和相关的司法解释并没有对行为人所获得的利益进行量度的要求，因此，在司法认定上不宜对“谋取个人利益”作量度上的限制。

(6)“个人决定”的认定。有学者认为，“个人决定是指未与单位其他领导通气、商量，或不顾单位其他领导人的反对或劝阻，个人独断专行地作出决定。当然，出借后才告知单位其他领导也为个人决定”。[3]有学者具体列举了属于“个人决定”的情形：“第一，法定代表人或主管财务领导虽具有审批

---

〔1〕 郑连升：“挪用公款罪中的‘谋取个人利益’疑难问题探讨”，西南政法大学 2017 年硕士学位论文。

〔2〕 李昕、侯亚萍：“挪用公款罪中‘谋取个人利益’之认定”，载《公民与法（法学版）》2013 年第 1 期。

〔3〕 吴仁碧：“刑法中的挪用和归个人使用”，载《法制日报》2003 年 10 月 30 日。

决定职权，但违反公款管理使用规定或财务审批决策程序制度，将公款借出的。第二，法定代表人或主管财务领导，自己决定将公款借出，事先未按规定经集体讨论，事后才向其他班子成员通报的。第三，部门负责人或具体工作人员虽经领导同意，但隐瞒真实情况或违反规定将公款借出的。”〔1〕2003年11月13日发布的《全国法院审理经济犯罪案件工作座谈会纪要》规定，“个人决定”既包括行为人在职权范围内决定，也包括超越职权范围决定。

2. 进行非法活动

理论界对于“非法活动”的理解存在两种不同的观点：一种观点认为，这里的“非法活动”仅指那些构成犯罪的严重违法行为。另一种观点认为，不仅包括违反刑事法律的严重犯罪行为，如走私犯罪、赌博犯罪、毒品犯罪等活动，也包括违反治安、工商、海关等经济、行政法规的一般违法行为，如一般的走私、赌博、嫖娼、无照经营等违法行为等。〔2〕1998年5月9日实施的最高人民法院《关于审理挪用公款案件具体应用法律若干问题的解释》第2条第1款第（三）项规定：“挪用公款归个人使用，进行赌博、走私等非法活动的，构成挪用公款罪，不受‘数额较大’和挪用时间的限制。”这里的“赌博、走私”，既可能是违反行政法规的一般违法行为，也可能是犯罪行为。因此，对“非法活动”应作广义上的理解，包括各种违法、犯罪行为。

（四）挪用公款数额较大、进行营利活动的

1. 挪用公款数额较大

1998年5月9日起施行的最高人民法院《关于审理挪用公款案件具体应用法律若干问题的解释》第3条规定，挪用公款归个人使用，“数额较大、进行营利活动的”，或者“数额较大、超过三个月未还的”，以挪用公款1万元至3万元为“数额较大”的起点，以挪用公款15万元至20万元为“数额巨大”的起点。挪用公款“情节严重”，是指挪用公款数额巨大，或者数额虽未达到巨大，但挪用公款手段恶劣；多次挪用公款；因挪用公款严重影响生产、经营，造成严重损失等情形。“挪用公款归个人使用，进行非法活动的”，以挪用公款5千元至1万元为追究刑事责任的数额起点。挪用公款5万元至10万元以上的，属于挪用公款归个人使用，进行非法活动“情节严重”的情形

〔1〕孟庆华：《挪用公款罪研究新动向》，北京大学出版社2006年版，第87页。

〔2〕孙谦主编：《国家工作人员职务犯罪研究》，法律出版社1998年版。

之一。挪用公款归个人使用，进行非法活动，情节严重的其他情形，按照本条第1款的规定执行。各高级人民法院可以根据本地实际情况，按照本解释规定的数额幅度，确定本地区执行的具体数额标准，并报最高人民法院备案。挪用救灾、抢险、防汛、优抚、扶贫、移民、救济款物归个人使用的数额标准，参照挪用公款归个人使用进行非法活动的数额标准。第4条规定："多次挪用公款不还，挪用公款数额累计计算；多次挪用公款，并以后次挪用的公款归还前次挪用的公款，挪用公款数额以案发时未还的实际数额认定。"最高人民检察院于1999年9月16日发布施行的《关于人民检察院直接受理立案侦查案件立案标准的规定（试行）》规定，涉嫌下列情形之一的，应予立案：挪用公款归个人使用，数额在5千元至1万元以上，进行非法活动的；挪用公款数额在1万元至3万元以上，归个人进行营利活动的；挪用公款归个人使用，数额在1万元至3万元以上，超过3个月未还的。各省级人民检察院可以根据本地实际情况，在上述数额幅度内，确定本地区执行的具体数额标准，并报最高人民检察院备案。"挪用公款归个人使用"，既包括挪用者本人使用，也包括给他人使用。多次挪用公款不还的，挪用公款数额累计计算；多次挪用公款并以后次挪用的公款归还前次挪用的公款，挪用公款数额以案发时未还的数额认定。

2. 进行营利活动

所谓"营利"，就是指"谋求利润"。〔1〕1998年5月9日最高人民法院实施的《关于审理挪用公款案件具体应用法律若干问题的解释》第2条第1款第（二）项规定："挪用公款数额较大，归个人进行营利活动的，构成挪用公款罪，不受挪用时间和是否归还的限制。在案发前部分或者全部归还本息的，可以从轻处罚；情节轻微的，可以免除处罚。挪用公款存入银行、用于集资、购买股票、国债等，属于挪用公款进行营利活动。所获取的利息、收益等违法所得，应当追缴，但不计入挪用公款的数额。"

这里就存在着如何区分"进行营利活动"与"进行非法活动"的问题，即"进行非法的营利活动"究竟属于"进行营利活动"还是属于"进行非法活动"。对于这一问题，有人认为，"营利活动"专指法律允许范畴内的合法

〔1〕 中国社会科学院语言研究所词典编辑室编：《现代汉语词典》（第5版），商务印书馆2005年版，第1634页。

获取利润，使公款进入社会，造成经济管理秩序危害的活动，包括经营性活动、生产性活动等，也包括将公款存入银行获取利息、购买股票获利等非生产经营性活动。但这种营利活动只能是在法律允许范围内，非法的活动并不包括在内。[1]“营利活动仅指以合法手段谋取合法经济利益的行为，不包括非法谋取经济利益或谋取非法经济利益的行为，更不包括谋取非经济利益的行为。”[2]也有人认为，“营利活动既包括合法的营利活动，也包括非法的营利活动”。[3]

笔者认为，1998 年 5 月 9 日最高人民法院实施的《关于审理挪用公款案件具体应用法律若干问题的解释》第 2 条第 1 款第（三）项第 1 段规定：“挪用公款归个人使用，进行赌博、走私等非法活动的，构成挪用公款罪，不受‘数额较大’和挪用时间的限制。”这里的赌博、走私既是“非法活动”，同时又是“营利活动”，司法解释将其归入了“非法活动”的范畴，从而与《关于审理挪用公款案件具体应用法律若干问题的解释》第 2 条第 1 款第（二）项规定的进行“营利活动”相区分。因此，“营利活动”专指法律允许范畴内的合法获取经济利益的相关活动。

2003 年 11 月 13 日的《全国法院审理经济犯罪案件工作座谈会纪要》指出挪用公款归还个人欠款的，应当根据产生欠款的原因，分别认定属于挪用公款的何种情形。归还个人进行非法活动或者进行营利活动产生的欠款，应当认定为挪用公款进行非法活动或者进行营利活动。

对于挪用公款用于注册公司、企业行为性质的认定，《全国法院审理经济犯罪案件工作座谈会纪要》指出，申报注册资本是为进行生产经营活动作准备，属于成立公司、企业进行营利活动的组成部分。因此，挪用公款归个人用于公司、企业注册资本验资证明的，应当认定为挪用公款进行营利活动。

（五）挪用公款数额较大、超过三个月未还的

理论界对“超过三个月未还”存在着不同的观点：有人认为，“超过三个月未还的”，是指挪用公款时间超过三个月，直至案发时仍未主动归还的情况。“超过三个月”与“未还”是并列的限制条件，如果虽然超过三个月但

〔1〕张凤艳：“挪用公款罪若干问题研究”，载《中国刑事法杂志》2000 年第 4 期。

〔2〕梁统、谢加利：“解读挪用公款罪中的‘营利’”，载《人民法院报》2003 年 3 月 31 日。

〔3〕张明楷：《刑法学》（第 2 版），法律出版社 2003 年版，第 788 页。

在案发时已经归还的，就不应视为犯罪。有人认为，挪用公款“超过三个月未还的”立法规定表明，挪用公款在三个月期限内已退还的，不构成犯罪。但是只要行为人挪用公款未还，期限超过三个月的，就符合挪用公款罪的法定构成要件，至于未还期限超过三个月以后，挪用人还与不还，自愿还与强制还，已不是罪与非罪的法定界限，而是量刑问题了。[1]

笔者认为，1998 年 5 月 9 日最高人民法院实施的《关于审理挪用公款案件具体应用法律若干问题的解释》第 2 条第 1 款第（一）项规定：“……挪用正在生息或者需要支付利息的公款归个人使用，数额较大，超过三个月但在案发前全部归还本金的，可以从轻处罚或者免除处罚。给国家、集体造成的利息损失应予追缴。挪用公款数额巨大，超过三个月，案发前全部归还的，可以酌情从轻处罚。”该规定表明，在案发前全部归还本金这一情节，只能作为一个可以从轻处罚或免除处罚的量刑情节来处理。因此，只要挪用公款数额较大、期限已满三个月都构成犯罪，而不问三个月期满以后是否归还。

三、挪用公款罪的主体

挪用公款罪的犯罪主体是国家工作人员。关于国家工作人员的范围，前文已有论述，在此不再赘述。在挪用公款罪的犯罪主体问题上，有相当多的问题仍有进一步探讨的必要。

（一）单位能否成立挪用公款罪的犯罪主体

对于单位能否成为挪用公款罪的犯罪主体，在理论界存在着肯定说和否定说两种观点。

肯定说认为，国家机关挪用公款或特定公物的现象时有发生，如果不将单位作为犯罪主体进行处理，就会导致处罚上的不公平。同为挪用公款的行为，若主体为自然人（国家工作人员），则可能会按照挪用公款罪进行定罪处罚，而因为主体是单位，同样是公款被挪用，但该行为并不能得到有效的规制，这不利于对公款的保护，故应将单位纳入到该罪的主体范围之列。[2]否定说认为，1997 年《刑法》第 30 条规定：“公司、企业、事业单位、机关、团体实施的危害社会的行为，法律规定为单位犯罪的，应当负刑事责任。”挪

---

〔1〕 吕桂芬：“挪用公款罪认定中的若干疑难问题”，载《国家检察官学院学报》2000 年第 2 期。

〔2〕 廖宏平：“论挪用公款罪”，载《郴州师范高等专科学校学报》2003 年第 1 期。

用公款罪没有规定单位犯罪，自然不能处罚单位，但是可以处罚自然人，否则，就有违背罪刑法定原则之嫌，影响刑法的稳定性和权威性。[1]笔者认为，否定说更为合理。其一，我国刑法单位犯罪中双罚制（既处罚单位又处罚自然人）为主，单罚制（只处罚自然人）为辅。其二，本罪意在惩罚擅自利用职务便利挪用公款归个人使用的行为。[2]单位犯罪的主观方面必须体现单位意志，将单位集体决策规定为犯罪和立法意图相悖。其三，2003年11月13日的《全国法院审理经济犯罪案件工作座谈会纪要》规定："经单位领导集体研究决定将公款给个人使用，或者单位负责人为了单位的利益，决定将公款给个人使用的，不以挪用公款罪定罪处罚。上述行为致使单位遭受重大损失，构成其他犯罪的，依照刑法的有关规定对责任人员定罪处罚。"其四，2014年4月24日全国人民代表大会常务委员会《关于〈中华人民共和国刑法〉第三十条的解释》规定："公司、企业、事业单位、机关、团体等单位实施刑法规定的危害社会的行为，刑法分则和其他法律未规定追究单位的刑事责任的，对组织、策划、实施该危害社会行为的人依法追究刑事责任。"

（二）受国家机关、国有公司、企业、事业单位、人民团体委托管理、经营国有财产的人员是否可以成为本罪主体

1997年《刑法》第382条第2款规定："受国家机关、国有公司、企业、事业单位、人民团体委托管理、经营国有财产的人员，利用职务上的便利，侵吞、窃取、骗取或者以其他手段非法占有国有财物的，以贪污论。"但刑法并未直接规定上述人员是否可以成为挪用公款罪的犯罪主体。

对于该问题，2000年2月24日施行的最高人民法院《关于对受委托管理、经营国有财产的人员挪用国有资金行为如何定罪问题的批复》明确指出："对于受国家机关、国有公司、企业、事业单位、人民团体委托，管理、经营国有财产的非国家工作人员，利用职务上的便利，挪用国有资金归个人使用构成犯罪的，应当依照刑法第二百七十二条第一款的规定定罪处罚。"这表明，受国家机关、国有公司、企业、事业单位、人民团体委托管理、经营国有财产的人员不能成为挪用公款罪的犯罪主体。最高人民检察院于1999年8月6日通过的《关于人民检察院直接受理立案侦查案件立案标准的规定（试

---

〔1〕张明楷：《刑法学》（第4版），法律出版社2011年版，第139页。
〔2〕周光权：《刑法各论》，中国人民大学出版社2011年版，第412页。

行）》规定，“受委托管理、经营国有财产”是指因承包、租赁、聘用等而管理、经营国有财产。理论界对于最高人民法院《关于对受委托管理、经营国有财产的人员挪用国有资金行为如何定罪问题的批复》存在不同的看法，认为该批复把受国有单位委托管理、经营国有财产的人员利用职务上的便利，挪用国有资金归个人使用构成犯罪的依挪用资金罪定罪处罚的做法值得商榷，挪用公款罪的犯罪主体应包括受国有单位委托人员。[1]“聘用”和“委托”完全是两码事。既然被国有单位聘用管理、经营国有财产，他就是这些国有单位从事公务的人员了，也就是说，他就是国家工作人员了，也不存在再被委托的问题了。但也有人认为，应该注意到批复里规定的是临时聘用而非长期聘用，这是因为国有公司与其长期聘任的员工之间的劳动关系比较固定，并且后者所享有的权利和义务与正式职工没有实质不同，所以在某种程度上可以视其为国家工作人员；与此相反，国有公司与其临时聘任的员工之间并没有形成固定的劳动关系，故而不能将后者与国家工作人员混为一谈，所以将临时受聘于国有公司的管理工作人员视为受委托、派遣从而监管国家资产的人员，符合我国立法精神。[2]

（三）国家机关、国有公司、企业、事业单位委派到非国有公司、企业、事业单位、社会团体从事公务的人员能否成为挪用公款罪的犯罪主体

1997年《刑法》第185条第2款规定：“国有商业银行、证券交易所、期货交易所、证券公司、期货经纪公司、保险公司或者其他国有金融机构的工作人员和国有商业银行、证券交易所、期货交易所、证券公司、期货经纪公司、保险公司或者其他国有金融机构委派到前款规定中的非国有机构从事公务的人员有前款行为的，依照本法第三百八十四条挪用公款罪的规定定罪处罚。”

2003年11月13日最高人民法院印发的《全国法院审理经济犯罪案件工作座谈会议纪要》第1条第（二）项指出：“所谓委派，即委任、派遣，其形式多种多样，如任命、指派、提名、批准等。不论被委派的人身份如何，只要是接受国家机关、国有公司、企业、事业单位委派，代表国家机关、国有

---

〔1〕徐振科：“论挪用公款罪的主体”，载《法制与社会》2008年第34期。

〔2〕张鸣：“挪用公款罪的实践难题与解决”，辽宁大学2017年硕士学位论文。

公司、企业、事业单位在非国有公司、企业、事业单位、社会团体中从事组织、领导、监督、管理等工作，都可以认定为国家机关、国有公司、企业、事业单位委派到非国有公司、企业、事业单位、社会团体从事公务的人员。如国家机关、国有公司、企业、事业单位委派在国有控股或者参股的股份有限公司从事组织、领导、监督、管理等工作的人员，应当以国家工作人员论。国有公司、企业改制为股份有限公司后，原国有公司、企业的工作人员和股份有限公司新任命的人员中，除代表国有投资主体行使监督、管理职权的人外，不以国家工作人员论。”目前对于国家机关、国有公司、企业、事业单位委派到非国有公司、企业、事业单位、社会团体从事公务的人员能否成为挪用公款罪的犯罪主体，应当依照上述规定处理。

四、挪用公款罪的主观方面

理论界一般认为挪用公款罪的主观方面是直接故意，但也有学者提出不同观点，认为本罪的主观方面也应当包含有间接故意。对于间接故意犯罪，应按实际后果认定为挪用公款罪或贪污罪，即能归还的认定挪用公款罪，不能归还的认定为贪污罪。[1]笔者认为，犯罪故意由认识因素和意志因素构成。认识因素具体包括三项内容：①对行为本身的认识，即对刑法规定的危害社会行为的内容及其性质的认识；②对行为结果的认识，即对行为产生或将要产生的危害结果的内容与性质的认识；③对危害行为和危害结果相联系的其他犯罪构成要件的事实的认为。挪用公款罪的主观方面既可以是直接故意，也可以是间接故意。

（一）挪用公款罪的主观方面的认识因素

挪用公款行为人犯罪故意的认识因素，应当包括：①对挪用公款行为本身的认识，即明知自己实施的挪用公款行为是将公款挪出而使公款脱离本单位占有、使用状态的行为；②明知自己行为会发生危害公款使用权并侵害国家工作人员职务廉洁性的结果。不需要对挪用公款的时间、方法、地点有认识。

（二）挪用公款罪的主观方面的意志因素

挪用公款罪行为人犯罪故意的意志因素是对挪用公款行为对公款使用权

〔1〕 由龙涛：“挪用公款罪的罪过形式应包括间接故意”，载《人民检察》2010年第19期。

以及国家工作人员职务行为廉洁性造成危害结果的必然性和可能性持希望或者放任的心理态度。

（三）挪用公款的目的

对于挪用公款的目的，通常是行为人希望非法获得公款的使用权，也有学者认为，挪用公款的目的是多层次的，即暂时非法取得公款的使用权是直接目的，永久占有公款的增值部分是最终目的，这种占有的目的与贪污罪的目的并无本质的区别，所不同的是后者占有公共财产的全部本利，前者占有部分公款，即占有了原始公款的增值部分。〔1〕也有学者认为，挪用公款罪同样侵犯了权利人对公款的所有权的占有、使用、收益和处分的全部权能，而非保留对所有权的侵犯，只是行为人主观上仅具有在一定时间内剥夺公款所有人对公款所有权的意图，而没有永久非法剥夺所有人对公共财物的所有权。〔2〕笔者认为，挪用公款罪的犯罪目的就是挪用公款行为人希望通过挪用公款行为所要达到的目标，该目标只能是在一定阶段占有公款的使用权。

第三节　挪用公款罪的疑难问题

一、挪用公款罪的一罪与数罪

在司法实践中，行为人挪用公款进行犯罪活动，例如，挪用公款用于贩卖毒品。对于这一问题，理论界有不同的看法：有学者认为，挪用公款，同时进行犯罪活动构成其他犯罪的，其他犯罪活动的目的与其挪用公款的行为是紧密结合，不可分割的，完全符合牵连犯的特征，应当按一重罪处理。〔3〕也有学者认为，只要非法活动构成其他犯罪，就可以对挪用人以挪用公款罪和其他犯罪实行数罪并罚。〔4〕

---

〔1〕 高润生："关于挪用公款罪的若干理论及立法完善研究"，载《内蒙古大学学报（哲学社会科学版）》1995年第2期。

〔2〕 樊洪、刘富来："贪污罪非法占有的理解及犯罪形态的认定"，载《检察实践》2001年第6期。

〔3〕 王作富："挪用公款罪认定中若干问题研究"，载最高人民检察院法律政策研究室编：《法律应用研究》，中国法制出版社2001年版，第14页。

〔4〕 龚培华、肖中华：《刑法疑难争议问题与司法对策》，中国检察出版社2002年版，第588页。

笔者认为，上述情形属于牵连犯，应当按照牵连犯处罚的原则定罪量刑，即刑法明确规定实行数罪并罚的，按照数罪并罚的原则处理；刑法没有明确规定实行数罪并罚的，按照一个最重的罪处理。

二、以担保形式挪用公款的定性

对国家工作人员利用职务便利，将公款为他人或单位进行担保并获取利益，能否构成挪用公款罪，理论上存在不同看法。

有人认为，只有在债务人不履行约定债务的情况下，以公款进行担保才需要承担连带责任，所以，认定被挪用公款进行担保行为属不属于挪用公款行为，主要在于担保行为有没有最终造成公款损失。如果担保行为在实际上造成公款需要承担担保责任的，就可以认定挪用公款行为。如果担保直至结束都不需要承担连带责任，也就没有侵犯公款的使用权、占有权、收益权等权能，挪用公款的认定也就不能成立。其违法行为可以视情节以滥用职权罪等罪名处罚。〔1〕

有人认为，公款用于担保本身就是对于公款的一种处置，如发生公款被划拨的事实，则行为人可以认定为触犯本罪。

也有人认为，对于挪用公款用于担保能否认定为挪用公款罪，应根据我国现行的担保制度中的保证、抵押、质押、定金和留置五种形式（留置除外）逐个加以分析：①保证。如行为人个人决定以单位名义为他人作保证的，显然此行为尚未侵犯到公款的占有权、使用权和收益权，行为人也不存在挪用公款的主观故意。因此，此种行为不构成挪用公款罪。当发生公款被划拨履行担保义务的情况时，行为人可以视情节以滥用职权罪、失职罪和玩忽职守罪等罪名予以处罚。②抵押。行为人如将公款（如有价证券等）作为抵押物的，虽然公款的所有权和收益权并未受到侵害，但其使用权已经部分地受到了限制，毫无疑问，此时行为人可以被认定为触犯挪用公款罪。③质押。此种形式与抵押的区别在于质押先行改变了质押物的占有型态。因此，非法使用公款作为质押物，比起非法使用公款作为抵押物只侵犯了公款的使用权之外，还侵犯了公款的所有权和收益权。因此，此种形式比抵押形式更加符合挪用公款罪的特征，行为人更加能够被认定为触犯挪用公款罪。④定金。非

〔1〕 于宏：《挪用犯罪论》，中国检察出版社 2005 年版，第 138 页。

法以公款作为定金的担保形式是对公款的一种直接的侵害，自然构成挪用公款罪。[1]

笔者认为，国家工作人员利用职务便利将公款为他人或单位进行担保并获取利益的定性问题应当结合我国法律中的担保制度进行分析判断。因为挪用公款罪的犯罪客体是公款的使用权和国家工作人员职务行为的廉洁性，因此，只要上述担保行为实际上已经侵犯了上述刑法所保护的社会关系，就可以按照挪用公款罪追究行为人的刑事责任。在上述各观点中，第三种观点较为可取。

三、挪用公款行为与借贷公款行为的区分

挪用公款行为与借贷公款行为的区分十分复杂。在实践中，主要从以下几个方面进行区分：

（1）从公款所属单位区分。货币借贷实质上属于一种金融业务，按照我国相关法律法规的规定，一般的非金融机构是不可以进行信贷活动的。因此，如被借用的公款不属于可以依照法律法规进行信贷活动的机构，则公款的借用必然违法，在一定情况下就可能构成挪用公款行为。如被借用的公款属于合法的金融信贷机构，其工作人员在金融活动中违法将其出借，则一般不宜认定为挪用公款。

（2）从借贷双方的业务关系区分。如果借贷双方事实上存在财务往来，且财务往来中存在应收应付款项，则借款行为一般不宜认定为挪用公款。

必须指出的是，双方之间是否存在财务往来不能仅仅依靠双方的财务账目予以认定，而必须依据实际情况予以考察。这是因为，相当多的案例中，双方会在借款事后虚列账目，虚构双方存在财务往来的事实借以掩盖借款行为。

（3）从决定公款借出的过程区分。即公款的借出是以单位名义还是个人名义借出。这里要注意，以单位名义借出公款是单位集体来决定的，还是负责人个人借集体决策的形式来决定的，如是后者，则仍然应当认定为以个人名义借出。

（4）从公款的去向区分。依据人大的立法解释，以下三种情况可以构成

[1] 程富菊："挪用公款罪疑难问题研究"，黑龙江大学2015年硕士学位论文。

挪用公款罪：一是借出公款为自然人所使用的；二是以个人名义将公款供其他单位使用的；三是个人决定以单位名义将公款供其他单位使用，并谋取个人利益的。运用排除法可知，以单位名义将公款供其他单位使用，未谋取个人利益的行为不构成挪用公款罪。

四、“挪而未用”的犯罪形态

对于“挪而未用”案件的处理，理论界存在不同的观点：其一，挪而未用的，不构成挪用公款罪。挪用公款罪中的“挪用”其实是包含两个行为，即“挪”和“用”，只有既“挪”又“使用”公款的行为，才能构成挪用公款罪。[1]其二，行为人挪用公款的目的是为了使用，只挪而未用公款的行为，应该属于“挪用公款罪未遂”。[2]其三，虽然“挪用”一词是由“挪”和“用”两种行为结合而成，“挪”是手段，“用”是目的，但对于挪用型犯罪而言，并不是实现了“使用”的目的才构成犯罪既遂，对于“挪而未用”的情况，应该认定为挪用公款罪的犯罪既遂形态。[3]至于用与未用，用于何处，只是量刑的情节问题。[4]其四，挪而未用的行为大致可以分为两类：①行为人“挪”了以后思想上发生变化，不愿意继续实施犯罪行为而放弃“使用”，该种情况应该属于犯罪中止。根据犯罪中止的规定，可以不认为是犯罪；②行为人“挪”了以后由于意志以外的原因，使“使用”的目的未能实现，该种情况属于犯罪的未遂。[5]挪用公款犯罪中止的成立，只适用于挪用公款归个人消费的情形，不适用于另外两种情形。[6]笔者认为，《全国法院审理经济犯罪案件工作座谈纪要》关于挪用公款罪（七）“挪用公款后尚未投入实际使用的行为性质的认定”规定：“挪用公款后尚未投入实际使用的，只要同时具备‘数额较大’和‘超过三个月未还’的构成要件，应当认定为挪用公款罪，但

---

〔1〕转引自王作富主编：《刑法分则实务研究》（下），中国方正出版社2013年版，第1950页。

〔2〕刘家深主编：《新刑法新问题新罪名通释》，人民法院出版社1998年版，第969页。

〔3〕王振勇：“办理挪用公款案应注意的问题”，载《刑事司法指南》2002年第2期。

〔4〕北京市东城区人民检察院：“王作富教授谈挪用公款罪的认定”，载《检察日报》2000年12月11日。

〔5〕杨涛：“查处挪用公款犯罪中几个问题的思考”，载《河南省政法管理干部学院学报》2000年第6期。

〔6〕张天虹、李慧群：“论挪用公款罪的犯罪主体和客观方面”，载《山西大学学报（哲学社会科学版）》2001年第1期。

可以酌情从轻处罚。”依据该规定，司法机关认为，①“挪而未用”是否构成挪用公款罪还需要具备其他犯罪构成要件；②“挪而未用”是否构成挪用公款罪存在于1997年《刑法》第384条第1款规定挪用公款罪的第二、三种情形，而不包括“国家工作人员利用职务上的便利，挪用公款归个人使用，进行非法活动的”；③“未用”只是一个量刑情节；④“挪而未用”是既遂，不是犯罪中止或者犯罪未遂。

五、使用人与挪用人共同犯罪问题

1998年最高人民法院发布的《关于审理挪用公款案件具体应用法律若干问题的解释》第8条规定：“挪用公款给他人使用，使用人与挪用人共谋，指使或者参与策划取得挪用款的，以挪用公款罪的共犯定罪处罚。”因此，使用人和挪用人成立挪用公款罪共同犯罪，必须具有“共谋”“指使或者参与策划”的行为。

理论界对于“共谋”的理解主要存在两种不同意见：第一种意见认为，使用人如果积极主动地指使挪用人挪用公款，或者与挪用人对如何挪用公款的过程进行共同策划就能够认定二者之间具有“共谋”；另一种意见则认为，只要公款的使用人明知其使用的公款是挪用人私自违法挪用的，而仍然继续予以使用，即使其没有指使或参与策划，也应当构成挪用公款罪的共犯。〔1〕笔者认为，根据司法解释，这里的所谓“共谋”其实就是《关于审理挪用公款案件具体应用法律若干问题的解释》第8条中的“指使或者参与策划”，“指使或者参与策划”是“共谋”行为的外在客观表现，因此，司法解释对于使用人与挪用人共同犯罪问题采取的是限制性的态度，如果使用人没有“指使或者参与策划”，就不能成为挪用公款的共同犯罪人。“指使”的基本含义就是“出主意叫别人去做某事”，“策划”的基本含义是“筹划”和“谋划”。

理论界对使用人“提议借用公款”能否构成挪用公款罪的共犯问题存在不同的看法。有人认为这种提议行为并没有什么重要的意义，在整个活动中起不了什么作用，所以这种行为不是挪用公款的行为。而与之相反的观点把

---

〔1〕 陆炜：“挪用公款罪的共犯问题研究”，南京师范大学2016年硕士学位论文。

提议就看作是共谋，这种行为就是挪用公款的行为。[1]笔者认为，“提议”的基本含义是“提出建议”，其主动权还是在听到建议的人手中，建议可能被采纳，也可能不被采纳，因此，单纯的“提议”并不能形成共同的犯罪故意，并且使用人“提议”时也没有共同的犯罪故意，如果挪用公款的国家工作人员接受提议后与使用人进一步就相关挪用事宜进行研究、商讨，这就是“共谋”中的“参与策划”，构成挪用公款罪共犯。如果仅仅是单纯的“提议”，而没有后续“参与策划”的行为，则不能成立挪用公款罪的共犯。否则，就违背了主客观统一的原则。

六、不同用途的多次挪用公款的数额认定

行为人多次挪用公款但用途不同，其数额如何认定？理论界存在不同的观点。[2]

第一种观点，全额累计说。该说认为，应当将挪用人用于不同用途的公款的具体数额简单相加，再逐个减去每一次归还前一次的数额。即便某一项用途的公款数额达不到定罪的起点数额，只要用于各项用途的公款的总和达到了定罪的起点数额，仍应当将其定性为挪用公款罪。

第二种观点，分别累计说。该说认为，应当将用于不同用途的数额分别累计相加。某种具体用途的公款数额达到了定罪的起点数额，就构成挪用公款罪，不同用途的公款数额不需要计算总数。

第三种观点，主要用途说。该说认为，应当按照主要用途的数额来计算犯罪数额。简单来说，主要用于非法活动的，就适用对进行非法活动的犯罪构成模式的规定；主要用于营利性活动的，就适用对用于营利活动的规定；主要用于一般性活动的，就适用对“数额较大、超过3个月未还”的规定。如果不能确定主要用途，遵循存疑有利于被告的原则，适用一般性活动的规定。

第四种观点，举轻以明重说。该说认为，在计算多次挪用且用于多种用途的犯罪数额时，可以将危害性较大的用于非法活动或者营利性活动的数额计算在危害性较小的用于一般性活动的数额内，反之则不行。而且，3个月内

---

〔1〕张明楷：《刑法分则的解释原理》，中国人民大学出版社2004年版，第181页。

〔2〕王志军：“挪用公款罪若干争议问题研究”，湖南师范大学2017年硕士学位论文。

已经归还的数额必须排除在超过3个月还没还的数额之外。[1]

笔者认为，行为人多次挪用公款且用途不同，其数额的计算是十分复杂的问题，如果再出现多次挪用又多次归还的情况则更加复杂。上述“全额累计说”将复杂的问题简单化，便于计算，但是与刑法将挪用公款区分为三种形式的立法原意相背离，混淆了不同类型挪用公款构成犯罪之间的界限。“分别累计说”则走向了另一极端，忽略了挪用公款的总额，可能轻纵犯罪，特别对于不同用途的挪用公款行为均构成犯罪的情况下，“分别累计说”就无法应用。“主要用途说”中的主要与次要在司法实践中也难以判断，缺乏统一的标准。“举轻以明重说”与“主要用途说”相似。笔者认为，应先区分所挪用的不同用途的公款；再将不同用途的公款的数额分别相加计算出总额，其中已经归还的部分应予以扣除；再将所有按照不同用途能够成立犯罪的各类公款总额相加，不构成犯罪的部分不计算在内，其总和就是挪用公款罪挪用公款的数额。

---

〔1〕 张明楷：《刑法分则的解释原理》(下)，中国人民大学出版社2011年版，第754页。

受贿罪理论与实践 第三章 chapter 3

第一节　受贿罪的立法与解释

一、受贿罪的立法

（一）中国古代立法中的受贿罪

受贿罪是一个古老的罪名，在我国历史上第一个奴隶制国家——夏朝，就有了打击行贿、受贿罪的法律。[1]“《刑法志》：‘吏受贼枉法。’注：师古曰：‘吏受赇枉法者，谓曲公法而受赂者也。’《说文》：‘赇，以财物枉法相谢也。’段曰：‘枉法者，违法也。法当有罪而以财求免，是曰赇。受之者亦曰贼。’……求可兼赇之义，而赇不能兼求之义也。”[2]现代刑法中的受贿，古代一般称为“受赇”。

商朝“敷求哲人，俾辅于尔后嗣，制官刑，儆于有位，……敢有殉于货色，恒于游畋，时谓淫风。……惟兹三风十愆，卿士有一于身，家必丧；邦君有一于身，国必亡。臣下不匡，其刑墨”。[3]

西周规定“五过之疵，惟官、惟反、惟内、惟货、惟来，其罪惟钧，……狱货非宝，惟府辜功，报以庶尤”。[4]

《法经》共六篇，其中《杂法》中有所谓“六禁”。“六禁”中的“金禁”：“丞相受金，左右伏诛，犀首以下受金则诛。金自镒以下罚，不诛也。曰‘金

---

〔1〕 李衡梅：“我国历史上最早的一条关于行贿、受贿罪的法律”，载《社会科学战线》1982年第4期。

〔2〕（清）沈家本：《历代刑法考·汉律摭遗卷二》。

〔3〕《尚书·伊训》。

〔4〕《尚书·吕刑》。

禁'。""受金"就是接受贿赂的钱财,"金禁"就是关于官吏受贿的禁律。[1]

秦朝商鞅将《法经》中的"六法"改为"六律",其中就包含戒除官吏受贿的规定。汉承秦律并加以发展,在《汉律》中将官吏受贿称之为"受赇",规定了处置办法。秦汉时期有关受贿行为的定罪量刑已经专条规定,魏晋南北朝时贪污和受贿行为在法典上进行了第一次划分,有关受贿的罪名与处罚已经单独成篇。秦汉以后,肃贿犯罪立法在编纂体例、法律概念、罪刑相适应等方面都有长足的进步,为后来肃贿法制的完备奠定了良好的基础。例如,晋时的"违制律",至隋《开皇律》改为职制律,唐承隋制,职制律共三卷。不过,直至隋朝,法律对受贿犯罪的规定仍比较粗糙和幼稚,没有形成体系。[2]

《唐律》对贿赂犯罪规定得更加详细,也更加完备,如《唐律疏议》在《明例》篇中规定了"以赃入罪",将受财枉法、受财不枉法和受所监临财物这三方面的贿赂犯罪,连同强盗、盗窃和坐赃这六种非法占取公私财物犯罪合称"六赃"。而且在立法形式上对犯罪主体、受贿方式、处罚等方面进行了详细规定。

唐朝至 19 世纪末,历朝刑律中对受贿的规定基本沿袭唐朝做法,未有大的突破,仅清末《大清新刑律》将原法律体系进行了改革,把贿赂罪独立规定于渎职罪范围之中。

有学者概括我国古代受贿罪立法的内容具有如下特征:①立法较细较严,对于受贿犯罪的罪名、主体范围和行为方式都有详细的规定。在主体上不仅包括可以直接进行权钱交易的官员,还包括可以间接依仗权力获取贿赂的人(如官员的家属),即使是退职的官员也难逃法网。②在处刑上计赃论罪。一般赃多刑重,赃少刑轻,法官自由裁量的余地不大,不易发生量刑畸轻畸重的情况。③立法上区别对待,主体上对监临、主守、势要等职务、地位高的官员受贿从严论处,手段上对于强取、乞取贿赂的处刑重于收受贿赂的。[3]

(二) 中国近代立法中的受贿罪

1912 年北洋政府颁布了《暂行新刑律》,对受贿罪作了较为明确、细致

---

[1] 钱大群:"谈我国古代法律中官吏的受贿、贪污、盗窃罪",载钱大群:《中国法律史论考》,南京师范大学出版社 2001 年版,第 318~319 页。

[2] 叶小琴:"中国古代受贿犯罪立法的历史考察",载《江苏警官学院学报》2004 年第 2 期。

[3] 叶小琴:"中国古代受贿犯罪立法的历史考察",载《江苏警官学院学报》2004 年第 2 期。

的规定，内容包含罪名、罪状、刑罚等，分为不违背职务、违背职务、不违背职务事后等受贿罪具体情形。中华民国政府在1928年颁布了《中华民国刑法》，新增了审判职务的公务员或公断人受贿罪、准受贿罪即事前受贿罪等。在同一时期，中华苏维埃政府于1933年公布了《关于惩治贪污浪费行为的第二十六号训令》，将利用职权贪污公款以图私的苏维埃机关、国营企业及公共团体的工作人员作为惩治对象，打击犯罪巩固新生政权，这种规定类似“国家工作人员身份”。〔1〕在抗日战争和解放战争期间分别颁布了《东北解放区严惩贪污暂行条例》《陕甘宁边区惩治贪污条例》等文件，都单独设置了受贿罪的罪名，并对受贿罪作了简单、明确的规定。

（三）中国当代立法中的受贿罪

中华人民共和国成立后，中央人民政府于1952年3月28日出台《惩治贪污条例》（已失效，下同），该条例第2条规定：“一切国家机关、企业、学校及其附属机构的工作人员，凡侵吞、盗窃、套取国家财物，强索他人财物，收受贿赂以及其他假公济私违法取利之行为，均为贪污罪。”可见，在1952年《惩治贪污条例》中，强索他人财物和收受贿赂两种行为被归入贪污罪的范畴，并无受贿罪罪名，但对受贿行为规定了刑罚处罚。

1979年《刑法》总结了新中国成立以来同贪污贿赂作斗争的经验，改变了传统贪污的概念，将受贿罪从贪污罪中分离出来，根据贪污贿赂罪侵犯主要客体的不同，分别规定在侵犯财产罪和渎职罪两章之中，并规定了不同的法定刑，这是受贿罪向着科学化立法发展的重要一步。〔2〕1979年《刑法》将受贿罪规定在第八章渎职罪中，该法第185条第1款、第2款规定：“国家工作人员利用职务上的便利，收受贿赂的，处五年以下有期徒刑或者拘役，赃款、赃物没收，公款、公物追还。犯前款罪，致使国家或者公民利益遭受严重损失的，处五年以上有期徒刑。”与1952年《惩治贪污条例》相比，1979年《刑法》对受贿罪的规定，具有如下几个特点：第一，受贿罪从贪污罪中独立出来，并归到渎职犯罪一章。第二，扩大了国家工作人员的范围。根据1979年《刑法》第83条的规定，受贿罪的主体较1952年《惩治贪污条例》

---

〔1〕赵荣春、陈继群：“浅议党在中央苏区的执政理念”，载《党史文苑》2012年第10期。

〔2〕周勇、马栩生：“受贿罪不应依照贪污罪处罚”，载《天津政法管理干部学院学报》2002年第1期。

增加了“其他依照法律从事公务的人员”，对国家工作人员做了扩大解释。第三，明确提出了“利用职务上的便利”的要素规定。第四，受贿罪的行为方式仅限于收受财物一种形式，其行为方式相对单一，1952 年《惩治贪污条例》中已有的“索贿”行为没有被规定在刑法中。第五，1979 年《刑法》对受贿的数额没做要求，究竟是因立法仓促而疏漏，还是有意为之，不得而知。第六，1979 年《刑法》规定受贿罪的法定最高刑为 15 年有期徒刑，没有规定死刑。

鉴于当时走私、套汇、投机倒把牟取暴利、盗窃公共财物、盗卖珍贵文物和索贿受贿等经济犯罪活动猖獗，对国家社会主义建设事业和人民利益危害严重，为了坚决打击这些犯罪活动，严厉惩处这些犯罪分子和参与、包庇或者纵容这些犯罪活动的国家工作人员，第五届全国人民代表大会常务委员会第二十二次会议于 1982 年 3 月发布《关于严惩严重破坏经济的罪犯的决定》（已失效，下同），对 1979 年《刑法》进行了必要的补充和修改。《关于严惩严重破坏经济的罪犯的决定》将 1979 年《刑法》第 185 条第 1 款和第 2 款受贿罪修改为：“国家工作人员索取、收受贿赂的，比照刑法第一百五十五条贪污罪论处；情节特别严重的，处无期徒刑或者死刑。”此条对受贿罪的修订有如下特点：第一，把索贿行为明确规定为受贿罪的一种方式，体现了对 1952 年《惩治贪污条例》中“强索财物”予以刑事惩罚的肯定。第二，确立受贿罪抽象数额入罪模式。第三，受贿罪的刑罚比照贪污罪的法定刑处罚，而不再有自己独立的法定刑。第四，法定最高刑提高至死刑，刑罚由轻缓化走向重刑化。第五，删除了“利用职务上的便利”这一犯罪构成要件。

1988 年 1 月 21 日全国人大常委会通过的《关于惩治贪污罪贿赂罪的补充规定》（已失效，下同）第 4 条规定：“国家工作人员、集体经济组织工作人员或者其他从事公务的人员，利用职务上的便利，索取他人财物的，或者非法收受他人财物为他人谋取利益的，是受贿罪。与国家工作人员、集体经济组织工作人员或者其他从事公务的人员勾结，伙同受贿的，以共犯论处。国家工作人员、集体经济组织工作人员或者其他从事公务的人员，在经济往来中，违反国家规定收受各种名义的回扣、手续费，归个人所有的，以受贿论处。”从《关于惩治贪污罪贿赂罪的补充规定》可以看出：第一，扩大受贿罪主体范围，增加了集体经济组织工作人员。第二，增加了“为他人谋取利益”这一犯罪构成要件，形式上更加合乎逻辑，体现出“权钱交易”的性质，实则增加了司法实践中对受贿罪的认定难度，时至今日学者仍然对其聚讼不已，一直被学界所诟病。第三，恢复了“利用职务上的便利”这一合理的规定，使构成要件更加完备。第四，对商业贿赂犯罪也作出了细致的规定。[1]

为了维护社会经济秩序，保护公司的合法权益，惩治违反公司法的犯罪行为，1995 年 2 月 28 日全国人大常委会通过《关于惩治违反公司法的犯罪的决定》(已失效，下同)，对公司、企业人员受贿行为作出了规定。该决定第 9 条规定：“公司董事、监事或者职工利用职务上的便利，索取或者收受贿赂，数额较大的，处五年以下有期徒刑或者拘役；数额巨大的，处五年以上有期徒刑，可以并处没收财产。”

1997 年《刑法》第 385 条第 1 款规定：“国家工作人员利用职务上的便利，索取他人财物的，或者非法收受他人财物，为他人谋取利益的，是受贿罪。”第 385 条第 2 款规定：“国家工作人员在经济往来中，违反国家规定，收受各种名义的回扣、手续费，归个人所有的，以受贿论处。”第 386 条规定：“对犯受贿罪的，根据受贿所得数额及情节，依照本法第三百八十三条的规定处罚。索贿的从重处罚。”第 388 条规定：“国家工作人员利用本人职权或者地位形成的便利条件，通过其他国家工作人员职务上的行为，为请托人谋取不正当利益，索取请托人财物或者收受请托人财物的，以受贿论处。”第 388 条之一规定：“国家工作人员的近亲属或者其他与该国家工作人员关系密切的人，通过该国家工作人员职务上的行为，或者利用该国家工作人员职权或者地位形成的便利条件，通过其他国家工作人员职务上的行为，为请托人谋取不正当利益，索取请托人财物或者收受请托人财物，数额较大或者有其他较重情节的，处三年以下有期徒刑或者拘役，并处罚金；数额巨大或者有其他严重情节的，处三年以上七年以下有期徒刑，并处罚金；数额特别巨大或者有其他特别严重情节的，处七年以上有期徒刑，并处罚金或者没收财产。离职的国家工作人员或者其近亲属以及其他与其关系密切的人，利用该离职的国家工作人员原职权或者地位形成的便利条件实施前款行为的，依照前款的规定定罪处罚。”

与以往的受贿罪立法相比，1997 年《刑法》关于受贿罪的规定发生了如下变化：第一，受贿罪的入罪数额标准由之前的 2000 元提高至 5000 元。第

[1] 徐岱、刘银龙：“中国受贿罪的立法历程考察”，载《河南警察学院学报》2016 年第 1 期。

二，明确将“斡旋受贿”作为受贿罪论处，扩张了受贿罪的行为类型。第三，把“集体经济组织工作人员”从受贿罪主体中删除，增设了非国家工作人员受贿罪。在“破坏社会主义市场经济秩序”一章中的第163条，对非国家工作人员受贿罪作出明确规定，并在其条款中增加了“为他人谋取利益”的表述，和一般的受贿罪相呼应，也是对1995年《关于惩治违反公司法的犯罪的决定》的回应。

全国人大常委会于2006年6月29日通过的《刑法修正案（六）》第7条第3款规定：“国有公司、企业或者其他国有单位中从事公务的人员和国有公司、企业或者其他国有单位委派到非国有公司、企业以及其他单位从事公务的人员有前两款行为的，依照本法第三百八十五条、第三百八十六条的规定定罪处罚。”

由此，我国刑法所规定的受贿罪可以分为如下几种情形：其一，收受型贿赂。即利用职务上的便利，非法收受他人财物，为他人谋取利益。即1997年《刑法》第385条第1款“国家工作人员利用职务上的便利，……非法收受他人财物，为他人谋取利益的，是受贿罪”。其二，索取型贿赂。即利用职务上的便利，索取他人财物。即1997年《刑法》第385条第1款“国家工作人员利用职务上的便利，索取他人财物的，……是受贿罪”。其三，商业贿赂。即国家工作人员在经济往来中，违反国家规定收受各种名义的回扣、手续费，归个人所有的。规定在《刑法》第385条第1款。其四，斡旋受贿。即国家工作人员，利用本人职权或地位形成的便利条件，通过其他国家工作人员职务上的行为，为请托人谋取不正当利益，索取请托人财物或收受请托人财物的。规定在《刑法》第388条。

二、受贿罪的解释

涉及受贿罪的有效解释数量最多。据不完全统计，至2019年底，已经失效的相关有效解释包括：《关于在办理贪污、受贿等经济犯罪案件中正确运用免予起诉的几点意见》（1982年）、《关于对在购销工作中索取和收受财物定罪问题的复函》（1982年）、《关于当前办理经济犯罪案件中具体应用法律的若干问题的解答（试行）》（1985年）、《人民检察院直接受理的经济检察案件立案标准的规定（试行）》（1986年）、《八省市法院审判贪污、受贿、走私案件情况座谈会纪要》（1987年）、《关于税务人员参与偷税犯罪的案件如何适用法律的批复》(1988年)、《关于贪污、受贿、投机倒把等犯罪分子必须在限期内自首坦白的通告》(1989年)、《关于执行〈通告〉第二条有关规定的具体意见》(1989年)、《全国部分省市法院刑事审判工作会议纪要》(1989年)、《关于执行〈关于惩治贪污罪贿赂罪的补充规定〉若干问题的解答》(1989年)、《关于查处邮电工作人员渎职案件的暂行规定》(1990年)、《关于贪污受贿案件免予起诉工作的规定》(1991年)、《关于依法严惩破坏计划生育犯罪活动的通知》(1993年)、《关于办理离退休国家工作人员受贿罪案件有关问题的批复》(1993年)、《关于办理科技活动中经济犯罪案件的意见》(1994年)、《关于认真查办药品回扣犯罪案件的通知》(1996年)、《关于对贪污、受贿、挪用公款犯罪分子依法正确适用缓刑的若干规定》(1996年)、《关于检察机关直接受理立案侦查案件中若干数额、数量标准的规定(试行)》(1997年)等。

涉及受贿罪现行有效的有效解释包括:《关于执行〈通告〉的若干问题的答复》(1989年)、《关于审理挪用公款案件具体应用法律若干问题的解释》(1998年)、《关于依法查处盗窃、抢劫机动车案件的规定》(1998年)、《关于人民检察院直接受理立案侦查案件立案标准的规定(试行)》(1999年)、《关于国家工作人员利用职务上的便利为他人谋取利益离退休后收受财物行为如何处理问题的批复》(2000年)、《关于〈中华人民共和国刑法〉第九十三条第二款的解释》(2000年)、《关于贯彻执行全国人民代表大会常务委员会关于〈中华人民共和国刑法〉第九十三条第二款的解释的通知》(2000年)、《关于〈全国人民代表大会常务委员会关于《中华人民共和国刑法》第九十三条第二款的解释〉的时间效力的批复》(2000年)、《关于国家工作人员在农村合作基金会兼职从事管理工作如何认定身份问题的答复》(2000年)、《关于佛教协会工作人员能否构成受贿罪或者公司、企业人员受贿罪主体问题的答复》(2003年)、《全国法院审理经济犯罪案件工作座谈会纪要》(2003年)、《关于集体性质的乡镇卫生院院长利用职务之便收受他人财物的行为如何适用法律问题的答复》(2003年)、《关于对行为人通过伪造国家机关公文、证件担任国家工作人员职务并利用职务上的便利侵占本单位财物、收受贿赂、挪用本单位资金等行为如何适用法律问题的答复》(2004年)、《关于国家机关、国有公司、企业委派到非国有公司、企业从事公务但尚未依照规定程序获取该单位职务的人员是否适用刑法第九十三条第二款问题的答复》(2004

年)、《关于办理赌博刑事案件具体应用法律若干问题的解释》(2005年)、《关于办理受贿刑事案件适用法律若干问题的意见》(2007年)、《关于办理商业贿赂刑事案件适用法律若干问题的意见》(2008年)、《关于办理职务犯罪案件认定自首、立功等量刑情节若干问题的意见》(2009年)、《关于办理国家出资企业中职务犯罪案件具体应用法律若干问题的意见》(2010年)、《关于办理职务犯罪案件严格适用缓刑、免予刑事处罚若干问题的意见》(2012年)、《关于办理贪污贿赂刑事案件适用法律若干问题的解释》(2016年)、《关于被告人林少钦受贿请示一案的答复》(2017年)、《关于办理药品、医疗器械注册申请材料造假刑事案件适用法律若干问题的解释》(2017年)、《关于办理减刑、假释案件具体应用法律的补充规定》(2019年)等。

上述有效解释涉及受贿罪在不同历史阶段定罪、量刑诸多理论与实务问题，包括受贿罪的主体范围、犯罪对象、犯罪的客观方面、一罪与数罪以及特种情形的受贿行为的认定等。其中，以2016年4月18日起施行的《关于办理贪污贿赂刑事案件适用法律若干问题的解释》(法释［2016］9号)为集大成者。最高人民法院于2016年《关于“最高人民法院公开各类司法依据文件”的答复》所作的说明，属于具体个案的请示答复，其法律拘束力仅限于个案本身，而不具有普遍的法律效力，在其他案件中法官不能将上述答复直接作为裁判依据。

第二节　受贿罪的犯罪构成

一、受贿罪的客体

(一) 受贿罪的客体

1. 受贿罪客体的争论

理论界对于受贿罪侵犯的客体一直有两种立场：其一，起源于罗马法的立场，认为贿赂罪侵犯的是职务行为的不可收买性；其二，起源于日耳曼法的立场，认为贿赂罪侵犯的是职务行为的公正性。[1]大部分美国学者都是基于“政府应与市场分离，公务行为应与市场经济分离”的原则，将受贿行为

[1]［日］大塚仁：《刑法概说(各论)》，冯军译，中国人民大学出版社2003年版，第590页。

视为违反这种“分离”的行为，从确保“自由竞争”的必要性去解释对受贿罪处罚的原因。受贿罪中的公务员实际上是把市场要素注入到了公共领域中去，从而向社会成员提供了一种有害的信息，因此，侵蚀了政府的健康基础。[1]日本刑法学者对受贿罪侵害的法益主要有四种学说：其一，职务行为的公正性以及社会对职务的信赖；其二，职务行为的不可收买性；其三，职务行为的不可收买性及公正性；其四，公务员的清廉义务。[2]我国刑法学者对受贿罪的客体也存在简单客体说、复杂客体说、选择性客体说三种学说。简单客体说认为，受贿罪侵害的是单一的社会关系，但具体是何种社会关系，也存在不同的观点。其一，受贿罪的客体是国家机关的正常活动；其二，受贿罪的客体是国家工作人员职务行为的不可收买性；其三，受贿罪的客体是国家工作人员职务行为的廉洁性。[3]其四，受贿罪的客体是国家工作人员职务行为的廉洁义务。其五，受贿罪的客体是国家工作人员职务行为的公正性，等等。复杂客体说也有多种不同的主张。其一，受贿罪既侵害了国家机关的正常活动，又侵害了公私财产的所有权。[4]其二，受贿罪的客体是国家机关和国有公司、企业、事业单位、人民团体的正常工作秩序和国家廉政建设制度。[5]其三，受贿罪的客体是职务和职务行为的廉洁性（公正性）以及社会对职务和职务行为的信赖。[6]选择性客体说认为，受贿罪侵害的客体具有多样性，国家机关、企事业单位和集体经济组织的秩序、公私财产所有权等都应该涵盖其中，只要侵害其中任意一客体都应该认定为受贿罪。[7]

2. 笔者的观点

笔者赞同简单客体说。目前，我国理论界的通说认为，受贿罪侵犯的客

---

〔1〕 王云海：《美国的贿赂罪——实体法与程序法》，中国政法大学出版社 2002 年版，第 193~194 页。

〔2〕［日］大谷实：《刑法讲义各论》，黎宏译，中国人民大学出版社 2008 年版，第 573~574 页。

〔3〕 高铭暄、马克昌主编：《刑法学》，北京大学出版社、高等教育出版社 2017 年版，第 633 页。

〔4〕 吕继贵：《罪与罚——渎职罪的理论与实践》，上海社会科学出版社 1988 年版，第 23 页。

〔5〕 周道鸾、张军主编：《刑法罪名精释——对最高人民法院、最高人民检察院关于罪名司法解释的理解和适用》，人民法院出版社 2007 年版，第 822 页。

〔6〕 何承斌：“受贿罪客体比较研究”，载《西南政法大学学报》2004 年第 5 期。

〔7〕 转引自蔡士林：“受贿罪既遂标准的类型化研究——以犯罪客体判断为视角”，载《华北电力大学学报（社会科学版）》2017 年第 4 期。

体为国家工作人员职务行为的廉洁性。[1] 廉洁，最早出现在战国时期伟大的诗人屈原的《楚辞·招魂》中："朕幼清以廉洁兮，身服义而未沫。"东汉著名学者王逸在《楚辞·章句》中注释说"不受曰廉，不污曰洁"，也就是说，不接受他人的馈赠的钱财礼物，不让自己清白的人品受到玷污，就是廉洁。"廉洁"一词，如前文所述，按照《辞海》的解释，其基本含义是清清白白、不贪婪的。国家工作人员的公务行为具有廉洁性、不可收买性，廉洁奉公是国家工作人员的义务，索取或者收受贿赂，是对职务行为承担的廉洁义务的背叛和亵渎。[2] 因此，受贿罪侵犯的客体为国家工作人员公务行为的廉洁性。

（二）受贿罪的犯罪对象

1. 国外刑法中受贿罪的犯罪对象

关于贿赂的范围，在国外主要有有形利益说、金钱估价说、需要说三种观点。[3] 综合分析，国外刑法中的受贿罪犯罪对象分为如下几类：

第一，规定受贿罪的对象为财物和财产性利益。其主要理由：如果贿赂物不能较精确地计量，就无法体现公正，同时，若不能有一个较直观的标准，在司法实务中就不好操作，而实现这一目标最好的办法就是建立一个以金钱数额作为量刑依据的结构，这样将贿赂物换算成金钱进行量刑。如法国、日本、奥地利、保加利亚等国刑法的规定。《西班牙刑法典》第七集第九章规定，"公务员为其本人，或经由他人索取并接受赠品或礼品……成立受贿罪"。《俄罗斯联邦刑法典》规定，"公职人员为了……因而能够亲自或者通过中间人接受金钱、有价证券、其他财产或财产性质的利益等形式的贿赂的……"其将贿赂的范围限于财产或者其他的财产性利益。

第二，规定受贿罪的对象为利益或报酬。例如，美国刑法理论认为，报酬指金钱、财产、服务或有价值的任何其他东西。《美国法典·刑法典》则规定任何有价之物都可成为贿赂的内容，纵观联邦法院的判例可以发现，联邦法院认为，作为贿赂所收受的贿赂物无论客观上或实际上是否真正具有价值，只要当事人主观上认为或赋予其价值，就构成"任何有价之物"，属于贿赂物，存在于贿赂的范围内，我们可以认为这里的贿赂包括财物、财产性利益、

---

[1] 《刑法学》编写组：《刑法学》（下册·各论），高等教育出版社 2019 年版，第 267 页。
[2] 杨兴国：《贪污贿赂罪法律与司法解释应用问题解疑》，中国检察出版社 2002 年版，第 176 页。
[3] 陈兴良、周光权：《刑法学的现代展开》，中国人民大学出版社 2006 年版，第 680 页。

非财产性利益。[1]《德国刑法典》第 331 条规定受贿罪是“公务员或从事公务员之人员对现在或者将来职务上之行为要求、期约或收受利益”。新加坡的《反贪污法》规定为报酬，并详细列举报酬的内容，包括：①金钱、礼品、货款、赏金、奖金、酬金、高额保证金、其他财产和各种动产、不动产的利息。②提供官职、职业机会和承包契约。③交付款项，让与财产，全部或部分地免除或解释某种债务、责任和其他诸如此类的义务。④给予其他帮助，袒护和各种好处，包括使某人免遭处罚，免予逮捕，免予处分，免予起诉，还包括行使、延缓行使某种权利、职权和义务。《日本刑法典》规定的受贿罪是“公务员就其职务上的事项，收受、要求或约定贿赂的”，通过有关的判例，日本对贿赂范围界定相当的宽泛，认为凡是能够满足人需要的一切利益，不管是有形的，还是无形的，不管是可以用金钱计量的，还是无法计量的，只要能满足公务员的欲求，即是贿赂。贿赂除了金钱，以及偿还债务，提供金融利益，提供担保、保证等外，让人享受艺妓表演、异性性交等也能成为贿赂，另外，提供有利的社会地位、帮助联系工作等，也能成为贿赂。[2]《意大利刑法典》规定为“金钱或其他利益”。《瑞士刑法典》规定为“贿赂或免费之利益”。可见，利益，既包括金钱，也包括财物和其他利益；既可以是有形的利益，也可以是无形的利益；既可以是用货币来计量的利益，也可以是不能计量的利益。

第三，只规定贿赂，不规定贿赂的内容。如朝鲜、蒙古、阿尔巴尼亚、匈牙利、捷克斯洛伐克等国刑法的规定。[3]

2. 国际和地区性反腐败公约贿赂罪犯罪对象

《联合国反腐败公约》第 15 条规定，受贿罪是指“公职人员为其本人或者其他人员或实体直接或间接索取或者收受不正当好处，以作为其在执行公务时作为或者不作为的条件”。

《联合国打击跨国有组织犯罪公约》也对受贿罪进行规定：“公职人员为其本人或者其他人员或实体或直接或间接索取或者接受不应有的好处，以作为其在执行公务时作为或者不作为条件。”

---

〔1〕 王云海：《美国的贿赂罪——实体法与程序法》，中国政法大学出版社 2002 年版，第 19 页。

〔2〕 [日] 大塚仁：《刑法概说（各论）》，冯军译，中国人民大学出版社 2003 年版，第 596 页。

〔3〕 何成兵：“受贿罪客观方面比较研究”，载《太原城市职业技术学院学报》2005 年第 4 期，第 44 页。

还有一些地区也制定了反腐败公约，如《美洲国家组织反腐败公约》第6条将受贿罪规定为："政府官员或其他执行公务的人员直接或间接地为本人或他人或团体索取或接受任何财物或其他利益如礼物、便利、承诺或好处等，以换取其在执行公务时作为或者不作为。"

总体而言，外国刑法理论基本上是倾向于对贿赂作较为宽泛的解释。应该说，这与外国刑事立法的倾向基本是一致的。[1]

3. 我国刑法中受贿罪的犯罪对象

1952年《惩治贪污条例》第2条中将受贿的对象明确规定为"财物"；1979年《刑法》把"贿赂"规定为受贿罪的对象；1988年《关于惩治贪污罪贿赂罪的补充规定》把商业受贿行为纳入受贿罪的范畴，在原有犯罪对象的基础之上，增加了"回扣、手续费"，但仍然没有突破"财物"的范畴。1997年《刑法》基本上沿袭了《关于惩治贪污罪贿赂罪的补充规定》，对于受贿罪的对象没有作出实质性的更改，其犯罪对象仍然只限于"财物"。

我国《刑法》第385条把贿赂规定为"财物"，对此，学者们展开了激烈的讨论，形成了不同的观点：

第一，认为贿赂即财物。在我国的现实社会中，不正当利益范围很广，可以是以权谋私而提拔晋升、考聘招生，也可以是拉帮结派，走关系、走后门，请客送礼。如果都要定罪，容易使受贿罪成为可随意解释的一个"大口袋"罪。[2]

第二，认为贿赂包括财物的其他物质性利益，而不包括纯粹的机会取得，精神欲望和感官需要的满足，如提供女色等。如有学者认为财物除包括金钱、货物、物品外，还应该包括其他物质利益，例如设立债权、免除债务、提供住房、招待吃喝等。这些物质性利益，从本质上讲都是财物，仅仅是给付形式不同而已，而且这些都是可以用货币尺度来衡量计算的，从根本上讲也符合法律，因此，贿赂的内容应既包括财物又包括财产性利益。[3]

第三，认为贿赂包括财产性或非财产性的不正当利益。有学者认为，现代社会人的需求和欲望是多方面的，无论是精神的、政治的、物质的利益，

[1] 陈兴良、周光权：《刑法学的现代展开》，中国人民大学出版社2006年版，第680页。

[2] 高铭暄主编：《刑法专论》，高等教育出版社2006年版，第170页。

[3] 赵长青等编著：《贿赂罪个案研究》，四川大学出版社1991年版，第17页。

都可以成为行贿人与受贿人相互利用的“筹码”，特别是在就业、提干、住房、农转非、帮助出国等“热点”问题上弄权渎职，都为群众所深恶痛绝，其社会危害性有时甚于直接获取财物的受贿，不作为犯罪处理，难免成为犯罪分子以权换利的“避风港”。“现在性贿赂的大量出现和我国的经济发展水平有关，过去金钱对人们的诱惑力很大，那是因为大家都没钱，而现在巨额的经济利益已不能使一些官员为之动心了，这时性贿赂就显出威力了。”〔1〕

2007 年 7 月 8 日，两高出台的《关于办理受贿刑事案件适用法律若干问题的意见》对刑法中受贿罪贿赂的“财物”作了扩大化的解释，将不正常交易而获利、收受干股、未实际出资而名为“合作”投资获取利润等形式的财产性利益纳入了贿赂的范围。

2008 年 11 月 20 日，两高出台的《关于办理商业贿赂刑事案件适用法律若干问题的意见》指出，商业贿赂中的财物，既包括金钱和实物，也包括可以用金钱计算数额的财产性利益，如提供房屋装修、含有金额的会员卡、代币卡（券）、旅游费用等。具体数额以实际支付的资费为准。

自 2016 年 4 月 18 日起两高施行的《关于办理贪污贿赂刑事案件适用法律若干问题的解释》第 12 条规定，贿赂犯罪中的“财物”，包括货币、物品和财产性利益。财产性利益包括可以折算为货币的物质利益如房屋装修、债务免除等，以及需要支付货币的其他利益如会员服务、旅游等。后者的犯罪数额，以实际支付或者应当支付的数额计算。

二、受贿罪的客观方面

依照我国 1997 年《刑法》的规定，我国受贿罪的类型在客观方面主要包括两种类型：普通型受贿和斡旋受贿。

（一）索取或收受贿赂

1. 索取贿赂

何谓索贿？有人认为，索贿只包括行为人主动索取和要求财物。有人则认为，除了委婉地索要财物之外，还应当包括要挟性地“勒索”财物，否则就不予办事。还有人认为，索贿是行为人利用职务上的便利，乘他人有困难或有所求，以故意拖延、刁难、要挟的方式主动向对方明要或者暗要财物的

〔1〕 甄贞等：《〈联合国反腐败公约〉与国内法协调机制研究》，法律出版社 2007 年版，第 37 页。

行为。索贿具有明显的勒索性、胁迫性。〔1〕有人认为，要求、索要与勒索，都是国家工作人员在他人有求于自己的职务行为时提出的非法要求，它们之间只有程度上的区别而没有本质差异，事实上也难以完全区分清楚要求、索要与勒索。〔2〕“索取”之意，既包括主动要求贿赂的情况，也包括“以如果不交付财物就要利用职务上的便利进行打击报复相要挟”或者“如果不交付财物就拖延甚至拒绝办理应当办理的事项”的勒索行为。〔3〕

笔者赞同上述第三种观点。索贿行为包括要求、索要与勒索索贿的情形，这些情形不仅难以区分，而且往往相互交织和转换。索贿行为具有三个基本特征：①主动性。即行为人主动要求他人给予自己财物。②勒索性。即行为人以掌握的职权为条件，向他人施加精神压力或影响，使对方在不情愿的情况下向其交付财物。③交易性。即行为人以明示或暗示的方式，使对方意识到，如果他的要求得不到某种程度的满足，他将会利用职权给对方造成某种程度的损害。反之，则会通过其职务行为得到某种好处。〔4〕

2. 收受贿赂

与索贿相比，收受贿赂具有被动性的特点。收受贿赂是指行贿人主动给予，而受贿人被动接受。行为人收受贿赂，可能是由行贿人直接给予的，也可能是通过第三者而间接取得的，但不论是直接收受还是间接收受，都不影响受贿罪的成立。

（二）利用职务上的便利

1. 利用职务上的便利的理解

理论界曾有观点认为，国家工作人员不论是否利用职务上的便利，只要其主观上有犯罪的故意，客观上收受了他人的财物，就构成受贿罪。但1985年两高《关于当前办理经济犯罪案件中具体应用法律的若干问题的解答（试行）》（已失效）明确指出：“利用职务上的便利，是构成受贿罪不可缺少的要件。”1989年11月6日两高《关于执行〈关于惩治贪污罪贿赂罪的补充规定〉若干问题的解答》（已失效）关于受贿罪中“利用职务上的便利”指出，

---

〔1〕刘立宪主编：《贿赂罪》，中国检察出版社1996年版，第342页。

〔2〕张明楷：《刑法学》（第4版），法律出版社2011年版，第1066页。

〔3〕林亚刚主编：《贪污贿赂罪疑难问题研究》，中国人民公安大学出版社2005年版，第141～142页。

〔4〕王作富主编：《刑法分则实务研究》（下），中国方正出版社2003年版，第1072页。

受贿罪中“利用职务上的便利”，是指利用职权或者与职务有关的便利条件。“职权”是指本人职务范围内的权力。“与职务有关”，是指虽然不是直接利用职权，但利用了本人的职权或地位形成的便利条件。国家工作人员不是直接利用本人职权，而是利用本人职权或地位形成的便利条件，通过其他国家工作人员职务上的行为，为请托人谋取利益，而本人从中向请托人索取或者非法收受财物的，应以受贿论处。对于单纯利用亲友关系，为请托人办事，从中收受财物的，不应以受贿论处。

1997 年《刑法》除了在第 385 条规定“利用职务上的便利”而直接构成受贿罪外，又在第 388 条另外规定了“利用本人职权或者地位形成的便利条件”而构成的斡旋受贿的受贿罪。1999 年，最高人民检察院《关于人民检察院直接受理立案侦查案件立案标准的规定（试行）》指出“利用职务上的便利”，是指利用本人职务范围内的权力，即自己职务上主管、负责或承办某项公共事务的职权及其所形成的便利条件。

2003 年 11 月 13 日，最高人民法院《全国法院审理经济犯罪案件工作座谈会纪要》指出，《刑法》第 385 条第 1 款规定的“利用职务上的便利”，既包括利用本人职务上主管、负责、承办某项公共事务的职权，也包括利用职务上有隶属、制约关系的其他国家工作人员的职权。担任单位领导职务的国家工作人员通过不属自己主管的下级部门的国家工作人员的职务为他人谋取利益的，应当认定为“利用职务上的便利”为他人谋取利益。

对于“利用职务上的便利”的问题，还有几个问题需要探讨。

2. “利用职务上的便利”是否包括“利用工作上的便利”

学者们对受贿罪中“利用职务上的便利”是否包括“利用工作上的便利”存在着不同意见。

肯定说认为，“利用职务上的便利”在含义上包括两个彼此联系的两个方面：一是基于本人职务身份而享有的职权；二是由于职务派生出来的工作便利，利用工作便利多发生在有第三者存在的场合。行为人与第三人之间虽然不存在行政上的隶属关系和领导关系，但却存在业务上的信赖关系、横向的经济合作关系或工作上的相互制约关系。行为人虽然不能以行政的领导身份对第三者发号施令，但其担任的职务所具有的地位，对第三者存在着现实的影响，这种影响力就是受贿人得以利用的工作便利。“利用职务上的便利”还包括因履行职务、岗位职责过程中所形成的工作便利。[1]

否定说认为，“利用职务上的便利”，不包括与工作相关联的便利所形成的方便条件，“工作便利”是一个很不准确的概念，把工作便利作为受贿罪的构成要件，不仅没有立法依据，在实践中也会混淆罪与非罪、此罪与彼罪的界限。[2]

笔者赞同肯定说。

3. “利用职务上的便利”是否包括“利用本人职权或者地位形成的便利条件”

学者们对“利用职务上的便利”是否包括“利用本人职权或者地位形成的便利条件”存在不同意见。

肯定说认为，“利用职务上的便利”应当包括“利用本人职权或者地位形成的便利条件”。“利用职务上的便利”应作广义上的解释，即“利用职务上的便利”，一般情况下是指利用本人因现有职务而主管、负责某种公共事务的便利条件，也包括虽然没有直接利用本人的职权，但却利用了与自己职务有直接关系的便利条件，即自己职权与地位所形成的便利条件。[3]否定说则认为，“利用职务上的便利”不应当包括“利用本人职权或者地位形成的便利条件”。理由是：“职务上的便利”，按照严格解释刑法用语的要求，只有解释为行为人本人职务范围内的权力便利，才具有科学性。将利用他人的职务上的便利行为解释为“利用职务上的便利”，实际上是一种类推解释结果，显然超出了人们的正常理解“可预测范围”，而无论“他人的职务”与本人的职务是否有关。[4]1999年，最高人民检察院《关于人民检察院直接受理立案侦查案件立案标准的规定（试行）》指出“利用职务上的便利”，是指利用本人职务范围内的权力，即自己职务上主管、负责或者承办某项公共事务的职权及其所形成的便利条件。

笔者认为，“利用职务上的便利”应包括以下四种形式：利用本人直接主管、负责、承办某种具体公共事务的职权，即利用职权、职务范围内的权力；利用滥用职权所产生的便利条件；利用自己分管、主管的下属国家工作人员的职权；利用不属于自己分管的下级部门的国家工作人员职权。第四种形式

---

〔1〕孟庆华：《受贿罪研究新动向》，中国方正出版社2005年版，第77页。

〔2〕赖宇、陆德山主编：《中国刑法之争》，吉林大学出版社1989年版，第374~375页。

〔3〕祝铭山主编：《中国刑法教程》，中国政法大学出版社1998年版，第710~711页。

〔4〕龚培华、肖中华：《刑法疑难争议问题与司法对策》，中国检察出版社2002年版，第594页。

的受贿是间接斡旋受贿。

4. "利用职务上的便利"是指"利用现在职务上的便利"还是包括"利用将来职务上的便利"

对于"利用职务上的便利"是否包括"利用将来职务上的便利"，学者们存在不同的意见。

否定说认为，"利用职务上的便利"应该是利用现在职务上的便利。对受贿罪中的利用职务上的便利加上时间任职期限的限制，是十分必要的，也是利用职务上的便利的应有之义。〔1〕

肯定说认为，应当把"利用将来职务上的便利"列入我国刑法中的"利用职务上的便利"之中。因为在"利用将来职务上的便利"的情况下，行为人用以权钱交易的"权"，在行为人收受贿赂时还不是现实的职权，与一般情况下的受贿在形式上有所不同，但是，在这种情况下，行贿者已经将贿赂送出，受贿人也已经将贿赂收受，而且答应将来担任职务时为请托人牟利，请托人与受贿人之间已经存在"权钱交易"的不法行为。因此，利用将来的职务便利与利用现在的职务便利并没有本质区别。〔2〕

笔者赞同肯定说。

(三)"为他人谋取利益"

1. "为他人谋取利益"的含义

1997年《刑法》规定，索贿型受贿罪不要求以"为他人谋取利益"为构成要件，收受型受贿罪以"为他人谋取利益"为构成要件。

对于"为他人谋取利益"属于客观要件还是主观要件，理论界一直存在着不同看法。客观要件说认为，"为他人谋取利益"属于受贿罪的客观要件方面的内容。所谓"为他人谋取利益"，是指受贿人为行贿人谋取某种非法利益或合法利益，是受贿罪不可缺少的客观方面的要件。〔3〕"即收受礼物，又为他人谋取利益，才构成受贿罪"。〔4〕"为他人谋取利益"是受贿罪的客观构成要

〔1〕 陈兴良："受贿罪'利用职务的便利'之探讨"，载《中国人民大学学报》1994年第1期。

〔2〕 李向伟、杨叶茂："受贿罪客观方面之我见"，载 https://www.chinacourt.org/article/detail/2004/02/id/103804.shtml.

〔3〕 陈正云、钱舫：《国家工作人员职务经济犯罪的定罪与量刑》，人民法院出版社2000年版，第282页。

〔4〕 祝铭山主编：《中国刑法教程》，中国政法大学出版社1998年版，第711页。

件，它的最低要求是一种允诺，不要求有谋取利益的实际行为和结果。[1]主观要件说则认为，“为他人谋取利益”只是行贿人与受贿人之间货币与权力相互交换达成的默契。就行贿人来说，是对受贿人的一种要求，就受贿人来说，是对行贿人的一种许诺或者说答应。所以，“为他人谋取利益”只是受贿人的一种心理态度，应属于主观要件的范畴。[2]主客观要件统一说认为，只把“为他人谋取利益”归属于受贿罪主观要件的观点过于片面，如果国家机关工作人员没有为他人谋取利益的行为，而仅有为他人谋取利益的主观故意，那么，双方如何进行“权钱交易”？仅将“为他人谋取利益”单单作为受贿罪客观要件的内容，也有不当之处，因为事实上这是一种客观归罪的结论。因此，构成受贿罪，必然要求行为人在主观上有所认识，在客观上有所行动，必然要求“为他人谋取利益”这一构成要件在受贿罪主观、客观上做到有机统一。[3]

2003 年，最高人民法院出台的《全国法院审理经济犯罪案件工作座谈会纪要》指出：“为他人谋取利益包括承诺、实施和实现的三个阶段的行为。只要具有其中一个阶段的行为，如国家工作人员收受他人财物时，根据他人提出的具体请托事项，承诺为他人谋取利益的，就具备了为他人谋取利益的要件。明知他人有具体请托事项而收受其财物的，视为承诺为他人谋取利益。”学者们对此解释的解读为，《全国法院审理经济犯罪案件工作座谈会纪要》在将“承诺为他人谋取利益”拟制为“为他人谋取利益”的同时，还将“明知他人有请托事项而收受其财物”的行为拟制为“承诺为他人谋取利益”，进一步消解了“为他人谋取利益”构成要件。承诺分为明示承诺和默示承诺。在明知他人有请托事项的时候，收钱行为就应当视为一种默示的承诺，一切尽在不言中。但是司法实践中，“具体请托事项”一般都是被扩大理解的，“从目前的司法实践情况来看，往往只要请托人与受财人之间具有职务上的相关性，例如属于行政上的相对人，在‘予以照顾’等这样十分笼统的请求下，就视为明知有‘具体请托事项’而收受，认定其收受行为具备了‘为他人谋取利益’的要件”。[4]

---

〔1〕 张明楷：《刑法学》（第 3 版），法律出版社 2007 年版，第 878 页。

〔2〕 王作富、陈兴良：“受贿罪构成新探”，载《政法论坛》1991 年第 1 期。

〔3〕 王俊平、李山河：《受贿罪研究》，人民法院出版社 2002 年版，第 128 页。

〔4〕 陈兴良、周光权：《刑法学的现代展开Ⅱ》，中国人民大学出版社 2015 年版，第 500 页。

2016年4月18日两高施行的《关于办理贪污贿赂刑事案件适用法律若干问题的解释》第13条指出："具有下列情形之一的，应当认定为'为他人谋取利益'，构成犯罪的，应当依照刑法关于受贿犯罪的规定定罪处罚：（一）实际或者承诺为他人谋取利益的；（二）明知他人有具体请托事项的；（三）履职时未被请托，但事后基于该履职事由收受他人财物的。国家工作人员索取、收受具有上下级关系的下属或者具有行政管理关系的被管理人员的财物价值三万元以上，可能影响职权行使的，视为承诺为他人谋取利益。"由此可见，《关于办理贪污贿赂刑事案件适用法律若干问题的解释》第13条中"实际或者承诺为他人谋取利益"和"明知他人有具体请托事项"视为"为他人谋取利益"，是对《全国法院审理经济犯罪案件工作座谈会纪要》相关规定的再次确认。"履职时未被请托，但事后基于该履职事由收受他人财物的"被司法解释确定为"为他人谋取利益"，这是一种无约定的事后受贿，"由于业已履行完职务行为，在事后收受财物之时，不可能再具有为他人谋取利益的主观目的"。[1]"国家工作人员索取、收受具有上下级关系的下属或者具有行政管理关系的被管理人员的财物价值三万元以上，可能影响职权行使，视为承诺为他人谋取利益。"该规定意味着，只要索取或者收受特定人员的特定数额的财物，可能影响职权行使的，就可以直接推定该国家工作人员具有"为他人谋取利益"的构成要件，事实上，"为他人谋取利益"要件就已经名存实亡了。

笔者认为，在我国刑法中受贿罪的构成要件中应当删除"为他人谋取利益"。理由是：①避免不必要的混乱。从上述分析可见，《关于办理贪污贿赂刑事案件适用法律若干问题的解释》第13条的规定对"为他人谋取利益"的认定标准并不统一，也存在着一定的不足之处。②更好地履行国际公约的义务。《联合国反腐败公约》第15条、第16条关于贿赂罪规定："各缔约国均应当采取必要的立法措施和其他措施，将下列故意实施的行为规定为犯罪……二、公职人员为其本人或者其他人员或实体直接或间接索取或者收受不正当好处，以作为其在执行公务时作为或者不作为的条件。"该规定并没有把"为他人谋取利益"作为受贿罪的构成要件。我国是《联合国反腐败公约》的缔约国，应当在国内法中体现对国际公约的承诺。③是受贿罪本质使然。无论是索取型还是收受型的受贿罪，其本质特征都是该行为侵害了国家工作人员

---

[1] 陈兴良："贪污贿赂犯罪司法解释：刑法教义学的阐释"，载《法学》2016年第5期。

职务行为的廉洁性，而是否对国家工作人员职务行为廉洁性造成侵害与是否“为他人谋取利益”并不存在必然的联系。④世界主要国家和地区的刑法关于受贿罪的规定均未把“为他人谋取利益”作为构成要件。例如，美国、德国、韩国、日本、丹麦、奥地利等。

2. “为他人谋取利益”中的“他人”的范围

对于“为他人谋取利益”中的“他人”，有人认为，“他人”仅指行贿人。有人认为，“他人”是多元的，不仅仅是指行贿人本人，还可以是行贿人所指示或暗示的第三人，因为只要能认定受贿人利用职务之便收受了行贿人的财物即可，至于行贿人与获得实际利益的人是否为同一人并不重要。“他人”还可以是单位，国家工作人员完全可能因为收受财物而为单位谋取利益，或者因为为单位谋取了利益而收受财物。〔1〕笔者认为，根据刑法规范的字义、有效打击犯罪的需要和立法者的立法原意，不应该将“为他人谋取利益”中的“他人”限制在行贿人本人，还应当包括行贿人本人之外的个人和单位，但必须是行贿人向受贿人明示或者默示的个人和单位。

3. “为他人谋取利益”中的“利益”

对于“为他人谋取利益”中的“利益”，从字义而言，“利益”是一个社会学名词，指人类用来满足自身欲望的一系列物质、精神的产品，某种程度上来说，包括：金钱、权势、色欲、情感、荣誉、名气、国家地位、领土、主权等所带来的快感，但凡是能满足自身欲望的事物，均可称为利益。通俗地讲，利益是指好处。因此，“为他人谋取利益”中的“利益”的范围应当理解为各种各样的好处。有人认为，“为他人谋取利益”中的“利益”从不同的角度可以分为如下几种：从利益的性质上，可分为正当利益和不正当利益；从利益获取的时间上，可分为即期现实利益和远期可期待利益；从谋利的途径上，可分为直接利益和间接利益；从利益的形态上，可分为物质有形利益和非物质无形利益；从利益本身是否有实现的可能上，可分为可实现的利益和不可实现的利益。〔2〕

（四）利用本人职权或者地位形成的便利条件

这是斡旋受贿罪成立的条件。2003 年 11 月 13 日最高人民法院出台的

---

〔1〕 张明楷：《刑法学》（第 3 版），法律出版社 2007 年版，第 879 页。

〔2〕 潘全民：“浅析受贿罪中的‘为他人谋取利益’”，载 https://www.chinacourt.org/article/detail/2003/07/id/68449.shtml.

《全国法院审理经济犯罪案件工作座谈会纪要》指出，《刑法》第 388 条规定的“利用本人职权或者地位形成的便利条件”，是指行为人与被其利用的国家工作人员之间在职务上虽然没有隶属、制约关系，但是行为人利用了本人职权或者地位产生的影响和一定的工作联系，如单位内不同部门的国家工作人员之间、上下级单位没有职务上隶属、制约关系的国家工作人员之间、有工作联系的不同单位的国家工作人员之间等。

（五）谋取不正当利益

这是斡旋受贿罪成立的另一个条件。有学者认为，“谋取不正当利益”是主观要件，即只要有为他人谋取利益的目的，请托人与被请托人具有就这一目的进行交易的动机，就符合这一要件的认定标准；也有学者认为，谋取不正当利益是客观要件，为他人谋取利益必须是实施了一定行为，作为请托人与被请托人之间交易的一个条件。

何谓“不正当利益”，在理论界主要有“不合法利益说”“不应得利益说”“不确定利益说”“手段不正当+利益不确定说”“受贿人违背职务说”等观点。[1]

1999 年两高颁布的《关于在办理受贿犯罪大要案的同时要严肃查处严重行贿犯罪分子的通知》规定，“谋取不正当利益”是指谋取违反法律、法规、国家政策和国务院各部门规章规定的利益，以及要求国家工作人员或者有关单位提供违反法律、法规、国家政策和国务院各部门规章规定的帮助或者方便条件。2008 年《关于办理商业贿赂刑事案件适用法律若干问题的意见》规定，在行贿犯罪中，“谋取不正当利益”，是指行贿人谋取违反法律、法规、规章或者政策规定的利益，或者要求对方违反法律、法规、规章、政策、行业规范的规定提供帮助或者方便条件。在招标投标、政府采购等商业活动中，违背公平原则，给予相关人员财物以谋取竞争优势的，属于“谋取不正当利益”。2013 年 1 月 1 日施行的《关于办理行贿刑事案件具体应用法律若干问题的解释》第 12 条第 1 款规定，行贿犯罪中的“谋取不正当利益”，是指行贿人谋取的利益违反法律、法规、规章、政策规定，或者要求国家工作人员违反法律、法规、规章、政策、行业规范的规定，为自己提供帮助或者方便条件。

由上述司法解释可以看出，“不正当利益”的范围包括三个方面的内容：

[1] 程婷婷：“斡旋受贿‘谋取不正当利益’司法认定”，甘肃政法学院 2019 年硕士学位论文。

其一，谋取的利益本身是不符合法律、规章规定的，是违法利益。其二，谋取利益的手段不正当，谋取利益的手段、方式、程序违反相关法律。其三，通过行贿的手段获取不确定的利益。此时的利益性质是不明确的，尚处在平等竞争中，竞争者都有获得该利益的资格和可能性，如果此时有竞争者通过行贿的手段破坏这种公平状态，让其他国家工作人员操纵竞争结果，让自己获得竞争优势，这种情况下获得的利益就应认定为“不正当利益”。

三、受贿罪的犯罪主体

（一）受贿罪犯罪主体的历史沿革

1952年公布的《惩治贪污条例》第2条规定：“一切国家机关、企业、学校及其附属机构的工作人员，凡侵吞、盗窃、骗取、套取国家财物，强索他人财物，收受贿赂以及其他假公济私违法取利之行为，均为贪污罪。”第15条和第16条规定，社会团体的工作人员、现役革命军人也是贪污罪的犯罪主体，第12条规定非国家工作人员勾结国家工作人员伙同贪污的，要按照贪污罪处理。

1979年《刑法》第185条规定，受贿罪的犯罪主体是国家工作人员。1979年《刑法》第83条规定，国家工作人员是指一切国家机关、企业、事业单位和其他依照法律从事公务的人员。

1988年全国人大常委会通过的《关于惩治贪污罪贿赂罪的补充规定》在第4条中将受贿罪的主体修改为“国家工作人员、集体经济组织的工作人员或者其他从事公务的人员”。该补充规定又规定了受贿罪的共犯问题，即第4条第2款规定：“与国家工作人员、集体经济组织工作人员或者其他从事公务的人员勾结，伙同受贿的，以共犯论处。”

1995年全国人大常委会发布的《关于惩治违反公司法的犯罪的决定》首次规定了非国家工作人员受贿罪，明确将“集体经济组织人员”排除在受贿罪犯罪主体之外。

1995年11月最高人民检察院出台的《关于办理公司、企业人员受贿、侵占、挪用公司、企业资金犯罪案件适用法律的几个问题的通知》（已失效）指出，所谓国家工作人员是指：①国家机关工作人员，即在国家各级权力机关、各级行政机关、各级司法机关和军队工作的人员。②在国家各类事业机构中工作的人员。③国有企业中的管理工作人员。④公司、企业中由政府主管部门任命或委派的管理人员。⑤国有企业委派到参股、合营公司、企业中行使管理职能的人员。⑥其他依法从事公务的人员。对于国家工作人员的认定，强调的是“从事公务”，淡化了身份性特征。但1995年12月最高人民法院出台的《关于办理违反公司法受贿、侵占、挪用等刑事案件适用法律若干问题的解释》却规定，国家工作人员是指国有公司、企业或者其他公司、企业行使管理职权，并具有国家工作人员身份的人员。最高人民法院对国家工作人员的认定更加强调“身份论”了。

2006年全国人大常委会通过并颁布了《刑法修正案（六）》明确规定，国有公司、企业或者其他国有单位委派到非国有公司、企业以及其他单位从事公务的人员利用职务上的便利，索取或者非法收受他人财物，为他人谋取利益的，以受贿罪论处。

2008年11月20日两高联合发布了《关于办理商业贿赂刑事案件适用法律若干问题的意见》。该意见明确了非国家工作人员受贿罪，规定“公司、企业或者其他单位的工作人员”也包括国有公司、企业及其他国有单位中的非国家工作人员。这说明立法层已经注意到了国有单位的工作人员并非都是国家工作人员。[1]

（二）1997年《刑法》所规定的受贿罪的主体

1997年《刑法》第385条第1款规定：“国家工作人员利用职务上的便利，索取他人财物的，或者非法收受他人财物，为他人谋取利益的，是受贿罪。”第93条规定，受贿罪的主体包括国家工作人员和准国家工作人员。

1997年《刑法》第163条第3款规定：“国有公司、企业或者其他国有单位中从事公务的人员和国有公司、企业或者其他国有单位委派到非国有公司、企业以及其他单位从事公务的人员有前两款行为的，依照本法第三百八十五条、第三百八十六条的规定定罪处罚。”

1997年《刑法》第184条第2款规定：“国有金融机构工作人员和国有金融机构委派到非国有金融机构从事公务的人员有前款行为的，依照本法第三百八十五条、第三百八十六条的规定定罪处罚。”对于第184条第2款所规定的“国有金融机构工作人员和国有金融机构委派到非国有金融机构从事公务的人员”是属于国家工作人员还是不属于国家工作人员，理论界存在着不

〔1〕乔鑫：“受贿罪主体的立法评析”，吉林大学2011年硕士学位论文。

同看法。笔者认为，“国有金融机构工作人员和国有金融机构委派到非国有金融机构从事公务的人员”属于《刑法》第93条所规定的准国家工作人员。

2000年全国人大常委会发布的《关于〈中华人民共和国刑法〉第九十三条第二款解释》（已被修改）规定：“村民委员会等村基层组织人员协助人民政府从事下列行政管理工作时，属于刑法第九十三条第二款规定的‘其他依照法律从事公务的人员’：（一）救灾、抢险、防汛、优抚、扶贫、移民、救济款物的管理和发放；（二）社会捐助公益事业款物的管理；（三）国有土地的经营和管理；（四）土地征用补偿费用的管理；（五）国有代征、代缴税款；（六）有关计划生育、户籍、征兵工作；（七）协助人民政府从事的其他行政管理工作。”因此，村民委员会等村基层组织人员在协助人民政府从事行政管理工作时利用职务便利收受贿赂，可以构成受贿罪。因此，受贿罪的主体包括：

1. 国家机关工作人员

刑法中所称的国家机关工作人员，是指在国家机关中从事公务的人员、包括在各级国家权力机关、行政机关、司法机关和军事机关中从事公务的人员。根据有关立法解释的规定，在依照法律、法规规定行使国家行政管理职权的组织中从事公务的人员，或者在受国家机关委托代表国家行使职权的组织中从事公务的人员，或者虽未列入国家机关人员编制但在国家机关中从事公务的人员，视为国家机关工作人员。在乡（镇）以上中国共产党机关、人民政协机关中从事公务的人员，司法实践中也应当视为国家机关工作人员。

2. 国家机关、国有公司、企业、事业单位委派到非国有公司、企业、事业单位、社会团体从事公务的人员

何谓“委派”？有人认为，“委派”必须要具有以下特征：首先，委派是以一种严格的程序来进行的。其次，委派的方式应当合法有效。[1]有人认为，委派的根本目的在于国有单位派驻非国有单位从事相关领导和管理工作，属于重要职位，掌握相关决策权。也就是说，委派的目的是加强对接收单位的管理，这是由国家工作人员的本质特征所决定的。“委派”不同于“委托”，“委托”是行为人代理某单位去另一个地方管理一定事务的情况，被委托人没有独立的身份，要以委托人的名义从事工作且权限也仅在委托人所拥有的权限以内，从事的工作所产生的后果也由委托人承担。将受国有单位委托管理、

〔1〕 金泽刚：“刑法中‘委派从事公务’的学理分析与司法认定”，载《法学》2002年第9期。

经营国有财产的人员作为贪污罪的犯罪主体，是出于严惩贪污犯罪，以达到更为广泛地保护国有财产的目的，受贿罪没有这样的特别规定。[1]因此，受贿罪的主体只能是被委派人员，不能是被委托的人员。对于同时具有“委派”和“委托”双重身份的，2010年两高《关于办理国家出资企业中职务犯罪案件具体应用法律若干问题的意见》明确规定：“国家出资企业中的国家工作人员，在国家出资企业中持有个人股份或者同时接受非国有股东委托的，不影响国家工作人员身份的认定。”

2003年11月13日，最高人民法院发布的《全国法院审理经济犯罪案件工作座谈会纪要》指出，所谓委派，即委任、派遣，其形式多种多样，如任命、指派、提名、批准等。不论被委派的人身份如何，只要是接受国家机关、国有公司、企业、事业单位委派，代表国家机关、国有公司、企业、事业单位在非国有公司、企业、事业单位、社会团体中从事组织、领导、监督、管理等工作，都可以认定为国家机关、国有公司、企业、事业单位委派到非国有公司、企业、事业单位、社会团体从事公务的人员，如国家机关、国有公司、企业、事业单位委派在国有控股或者参股的股份有限公司从事组织、领导、监督、管理等工作的人员，应当以国家工作人员论。国有公司、企业改制为股份有限公司后，原国有公司、企业的工作人员和股份有限公司新任命的人员中，除代表国有投资主体行使监督、管理职权的人外，不以国家工作人员论。

2010年两高《关于办理国家出资企业中职务犯罪案件具体应用法律若干问题的意见》第6条“关于国家出资企业中国家工作人员的认定”第1款指出：“经国家机关、国有公司、企业、事业单位提名、推荐、任命、批准等，在国有控股、参股公司及其分支机构中从事公务的人员，应当认定为国家工作人员。具体的任命机构和程序，不影响国家工作人员的认定。”

对于“二次委派”的问题，理论界存在着争议。2010年两高出台的《关于办理国家出资企业中职务犯罪案件具体应用法律若干问题的意见》规定：“经国家出资企业中负有管理、监督国有资产职责的组织批准或者研究决定，代表其在国有控股、参股公司及其分支机构中从事组织、领导、监督、经营、管理工作的人员，应当认定为国家工作人员。”对于该规定，理论界一般认为

〔1〕参见朱华：《受贿犯罪主体研究》，法律出版社2012年版，第112~152页。

是“二次委派”。“国家出资企业”，包括国家出资的国有独资公司、国有独资企业以及国有资本控股公司、国有资本参股公司。是否属于国家出资企业不清楚的，应遵循“谁投资、谁拥有产权”的原则进行界定。企业注册登记中的资金来源与实际出资不符的，应根据实际出资情况确定企业的性质。企业实际出资情况不清楚的，可以综合工商注册、分配形式、经营管理等因素确定企业的性质。“组织”，是指“除国有资产监督管理机构、国有公司、企业、事业单位外，在实践中主要指上级或者本级国家出资企业内部的党委和党政联席会议。根据党管干部的组织原则，改制后的国有出资企业一般仍设有党委，并由本级或上级党委决定人事任免”。〔1〕

3. 其他依照法律从事公务的人员

《刑法》第93条第2款规定的“其他依照法律从事公务的人员”应当具有两个特征：一是在特定条件下行使国家管理职能；二是依照法律规定从事公务。具体包括：①依法履行职责的各级人民代表大会代表；②依法履行审判职责的人民陪审员；③协助乡镇人民政府、街道办事处从事行政管理工作的村民委员会、居民委员会等农村和城市基层组织人员；④其他由法律授权从事公务的人员。

国有公司、企业、事业单位、人民团体中从事公务人员的认定，把握以下两点：第一，单位的性质应该属于国有性质；第二，工作人员从事的工作应该属于公务。认定单位的国有性质：一种观点认为公司所有财产完全属于国家所有，分为国有独资有限责任公司、有限责任公司和股份有限公司，国有独资有限责任公司是指国家授权投资的机构或者部门单独投资并设立的，有限责任公司是指由2个以上、50个以下国有投资机构或者部门共同出资设立的，股份有限公司是由国有公司单独作为发起人设立的。从刑法意义上来讲，国家参股、合资、合作的公司都不在国有公司的范围内。〔2〕另一种观点将国有公司做扩大化处理，该观点认为国有公司不仅包括上述观点中的国有独资有限责任公司，即全部公司资产完全来源于国家投资，也包括股份有限公司，其中国家所控股份占全部股份的50%以上即可。〔3〕2001年5月26日

---

〔1〕 陈国庆、韩耀元、邱利军：“《关于办理受贿刑事案件适用法律若干问题的意见》的解读”，载《人民检察》2007年第14期。

〔2〕 赵秉志主编：《疑难刑事问题司法对策》（第七集），吉林人民出版社1999年版，第342页。

〔3〕《刑法问题与争鸣》编委会编：《刑法问题与争鸣》，中国方正出版社1999年版，第305页。

最高人民法院实施的《关于在国有资本控股、参股的股份有限公司中从事管理工作的人员利用职务便利非法占有本公司财物如何定罪问题的批复》中明确规定，在国有资本控股、参股的股份有限公司中从事管理工作的人员，除受国家机关、国有公司、企业、事业单位委派从事公务的以外，不属于国家工作人员。对其利用职务上的便利，将本单位财物非法占为己有，数额较大的，应当依照《刑法》第271条第1款的规定，以职务侵占罪定罪处罚。国有公司应该包括国有独资有限责任公司、有限责任公司和股份有限公司中排除国家控股的股份有限公司。

从事公务，是指代表国家机关、国有公司、企业事业单位、人民团体等履行组织、领导、监督、管理等职责。公务主要表现为与职权相联系的公共事务以及监督、管理国有财产的职务活动。如国家机关工作人员依法履行职责，国有公司的董事、经理、监事、会计、出纳人员等管理、监督国有财产等活动，属于从事公务。那些不具备职权内容的劳务活动、技术服务工作，如售货员、售票员等所从事的工作，一般不认为是公务。

（三）关于受贿罪犯罪主体的几个疑难问题

1. 假国家工作人员能否构成受贿罪的犯罪主体

假国家工作人员分为两种：一种是通过非法手段获得相关组织的信任，而不是通过招摇撞骗的手段冒充国家工作人员，最后通过法定程序被任命为正式的国家工作人员的人。另一种是指职务较低的国家工作人员通过非法手段获得较高职务等情形。[1]

肯定说认为，国家工作人员应该包含假国家工作人员，首先，虽然行为人的假国家工作人员的身份是通过欺骗等非法的手段获得的，但是这种身份的任命是通过相关组织进行的，公众基于政府公信力认为其属于国家工作人员。其次，行为人通过骗取的假国家工作人员的身份进行受贿，该行为同国家工作人员受贿是没有本质区别的，国家工作人员的廉洁性都受到了侵犯，与受贿罪的规定相符；最后，国家工作人员的本质特征就是从事公务，行为人从事公务的行为，就已经达到受贿罪主体的标准，即使采取欺骗等非法手段取得，也界定其为受贿罪主体。这种观点符合现行《刑法》关于“以国家工作人员论”的“准国家工作人员”的规定所体现的精神。国家工作人员的

---

〔1〕 林雪标：《受贿罪理论探究》，福建人民出版社2010年版，第66页。

受贿行为与其职务是密切相关的，仅仅以非法取得国家工作人员身份作为否定其受贿罪主体，就会导致这类人员利用非法身份而进行的非法行为无法得到法律应有的制裁。[1]

否定说认为，假国家工作人员不属于受贿罪犯罪主体。假国家工作人员的职务身份即使是相关组织通过正式的法定程序任命的，但由于其是采取非法的手段和方式获得的，导致身份具有非法性，利用这种非法身份进行非法活动是非法取得的延续行为，并不符合从事公务的相关规定，如果将该行为认定为受贿行为，就等同于承认假国家工作人员非法取得的国家工作人员的身份是合法的。[2]

笔者认为，肯定说比较合理。

2. 离职国家工作人员能否构成受贿罪犯罪主体

所谓离职是指因退休、辞职、停职、免职、死亡等原因，脱离其所担任的职位。因此，离职国家工作人员不仅包括离、退休国家工作人员，也包括辞职、退职、开除、调离国有单位等的国家工作人员。[3] 最高人民法院《关于国家工作人员利用职务上的便利为人谋取利益离退休后收受财物如何处理问题的批复》规定“国家工作人员利用职务上的便利为请托人谋取利益，并与请托人事先约定，在其离退休后收受请托人财物，构成犯罪的，以受贿罪定罪处罚”。

2007 年 7 月 8 日，两高联合发布的《关于办理受贿刑事案件适用法律若干问题的意见》第 10 条“关于在职时为请托人谋利，离职后收受财物问题”规定：“国家工作人员利用职务上的便利为请托人谋取利益之前或者之后，约定在其离职后收受请托人财物，并在离职后收受的，以受贿论处。国家工作人员利用职务上的便利为请托人谋取利益，离职前后连续收受请托人财物的，离职前后收受部分均应计入受贿数额。”

3. 人大代表能否构成受贿罪主体

当人大代表行使选举权时，他就是在从事公务，而且从事的是最重要的国家事务——选举各级立法、司法、行政等关键国家机关的首长。人大代表

---

〔1〕 王作富主编：《刑法分则实务研究》（下），中国方正出版社 2001 年版，第 1775 页。

〔2〕 孙力主编：《公务活动中犯罪界限的司法认定》，中国检察出版社 2000 年版，第 76~77 页。

〔3〕 张阳：“论离职国家工作人员的受贿问题——以《刑法修正案（七）》为视角”，载《河南公安高等专科学校学报》2009 年第 4 期。

用法律赋予的、代表人民所行使的选举权来换取他人财物，按照他人意图投票，就符合《刑法》关于受贿罪的构成要件。[1]

4. 国有医院的医务人员能否构成受贿罪犯罪主体

依据2008年11月20日两高《关于办理商业贿赂刑事案件适用法律若干问题的意见》第4条的规定，医疗机构中的国家工作人员，在药品、医疗器械、医用卫生材料等医药产品采购活动中，利用职务上的便利，索取销售方财物，或者非法收受销售方财物，为销售方谋取利益，构成犯罪的，依照《刑法》第385条的规定，以受贿罪定罪处罚。医疗机构中的非国家工作人员，有前款行为，数额较大的，依照《刑法》第163条的规定，以非国家工作人员受贿罪定罪处罚。医疗机构中的医务人员，利用开处方的职务便利，以各种名义非法收受药品、医疗器械、医用卫生材料等医药产品销售方财物，为医药产品销售方谋取利益，数额较大的，依照《刑法》第163条的规定，以非国家工作人员受贿罪定罪处罚。

2003年4月2日，最高人民检察院法律政策研究室《关于集体性质的乡镇卫生院院长利用职务之便收受他人财物的行为如何适用法律问题的答复》指出，经过乡镇政府或者主管行政机关任命的乡镇卫生院院长，在依法从事本区域卫生工作的管理与业务技术指导，承担医疗预防保健服务工作等公务活动时，属于《刑法》第93条第2款规定的其他依照法律从事公务的人员。对其利用职务上的便利，索取他人财物的，或者非法收受他人财物，为他人谋取利益的，应当依照《刑法》第385条、第386条的规定，以受贿罪追究刑事责任。

5. 学校及其他教育机构中的国家工作人员能否构成受贿罪主体

依据2008年11月20日两高《关于办理商业贿赂刑事案件适用法律若干问题的意见》第5条的规定，学校及其他教育机构中的国家工作人员，在教材、教具、校服或者其他物品的采购等活动中，利用职务上的便利，索取销售方财物，或者非法收受销售方财物，为销售方谋取利益，构成犯罪的，依照《刑法》第385条的规定，以受贿罪定罪处罚。学校及其他教育机构中的非国家工作人员，有前款行为，数额较大的，依照《刑法》第163条的规定，以非国家工作人员受贿罪定罪处罚。学校及其他教育机构中的教师，利用教学活动的职务便利，以各种名义非法收受教材、教具、校服或者其他物品销

[1] 陈杰人："人大代表卖票可能构成犯罪"，载《中国青年报》2001年8月20日。

售方财物，为教材、教具、校服或者其他物品销售方谋取利益，数额较大的，依照《刑法》第163条的规定，以非国家工作人员受贿罪定罪处罚。

6. 依法组建的评标委员会、竞争性谈判采购中谈判小组、询价采购中询价小组的组成人员能否成为受贿罪的犯罪主体

依据2008年11月20日两高《关于办理商业贿赂刑事案件适用法律若干问题的意见》第6条的规定，依法组建的评标委员会、竞争性谈判采购中谈判小组、询价采购中询价小组的组成人员，在招标、政府采购等事项的评标或者采购活动中，索取他人财物或者非法收受他人财物，为他人谋取利益，数额较大的，依照《刑法》第163条的规定，以非国家工作人员受贿罪定罪处罚。依法组建的评标委员会、竞争性谈判采购中谈判小组、询价采购中询价小组中国家机关或者其他国有单位的代表有前款行为的，依照《刑法》第385条的规定，以受贿罪定罪处罚。

四、受贿罪的主观方面

我国理论界的旧通说认为，受贿罪的主观方面是直接故意，间接故意和过失都不能构成受贿罪。[1]新通说认为，受贿罪的主观方面为故意，即明知自己利用职务的便利向他人索取财物或者收受他人财物的行为会造成侵害职务行为廉洁性的后果，希望或者放任危害结果的心理态度。[2]也就是说，受贿罪的主观方面既包括直接故意，也包括间接故意。

笔者认为，受贿罪的主观方面只能是直接故意。间接故意的认识因素包括必然性和可能性，而在受贿犯罪中，无论是索贿还是被动受贿，当行为人明知对方所给予财物性质而决定收受时，其在认识因素上对受贿行为引起国家工作人员职务行为的廉洁性的危害结果是一种“必然”的明知，而不存在是“可能”的明知。因此，在此“必然性”认识之下的意志因素就是“希望”而不可能是“放任”，也就不存在间接故意的情形。

（一）行为人将收受的财物用于单位公务支出或社会捐赠的，是否具有受贿的故意

理论界主要存在以下四种观点：第一种观点认为，受贿人接受贿赂后，

---

〔1〕 王作富主编：《刑法分则实务研究》（下），中国方正出版社2001年版，第1775页。

〔2〕《刑法学》编写组：《刑法学》（下册·各论），高等教育出版社2019年版，第269页。

将贿赂用于本单位的日常支出或相关活动，不能以受贿罪论处。第二种观点认为，受贿人接受贿赂后，已经构成了受贿罪的既遂，不影响受贿罪的成立。第三种观点认为，将收受的贿赂用于单位活动，情况比较复杂，需要具体分析，不可一概而论。[1]对此，2016年两高《关于办理贪污贿赂刑事案件适用法律若干问题的解释》第16条第1款规定："国家工作人员出于贪污、受贿的故意，非法占有公共财物、收受他人财物之后，将赃款赃物用于单位公务支出或者社会捐赠的，不影响贪污罪、受贿罪的认定，但量刑时可以酌情考虑。"该解释支持了肯定说。

（二）事后受贿的犯罪故意问题

此处的事后受贿，特指行为人在没有约定贿赂的情况下，先为他人办事，但事后收受他人财物。有人认为，在此情形下，不存在受贿罪的故意，因为"收受他人财物的故意"必须先于"为他人谋取利益之故意"，前者为因，后者为果，具有因果性。[2]有人认为，受贿往往表现为一个人从办事到收受财物或者从收受财物到办事的过程。在这个过程中，行为人在主观上总是会把办事和收受财物联系起来，构成其故意内容。至于是先产生受贿的故意再为他人办事，或者是先为他人办事之后才产生接受他人对自己职务行为的酬谢的故意，从实现权钱交易方面看，并无本质区别，只是情节不同而已，所以事后受贿，也是属于受贿罪的一个方面。[3]

笔者认为，2016年两高《关于办理贪污贿赂刑事案件适用法律若干问题的解释》第13条第1款第（三）项规定，履职时未被请托，但事后基于该履职事由收受他人财物的，应当认定为"为他人谋取利益"，构成犯罪的，应当依照刑法关于受贿犯罪的规定定罪处罚。据此，上述情形的"事后受贿"应当认定为具有犯罪的故意。特定关系人索取、收受他人财物，国家工作人员知道后未退还或者上交的，应当认定国家工作人员具有受贿故意。

---

〔1〕杨治："受贿罪主观方面构成要件的研究"，载《法制与社会》2009年第9期。

〔2〕金锋、杨兴明："权钱交易型受贿罪主观要件的构成和认定"，载《人民司法》2000年第2期。

〔3〕杨治："受贿罪主观方面构成要件的研究"，载《法制与社会》2009年第9期。

第三节　受贿罪的疑难问题

一、受贿罪的未遂与既遂

（一）受贿罪既遂的学说

从理论上来讲，受贿罪是直接故意犯罪，同一般直接故意犯罪一样，当然存在着预备、未遂、中止等犯罪的未完成形态。但是，从实体上考量，受贿罪的预备与中止形态的社会危害性小而“不具有可罚性”。[1]对于受贿罪既遂的标准，理论界存在不同的观点，主要有如下几种：

（1）贿赂取得标准说。该说认为，不管是索要类型还是收受类型的受贿犯罪，都要按照是不是得到别人的财产或物品来决定受贿犯罪的既遂、未遂分辨准则。[2]

（2）谋利行为标准说。只要受贿人与行贿人达成了具体的约定，受贿罪就已经成立既遂。只要受贿人为相对人牟取了私下利益，不管是不是拿到贿赂物品，都应看作受贿既遂；反之，由于自由意志之外的因素而没能够为别人谋求到利益时，为未遂。[3]

（3）分类确定。有人主张，应根据贿赂犯罪的类型，将既遂标准分为两类：其一，索贿罪情况下，完成索贿行为为既遂；其二，收贿情况下，收受财物并为他人谋取利益为既遂。

（4）纳收的贿赂与现实严重损失择一说。该主张认为，一般情况以是否真的拿到别人的财产或物品作为既遂的界定准则，已然拿到的为既遂；反之则是犯罪未遂。但在个别情况下，即便行为人没能取得财产或物品，但依然为行贿的人现实谋求到了好处，并导致了国家和人民利益的真实且巨大的损失，也该判定既遂。[4]

（5）谋利与实际受贿结合说。该观点认为，行为人得具备既为别人谋求

---

〔1〕孟庆华：《受贿罪研究新动向》，中国方正出版社2005年版，第246~249页。

〔2〕陈兴良：“受贿罪的未遂与既遂之区分”，载《中国审判》2010年第2期。

〔3〕吕天奇：《贿赂罪的理论与实践》，光明日报出版社2007年版，第346页。

〔4〕成格尔：“受贿罪既遂标准理论及若干疑难问题研究”，东北师范大学2016年硕士学位论文。

了好处，与此同时又接受了贿赂两方面，才算达到受贿犯罪的既遂。[1]

(6) 承诺行为说。该说认为，由于受贿罪侵犯的客体为国家机关的正常活动，承诺受贿已经产生了危害国家机关正常行政管理秩序、破坏国家机关和工作人员廉洁性的结果，因此，在收受贿赂的情况下，只要行为人做出利用职务之便为他人谋取利益的承诺，就构成受贿罪的既遂，而无论贿赂是否已经实际收受；只有在承诺以前，才存在未遂的问题。[2]

(7) 阶段行为说。该说认为，在索贿情况下，只要实施了索贿行为就已经构成了受贿罪的既遂。因为此时虽未收到贿赂，但已经给老百姓观念上造成国家职务被收买的印象，且侵害了国家工作人员职务行为的廉洁性。在收受贿赂的情况下，行为人实际取得财物并且实际或者许诺为他人谋取利益这两个条件才构成受贿罪的既遂，当行为人仅仅承诺为他人谋取利益但并未收取到财物时则为受贿罪未遂。仅收受他人财物或者仅为他人谋取了利益的，则构成违纪行为或其他犯罪。[3]

(二) 笔者的观点

笔者认为，我国刑法没有对犯罪既遂的概念的具体含义作出界定，但在刑法理论对犯罪既遂主要存在“法定结果说”“目的得逞说”“构成要件齐备说”的争论。“犯罪既遂应是指实行直接故意犯罪之后具备了完备犯罪构成之全部要素的故意犯罪形态。”[4]犯罪既遂形态的类型一般分为结果犯、行为犯、危险犯、举动犯，类型不同的犯罪其既遂的标准也有所不同。

对于受贿罪既遂标准而言，国家工作人员利用职务的便利收受了他人财物，同时又为他人谋取了利益的，当然构成受贿罪的既遂。

争议的问题是，国家工作人员利用职务的便利收受了他人财物，但并没有“为他人谋取利益”，是受贿罪的既遂还是未遂。有学者将“为他人谋取利益”解读为受贿罪的客观要件，便意味着如果利用职务行为收受财物，但尚未

---

〔1〕 赵秉志主编：《犯罪停止形态适用中的疑难问题研究》，吉林人民出版社 2001 年版，第 681 页。

〔2〕 李蕴辉、尹永政：“受贿罪未遂问题浅探”，载《中央政法管理干部学院学报》1999 年第 6 期。

〔3〕 洪丹璐：“受贿罪既未遂标准探讨——以新型犯罪为视角”，浙江大学 2018 年硕士学位论文。

〔4〕《刑法学》编写组：《刑法学》（上册・总论），高等教育出版社 2019 年版，第 212 页。

为他人谋利，则仍然属于犯罪未遂。[1]有人则认为，直接受贿行为不是复合行为，“为他人谋取利益”不是受贿罪既遂的必备要素，应该将收受财物作为判定受贿罪既遂的标准。对于这一问题，最高人民检察院于1999年发布的《关于人民检察院直接受理立案侦查案件立案标准的规定（试行）》规定：“索取他人财物的，不论是否‘为他人谋取’利益，均可构成受贿罪。非法收受他人财物的，必须同时具备‘为他人谋取利益’的要件，才能构成受贿罪。但是为他人谋取利益是否正当，为他人谋取利益是否实现，不影响受贿罪的认定。”两高于2016年4月18日起施行的《关于办理贪污贿赂刑事案件适用法律若干问题的解释》第13条规定：“具有下列情形之一的，应当认定为‘为他人谋取利益’，构成犯罪的，应当依照刑法关于受贿犯罪的规定定罪处罚：（一）实际或者承诺为他人谋取利益的；（二）明知他人有具体请托事项的；（三）履职时未被请托，但事后基于该履职事由收受他人财物的。国家工作人员索取、收受具有上下级关系的下属或者具有行政管理关系的被管理人员的财物价值三万元以上，可能影响职权行使的，视为承诺为他人谋取利益。”从两高的司法解释分析，“为他人谋取利益”确实是受贿罪犯罪构成的要件，但“为他人谋取利益”并不等同于“为他人谋取到了利益”。同时，“为他人谋取利益”是收受贿赂成立犯罪的必要条件，不具有“为他人谋取利益”这一构成要件，受贿罪即不能成立，但是，即便行为人具备了“为他人谋取利益”的犯罪要件，如果并没有实际收取他人的财物，仍为受贿罪未遂。因此，对于收受型受贿罪而言，受贿人实际收取了财物，是受贿罪的既遂，由于意志以外的原因未能实际收取财物的则为受贿罪未遂。

对于索贿型受贿罪既遂而言，刑法并没有规定需要具备“为他人谋取利益”这一要件。对于索贿型受贿罪的既遂，有学者认为，基于受贿罪对“职务及职务行为的不可交换性”这一法益的侵害来考虑，“索取他人贿赂行为的完成，即告既遂”。[2]但这种观点实质上是将索贿型受贿罪看作了行为犯，这与行为犯的基本含义不一致，因此，难以成立。在索贿型受贿罪中，仍以受贿人实际索取到财物为既遂。

---

〔1〕 谢锡美：“‘为他人谋取利益’在受贿罪中的定位思考”，载《中国刑事法杂志》2001年第4期。

〔2〕 张明楷：“受贿罪中收受财物后及时退交的问题分析”，载《法学》2012年第4期。

对于斡旋受贿的受贿罪既遂标准，理论界以收受贿赂说为主，笔者也认为比较合理。

（三）几种特殊情况下的受贿罪既遂问题

1. 收受需要权属变更的特殊动产或者不动产而未办理权属变更

对于这种情况属于受贿罪既遂还是未遂存在不同意见。有人认为，在接受房子、车子等有必要登记确定权利人归属的案情中，若进行了权属的变更，应当认定为已经接受了该财产或物品，并认定为受贿既遂，但是接受了实物未进行登记的，应该判定为未遂。因为我国的物权法有登记才生效的规定，房、车等特殊财产的权利人归属只有登记在接受者的名字上，才能成为其财产。[1]也有人认为，上述的观点把刑事法律中的不合法占为己有和物权法中的不合法占为己有混为一谈了。刑法上的非法占有的实现不需要以变更登记为前提，只要行贿和受贿双方有明确的行贿、受贿的意思表示，受贿人占有了财物，就应当界定为此罪的既遂。[2]

笔者认为，国家工作人员收受需要权属变更的特殊动产或者不动产而未办理权属变更的，应当根据行贿人和受贿人的主观认识和客观表现进行综合分析与判断，只要相关证据能排除上述财物是借用、租赁等合法手段所占有，就可以认定为受贿罪的既遂，而不是必须进行了权属变更才认定是既遂。否则，犯罪分子就可以长期占有、使用相关财产而故意不办理相关财产权属变更手续，从而逃避或降低刑罚打击，这样就存在明显的刑法漏洞。2007 年两高《关于办理受贿刑事案件适用法律若干问题的意见》第 8 条规定："关于收受贿赂物品未办理权属变更问题。国家工作人员利用职务上的便利为请托人谋取利益，收受请托人房屋、汽车等物品，未变更权属登记或者借用他人名义办理权属变更登记的，不影响受贿的认定。认定以房屋、汽车等物品为对象的受贿，应注意与借用的区分。具体认定时，除双方交代或者书面协议之外，主要应当结合以下因素进行判断：（1）有无借用的合理事由；（2）是否实际使用；（3）借用时间的长短；（4）有无归还的条件；（5）有无归还的意思表示及行为。"

---

〔1〕陈兴良："受贿罪的未遂与既遂之区分"，载《中国审判》2010 年第 2 期。

〔2〕张涛："受贿罪中几种特殊情况的认定和处理"，载《法治与社会》2014 年第 12 期。

2. 收受银行卡或者其他财产凭证

两高《关于办理商业贿赂刑事案件适用法律若干问题的意见》第 8 条规定:“收受银行卡的,不论受贿人是否实际取出或者消费,卡内的存款数额一般应全额认定为受贿数额。……”有人认为,根据该条规定,对收受银行卡的,在具体认定受贿数额时要区别以下情形:①行贿人、受贿人对以送卡的方式行受贿的意思明确、真实,且行贿人提供了完全充分的信息足以保证受贿人完全取出卡内存款或者消费的,不论受贿人是否实际取出或者消费,卡内的存款数额应全额认定为受贿数额;②行贿人提供了完全充分的信息足以保证受贿人完全取出卡内存款或者消费的,由于银行或受贿人等原因而未取出或者未消费的卡内存款余额应当认定为受贿数额;③行贿人送卡后抽回存款或以挂失等方式阻碍受贿人取款或者消费的,受贿数额以实际取款或消费的数额计算,未能实际取款或者消费的,按受贿未遂论处。这实际上只将因行贿人的原因而导致受贿人未取用银行卡内存款的数额认定为受贿未遂,其他情况不论受贿人是否取用卡内存款都认定为受贿既遂。[1]也有学者认为,虽然银行卡内的款项存在着银行占有说和持卡人占有说的争论,但银行卡是由持卡的人控制的,一旦对卡里的钱款拥有完整支配的权利,则持卡人就应该认为拥有了卡里的钱款。在收受银行卡的受贿案件中,银行卡是名义人主动交付的,该交付行为可以视为是银行卡内的款项的所有关系转移的标志,因而即使没有将款项从银行卡中取走,也应视为受贿数额,并且属于受贿罪的既遂而非未遂。[2]笔者赞同上述第二种观点。

3. 收受伪劣品、赝品

受贿人收受的贿赂物是伪劣品,如行贿人赠送的名人字画、古董系赝品或仿品、货币是假币等。对于这种情况是否属于受贿罪的未遂,理论界存在不同看法。肯定说认为,以受贿人对贿赂的认识错误来处理:①作为贿赂的伪劣物品,经过物价部门实际评估的价格为零时,应按对象认识错误,以未遂处理。理由是因为具体的贿赂不存在,受贿人误认为存在而实施受贿行为,因而致犯罪未得逞的,应定犯罪未遂。②作为贿赂的伪劣物品,经过物价部门实

---

〔1〕 吴才文:“收受以行贿人名字开户并存有巨款的银行卡应如何定性”,载《中国审判》2010 年第 2 期。

〔2〕 陈兴良:“受贿罪的未遂与既遂之区分”,载《中国审判》2010 年第 2 期。

际评估的价格低于相对应的正牌商品的价值时，是对象部分认识错误，不能以未遂处理，应当以受贿既遂论，但是量刑时数额以物价部门实际评估价为基数。[1]否定说认为，不应按认识错误而按照受贿罪未遂处理，而应当以实际支付价格为标准按照既遂处理。[2]折中说认为，应采取“评估价格与支付价格相结合原则”具体分析伪劣财物受贿未遂问题：实际支付价格大于实际评估价格时，认定评估价格为受贿既遂，认定支付价格与评估价格差额为受贿未遂，但是假币因禁止流通没有使用价值无法评估和使用，应认定受贿未遂。[3]

笔者认为，行贿人用于行贿的伪劣品、赝品等贿赂的来源十分复杂，有购买的、祖传的、别人送的等各种方式获得的，行贿人对行贿的财产是或者可能是伪劣品、赝品在主观上有些是有认识、有些是没有认识的，因此，以“评估价格与实际支付价格相结合原则”并不能解决受贿人收受伪劣品、赝品的犯罪既遂和未遂问题。同理，“以实际支付价格为标准按照既遂处理”的观点也不能适用于所有的情形，比如行贿人用于行贿的伪劣品、赝品是祖传的，并没有“实际支付价格”。因此，笔者比较赞同第一种观点，如果伪劣品、赝品“评估价格”为零，应以受贿罪未遂定罪处罚；如果伪劣品、赝品“评估价格”为正数，则以该“评估价格”作为受贿罪的贿赂数额，按照既遂处理。

二、几种特殊类型受贿罪的认定

（一）以交易形式收受贿赂的认定

两高早在 1985 年 7 月 18 日发布的《关于当前办理经济犯罪案件中具体应用法律的若干问题的解答（试行）》（已失效）就曾规定：“国家工作人员利用职务上的便利，为他人谋取利益，收受物品，只付少量现金，这往往是行贿、受贿双方为掩盖犯罪行为的一种手段，情节严重，数量较大的，应认定为受贿罪。受贿金额以行贿人购买物品实际支付的金额扣除受贿人已付的现金额来计算。行贿人的物品未付款或无法计算行贿人支付金额的，应以受贿人收受物品当时当地的市场零售价格扣除受贿人已付现金额来计算。”2007 年两高

〔1〕 徐留成：“受贿罪既遂与未遂的疑难问题研究”，载《河南社会科学》2008 年第 5 期。
〔2〕 孟庆华：《贿赂犯罪形态的基本理论》，人民出版社 2014 年版，第 18 页。
〔3〕 刘雅楠：“受贿罪未遂的司法探究”，载《法律适用》2017 年第 11 期。

《关于办理受贿刑事案件适用法律若干问题的意见》规定："国家工作人员利用职务上的便利为请托人谋取利益，以下列交易形式收受请托人财物的，以受贿论处：(1) 以明显低于市场的价格向请托人购买房屋、汽车等物品的；(2) 以明显高于市场的价格向请托人出售房屋、汽车等物品的；(3) 以其他交易形式非法收受请托人财物的。受贿数额按照交易时当地市场价格与实际支付价格的差额计算。前款所列市场价格包括商品经营者事先设定的不针对特定人的最低优惠价格。根据商品经营者事先设定的各种优惠交易条件，以优惠价格购买商品的，不属于受贿。"

需要注意的是，差价往往以"优惠"的形式表现出来，两高有关负责人指出，根据商品经营者事先设定的、不针对特定人的各种优惠交易条件，以优惠价格购买商品的，不属于受贿。[1]"明显低于（高于）市场价格"的认定首先在于确定"市场价格"，再看是否"明显低于（高于）"。两高有关负责人解释认为："考虑到这类交易行为的对象多为房屋、汽车等大宗贵重物品，如简单规定以低于市场的价格购买或者高于市场的价格出售房屋、汽车等物品，达到受贿犯罪的定罪数额起点的，都将构成受贿犯罪，则有可能混淆正常交易与权钱交易的界限，也不利于控制打击面。"有观点认为："各地司法机关可以确定一定比例以明确'严重低于'的操作标准，如低于市场价20%的为'严重低于'等"。[2]也有观点认为，"应该严厉打击的主要是那些以很低，甚至是象征性的价格收受请托人价值巨大的房屋或者汽车的行为，一般的以略低于正常价格购买的，尽管其数额可能较大，也不宜都作为犯罪追究。"[3]有人认为，"明显"本意就是清楚显露，容易看出之意。只有在常人看来，其交易价格异常、有悖常理、差价巨大情况下，才能作"明显"的认定。[4]可见，对于以交易形式收受贿赂的认定以及受贿数额的计算必须采取十分慎重的态度，首先，应当确定交易物品的市场价格；其次，再减去围绕市场价格波动的"合理的优惠价格"；最后，实际交易价格与上述两项之和之间的差额，即为

---

〔1〕 张立："'两高'有关负责人就《关于办理受贿刑事案件适用法律若干问题的意见》答记者问"，载《检察日报》2007年7月9日。

〔2〕 王恩海："'优惠价'购房与受贿犯罪的认定"，载《上海法治报》2006年6月20日。

〔3〕 韩耀元、邱利军："适用'两高意见'须注意十二个问题"，载《检察日报》2007年7月17日。

〔4〕 孙国祥："以交易形式收受贿赂的方式与界限解读"，载《人民检察》2007年第16期。

贿赂的数额。

（二）关于收受干股形式受贿的认定

干股不是法律术语。中纪委于2007年6月8日印发的《关于严格禁止利用职务上的便利谋取不正当利益的若干规定》第2条规定："严格禁止利用职务上的便利为请托人谋取利益，收受请托人提供的干股。干股是指未出资而获得的股份。进行了股权转让登记，或者相关证据证明股份发生了实际转让的，违纪数额按转让行为时股份价值计算，所分红利按违纪孳息处理。股份未实际转让，以股份分红名义获取利益的，实际获利数额应当认定为违纪数额。"2007年两高《关于办理受贿刑事案件适用法律若干问题的意见》指出："干股是指未出资而获得的股份。国家工作人员利用职务上的便利为请托人谋取利益，收受请托人提供的干股的，以受贿论处。进行了股权转让登记，或者相关证据证明股份发生了实际转让的，受贿数额按转让行为时股份价值计算，所分红利按受贿孳息处理。股份未实际转让，以股份分红名义获取利益的，实际获利数额应当认定为受贿数额。"

有学者认为，两高对受贿数额的计算方式解释缺乏合理性和说服力、违背刑法的明确规定、实践中可能造成严重失当。[1]笔者认为，对两高的司法解释确实存在进一步研究的必要。在司法实践中，为了规避刑法的打击，很多收受的干股都没有办理股权转让登记，但收受干股的人却实际上不仅可以获得该股权所分红利，最终也能得到股权实际支配权及转让给第三方所取得的实际权益，因此，不应以是否办理了股权转让登记作为区分，而应该以收受干股时干股的实际价值直接作为受贿的数额，如出现干股贬值的情况，贬值部分则不予考虑，以体现严厉打击受贿犯罪的决心；案发时如有增值，增值部分也作为贿赂计算在受贿总额中；如有分红，实际获利数额应当认定为受贿数额；案发前转让干股的，受贿数额按转让行为时股份价值计算。但是，在现行法律框架之下，司法解释为有效解释，应予以遵行。例如，某甲，是某局局长。2006年，某甲利用职务上的便利为某乙谋取利益，某甲与某乙约定收受某乙公司20%干股，价值200万元，但未实际办理股权登记。直到2009年，某甲退休后才实际将股份转让并登记至自己名下，此时股份价值为240万元。股权转让登记之前，某甲共获取分红10万元。在股权登记后至案

---

〔1〕魏东："'收受干股型'受贿罪的刑法解释适用"，载《法学论坛》2015年第1期。

发前，某甲又获取红利700万元。按照两高的司法解释，某甲受贿的数额应为240万元加上10万元共计为250万元。某甲在股权登记后至案发前又获取红利700万元按受贿孳息处理，而不计入受贿的数额，根据2018年《中国共产党纪律处分条例》第40条和《中国共产党纪律检查机关监督执纪工作规则》第58条的规定，受贿孳息应当依规依纪依法予以收缴。

（三）以开办公司等合作投资名义收受贿赂的认定

国家工作人员利用职务上的便利为请托人谋取利益，由请托人出资，“合作”开办公司或者进行其他“合作”投资的，以受贿论处。受贿数额为请托人给国家工作人员的出资额。

国家工作人员利用职务上的便利为请托人谋取利益，以合作开办公司或者其他合作投资的名义获取“利润”，没有实际出资和参与管理、经营的，以受贿论处。

（四）以委托请托人投资证券、期货或者其他委托理财的名义收受贿赂的认定

国家工作人员利用职务上的便利为请托人谋取利益，以委托请托人投资证券、期货或者其他委托理财的名义，未实际出资而获取“收益”，或者虽然实际出资，但获取“收益”明显高于出资应得收益的，以受贿论处。受贿数额，前一情形，以“收益”额计算；后一情形，以“收益”额与出资应得收益额的差额计算。

（五）以赌博形式收受贿赂的认定

根据两高《关于办理赌博刑事案件具体应用法律若干问题的解释》第7条的规定，国家工作人员利用职务上的便利为请托人谋取利益，通过赌博方式收受请托人财物的，构成受贿。

实践中应注意区分贿赂与赌博活动、娱乐活动的界限。具体认定时，主要应当结合以下因素进行判断：①赌博的背景、场合、时间、次数；②赌资来源；③其他赌博参与者有无事先通谋；④输赢钱物的具体情况和金额大小。

单位受贿罪理论与实践 第四章 chapter 4

第一节　单位受贿罪的立法与解释

单位受贿罪，是指国家机关、国有公司、企业、事业单位、人民团体，索取、非法收受他人财物，为他人谋取利益，情节严重的行为。

一、单位受贿罪的立法

单位犯罪，又称法人和非法人团体犯罪。在 19 世纪中叶之前，传统的法学理论均未把法人作为犯罪主体。法人犯罪是商品经济发展到一定历史阶段的产物，是商品经济社会特有的社会现象。〔1〕

我国 1979 年《刑法》没有规定单位犯罪。

但到了 20 世纪 80 年代，单位走私、逃税、骗税、行贿、受贿、破坏金融秩序、污染环境等行为日益加剧，呈蔓延之势，严重破坏我国经济秩序和社会生活秩序。1985 年 7 月 18 日，两高印发的《关于当前办理经济犯罪案件中具体应用法律的若干问题的解答（试行）》（已失效）"二、关于受贿罪的几个问题：（三）关于国家机关、团体、企业事业单位和集体经济组织收受贿赂，应如何处理的问题"指出："国家机关、团体、企业事业单位的集体经济组织收受贿赂的问题，要根据不同情况，区别对待：对单位主管人员和直接责任人员借机中饱私囊，情节严重的，除没收全部受贿财物外，应对主管人员和直接责任人员追究其受贿罪的刑事责任。对单位进行走私、投机倒把等违法活动，或者为谋取非法利益，收受贿赂，数额巨大，情节严重的，除没

〔1〕 马长生、胡凤英："论新刑法对单位犯罪的规定"，载《政法论坛（中国政法大学学报）》1997 年第 6 期。

收全部受贿财物外，对主管人员和直接责任人员应追究受贿罪的刑事责任。对单位没有进行违法活动的，或者其主管人员和直接责任人员没有中饱私囊的，由主管部门没收该单位的不正当收入，并酌情对其主管人员和直接责任人员给予行政处分。”可见，对单位受贿的，仍是对主管人员和直接责任人员追究受贿罪的刑事责任，而未追究单位的刑事责任。

针对单位犯罪日益严重的情况，我国于 1987 年 1 月 22 日颁布了《海关法》，该法第 47 条第 4 款规定：“企业事业单位、国家机关、社会团体犯走私罪的，由司法机关对其主管人员和直接责任人员依法追究刑事责任；对该单位判处罚金，……”这是我国首次以立法的形式规定单位犯罪及其刑事责任，自此单位成为犯罪的一种特殊主体。

1988 年 1 月 21 日起施行的全国人大常委会《关于惩治贪污罪贿赂罪的补充规定》（已失效，下同）第 6 条规定：“全民所有制企业事业单位、机关、团体，索取、收受他人财物，为他人谋取利益，情节严重的，判处罚金，并对其直接负责的主管人员和其他直接责任人员，处 5 年以下有期徒刑或者拘役。”这是明文规定单位可以成为受贿罪的主体。

1997 年《刑法》第 387 条规定：“国家机关、国有公司、企业、事业单位、人民团体，索取、非法收受他人财物，为他人谋取利益，情节严重的，对单位判处罚金，并对其直接负责的主管人员和其他直接责任人员，处五年以下有期徒刑或者拘役。前款所列单位，在经济往来中，在账外暗中收受各种名义的回扣、手续费的，以受贿罪论，依照前款的规定处罚。”可见，1997 年《刑法》承继了《关于惩治贪污罪贿赂罪的补充规定》的规定，进一步确定了单位是受贿罪的主体，并且结合我国的实际情况和与单位受贿作斗争的实际需要，对《关于惩治贪污罪贿赂罪的补充规定》的规定作了补充和修改：将原文中的“全民所有制企事业单位、机关、团体”修改为“国家机关、国有公司、企业、事业单位、人民团体”。理由是“全民所有制企事业单位、机关、团体”的提法不够明确，且 1993 年 3 月 29 日全国人大通过的《宪法修正案》已将“国营企业”改称为“国有公司、企业”；二是在“收受他人财物”前加上“非法”两字，即将“索取、收受他人财物”改为“索取、非法收受他人财物”，以便于准确区分单位受贿犯罪与单位之间以及单位与个人之间正常的经济活动；三是将“判处罚金”修改为“对单位判处罚金”，使其表述更加明确。[1]

二、单位受贿罪的解释

为了解决单位受贿罪适用过程中出现的问题，最高人民法院和最高人民检察院颁行了司法解释，具体情况如下：

1997 年 12 月 25 日最高人民检察院通过的《关于适用刑法分则规定的犯罪的罪名的意见》和 1997 年 12 月 9 日最高人民法院通过的《关于执行〈中华人民共和国刑法〉确定罪名的规定》将 1997 年《刑法》第 387 条的罪名规定为：单位受贿罪。

1999 年 8 月 6 日最高人民检察院通过的《关于人民检察院直接受理立案侦查案件立案标准的规定（试行）》规定，单位受贿罪是指国家机关、国有公司、企业、事业单位、人民团体，索取、非法收受他人财物，为他人谋取利益，情节严重的行为。索取他人财物或者非法收受他人财物，必须同时具备为他人谋取利益的条件，且是情节严重的行为，才能构成单位受贿罪。国家机关、国有公司，企业、事业单位、人民团体，在经济往来中，在账外暗中收受各种名义的回扣、手续费的，以单位受贿罪追究刑事责任。涉嫌下列情形之一的，应予立案：一是单位受贿数额在 10 万元以上的；二是单位受贿数额不满 10 万元，但具有下列情形之一的：①故意刁难、要挟有关单位、个人，造成恶劣影响的；②强行索取财物的；③致使国家或者社会利益遭受重大损失的。

2006 年 9 月 12 日最高人民检察院研究室发布的《关于国有单位的内设机构能否构成单位受贿罪主体问题的答复》指出："国有单位的内设机构利用其行使职权的便利，索取、非法收受他人财物并归该内设机构所有或者支配，为他人谋取利益，情节严重的，依照刑法第三百八十七条的规定以单位受贿罪追究刑事责任。"

---

〔1〕 康树华："再论单位受贿罪——兼评公安派出所能否成为该罪主体"，载《江西警察学院学报》2011 年第 1 期。

第二节　单位受贿罪的犯罪构成

一、单位受贿罪的客体

理论界对单位受贿罪的客体存在着不同的看法。有人认为，单位受贿罪的客体是单一客体，具体表述上又有所不同，分别表述为：国家机关的正常活动；公私财物的所有权；国家经济管理活动；国家工作人员职务行为的廉洁性；国家工作人员职务行为的不可收买性；等等。有人认为，单位受贿罪的客体是双重客体，具体表述也有所不同：既侵犯了国家机关的正常活动，又侵犯了社会主义经济秩序；既是国家和社会管理公务的正常活动，又关系到国家公务活动的声誉；不但侵害了国家机关的正常活动，而且侵犯了公私财物的所有权。有人认为，单位受贿罪的客体是三重客体，认为受贿罪的客体包括国家机关的正常活动、公私财物的所有权、社会主义经济秩序，等等。

笔者认为，单位受贿罪的客体应当比照受贿罪的客体加以确定，即单位受贿罪的客体是国家机关、国有公司、企业、事业单位和人民团体的廉政建设制度。

二、单位受贿罪的客观方面

单位受贿罪可以分为两种类型：一般的单位犯罪和特殊的单位犯罪。依据刑法和相关司法解释的规定，单位受贿罪的成立必须符合单位犯罪的一般特征：①体现单位的意志，即受贿行为是由单位有决策权的机构或个人作出的；②以单位的名义实施；③为了单位的利益，即违法所得归单位所有。同时，一般单位受贿罪的成立在客观方面还必须是索取、非法收受他人财物，为他人谋取利益，情节严重的行为。特殊单位受贿罪的成立在客观方面还必须在经济往来中，在账外暗中收受各种名义的回扣、手续费，数额较大的行为。

对于单位受贿罪的客观方面，有如下问题需要加以厘清：

（一）单位的犯罪意志

何为单位意志，在理论界存在不同的观点。第一种观点，责任人员意志说。该观点认为单位直接负责的主管人员意志即单位整体意志，如医院科室主任收取回扣给科室所有人员分配，构成科室单位受贿罪。原因在于：科室主任意志代表科室部门整体意志。[1]第二种观点，商量说。该观点认为，单位直接负责主管人员只有存在与他人集体研究情形，形成共识，才能视为单位意志。[2]第三种观点，二元说。该观点认为，“受贿行为必须由单位的决策层决定，或者由单位的全体人员认同，如单位的职工大会通过”。[3]再如，有人认为，单位意志，指直接负责主管人员或其他直接责任人员的个人意志，由决策机关经一定决策程序决定而使得单位具备实施犯罪的主观心态，或是单位全体成员讨论决定时所持主观心态。决策机关是形成单位意志的机关。决策程序是形成单位意志的具体形式。单位成员根据单位决策机关策划、授意、批准、指挥或默许实施的犯罪也绝不同于单位成员本人决定或擅自实施的犯罪。因此，单位内部成员未经单位决策机构批准、同意或认可而实施犯罪，或单位内部成员实施与其职务活动无关犯罪行为，均不能构成单位受贿罪。[4]

笔者认为，单位是人们为了实现某种共同目标而将其成员的行为彼此协调起来所形成的社会团体。单位意志具有如下特征：①单位意志具有整体性。单位意志的形成需要依赖自然人组成的决策机关的决策或某些自然人的意志，但单位意志从形成的那一刻起就成为独立的、整体的意志。[5]②单位意志具有程序性。单位意志必须经过法定或约定的程序形成。对于单位的意志与单位的犯罪意志不同。对于单位犯罪意志的形成方式，理论界的通说认为，单位犯罪意志形成的主要形式有两种：其一，经单位集体研究决定；其二，经单位负责人员决定实施。

有一种观点认为，单位的犯罪意志，是指单位的一般工作人员以单位的名义为了单位的利益实施犯罪行为，事后经单位决策机关或者负责人认可所

---

〔1〕 顾运帷：“医院科室能否成为单位受贿罪的主体”，载《江苏法制报》2015年5月14日。

〔2〕 张建龙等：“医务人员收取医疗器械销售‘回扣’如何定性”，载《人民检察》2014年第18期。

〔3〕 韩成军：“单位受贿罪若干疑难问题研究”，载《郑州大学学报（哲学社会科学版）》2012年第3期。

〔4〕 赵天水：“单位受贿罪主体问题及解释”，载《东北农业大学学报（社会科学版）》2018年第4期。

〔5〕 石磊：“单位犯罪意志研究”，载《法商研究》2009年第2期。

形成的单位犯罪意志形式。[1]笔者认为，该观点是一种事后的追认，与主客观相统一的原则相矛盾。“任何犯罪的成立都以罪过的存在为前提，但罪过指的是行为时的态度，行为后的态度不能成为罪过。所谓单位事后追认，实际上就是一种行为后的心理态度，这不能成为罪过。”[2]

有人认为，单位意志指单位一般工作人员在职权范围内为了单位的利益作出决定。因为：①单位一般工作人员在其职权范围内为了单位的利益所实施的行为是职务行为。②单位犯罪意志的形成过程就是单位犯罪决策的过程。组织决策可以分为高层决策、中层决策与基层决策。如果我们将单位犯罪意志的形成形式只限定为单位决策机构或者负责人员决定这一种形式，那么就可能会缩小单位犯罪的范围，使得刑法关于单位犯罪的制度和规定沦为仅能制裁实施犯罪行为规模较小的单位，而使一些规模较大的单位逃避法律制裁，果真如此，就会有悖立法机关设立单位犯罪制度的初衷。[3]正如有学者所言：“在判断某一个人的行为是否单位自身行为时，不能仅仅根据该行为是否经过单位负责人的同意或单位集体的同意，有时尽管没有经过单位负责人同意，但该行为符合单位业务活动的政策、规定或操作习惯时，也应将该行为视为单位自身的行为。”[4]笔者赞同该观点。《刑事审判参考》指导案例第305号明确指出：“单位犯罪是在单位意志支配下实施的，行为人的行为是单位意志的体现；而个人犯罪则完全是在其个人意志支配下实施的，体现的是其个人意志。单位意志一般由单位决策机构或者有权决策人员通过一定的决策程序来加以体现。”

（二）以单位名义实施

1999年6月25日最高人民法院发布的《关于审理单位犯罪案件具体应用法律有关问题的解释》第3条规定：“盗用单位名义实施犯罪，违法所得由实施犯罪的个人私分的，依照刑法有关自然人犯罪的规定定罪处罚。”

最高人民法院在《全国法院审理金融犯罪案件工作座谈会纪要》中进一步指出：“以单位名义实施犯罪，违法所得归单位所有的，是单位犯罪。”这

〔1〕沙君俊：《单位犯罪的定罪与量刑》，人民法院出版社2002年版，第81页。

〔2〕刘志远：“单位犯罪研究述评”，载《刑法问题与争鸣》编委会编：《刑法问题与争鸣》（第3辑），中国方正出版社2001年版，第28页。

〔3〕石磊：“单位犯罪意志研究”，载《法商研究》2009年第2期。

〔4〕黎宏：“单位犯罪的若干问题新探”，载《法商研究》2003年第4期。

样，单位犯罪就司法解释的层面而言，必须具备“以单位名义实施”的要件。在司法实际工作中，就会出现如下四种情形：①行为人以单位名义实施，违法所得归个人所有；②行为人不以单位名义实施，违法所得归个人所有；③行为人以单位名义实施，违法所得归单位所有；④行为人不以单位名义实施，违法所得归单位所有。对于第一、第二种情形，因为不具备“违法所得归单位所有”的实质要件，应属于自然人犯罪而不属于单位犯罪。第三种情形属于单位犯罪。对于第四种情形，争议比较大。有人认为，“以单位名义”不能证明犯罪意志的归属。例如，以绕关方式实施的单位走私犯罪，一般情况下，犯罪单位就不需要也不可能亮明字号。所以，是否“以单位名义”实施犯罪，不是一个判断是单位犯罪还是自然人犯罪的可靠方法。犯罪以何种名义实施这种犯罪的外在表现形式，无法表明犯罪意志的归属。〔1〕基于许多单位犯罪的并非以单位名义实施的现状，单位犯罪中“以单位名义”应作实质解释，否则难以发挥刑法的人权保障机能。因此，只要有证据证明有资格代表单位的自然人“为了本单位的利益”而实施犯罪，最终违法所得归单位所有，就可以认定是单位犯罪，而是否以本单位的名义实施犯罪，在所不问。〔2〕

（三）为了单位的利益

学者一般认为，“为了单位的利益”，强调的是主观层面的目的或者动机，落实到客观结果，就是违法所得归单位所有。所以，法院在处理和认定单位犯罪时强调，从概念上有三个需要把握的要点：第一，必须以单位的名义；第二，行为是为了单位的利益；第三，违法所得归单位所有。〔3〕

在单位受贿罪中，为了单位的利益，此处的“利益”，其实就是贿赂，为了单位的利益，就是主观动机、目的为了使单位得到该贿赂，实际上得到贿赂以后也将该贿赂的所有权归属于单位。

在司法实践中有一种情况，就是贿赂归属单位所有后，又以奖金、福利等形式发放给单位成员，如何定性？笔者认为，此时单位受贿罪已经处于既遂的犯罪形态，以奖金、福利等形式发放给单位成员只是事后对违法所得的处

〔1〕石磊：“单位犯罪中‘以单位名义’和‘为了单位利益’探析”，载《人民检察》2005年第13期。

〔2〕高蕴嶙：“单位犯罪中‘以单位名义’应作实质解释”，载《检察日报》2018年6月6日。

〔3〕张军等：《刑法纵横谈（总则部分）：理论·立法·司法》，法律出版社2003年版，第293~295页。

理方式之一，并不影响单位受贿罪的成立。但是，如果有证据证明犯罪只是为了个人的利益却假借单位名义实施，非法所得中饱个人私囊的，则不宜按照单位受贿罪定罪量刑。

在司法实践中另有一种情况，即单位中责任人员以单位名义收受贿赂并将非法所得归属于部分成员时，如何定性？有人认为，按照自然人受贿罪的共同犯罪处理。[1]有人认为，应根据不同情形认定：将收取的贿赂给予单位99%的成员或全部成员，二者之间的法益侵害程度并无差异。但将贿赂给予单位30%的成员或60%成员，二者之间的法益侵害程度显存差异。可就单位受贿罪中的利益归属建立比例惩罚规则：当单位将收取的贿赂给予50%以上（不含50%）比例成员时，应将此利益归属行为视为单位受贿，毕竟多数成员获得利益，构成单位受贿罪；当单位将收取的贿赂给予50%以下（含50%）比例成员时，应视为这些成员之间构成受贿罪共同犯罪。[2]

笔者认为，单位中责任人员以单位名义收受贿赂并将非法所得归属于部分成员时，如前所述，都是在单位犯罪既遂之后发生的非法利益的处理方式问题，分配给部分成员与分配给全体成员的性质并无差异，因此，均应按照单位受贿罪定罪量刑。

（四）“经济往来”范围的界定

《刑法》第387条第2款规定：“前款所列单位，在经济往来中，在账外暗中收受各种名义的回扣、手续费的，以受贿论，依照前款规定处罚。”何谓“经济往来”，在我国理论界存在如下几种观点：

（1）横向说。该观点认为，“经济往来”仅限于行为人代表本单位与外单位或个人从事经济交往活动，也即仅限于平等民事主体之间的经济往来，而不包括行为人代表国家或者单位所进行的经济管理，凡行为人在履行经济管理职能过程中收受或索取贿赂的，不算经济往来中的经济受贿行为。[3]其主要理由是：①经济管理活动与“经济往来”的含义不相符合。“经济往来”，

---

〔1〕参见李园园：“医院科室收回扣医生私分是否属单位受贿”，载《法制周报》2017年2月14日。

〔2〕赵天水：“单位受贿罪主体问题及解释”，载《东北农业大学学报（社会科学版）》2018年第4期。

〔3〕杨兴国：《贪污贿赂罪法律与司法解释应用问题解疑》，中国检察出版社2002年版，第216页。

就其字面意义来讲，应指有“来”有“往”的经济活动，而国有单位在代表国家对经济秩序进行管理时，只有“往”而无“来”，因为作为行政管理相对方只有服从国有单位的安排，没有选择的余地，不符合有“来”有“往”的特征；②经济管理活动与准单位受贿罪中其他构成要件要素难以协调。《刑法》第387条第2款是为了规制国有单位在经济往来中，非法收受各种名义的回扣、手续费的犯罪行为而设立的。回扣只能产生于商品（在市场经济条件下，包括货物、信息和服务）贸易流通过程中，手续费、辛苦费、劳务费等则是因为一定的劳务关系，由接受劳务的一方支付给提供劳务的一方的报酬，主要产生于推销商品、采购原料、联系企业经营等有关业务活动中。因此，国有单位为行使行政管理职权而进行的经济管理活动并不属于商品贸易活动，自然不会出现“回扣或手续费”的问题，也就使准单位受贿罪条款中各要件要素之间产生矛盾和冲突，造成理解上的困惑。③经济管理活动中国有单位与被管理方之间不存在经济交易关系，如将纵向经济活动纳入“经济往来”的范畴，适用准单位受贿条款，必将造成不符合“权钱交易”的疑惑，这必然导致对经济管理活动中的受贿案件是适用第2款还是要同时符合两款构成要件的困惑。据此，对“经济往来”范围的认定应从以下几个方面的特征予以认定：①合法性。即参与经济往来的各方之间的经济关系必须符合有关国家规定。②平等性。横向的经济关系，强调双方权利义务的平等，一方在享有权利的同时也必须履行相应的义务。即一方向另一方提供一定的商品或服务，另一方则必须支付一定的对价，此所谓有“往”有“来”。只有在这种经济活动中，才可能产生回扣、手续费的现象。③经济性。参与经济往来的各方或至少其中一方的直接目的必须是追求一定的经济利益。④往来性。是指有来有往，是双向的或多向的。〔1〕“既言是经济往来，就应该是双向的商品交换活动。”〔2〕

（2）纵横说。该观点认为，“经济往来”就是经济活动，既包括国家经济管理活动，也包括国家工作人员参与的直接的经济交往活动。〔3〕“凡是在经济活动中给予国家工作人员以各种名义的回扣、手续费的，均属于经济行贿，

〔1〕罗浩：“单位受贿罪若干问题研究”，华东政法学院2006年硕士学位论文。

〔2〕孙国祥：《贪污贿赂犯罪疑难问题学理与判解》，中国检察出版社2003年版，第361页。

〔3〕王作富主编：《刑法分则实务研究》（下），中国方正出版社2001年版，第1761页。

而经济活动包括经济管理活动和经济贸易活动。”〔1〕

笔者认为，“横向说”对“经济往来”范围的解释是基于商品经济的一般原则，有较充分的理由，比较可取。但是，“横向说”并不能完全适合我国的实际情况，因为在我国目前的体制下，国有单位的经济往来活动除了单纯的平等主体之间的横向经济往来以外，还包括准纵向、完全纵向的经济活动。准纵向经济往来指发生在国家与普通市场主体之间的政府采购、行政合同，主要表现为城市和农村的基础性设施建设、法定商品或服务的交易、行政垄断性行业运营等。虽然交易双方享有平等的法律地位和民事主体资格，但是为了在法律规定的特殊情况下保护国家利益，国家在合同成立之前拥有广泛的交易相对方的选择权，在合同成立并生效之后能够予以单方面撤销、解除。完全纵向的经济往来指国家机关与各类经济主体之间的管理与被管理活动。我国政府部门宏观调控的规模和力度依然起着相当重要的作用，实质性地影响着商业竞争的过程与结果。具体表现为行政机关对商业活动管理严格、审批权限密集、对市场价格进行强硬性规定、适时干预企业经营决策、包揽行业协会的职能。〔2〕“政府在事实上成了经济往来和商业活动的间接参与者，对市场准入、发展、调节进行富有成效的安全监控。机械地将国家经济管理活动排除在经济往来范畴之外明显与我们现阶段的社会发展现实状况脱节。”〔3〕

（五）“账外暗中”的含义

“账外暗中”作为法律用语，最早表述于1993年9月2日第八届全国人民代表大会常务委员会第三次会议通过的《反不正当竞争法》。该法第8条规定：“经营者不得采用财物或者其他手段进行贿赂以销售或者购买商品。在账外暗中给予对方单位或者个人回扣的，以行贿论处；对方单位或者个人在账外暗中收受回扣的，以受贿论处。”

有人依据《反不正当竞争法》的规定，认为我国的法律对回扣的态度是有条件的允许，即只有在“账外暗中”给予对方回扣，才是违法行为。通说认为，账外是指没有通过单位正规账户，暗中是指不在发票或者合同中明确显示。“账外暗中”，是指在经济往来中的回扣、手续费等，未在依法设立的

---

〔1〕陈兴良主编：《刑法全书》，中国人民公安大学出版社1997年版，第1321页。

〔2〕程宝库：《商业贿赂：社会危害及其治理对策》，法律出版社2006年版，第221~222页。

〔3〕谢杰、吕继东：“商业贿赂犯罪‘经济往来’系列条款研究”，载《中国刑事法杂志》2007年第1期。

反映其生产经营活动或者行政事业经费收支的财务账上按照财务会计制度规定明确如实记载，包括不记入财务账、转入其他财务账或者做假账等。[1]

理论界有人提出，在实际经济往来中，如果将“账外暗中”作为构成单位受贿罪的构成要件，相关单位就可以予以明折明扣明入账的方式加以规避，即以不犯罪的形式行单位受贿之实际，因此在反腐倡廉的情境下，应当取消单位受贿罪中“账外暗中”的规定。[2]笔者认为，在单位犯罪的构成要件中不能取消“账外暗中”的规定。因为如前所述，我国的法律对回扣的态度是有条件的允许，只有在“账外暗中”给予对方回扣，才是违法行为。在这种情况下，“账外暗中”就成为回扣、手续费是否合法的判断依据。取消“账外暗中”的规定后，将导致无法区分回扣、手续费是否合法，因此就无法区分罪与非罪。

（六）回扣、手续费

2018 年 1 月 1 日实施的《反不正当竞争法》第 7 条第 2 款规定：“经营者在交易活动中，可以以明示方式向交易相对方支付折扣，或者向中间人支付佣金。经营者向交易相对方支付折扣、向中间人支付佣金的，应当如实入账。接受折扣、佣金的经营者也应当如实入账。”因此，有的学者认为，折扣与回扣没有本质的区别，都属于买卖中的让利，只是让利的时间不同；在正规账册中反映出来的回扣是合法的。[3]把握回扣应从四个方面着手：①回扣的给付方式是“账外暗中”。②回扣的来源是价款，回扣属于价款的一部分。回扣是卖方返还给买方的一定比例的商品价款。③回扣的收受人为对方单位或者个人。④回扣的形式是“现金、实物或者其他形式”，包括名义上的折扣、让利、广告费、包装费、会议费、仓储费等。认定是否为回扣，关键是审查前三个特征。[4]

回扣不是支付给中间人的，否则是佣金。根据《辞海》对佣金的解释，“佣金亦称‘中佣’或‘行佣’。中间人介绍买卖所取得的收入。如资本主义国家和旧中国的经纪人、代理商等，在介绍买卖成交时，从中取得的收入，均

---

〔1〕吴忆萍：“论单位受贿罪‘账外暗中’的若干问题”，载《河北法学》2007 年第 4 期。

〔2〕吴忆萍：“对我国单位受贿罪‘账外暗中’的理性思考”，载《西南大学学报（人文社会科学版）》2007 年第 2 期。

〔3〕王素丽：“试论回扣、折扣及佣金”，载《法律适用》1994 年第 8 期。

〔4〕肖中华：“商业贿赂的含义及回扣的界定”，载《经济刑法》2007 年卷。

称佣金”。[1]在经济活动中还有许多以好处费、辛苦费、介绍费、活动费等作为酬劳的款项，一般称之为手续费。手续费是经济往来中买卖双方或中间人、代理商获得的佣金、回扣以外的报酬。[2]

三、单位受贿罪的主体

依据1997年《刑法》第387条的规定，单位受贿罪的犯罪主体包括：国家机关、国有公司、企业、事业单位、人民团体。但该规定的应然性和具体适用在理论界存在许多的争论，笔者择要者进行探讨如下。

（一）国家机关能否成为单位受贿罪主体

早在1997年《刑法》修订时，理论界就对国家机关能否成为单位犯罪的主体存在争议。

（1）肯定说。该主张认为，国家机关可以成为单位受贿犯罪主体，但一般认为应有所限制。其主要理由如下：①国家机关必须在宪法、法律范围内活动，因此也应当在刑法范围内活动，遵守刑法的规定。②国家对国家机关的刑事惩罚不是自我惩罚。国家作为一个集合概念，国家机关是国家的组成部分之一，对国家机关的惩处不应被认为是对国家自身的惩处。③国家机关犯罪的现象是客观存在的，且社会危害性十分严重，影响非常恶劣。“以国家机关为主体的单位犯罪仍然存在，因此将国家机关规定为单位犯罪的主体仍然是有必要的。”[3]④在国外已有立法例。例如，《美国法典·刑法典》第18篇第18节对“组织”的解释如下：“组织是指非单个的人，本术语包括有限公司、合伙、社团、股份公司、工会、托拉斯、福利基金组织、非法人机构、政府及其下属部门和非营利组织。”[4]1994年3月1日生效的《法国刑法典》第121-2条规定，除国家外，法人依第121-4条至第121-7条所定之区别且在法律或条例有规定之场合，对其机关或代表为其利益实施的犯罪行为负刑事责任，但是地方行政部门及其联合团体仅对在从事可订立公共事业委托协

---

〔1〕辞海编辑委员会编：《辞海》（缩印本），上海辞书出版社1980年版，第233页。

〔2〕赵冬燕：“回扣详议——以商业贿赂罪为视角”，载《河南社会科学》2007年第4期。

〔3〕陈兴良：“单位犯罪：以规范为视角的分析”，载《河南省政法管理干部学院学报》2003年第1期。

〔4〕陈兴良：《刑法适用总论》（上卷），法律出版社1999年版，第566页。

议的活动中实施的犯罪行为负刑事责任。[1]

（2）否定说。该主张认为国家机关不应也不能成为单位犯罪的主体。其主要理由是：①宪法排除国家机关犯罪的可能。国家机关代表国家意志，行使宪法和法律赋予的权力，对社会进行管理，从其性质上讲不宜规定为犯罪。国家机关不具有产生犯罪意思的可能性。[2]②适用刑罚没有意义。我国刑法规定对犯罪单位所处的刑罚只有罚金。但国家机关如果犯罪被判处罚金，也只能由国家财政拨款，这样，无疑是将国家的钱从这个口袋掏到那个口袋，无异于国家自我惩罚。③对犯罪的国家机关进行刑事处罚，在实践操作中会遇到很大的障碍和困难。我国是社会主义国家，如果一方面判处某一国家机关有罪，另一方面又让其继续代表国家行使行政管理职权，不符合法理。④对于国家机关实施了犯罪行为的，只处罚其负责的主管人员和直接责任人员，同样可以达到惩罚、预防犯罪的目的。⑤国外刑事立法一般不把国家机关作为单位犯罪的主体。⑥从国家机关自身的性质来看，它不具有犯罪的意思能力和行为能力。⑦对国家机关定罪判刑的社会效果不容乐观。[3]

笔者认为，从国外立法例看，最早在刑法上承认法人犯罪的英国没有把国家机关作为犯罪主体；美国在1962年的《模范刑法典》和1971年的《联邦刑法草案》中都没有规定国家机关可以成为犯罪主体。在大陆法系国家中，除中国外，目前仅有法国在刑法典中规定了单位犯罪，但是明确排除了国家机关作为犯罪主体的可能性，仅对地方行政部门及其联合团体在从事订立公共事业委托协议的活动中实施的犯罪可以追究刑事责任。因此，不应当将国家机关规定为单位受贿罪的犯罪主体。鉴于我国刑法已经明确规定国家机关是单位受贿罪的犯罪主体的实际情况，笔者认为仍应当持谨慎的态度，在司法实践中区别对待，对国家机关构成单位受贿罪进行必要的限制。笔者注意到曾有学者已经提出了该主张。例如，有人建议从国家机关级别上进行限制，也有的认为国家权力机关根本不具备成为单位犯罪主体的可能性，应当在实践中将其排除在单位犯罪的主体之外。[4]有人主张国家立法机关、县以上一

---

〔1〕罗结珍译：《法国新刑法典》，中国法制出版社2003年版。

〔2〕马克昌：“‘机关’不宜规定为单位犯罪的主体”，载《现代法学》2007年第5期。

〔3〕张绍谦：“国家机关不应成为单位犯罪的主体”，载《经济刑法》（第2辑）2004年卷。

〔4〕孙本立：“论单位犯罪的几个问题”，载《刑法问题与争鸣》编委会编：《刑法问题与争鸣》（第1辑），中国方正出版社1999年版。

级的政府机关和司法机关、中央一级的任何机关都不可能成为单位犯罪主体，而只有国家机关中具体的职能部门以及国家机关的基层组织因其对经济、社会行使直接的管理权限或其接触和管理的事务都比较具体，才有机会为本单位谋取私利从而实施单位犯罪行为。[1]也有人认为只有各级国家机关中具有法人资格的国家机关，才能成为单位犯罪的主体，不具有法人资格的下属单位，不得成为单位犯罪的主体。对此，笔者认为，国家机构是国家为实现其职能而建立起来的一整套国家机关体系的总称。依据《宪法》第三章的规定，我国的国家机构由全国人民代表大会、中华人民共和国主席、国务院、中央军事委员会、地方各级人民代表大会和地方各级人民政府、民族自治地方的自治机关、人民法院和人民检察院组成。从行使职权的性质上看，可以把它们分为国家权力统一原则下的权力、行政和司法等机关；从行使职权的地域范围上看，可以把它们分为中央国家机关和地方国家机关。中央国家机关是一个国家主权的象征，不宜作为单位受贿罪的犯罪主体。同时，一般而言，国家机关中具体的职能部门、国家机关的基层组织接触和管理的事务都比较具体，有机会直接参与经济活动，在接触和管理社会或者经济活动中，可能会为本单位或者本地区的利益，实施单位犯罪行为。[2]

笔者注意到，在司法实践中，审判机关被以单位受贿罪起诉，而最终按照自然人犯罪处理的案例。例如，公诉机关指控，自 2000 年至 2005 年 5 年内，乌鲁木齐铁路运输中级人民法院接受请托、索取、收受相关中介机构财物，为其谋取利益，以拍卖佣金分成、评估作价费分成及“感谢费”的名义，向某拍卖有限公司、某投资咨询有限公司、某价格事务所等单位索取、收受人民币 4 510 877.44 元并将上述款项在乌鲁木齐铁路运输中级人民法院账外，存入以乌鲁木齐铁路运输中级人民法院法官协会名义开设的账户或直接将现金使用，应当以单位受贿罪追究被告单位乌鲁木齐铁路运输中级人民法院的刑事责任。该案一出，引起社会各界的热烈讨论。喝彩与反对声音一片。赞同者认为，法院在我国法律体系中属于国家机关的范畴，法律面前人人平等，既然其他国家机关可以成为刑事被告，包括法院在内的司法机关自然也应当

〔1〕 邓又天、李永升：“单位犯罪问题研究”，载丁慕英等主编：《刑法实施中的重点难点问题研究》，法律出版社 1998 年版，第 370~371 页。

〔2〕 陈兴良：《刑法适用总论》（上卷），法律出版社 1999 年版，第 597 页。

依法承担刑事责任，它不能排除在国家机关之外。绝不能因为它具有审判机关这一相对较为特殊的身份，就不受法律制约，就不承担刑事责任。反对者认为，刑法将包括法院在内的国家机关认定为单位犯罪主体，是当时立法技术不成熟的表现，法院不应成为单位受贿罪的主体。法院等国家机关代表国家行使权力，其行为只能是体现国家意志，其利益只能是合法利益，而国家机关中的工作人员及人员群体超越国家机关权限，追求非法利益，可以将罪责落实到具体的犯罪人身上。〔1〕最终，2007年2月15日，昌吉州中院对被告人杨某明犯滥用职权罪判处有期徒刑5年，犯受贿罪判处有期徒刑10年，犯挪用公款罪判处有期徒刑4年，数罪并罚决定执行有期徒刑15年；对被告人蔡某军犯滥用职权罪判处有期徒刑2年，缓刑3年；对被告人王某梅犯玩忽职守罪判处有期徒刑2年，犯挪用公款罪判处有期徒刑5年，数罪并罚决定执行有期徒刑6年。未追究单位的刑事责任。

（二）国有单位的内设机构能否成为单位贿赂罪的犯罪主体

对于国有单位的内设机构能否成为单位贿赂罪的犯罪主体，存在不同的看法：一种观点认为，这些单位不仅形式上没有独立性，而且实质上也没有独立承担刑事责任的能力，追究其刑事责任达不到应有的目的和效果，对其以组织名义实施的犯罪行为，只能以个人犯罪论处。〔2〕还有一种观点认为，内设机构其决策权取决于上级主管部门或单位最高决策机构，所实施的危害社会的行为应由上级单位负责，其本身不能成为犯罪主体。〔3〕

有人认为，国有单位的内设机构可以成为单位贿赂罪的犯罪主体。其理由是：①单位的内设机构有其独立的意志和自身的利益。②单位的内设机构，虽然不具备独立的法人资格，但如果其本身具有独立的社会地位，则也是具备刑事责任能力的。所以，在看待单位的内设机构是否能够成为犯罪主体时，要看该内设机构是否具备实际上的社会独立地位，而不论该内设机构在单位内部的层级高低。〔4〕有人进一步提出，内设机构的独立主体地位应具备以下

---

〔1〕程兰兰："法院不应成为单位受贿罪的主体"，载《检察风云》2006年第18期。

〔2〕赵秉志主编：《犯罪总论问题探索》，法律出版社2003年版，第164页。

〔3〕单民、刘方主编：《刑事司法疑难问题解答（刑法适用部分）》，中国检察出版社2002年版，第160页。

〔4〕陈泽宪：《新刑法单位犯罪的认定与处罚——法人犯罪新论》，中国检察出版社1997年版，第45页。

条件：其一，是单位内部的合法内设机构，不是那种为了某种考虑而挂靠到单位，或者是打着单位旗号的非法组织；其二，具有自身独立的业务范围和权限；其三，能够掌握一定的财产和收入。〔1〕

最高人民法院于 2001 年 1 月 21 日印发的《全国法院审理金融犯罪案件工作座谈会纪要》规定："单位的分支机构或者内设机构、部门实施犯罪行为的处理。以单位的分支机构或者内设机构、部门的名义实施犯罪，违法所得亦归分支机构或者内设机构、部门所有的，应认定为单位犯罪。不能因为单位的分支机构或者内设机构、部门没有可供执行罚金的财产，就不将其认定为单位犯罪，而按照个人犯罪处理。"最高人民检察院研究室于 2006 年 9 月 12 日发布的《关于国有单位的内设机构能否构成单位受贿罪主体问题的答复》也作了具体规定。之所以如此处理，主要考虑：第一，我国刑法没有采用法人犯罪的概念，是否具有法人资格不是区分单位犯罪还是个人犯罪的标准，因而不能据此将单位的分支机构或者内设机构、部门实施的犯罪排除在单位犯罪之外。第二，既然不能把是否具有法人资格作为区分单位犯罪还是个人犯罪的标准，也就不能把是否具有相对独立的财产、能否独立承担民事责任这些法人成立的条件，作为认定单位犯罪的依据。〔2〕

司法实践中的判例也贯彻了上述司法解释。例如，犯罪嫌疑人王某，男，1999 年 11 月任某省某县公安局某镇派出所所长。2008 年 4 月至 8 月，某镇统一规划，修建广场，需要将派出所搬迁至新的办公地点。由于派出所无独立经费，致使搬迁、装修等费用无法解决。因而王某向县公安局长与政委请示，拟采取收取赞助费的办法解决。公安局领导同意，但要求一定要通过镇政府，要合法化，防止在收取赞助费事情上出问题。于是，王某同镇政府协商达成共识，向辖区内 7 座煤矿收取赞助费 35 万元。此款，除用于派出所搬迁与装修支出 12 余万元外，其余款皆被县纪检委暂扣，已交县预算外收费中心。县法院［2008］刑初字第××号刑事判决书认为，被告单位某县公安局某镇派出所系国家机关的内设部门，被告人王某身为该内设部门直接负责的主管人员，以该内设部门的名义，索取他人财物 35 万元归单位所有，为他人谋

---

〔1〕 韩成军："单位受贿罪若干疑难问题研究"，载《郑州大学学报（哲学社会科学版）》2012 年第 3 期。

〔2〕 郭敏峰："单位犯罪主体若干问题探讨"，载《人民检察》2002 年第 8 期。

取利益，情节严重，其行为侵犯了国有单位的正常管理活动和声誉，被告单位某县公安局某镇派出所和被告人王某均构成单位受贿罪。市中级人民法院认为，原判决认定的事实不清，证据不足，发回重新审判。县法院再审维持原判。〔1〕

（三）一人有限责任公司能否成为单位受贿罪的犯罪主体

《公司法》第57条第2款规定："本法所称一人有限责任公司，是指只有一个自然人股东或一个法人股东的有限责任公司。"对于一人公司能否成为单位犯罪的主体，理论界存在着争论。有人认为，一人公司可以成为单位犯罪主体，因为其符合民商事法律的规定，具有独立的法人资格。刑法对公司的理解也应以其他部门法为基础，根据罪刑法定原则，一人公司也是单位犯罪主体。有人则认为，一人公司犯罪意志不具有整体性，一人公司只有一个股东，公司由个人进行经营管理，难以区分公司利益与个人利益；一人公司的犯罪收益不具备单位犯罪利益的团体性；对于一人公司的犯罪行为应当直接以自然人犯罪进行处理。〔2〕还有人认为，对一人公司能否成为单位犯罪主体的问题需要区别对待：对于单一股东为法人的一人公司或者国有独资公司这种类型的一人公司犯罪行为，应当认定为单位犯罪；对于单一股东为自然人的一人公司的犯罪行为应作为自然人犯罪处理，否定其单位犯罪主体资格〔3〕。

笔者认为，就单位受贿罪而言，因其主体的特殊性，必须是国有公司，因此，需要解决的关键问题就是区分国有独资公司与一人有限公司之间的异同。《公司法》第64条第2款规定："本法所称国有独资公司，是指国家单独出资，由国务院或者地方人民政府授权本级人民政府国有资产监督管理机构履行出资人职责的有限责任公司。"国有独资公司从理论上说完全符合一人公司的标准，是一种特殊的一人公司，其特殊在于股东身份的特殊性，国有独资公司的唯一股东就是国家。〔4〕从《公司法》第66条的规定来看，国有独资

---

〔1〕康树华："再论单位受贿罪——兼评公安派出所能否成为该罪主体"，载《江西警察学院学报》2011年第1期。

〔2〕李帅："单位犯罪主体问题探究"，载《法制与社会》2018年第5期。

〔3〕毛铃铃："新公司法背景下一人公司的刑法地位探析"，载《法学》2006年第7期。

〔4〕王镭："浅论一人公司、国有企业与国有独资公司及其异同"，载《天府新论》2008年第S1期。

公司不设立股东会，由国有资产监督管理机构行使股东会职权。从《公司法》第67条、第68条、第70条的规定看，国有独资公司设立董事会、监事会和经理。

（四）村民委员会能否成为单位受贿罪的犯罪主体

村民委员会能否成为单位受贿罪的犯罪主体，有人认为，村民委员会作为单位犯罪主体没有明确的法律依据。有人认为，自2008年11月20日起施行的两高《关于办理商业贿赂刑事案件适用法律若干问题的意见》第2条规定："刑法第一百六十三条、第一百六十四条规定的'其他单位'，既包括事业单位、社会团体、村民委员会、居民委员会、村民小组等常设性的组织，也包括为组织体育赛事、文艺演出或者其他正当活动而成立的组委会、筹委会、工程承包队等非常设性的组织。"因此，该司法解释已经将村民委员会规定为刑法意义的单位。同时，村民委员会具有意志能力和行为能力，也有独立的场所和经费保障，具有承担刑事责任的能力。并且，司法实践中已有村民委员会构成单位犯罪的判例。

例如，2010年12月，王某承包某镇砖厂。此后，王某在经营期间多次受到砖厂所在村村民干扰，无法正常生产。2011年6月，王某找到该村村民委员会主任李某，请村委会帮忙协调，并承诺提供10万元用作村委会的经费。李某答应后，召开会议集体研究决定将10万元用作村委会经费，并安排协调解决了村民与该厂的问题。对于此案的定性和处理有三种意见：第一种意见认为，不能认定村民委员会的行为构成单位受贿。根据《刑法》和《中国共产党纪律处分条例》的规定，单位受贿的主体包括公司、企业、事业单位、机关、团体。村民委员会既不是国家机关，也不是企事业单位、人民团体，不构成单位受贿的主体。第二种意见认为，应当认定村委会的行为构成单位受贿。单位受贿罪的"单位"不限于刑法所列举的五种情况，还应包括"其他单位"，即包括村民委员会。第三种意见认为，此种情况下可对有关责任人员直接追究责任，即认定村委会主任李某构成受贿。第四种意见认为，2007年3月1日公安部发布的《关于村民委员会可否构成单位犯罪主体问题的批复》规定："根据《刑法》第三十条的规定，单位犯罪主体包括公司、企业、事业单位、机关、团体。按照《村民委员会组织法》第二条的规定，村民委员会是村民自我管理、自我教育、自我服务的基层群众性自治组织，不属于《刑法》第三十条列举的范围。因此，对以村民委员会名义实施犯罪的，不应以单位犯罪论，可以依法追究直接负责的主管人员和其他直接责任人员的刑事责任。”因此，村民委员会不能构成单位受贿。村委会不符合单位犯罪主体要求，不能构成单位受贿。同时，由于该行为系基于村委会的单位意志实施的，且利益归属于单位，也不能认定李某的行为构成受贿。从党纪严于国法的角度讲，此类行为应按照《中国共产党纪律处分条例》第 127 条以不正确履行职责造成恶劣影响的规定，追究李某纪律责任。[1]笔者赞同第四种意见。

（五）单位受贿罪中“直接负责的主管人员和直接责任人员”的认定

我国刑法对单位受贿罪实行双罚制，即对单位判处罚金，并对其直接负责的主管人员和其他直接责任人员，处五年以下有期徒刑或者拘役。如何确定单位受贿罪中“直接负责的主管人员和直接责任人员”，2001 年 1 月 21 日最高人民法院印发的《全国法院审理金融犯罪案件工作座谈会纪要》指出：“单位犯罪直接负责的主管人员和其他直接责任人员的认定：直接负责的主管人员，是在单位实施的犯罪中起决定、批准、授意、纵容、指挥等作用的人员，一般是单位的主管负责人，包括法定代表人。其他直接责任人员，是在单位犯罪中具体实施犯罪并起较大作用的人员，既可以是单位的经营管理人员，也可以是单位的职工，包括聘任、雇佣的人员。应当注意的是，在单位犯罪中，对于受单位领导指派或奉命而参与实施了一定犯罪行为的人员，一般不宜作为直接责任人员追究刑事责任。对单位犯罪中的直接负责的主管人员和其他直接责任人员，应根据其在单位犯罪中的地位、作用和犯罪情节，分别处以相应的刑罚，主管人员与直接责任人员，在个案中，不是当然的主、从犯关系，有的案件，主管人员与直接责任人员在实施犯罪行为的主从关系不明显的，可不分主、从犯。但具体案件可以分清主、从犯，且不分清主、从犯，在同一法定刑档次、幅度内量刑无法做到罪刑相适应的，应当分清主、从犯，依法处罚。”2000 年 9 月 30 日最高人民法院印发的《关于审理单位犯罪案件对其直接负责的主管人员和其他直接责任人员是否区分主犯、从犯问题的批复》指出：“在审理单位故意犯罪案件时，对其直接负责的主管人员和其他直接责任人员，可不区分主犯、从犯，按照其在单位犯罪中所起的作用判处刑罚。”

例如，某行政机关利用划拨专项资金的职权，由该机关行政首长兼党组

[1] 赵煜：“村民委员会能否构成单位受贿”，载《中国纪检监察报》2015 年 3 月 3 日。

书记王某提议，经党组会议研究决定为另一单位谋取了利益，之后，该行政机关收受了该单位提供的巨额资金。办公室主任马某等人代表机关积极索要资金，并按照王某的旨意积极采取各种措施，使巨额资金到位。检察机关指控该行政机关构成单位受贿罪，并将该机关行政首长兼党组书记王某作为单位受贿罪的“直接负责的主管人员”、将纪检组长何某和办公室主任马某作为单位受贿罪的“其他直接责任人员”起诉。法院经审理后认为，本案中，王某作为国家机关的首长兼党组书记，提议单位受贿，并主持党组会议讨论单位犯罪，在单位受贿中起组织、授意、指挥等作用，属于单位受贿的“直接负责的主管人员”，办公室主任马某明知单位受贿，而在领导的授意下积极地具体实施单位受贿行为，在单位受贿中起较大作用，属于单位受贿的“其他直接责任人员”；纪检组长何某虽然具有参与决策的职责，但其不是分管领导，也不是单位受贿的主要执行者，因此不属于单位受贿的“直接负责的主管人员”和“其他直接责任人员”，不构成犯罪。笔者认为，法院的认定是正确的，因为纪检组长何某虽然属于党组成员，但作为一般党组成员参与决策，在单位犯罪中的作用相对较小，其又未具体实施单位的受贿行为，因而也不应当被认定为单位受贿的“其他直接责任人员”。如果说纪检组长的职责是纪律检查，其在单位党组作出收受其他单位财物的错误决定时没有及时制止，也只属于失职行为，可以按照有关党纪处分规定予以党纪处分。[1]

四、单位受贿罪的主观方面

单位受贿罪的主观方面是直接故意，即明知其索取、收受他人财物的贿赂性，同时希望索取或收受贿赂归本单位，并为他人谋取利益。

首先，单位受贿罪的主观方面必须体现国有单位的受贿犯罪的整体意志，表现为国有单位整体的罪过。

其次，单位受贿罪的动机和目的是为了本单位的利益。

最后，单位受贿罪在意志方面表现为希望索取或收受贿赂归本单位，并为他人谋取利益。

---

〔1〕 肖中华：“论单位受贿罪与单位行贿罪的认定”，载《法治研究》2013年第5期。

第三节　单位受贿罪的疑难问题

一、擅自代表单位受贿应如何认定

所谓擅自代表单位受贿，是指国家机关、国有公司、企业、事业单位、人民团体中的人员个人决定以单位名义索取、非法收受他人财物，为他人谋取利益，所得财物归单位所有的情况。例如，某局局长王某为给本单位谋取利益，在未征得单位其他领导成员同意的情况下，擅自决定为张某某谋取非法利益，但要求他人给予该局100万元赞助费，王某个人未从中获得好处。

在理论和实务中一般认为，单位负责人员可以代表单位形成单位意志。对单位负责人员代表单位实施的受贿行为，体现单位意志且利益归属于单位的，一般应以单位行为认定。对单位中的普通人员，一般认为不能代表单位作出决策，其擅自实施的行为一般也不能体现单位意志和代表单位行为，应以个人行为论处。只有在一些特殊情况下，单位中普通人员的行为才能视为单位行为。例如，单位中普通人员根据单位集体决策或者单位负责人的指示所实施的行为，应当视为单位行为。〔1〕笔者认为，上述主张存在着合理性，但单位受贿罪所体现的必须是单位的意志，是为了单位的利益。因此，对于上述主张还应当加以补充与完善：其一，因为法律规定的国家机关、国有公司、企业、事业单位、人民团体单位决策机构和人员不同，因此，国有单位负责人员的个人意志并不能完全代表单位的意志，不能将国有单位负责人员的个人意志全部视为单位意志。比如，上例中的某局局长王某个人决定收取张某某给予该局100万元赞助费后，在讨论该问题的党委（党组）会议上，按照表决程序，没有通过，又将该100万元赞助费退还了张某某，那么，就不能认为该局构成了单位受贿罪。其二，对于单位中普通人员为了单位的利益索取、收受他人财物归单位所有的，也不能一概认为不能构成单位受贿罪。除了上文中的例外情况以外，笔者认为，当财物收归单位以后，单位有决策权的组织或个人予以认同和接受，应该视为具有单位的意志，可以构成单位受贿罪。

---

〔1〕赵煜："擅自代表单位行贿受贿应如何认定"，载《中国纪检监察报》2014年11月11日。

二、单位受贿罪与受贿罪的界限

认定本罪时，应正确区分单位受贿罪与受贿罪的界限。两者的主要区别表现在：

（1）体现的意志不同。一是单位受贿罪是在单位意志支配下，以单位名义实施的；受贿罪则是国家工作人员在自己个人意志支配下，为谋取私利而进行的。

（2）贿赂的归属不同。单位受贿罪中的收受的他人财物，要归单位整体所有，即直接责任人员的行为为单位带来了非法利益；而受贿罪是收受的财物归被受贿人个人非法占有。

（3）索贿形式成立犯罪的要件不同。在受贿罪中，行为人索取他人财物不以为他人谋取利益为必要要件；在单位受贿罪中，无论是索取他人财物还是非法收受他人财物，均以为他人谋取利益为要件。

（4）犯罪主体不同。受贿罪的主体是自然人，即国家工作人员；单位受贿罪的主体为国家机关、国有公司、企业、事业单位、人民团体。

（5）犯罪的主观目的不同。受贿罪是为了个人中饱私囊，将索取或者非法收受的他人财物归个人所有；单位受贿罪是将贿赂收归本单位所有。

利用影响力受贿罪理论与实践

第五章
chapter 5

第一节 利用影响力受贿罪的立法与解释

一、利用影响力受贿罪的立法

隋唐以前，当时的朝代还未就亲属受贿单独立法。据记载，西汉成帝时期亲属受贿案例发生：一名叫王立的监狱官，其管辖下的一名在押犯为了受到王立的照顾而行贿其妻子。王立在知道这件事后感到不安而自杀。在其妻受贿这件事上王立在事前并不知情，但从王立“惭恐”而自杀说明了他担心可能被追究刑事责任。王立妻子当时却并没有受到司法机关的惩处。在隋唐两宋元明清时期，法律规定如果官员亲属受贿，对亲属刑罚重，对官员刑罚较轻，1911 年《大清新刑律》取消了官员亲属受贿构成犯罪的规定。因此，我国利用影响力受贿罪的法律规定萌芽于汉朝，立于隋唐，废于 1910 年。其中，《唐律疏议》标志着古代受贿刑法的成熟。[1]《唐律疏议》第 146 条规定：“凡监临之官家人，于所部有受乞、借贷、役使、买卖有剩利之属，各减官人罪二等；官人知情与同罪，不知情者各减家人罪五等。”“在官非监临及家人有犯者，各减监临及监临家人一等。”

中华人民共和国成立后直到《刑法修正案（七）》出台前，我国刑法没有关于国家工作人员亲属受贿的单独规定。

利用影响力受贿独立成罪，是我国反腐斗争的需要与国际公约相关规定接轨的必然结果。全国人大常委会于 2005 年 10 月 27 日批准我国加入《联合国反腐败公约》。《联合国反腐败公约》于 2006 年 2 月 12 日起在我国生效。

---

〔1〕 李伟迪：“利用影响力受贿罪的立法变迁”，载《中国社会利学报》2010 年 5 月 27 日。

《联合国反腐败公约》第 18 条关于“影响力交易罪”规定：“各缔约国均应当考虑采取必要的立法和其他措施，将下列故意实施的行为规定为犯罪：（一）直接或间接向公职人员或者其他任何人员许诺给予、提议给予或者实际给予任何不正当好处，以使其滥用本人的实际影响力或者被认为具有的影响力，为该行为的造意人或者其他任何人从缔约国的行政部门或者公共机关获得不正当好处；（二）公职人员或者其他任何人员为其本人或者他人直接或间接索取或者收受任何不正当好处，以作为该公职人员或者该其他人员滥用本人的实际影响力或者被认为具有的影响力，从缔约国的行政部门或者公共机关获得任何不正当好处的条件。”

同时，一些区域性的国际反腐败公约也有与《联合国反腐败公约》“影响力交易罪”的类似规定。例如，《欧洲委员会反腐败刑法公约》第 12 条、《非洲联盟预防和打击腐败公约》第 4 条、《美洲国家组织反腐败公约》第 11 条等，也都将非国家工作人员影响力交易行为规定为犯罪行为，动用刑事手段加以处罚。

与国际公约相呼应，世界上主要国家的刑法也对利用影响力受贿罪作了规定。例如，《法国刑法典》第 433 条第 2 款规定，任何人直接或间接索要或同意奉送、许诺、赔礼、馈赠或任何其他好处，以滥用其实际或设定的影响，企图从权力机关或公共行政部门获得区别于他人的领域、工作职位、市场合同或其他有利之决定的，处 5 年监禁并科 50 万法郎罚金。顺从前款所指之索要，或者无权但直接或间接提议奉送、许诺、赠礼、馈赠或任何其他好处，以图某人滥用其实际或设定之影响，图谋从权力机关或公共行政部门获得区别于他人的领域、工作职位、市场合同或其他有利的决定的，处相同之刑罚。《新加坡刑法典》第 163 条规定，为本人或第三人利益，接受或取得，或者同意收受或企图取得报酬，作为其运用个人影响引诱公务人员实施或不实施职务行为，或在履行公务过程中给予或不给予他人好处或害处，或利用新加坡政府、国会议员、内阁成员或公务人员职务本身为他人提供或企图提供服务或对其造成损害的动因或回报的，处 1 年以下监禁或罚金，或者并处。《澳大利亚联邦共和国刑法典》第 308 条第 1 款规定：故意直接或间接地对官员、公营企业的负责雇员，一般代表机构的成员或外国官员施加影响，使其实施或不实施属于其任务范围的勤务工作或法律行为，为接受此等三人索要、接受或让他人许诺给予财产利益的，处 3 年以下自由刑。《加拿大刑法典》第

110 条第 4 款规定，对于政府或政府部长或官员具有或伪装具有影响力，而为自己或他人要求、接受、要约或同意接受酬金或任何利益，作为下列事项合作、协助、影响，作为或不作为之兑价者：第一，本条第 1 款中①或②项所列情形或；第二，指派人员包括自己担任一定之职务，等等。

在我国原有刑法规范中，受贿罪是身份犯罪，非国家工作人员不能单独构成受贿罪，而只能与国家工作人员共同故意犯罪时，才能作为的共犯受到刑法的规制。如果行为人利用国家工作人员亲友等身份，利用国家工作人员的影响力为他人谋取利益，收受或者索取请托人的财物，而具有国家工作人员身份的一方对行为人收受财物或者索取财物的情况并不知情，则行为人就不能构成犯罪，这不仅仅不合理，而且在一定程度上影响了刑网的严密，留下了立法的漏洞，致使利用国家工作人员影响力索取、收受请托人财物的现象得不到有效控制，愈演愈烈，严重危害了社会秩序。

为了弥补刑法立法的不足，两高在 1989 年颁行的《关于执行〈关于惩治贪污罪贿赂罪的补充规定〉若干问题的解答》（已失效）第 3 条第（三）项规定："已离、退休的国家工作人员，利用本人原有职权或地位形成的便利条件，通过在职的国家工作人员职务上的行为，为请托人谋取利益，而本人从中向请托人索取或者非法收受财物的，以受贿论处。"但 1997 年《刑法》并没有将离、退休的国家工作人员规定为受贿罪的犯罪主体。

由于受贿类犯罪形式日益复杂，特别在人际关系错综复杂的社会环境下，利用影响力受贿的情形愈演愈烈，弥补刑网漏洞、从根源上遏制利用影响力受贿、健全我国贿赂犯罪的刑法体系十分必要。因此，全国人大常委会于 2009 年 2 月 28 日通过的《刑法修正案（七）》第 13 条规定："在刑法第三百八十八条后增加一条作为第三百八十八条之一。"这样，1997 年《刑法》第 388 条之一第 1 款规定："国家工作人员的近亲属或者其他与该国家工作人员关系密切的人，通过该国家工作人员职务上的行为，或者利用该国家工作人员职权或者地位形成的便利条件，通过其他国家工作人员职务上的行为，为请托人谋取不正当利益，索取请托人财物或者收受请托人财物，数额较大或者有其他较重情节的，处三年以下有期徒刑或者拘役，并处罚金；数额巨大或者有其他严重情节的，处三年以上七年以下有期徒刑，并处罚金；数额特别巨大或者有其他特别严重情节的，处七年以上有期徒刑，并处罚金或者没收财产。"1997 年《刑法》第 388 条之一第 2 款规定："离职的国家工作人员或者其近亲属以及其他与其关系密切的人，利用该离职的国家工作人员原有职权或者地位形成的便利条件实施前款行为的，依照前款的规定定罪处罚。”

二、利用影响力受贿罪的解释

虽然利用影响力受贿罪在司法实践中存在着许多需要解决的难题，但针对该罪的有效解释比较少。现行的有效解释大致如下：

两高于 2009 年 9 月通过了《关于执行〈中华人民共和国刑法〉确定罪名的补充规定（四）》，将《刑法》第 388 条之一罪名确定为利用影响力受贿罪。

两高于 2016 年 4 月 18 日颁行的《关于办理贪污贿赂刑事案件适用法律若干问题的解释》第 10 条第 1 款规定：“刑法第三百八十八条之一规定的利用影响力受贿罪的定罪量刑适用标准，参照本解释关于受贿罪的规定执行。”第 19 条第 2 款规定：“对刑法规定并处罚金的其他贪污贿赂犯罪，应当在十万元以上犯罪数额二倍以下判处罚金。”从而对利用影响力受贿罪的量刑作出了解释。

第二节　利用影响力受贿罪的犯罪构成

一、利用影响力受贿罪的犯罪客体

理论界对利用影响力受贿罪的犯罪客体主要存在几种观点：第一种观点认为，利用影响力受贿罪保护的客体本质上是国家工作人员职务行为的廉洁性。相比较受贿罪和斡旋受贿罪是国家工作人员对自己行使的职权行为廉洁性的侵犯（具有主动性），利用影响力受贿罪则是非国家工作人员对国家工作人员职权行为廉洁性的侵犯（具有被动性）。[1]第二种观点认为，利用影响力受贿罪保护的法益同受贿罪相同，都是保护国家工作人员职务行为的正当性。[2]第三种观点认为，利用影响力受贿罪的罪因是由国家工作人员的近亲属或者同其关系密切的人为出发点引起的，抑制此种犯罪行为成为刑法追求

---

〔1〕 杨书文：“试论影响力交易罪”，载《人民检察》2009 年第 9 期。

〔2〕 赵长青：“利用影响力受贿罪：从实际出发的要件设计”，载《检察日报》2009 年 12 月 4 日。

的目的，针对这一目的，刑法向这部分人员附加了一种廉洁义务，以达到防微杜渐的效果。[1]第四种观点认为，将国家机关、事业单位、军队等的工作活动与公务秩序认定为利用影响力受贿罪的客体。由于行为人在犯罪过程中，需要通过其与公职人员的密切关系保证犯罪的顺利实施，这种行为严重影响社会正常秩序，同时也破坏国家机关、事业单位、军队等的工作活动与公务秩序。[2]

笔者认为，从刑法对利用影响力受贿罪主体的规定来看，犯罪行为人包括国家工作人员的近亲属或者其他与该国家工作人员关系密切的人、离职的国家工作人员或者其近亲属以及其他与其关系密切的人，他们本身不是或者已经不是在职的国家工作人员，既无“职”也无“权”，因此，就他们行为本身而言，根本不存在损害职务行为廉洁性的问题。正如学者们所指出的：“《刑法》第八章规定的都是贿赂犯罪，这类犯罪的实质是权钱交易，并且这种交易是非常直接的，是请托人和国家工作人员之间直接进行的，但是利用影响力受贿罪并不是直接的权钱交易，因此，谈不上侵犯了国家工作人员职务的廉洁性。”[3]利用影响力受贿罪的行为人只是利用国家工作人员的职务行为或者是利用国家工作人员职权或地位形成的便利条件去为请托人谋取不正当利益，使国家工作人员的职权受到损害，从而侵犯了国家工作人员职务行为的正当性，这种国家工作人员职务行为正当性的主要表现就是其职务行为的廉洁性。

二、利用影响力受贿罪的客观方面

利用影响力受贿罪的客观方面表现为如下几种情形：其一，行为人利用了其对国家工作人员的“影响力”，对该国家工作人员产生直接的影响，使其为或不为某种行为，从而通过该国家工作人员职务上的行为为请托人谋取不正当利益。其二，行为人利用了其对国家工作人员的“影响力”，利用该国家工作人员职权或者地位形成的便利条件，通过其他国家工作人员职务上的行

[1] 赵佳：“刑法第三百八十八条之一的构成要件分析”，中国政法大学2009年硕士学位论文。

[2] 陈启斌：“‘利用影响力受贿’在司法实践中的适用和思考”，载《中国律师》2012年第10期。

[3] 左坚卫：“对《刑法修正案（七）》的解读与反思”，载《中国刑法学年会文集》（下卷），中国人民公安大学出版社2015年版，第1537~1538页。

为，为请托人谋取不正当利益。其三，利用离职的国家工作人员原职权或者地位形成的便利条件，为请托人谋取不正当利益。同时，还要求，行为人索取或者收受请托人财物“数额较大”或者“情节严重”。具体讨论如下：

（一）利用了“影响力”

1. 刑法意义上的“影响力”

利用影响力受贿罪的客观方面必须表现为利用国家工作人员的影响力，何谓影响力？众说纷纭。

有人认为，“影响”，“常指言语、行为、事情对他人或者周围的事物所起的作用”。〔1〕影响力，是指一个人在与他人交往过程中，影响或改变他人心理和行为的一种能力。〔2〕有人认为，“该罪名中的影响力和管理学方面上的影响力是一致的，即表明了一个人以间接或无形的方式作用或者改变人或事的行为、思想或性质的力量”。〔3〕有人认为，影响力，是指“个体所具有的，能够影响和改变国家公职人员的心理和行为，让其在公共事务中为或不为一定行为的能力”。〔4〕

笔者认为，我国利用影响力受贿罪中的“影响力”来源于《联合国反腐败公约》中第18条关于利用影响力交易罪的规定。《联合国反腐败公约》第18条将“影响力”表述为：“滥用本人的实际影响力或被认为具有的影响力。”可见，《联合国反腐败公约》对于影响力的判断与认定，采取的是以客观主义为主、主观主义为辅的原则，即：影响力是一种客观存在或者在第三人看来是一种客观存在。影响力可分为两类：“第一类是主观上的影响力。具体是指主观上行为人产生了错觉，误认为自己对别的人员可以产生影响，实际上是一种错误的认识，并没有足够的力量，去对国家工作人员施加，也就不能对思想和行为产生实质性的效果。第二类是客观上的影响力，即行为人实际上就具备了能够对国家工作人员产生影响的能力。”〔5〕“影响力”在司法实践中的常见情形包括：以血缘和家庭为基础产生的影响力；以情感为基础

〔1〕李冠煜：“论利用影响力受贿罪的客观方面”，载《福建警察学院学报》2010年第1期。

〔2〕李德民：“非正式组织和非权力性影响力”，载《中国行政管理》1997年第9期。

〔3〕张铭训：“新型受贿案件法律适用若干问题研究”，载《中国刑事法杂志》2007年第6期。

〔4〕易丽娜：“影响力交易罪研究”，载《中国监察》2013年第12期。

〔5〕高德友：“《联合国反腐败公约》我国刑法中贿赂罪之比较研究”，载《河南社会科学》2007年第1期。

产生的影响力；以地缘关系为基础产生的影响力；以事务关系为基础产生的影响力。

在我国刑法学界，通常将刑法意义上的“影响力”划分为权力性影响力和非权力性影响力。权力性影响力是权力因素在组织和社会的作用下而产生的强制性影响，以外推力的形式发生作用，具有不可抗拒性、强迫性和外在性的特点。[1]非权力性影响力是由领导者自身的非权力因素所产生的自然影响力。它是由领导者的人格力量产生的，是以内驱力的形式影响和改变被领导者的心理与行为的一种力量。与权力性影响力相比，非权力性影响力产生的基础十分广泛，它是建立在被领导者对领导者的尊敬、依赖、钦佩、崇拜的基础上，为被领导者自觉自愿、心悦诚服地接受，不具有任何强制色彩和驱使感。[2]

学者们争论的问题在于：我国刑法中的利用影响力受贿罪中的影响力是否包括权力性影响力。即：国家工作人员利用其他国家工作人员自己的职权和地位形成的便利条件通过其他国家工作人员职务上的行为，为请托人谋取不正当利益，索取请托人财物或者收受请托人财物的。由于该种情况已经在《刑法》第388条中作了规定，以受贿罪追究刑事责任。因此，利用影响力受贿罪中的影响力只包括前述的非权力性影响力而不包括权力性影响力。利用权力性影响力受贿的，构成我国刑法中的受贿罪而非利用影响力受贿罪。利用影响力受贿罪的非权力性影响力范围广泛，从实践中的情形看，主要表现为以下几个方面：基于一定感情所产生的影响力；基于一定的血缘关系所产生的影响力；基于一定的地缘关系所产生的影响力；基于一定的事务关系所产生的影响力。

学者们争论的另一个问题在于：离职的国家工作人员犯利用影响力受贿罪，该离职的国家工作人员所利用的影响力是属于权力性影响力还是属于非权力性影响力？有人认为，这种影响力源于公职，和个体情感因素并无关联，所以应属于权力性影响力的范畴。[3]有人认为，“已离职者虽利用的是基于本

---

〔1〕 张永恒：“充分发挥领导者的非权力影响力”，载《理论视野》2005年第6期。

〔2〕 万有林：“简论‘非权力影响力’”，载《中共南京市委党校南京市行政学院学报》2005年第6期。

〔3〕 张阳：“论离职国家工作人员的受贿问题——以《刑法修正案（七）》为视角”，载《政法论坛》2009年第4期。

人原有职务所映射出之影响力，但此时该离职国家工作人员事实上并无实权，其行为也无职务因素的介入，这只不过是权力的‘附庸’罢了，故而其可依赖的影响力必然是非权力性的”。[1]笔者认为，将离职的国家工作人员犯利用影响力受贿罪所利用的影响力理解为属于非权力性影响力更合乎实际情况。

2. 利用影响力的方式

利用影响力的方式包括如下几种情形：

第一，行为人利用了与国家工作人员的密切关系，通过该国家工作人员职务上的行为为请托人谋取不正当利益。

对于如何理解“通过该国家工作人员职务上的行为”？“通过该国家工作人员职务上的行为”与《刑法》第385条第1款受贿罪的“利用职务上的便利”属于相同含义。2003年最高人民法院发布的《全国法院审理经济犯罪案件工作座谈会纪要》第3条规定，《刑法》第385条第1款规定的“利用职务上的便利”，既包括利用本人职务上主管、负责、承办某项公共事务的职权，也包括利用职务上有隶属、制约关系的其他国家工作人员的职权。

第二，行为人利用与其有密切关系的在职或离职的国家工作人员职权或者地位形成的便利条件，通过其他国家工作人员职务上的行为，为请托人谋取不正当利益，索取或者收受财物。

如何理解“职权或者地位形成的便利条件”？理论界存在不同的看法。有人认为，“职权或地位形成的便利条件”，是指政治上或经济上的制约条件。如果仅仅是单纯的亲友关系，则不能界定为便利条件。[2]有人认为，不管国家工作人员与被其利用的国家工作人员之间是否在职务上具有隶属和制约关系，都应当属于利用国家工作人员的职权或地位形成的便利条件。其主要理由是：本罪中第一种利用影响力受贿的方式被表述为“通过该国家工作人员职务上的行为”，并非受贿罪中的“利用职务上的便利”，所以，第二种利用影响力受贿的方式就应该包含在职务上具有隶属、制约关系的情形，否则在逻辑上就会出现不周延的问题。[3]笔者赞同该观点，只有这样理解，才可以与第一种利用影响力的方式加以区分。

---

[1] 黄锡春：“浅析利用影响力受贿罪”，载《法制与社会》2009年第11期。

[2] 高铭暄、马克昌主编：《刑法学》，北京大学出版社2004年版，第636页。

[3] 葛磊：《新修罪名诠解：〈刑法修正案七〉深度解读与实务》，中国法制出版社2009年版，第248页。

那么，如何理解此处的“地位”呢？有人认为，这里的地位是指因职务产生的地位，而不是因声誉、名望或者职业形成的一般社会地位。〔1〕另有人认为，所谓职权或地位产生的影响，是指因为行为人具有重要的职权或者较高的社会地位，使被利用者对其所提出的要求不得不予以认真的考虑。〔2〕

笔者认为，“职权”或“地位”是一种可代替性的表述，即利用国家工作人员职权所产生的影响或者利用国家工作人员地位所产生的影响受贿均可构成利用影响力受贿罪。因此，此处的“职权”或“地位”的外延和内涵应该不同，“职权”应该是国家工作人员现有职权范围内的权力，“地位”则是国家工作人员现有职权范围以外、但基于国家工作人员现有职权范围内所形成的优势社会地位，不包括现有职权范围外的因素所形成的优势社会地位。

第三，利用离职的国家工作人员原职权或者地位形成的便利条件，为请托人谋取不正当利益。

对“职权”或者“地位”的理解，与上文相同，不再赘述。

3. 对“影响力”利用的方式

对于如何理解利用影响力受贿罪中的“利用”行为，有的学者提出“双重利用”说的观点，认为行为人的利用行为具有双重性，即先利用了国家工作人员或者自己（主要指离职的国家工作人员）对其他国家工作人员的影响，接着又利用了其他国家工作人员的职权行为。〔3〕有人认为，是“单一利用”。笔者认为，本罪中所利用的影响力是指国家工作人员或离职国家工作人员的影响力，因此，行为人的“利用”行为是“单一利用”。

行为人对国家工作人员或离职国家工作人员“影响力”的利用方式，可以归纳为几种情形：“第一种是利用职务上的便利，也就是以权谋私类型。第二种是利用职务便利或该职务处于权力要害位置，借这种力量，以此为权力筹码，让他人自觉办事，也就是权权交易，或者说仰仗权势指挥他人。第三种是利用原有职务，多年来形成的关系网和人脉，虽然已经不是身在其位，但依然可以通过关系，为人牵线搭桥，拿钱办事，不在其位，依然谋其政，

---

〔1〕 孙岩、刘少夫：“斡旋受贿‘利用本人职权或地位形成的便利条件’内涵新探”，载《法制与社会》2009 年第 32 期。

〔2〕 李希慧主编：《贪污贿赂罪研究》，知识产权出版社 2004 年版，第 156 页。

〔3〕 魏昌东、赵秉志：“《联合国反腐败公约》在中国刑事立法中的转化模式评析”，载《南京大学学报（哲学·人文科学·社会科学版）》2008 年第 2 期。

也就是遥控指挥，幕后操作。"[1]

（二）关于"不正当利益"的理解

理论界对利用影响力受贿罪中的"不正当利益"的理解主要有以下三种观点：第一种观点是"非法利益说"。该说认为，不正当利益就是非法利益，是指按照法律规定行为人不具备取得某种利益的条件或者法律不允许行为人得到该种利益，而行为人通过不正当手段所获得的利益。[2]第二种观点是"非法利益和违规利益说"。该说认为，不正当利益除了非法利益以外，还包括行为人违反制度、政策和规章而得到的违法利益。[3]第三种观点是"不确定利益说和非法利益说"。该说认为，不正当利益涵盖着非法利益和不确定利益。不确定利益即按照现行的规定，满足条件的自然人都有可能获得该利益，但取得过程中还存在其他竞争者，且取得与否、获利大小不确定。国家工作人员因其特殊身份对部分利益拥有合法的裁量权，该权利并不一定会让行为人获得此利益。但行为人为了排除其他竞争者，会采取向国家工作人员行贿的不正当方式，最终将不确定利益变为确定利益。[4]

1999年3月4日两高《关于在办理受贿犯罪大要案的同时要严肃查处严重行贿犯罪分子的通知》第2条第1款规定："……'谋取不正当利益'是指谋取违反法律、法规、国家政策和国务院各部门规章规定的利益，以及要求国家工作人员或者有关单位提供违反法律、法规、国家政策和国务院各部门规章规定的帮助或者方便条件。"2008年11月20日两高《关于办理商业贿赂刑事案件适用法律若干问题的意见》第9条第1款规定："在行贿犯罪中，'谋取不正当利益'，是指行贿人谋取违反法律、法规、规章或者政策规定的利益，或者要求对方违反法律、法规、规章、政策、行业规范的规定提供帮助或者方便条件。"2012年5月14日两高《关于办理行贿刑事案件具体应用法律若干问题的解释》第12条第1款规定："行贿犯罪中的'谋取不正当利益'，是指行贿人谋取的利益违反法律、法规、规章、政策规定，或者要求国家工作人员违反法律、法规、规章、政策、行业规范的规定，为自己提供帮

〔1〕毛冠楠："利用影响力受贿罪解读"，载《中国检察官》2016年第4期。

〔2〕赵秉志：《新刑法全书》，中国人民公安大学出版社1997年版，第1265页。

〔3〕高铭暄、马克昌主编：《刑法学》，北京大学出版社、高等教育出版社2010年版，第716页。

〔4〕张穹主编：《中国经济犯罪论》，大地出版社1989年版，第500页。

助或者方便条件。”从上述司法解释的内容分析，“不正当利益”既包括实体上违法、违章、违规、违反政策的利益，也包括程序上通过违法、违章、违规、违反政策所取得的利益。具体表现为如下几种情形：①利益本身不正当，即实体不正当；②利益本身是正当的，但谋取利益的手段不正当，即程序不正当；③利益本身不正当，谋取利益的手段也不正当。

（三）数额较大或者有其他较重情节

2016 年 4 月 18 日起施行的两高《关于办理贪污贿赂刑事案件适用法律若干问题的解释》第 10 条第 1 款规定：“刑法第三百八十八条之一规定的利用影响力受贿罪的定罪量刑适用标准，参照本解释关于受贿罪的规定执行。”

三、利用影响力受贿罪的主体

依据 1997 年《刑法》第 388 条之一的规定，利用影响力受贿罪的犯罪主体包括五类人：国家工作人员的近亲属；与国家工作人员关系密切的人；离职的国家工作人员；离职的国家工作人员的近亲属；与离职的国家工作人员关系密切的人。在理论界和司法实践中有争论需要进一步厘清的问题主要表现为如下几个方面：

（一）近亲属的范围

由于近亲属的含义在我国民法、行政诉讼法、刑事诉讼法中均有不同的规定，导致理论界对 1997 年《刑法》第 388 条之一所规定的近亲属的范围存在不同的看法。

（1）民法标准说。该说认为，近亲属属于民法上的概念，应以民法规定的范围为准。[1]其主要理由是：①《刑事诉讼法》将祖父母、外祖父母、孙子女、外孙子女以及同父异母或者同母异父的兄弟姐妹、养兄弟姐妹、继兄弟姐妹等非同胞兄弟姐妹等亲属排除出近亲属之列，在实践中仅适用《刑事诉讼法》关于近亲属的解释无疑会导致对近亲属定义过窄。②适用《刑事诉讼法》中关于近亲属的规定与我国民事、行政方面的法律规定和司法解释的规定相互矛盾，导致法律本身不严肃和不严谨性，也与中华民族传统的道德、

---

〔1〕赵秉志：“利用影响力受贿罪只适用于非国家工作人员”，载《法制日报》2009 年 10 月 16 日。

伦理相违背，缺乏现实合法性。③是刑法谦抑性的体现。〔1〕④“《刑事诉讼法》毕竟只是一部程序法，与实体法有着较大的区别，应该适当扩大《刑事诉讼法》中近亲属的范围。不仅应包括自然血亲，还应包括拟制血亲，拟制血亲应当同自然血亲一样受到法律的保护和约束。”〔2〕最高人民法院印发的《关于贯彻执行〈中华人民共和国民法通则〉若干问题的意见（试行）》第12条规定：“民法通则中规定的近亲属，包括配偶、父母、子女、兄弟姐妹、祖父母、外祖父母、孙子女、外孙子女。”

(2) 行政诉讼法标准说。该说认为，1997年《刑法》第388条之一所规定的近亲属应以行政诉讼法中规定的近亲属范围为准，该范围详见于行政诉讼法的相关司法解释。〔3〕

最高人民法院于2000年颁布的《关于执行〈中华人民共和国行政诉讼法〉若干问题的解释》（已失效）第11条第1款规定：“行政诉讼法第二十四条规定的‘近亲属’，包括配偶、父母、子女、兄弟姐妹、祖父母、外祖父母、孙子女、外孙子女和其他具有扶养、赡养关系的亲属。”

(3) 刑事诉讼法标准说。该说认为，为了保证刑事法律的统一适用，应以《刑事诉讼法》的规定为准。〔4〕其主要理由是：①《刑事诉讼法》中规定的近亲属范围虽然要小于其他部门法，但并不影响法律对“与国家工作人员关系密切的人”的认定，因为未包含在《刑事诉讼法》中的近亲属范围内的其他行为人完全可以用其他关系密切的人来解释和规范，因此不存在遗漏主体和放纵犯罪的情形。②我国的法律适用原则是实体法应当与程序法保持一致。刑法是实体法，刑事诉讼法是程序法，都属于刑事法律的范畴。〔5〕③刑事立法的效力高于司法解释。2018年10月26日，全国人大常委会修正的《刑事诉讼法》第108条规定，“近亲属”是指夫、妻、父、母、子、女、同胞兄弟姊妹。

(4) 政纪标准说。该说认为，1997年《刑法》第388条之一所规定的近

---

〔1〕王远伟：“利用影响力受贿罪‘近亲属’的认定”，载《检察日报》2010年9月3日。

〔2〕龚海华：“利用影响力受贿罪主体刍议”，载《决策与信息（下旬刊）》2010年第11期。

〔3〕单民、杨建军：“利用影响力受贿罪若干疑难问题研究”，载《当代法学》2011年第5期。

〔4〕蒋晗华：“利用影响力受贿罪主体之探讨”，载《特区经济》2012年第10期。

〔5〕李连博、潘伟：“认定利用影响力受贿罪若干问题辨析”，载《广西社会科学》2011年第8期。

亲属应符合中共中央组织部制定的《党政领导干部选拔任用工作有关事项报告办法（试行）》（中组发［2010］8号）第4条的规定，领导干部的近亲属，是指与领导干部有夫妻关系、直系血亲关系、三代以内旁系血亲以及近姻亲关系的人员。主要理由是刑法确立利用影响力受贿罪的立法意图和中共中央组织部制定上述试行办法的目的是一致的。[1]

（5）笔者的观点。笔者认为，应当通过立法解释或者司法解释的方式对1997年《刑法》第388条之一所规定的近亲属范围加以规范。在此之前，由于刑法本身已经规定了“其他关系密切的人”的兜底性规范而不会放纵犯罪，因此，应以刑事诉讼法的规定限定第388条之一所规定的近亲属范围，以保持刑法的谦抑性原则，保持实体法与程序法的协调一致。

（二）“关系密切”的认定

“密切关系”和“密切关系的人”并不是法律术语，其外延和内涵的确定十分复杂。《现代汉语词典》对“密切”的解释有亲近，关系近、紧密等。但判断标准是什么呢？比如，存在血缘关系？存在地缘关系？例如老乡、邻居等。存在职业关联？或者兼而有之？

1. 理论界的基本观点

理论界对“关系密切”的理解存在着如下几种观点：

第一种观点是事前考察说。有人认为，“关系密切”可以理解为人与人之间的密切相关的日常交往、密切接触，不同于一般的、通常的联系。有人认为，“关系密切”的范围，除了一个特定的关系，在共同利益的基础上，还包括对人民的感情密切的关系。判断上应根据“关系密切的事实”，能够证明两者存在着公务交往活动之外的交往活动的事实，而且这些交往活动足以能够表明两者之间超出普通社会群体之间关系。[2]有人认为，界定“关系密切的人”，关键在于该人是否利用了国家工作人员的影响力实施受贿、索贿行为。在本罪中，“影响力的能力体现为行为人影响国家工作人员的思想和行为，并顺利完成行为人意愿的个性心理特征”。[3]有人认为，在司法实践中，认定其

---

〔1〕 王远伟：“利用影响力受贿罪‘近亲属’的认定”，载《检察日报》2010年9月3日。

〔2〕 吴华清：“斡旋受贿犯罪主体的扩张与界定——以《刑法修正案七》第13条的规定为基础”，载《中国检察官》2009年第4期。

〔3〕 舒洪水、贾宇：“《刑法修正案七》第13条的理解与适用”，载《华东政法大学学报》2009年第3期。

关系密切应当从人与人之间相互联系的实际情况出发，综合考虑以下几个方面去判断：相识时间的长短；接触次数的多少；交往的动机目的；交往的层次标准；周围人的观感印象；请托人的认知程度；受托人的认知程度；其他能够决定关系密切程度的情况。[1]

第二种观点是事后考察说。有学者就曾提出可以对"关系密切人"采取事后判断的方式来认定，如果事先就通过预设来判断，那么很可能会因为判断依据的难以确定而导致认定困难，如果以行为人事实上是否有影响力来认定行为人是否属于密切关系人则不失为一种好的办法。[2]事前考察和要在形式上把"关系密切人"固定化都是不符合实际的。但不管目的能否达到，如果实际上公职人员利用职务行为使行贿者得到了不该得到的好处，就可以印证确有密切关系存在于行为人和公职人员之间。[3]

第三种观点是无需考察说。有学者认为，没有必要对"有密切关系的人"的定义作特别的规定。因为客观上能够通过国家工作人员职务上的行为，或者利用国家工作人员职权或者地位形成的便利条件，通过其他国家工作人员职务上的行为，为请托人谋取不正当利益的人，基本上就是与国家工作人员有密切关系的人。[4]"本罪条文中，其他与具有公职人员身份者存在密切关系，这样的表述没有任何实际意义，理论上几乎所有人都符合这一要件。"[5]还有学者认为，从长远看，为了与《联合国反腐败公约》相衔接，"关系密切的人"应改为一般主体，包括任何可能的其他人。他们是不固定的，可能是国家工作人员，也可能是非国家工作人员，与国家工作人员之间的关系可能密切，也可能不密切。但不管身份如何，关系密切度如何，他们本人都不具有为请托人谋取利益的现实职务，并且与能为请托人谋取利益的国家工作人员之间也不具有现实的职务上的制约关系。但他们既然能够利用国家工作人

---

〔1〕王玉杰："利用影响力受贿罪若干问题探究"，载《河南省政法管理干部学院学报》2010年第1期。

〔2〕马松建、贾佳："利用影响力受贿罪中'关系密切的人'辨析"，载《人民检察》2013年第11期。

〔3〕赵巴奥、冯兆惠："认定'关系密切人'的方法论反思"，载《河南社会科学》2014年第7期。

〔4〕张明楷：《刑法学》（第4版），法律出版社2011版，第1081页。

〔5〕周道鸾："刑法修正案（七）新增、修改和保留的罪名探析"，载《检察日报》2009年第4期。

员职务或职权、地位所形成的便利条件，为请托人谋取不正当利益，肯定与国家工作人员之间具有某种特定的关系或者说存在影响力。至于是什么关系，我们可以不必考虑，只要能认定其跟国家工作人员具有联系即可。[1]

2. 相关的司法解释

2007年7月8日两高《关于办理受贿刑事案件适用法律若干问题的意见》十一、关于“特定关系人”的范围规定：“本意见所称‘特定关系人’，是指与国家工作人员有近亲属、情妇（夫）以及其他共同利益关系的人。”由该解释的内容可以看出，确定“特定关系人”范围的客观标准是存在“共同利益关系”。但问题在于：“特定关系人”是否就等同于本罪中的“关系密切人”呢?

3. 笔者的观点

笔者认为，“特定关系人”与《刑法》第388条之一的“关系密切的人”不应是同一概念。理由如下：

第一，从汉语的字义上讲，“关系密切的人”的范围应该超越了两高对“特定关系人”的解释。在《现代汉语规范词典》中：“关系：①（名）人或事物之间相互联系。朋友关系，社会关系。②（名）对事物产生的影响。碰一下没关系。”“密切：①（形）隐蔽的不公开的。密件、密谋。密2：①……②（形）关系亲感情深。”“密切：①（形）关系紧密亲近。交往密切。②（动）使关系紧密亲近。密切干群关系。”[2]在《汉语大词典（全新版）》中：“关系：①基本义：（名）事物之间相互作用、相互影响的状态。这个电门跟那盏灯没有关系。②名人和人之间的联系。他们之间是亲戚关系”。“密：①……②（形）关系近感情好。密友亲密无间。”“密切：①（形）基本义：关系近。②（动）使关系接近”。[3]在《当代汉语新词词典》中：“关系：①指事物之间和事物内部各要素之间的相互作用、相互影响、相互制约。②违背原则的不正当的人事关系。”[4]可见，关系密切并不一定因为存在“共同利益关系”，

[1] 戚进松、田美妍：“‘关系密切人’利用影响力受贿罪之解读”，载《法治研究》2011年第1期。

[2] 李行健主编：《现代汉语规范词典》，外语教学与研究出版社、语文出版社2004年版，第479、920页。

[3] 汉语大词典编辑委员会编：《汉语大词典》，商务印书馆2003年版，第373、749页。

[4] 曲伟、韩明安主编：《当代汉语新词词典》，中国大百科全书出版社2004年版，第288页。

“关系密切人”的判断也不能只看行为人与国家工作人员存在某种外在形式上的关系，比如同学关系、战友关系、亲戚关系，等等。而应当结合日常生活中的联系频繁程度、信任程度、感情牵绊、历史关系等综合考察。在现实中，有密切关系的人之间往往平时并没有太多联系，若行为人事实上通过了国家工作人员职务上的行为，首先利用了与其关系密切的人，即国家工作人员的职权或者地位形成的便利条件，然后通过其他国家工作人员职务上的行为，为他人攫取不正当利益，则可反向推定为“关系密切的人”，但不能因为行为人的请求被国家工作人员拒绝从而否定其“关系密切的人”的地位。[1]

第二，从历史沿革及打击的侧重点判断，二者也不是相同的概念。“特定关系人”的概念最早是在 2007 年 6 月 8 日中共中央纪律检查委员会《关于严格禁止利用职务上的便利谋取不正当利益的若干规定》提出的，该规定第 6 条规定：“严格禁止利用职务上的便利为请托人谋取利益，要求或者接受请托人以给特定关系人安排工作为名，使特定关系人不实际工作却获取所谓薪酬。特定关系人，是指与国家工作人员有近亲属、情妇（夫）以及其他共同利益关系的人。”2009 年又上升到了法律的层面加以规定，主要是为了规制国家工作人员的近亲属和情妇（夫）以及其他共同利益关系的人的犯罪行为。如果按照 2007 年 7 月 8 日两高《关于办理受贿刑事案件适用法律若干问题的意见》中关于“特定关系人”的范围规定，“特定关系人”就是指与国家工作人员有近亲属、情妇（夫）以及其他共同利益关系的人。“共同利益关系”是一种什么样的关系呢？是一种相对稳定的利益共同体式的共同利益关系，还是一种临时形成的共同利益关系呢？从《关于严格禁止利用职务上的便利谋取不正当利益的若干规定》以及 2007 年 7 月 8 日两高的司法解释的行文以及汉语语法规律来看，近亲属和情妇（夫）之间的关系都是相对稳定的共同利益关系，那么，“其他共同利益关系”也应当是与近亲属和情人、情妇（夫）这种关系大致相当的相对稳定的共同利益关系。但是，如果这样的话，就会留下刑网的漏洞，使大量的与国家工作人员之间有临时性的关系而利用该国家工作人员影响力受贿的情形无法得到追究。例如，某甲偶遇国家工作人员某乙，言谈之间，某乙对某甲十分欣赏，对某甲的遭遇和处境十分同情，两人交往不到一个月。某日，某丙知道某甲认识某乙，就求某甲找某乙帮助办

[1] 陈紫雯：“利用影响力受贿罪的认定”，苏州大学 2015 年硕士学位论文。

一件不太合规的事情。某甲向某丙索要“劳务费”50万元，然后谎称某丙是其亲属请求某乙帮助。某乙利用手中的职权，为某丙违规办理了相关事务。某乙未收取任何好处，也对某甲收取某乙的50万元毫不知情。在该案中，某甲能否构成利用影响力受贿罪，关键是看某甲与某乙是否“关系密切”。从案件的实际情况看，某甲和某乙并没有近亲属、情妇（夫）以及相类似的相对稳定的共同利益关系，某甲就不能构成利用影响力受贿罪。而《刑法修正案（七）》之所以以立法的方式明确规定与国家工作人员“关系密切的人”单独构成利用影响力受贿犯罪的行为，并将范围更为广阔的“关系密切人”纳入该罪的主体，体现出立法者加强惩治受贿犯罪的决心和力度。[1]因此，将《刑法》第388条之一的“关系密切的人”解释为比“特定关系人”具有更广泛的范围，更能体现立法者加大打击腐败犯罪的立法意图。

第三，符合我国现阶段社会关系的基本特点。我国目前正处在“熟人社会”和“人情社会”的历史阶段，人情大于理性、大于法律、法规、政策的观念在许多人心中占有重要的地位，因此，各种“拉关系”的手段纷繁复杂，社会关系扭曲，被称为所谓的“关系网”，许多人利用这种所谓的关系网进行着行贿、受贿的违法犯罪行为。利用影响力受贿也就是在这种特定的历史背景下被规定为犯罪的，因此，如果将“其他与该国家工作人员关系密切的人”限定在一个比较狭窄的范围内，就与我国的实际国情不符合，不利于震慑利用影响力受贿的犯罪行为。

综上所述，笔者认为，“其他与该国家工作人员关系密切的人”，是一个外延更宽的概念，除了存在共同物质利益关系的“特定关系人”以外，还应包括不存在共同利益关系但确实交往密切的其他的任何人，其判断以案件的具体情况加以确定。

（三）“离职的国家工作人员”的理解

1. 理论界的不同观点

理论界对何为“离职”存在不同的看法。

第一种观点：“身份丧失说”。该说认为，离职的国家工作人员，是指曾经是国家工作人员，但由于离（退）休、辞职等原因，在实施行为时已经不

〔1〕 吕彪：“《刑法修正案七》影响力受贿主体的刑法界定”，载《贵州警官职业学院学报》2009年第5期。

是国家工作人员的人，即在实施行为时行为人的身份已经变为非国家工作人员。[1]也即，“指曾经是国家工作人员，但行为发生过程中，其已经退休、辞职、被辞退或者是被开除的国家工作人员”。[2]

第二种观点：“离开岗位说”。该说认为，“离职的国家工作人员”，是指曾经是国家工作人员，但由于法定原因目前已离开了国家工作人员岗位、不再具有国家工作人员身份的人。根据《公务员法》等有关规定，离职的国家工作人员包括以下几种：一是退休或者离休的国家工作人员；二是辞职或者被辞退的国家工作人员；三是被给予开除处分的国家工作人员。值得注意的是，国家工作人员退休后受原单位或者其他国有单位返聘、聘请并受其委派从事公务的，应认定为国家工作人员，而不属于离职的国家工作人员。[3]也即，“指因各种原因离开行政部门、集体经济组织和乡镇基层组织的，不继续从事或委托从事国家公务工作活动的人员”。[4]

第三种观点：“权利丧失说”。该说认为，“离职的国家工作人员”是指曾担任国家工作人员，但已经不具有行使公权力的能力和不再监督管理与公共事务有关的人、财、物的人。这里的“离职”指的是不再掌握任何与国家工作及公共事务有关的权力，但可能还保留着国家工作人员的身份，如被撤销公职但仍留在体制内的人员以及办理内退的“二线人员”等。这种观点以不再行使职权作为认定“离职的国家工作人员”的标准。[5]

第四种观点：“离开原工作岗位说”。该说认为，“离职的国家工作人员”还应包括虽已调离原职位，但仍然从事其他公职职务的人员。这种“离职”仅仅只是指代离开了原有的工作岗位，不再享有原工作岗位所赋予的职权的地位。[6]

2. 笔者的观点

从汉语语义理解，“离职”一词有两种含义：“暂时离开职位”；“离开工

---

〔1〕 李金明：“论利用影响力受贿罪”，《法商研究》2010 年第 1 期。

〔2〕 梅传强、胡江：“《刑法修正案（七）》第 13 条之解读”，载《西南政法大学学报》2014 年第 5 期。赵秉志主编：《刑法修正案（七）专题研究》，北京师范大学出版社 2011 年版，第 255 页。

〔3〕 韩耀元、王文利：“如何理解利用影响力受贿罪”，载《中国监察》2009 年第 23 期。

〔4〕 杨书文：“试论影响力交易罪”，载《人民检察》2009 年第 9 期。

〔5〕 艾建佳：“利用影响力受贿罪主体问题解析”，载《法制博览》2016 年第 13 期。

〔6〕 刘德法、孔德琴：“论利用影响力受贿罪”，载《公民与法》2010 年第 4 期。

作岗位，不再回来”。[1]因此，对“离职的国家工作人员”应该有两种不同的理解：一种是暂时离开职位，即虽然离开原来的工作岗位，却没有和工作单位脱离关系。另一种是既离岗又离职，完全脱离原工作单位和工作岗位，既失去了国家工作人员的身份和职权。例如，离退休、辞职、被开除等。

至于“离职的国家工作人员”的影响力的存在是否应该设置一个具体期限，有学者持肯定的态度，认为应当设定“离职的国家工作人员”“影响力消退期”。其主要理由是：我国《法官法》第36条规定：“法官从人民法院离任后两年内，不得以律师身份担任……辩护人。”《公务员法》第107条规定：“公务员辞去公职或者退休的……在离职三年内，……不得从事与原工作业务直接相关的……营利性活动。”[2]

（四）本罪的主体是否包括现职的“国家工作人员”

有学者认为，利用影响力受贿罪的主体不包括在职的国家工作人员。“如果国家工作人员有本罪行为的，按照斡旋形态的受贿罪定罪即可。”[3]但有学者认为，在职国家工作人员可以构成本罪，因为本罪主体，即不论是“近亲属”抑或“密切关系人”等人员都具有在职的可能性。在职国家工作人员是否属于本罪主体，关键在于其利用的是哪一种影响力，是权力性的还是非权力性的。[4]从本罪在刑法分则体系中所处的位置来分析，也可以间接地得到犯罪主体包括国家工作人员的结论。[5]从法规范分析，《刑法》第388条之一也并没有限定本罪只能是非国家工作人员。因此，利用影响力受贿罪的犯罪主体，是包括具有国家工作人员身份的人在内的，一切与被利用实施职务行为的国家工作人员之间，具有实质影响力的关系密切的人。[6]

笔者赞同肯定说的观点，认为在职国家工作人员可以成为本罪的主体。

---

〔1〕 中国社会科学院语言研究所词典编辑室编：《现代汉语词典》（修订本），商务印书馆1983年版，第771页。

〔2〕 卢勤忠：“我国受贿罪刑罚的立法完善”，载《国家检察官学院学报》2008年第3期。

〔3〕 王荣利：“详解《刑法修正案（七）》反腐败新罪名”，载《法制日报》2009年4月3日。

〔4〕 参见高铭暄、陈冉：“论利用影响力受贿罪司法认定中的几个问题”，载《法学杂志》2012年第3期。

〔5〕 徐松林：“‘利用影响力受贿罪’适法中的六个难题”，载《贵州社会科学》2014年第11期。

〔6〕 张开骏：“利用影响力受贿罪的本质与构成特征”，载《重庆科技学院学报（社会科学版）》2010年第13期。

但是，在职国家工作人员本人的身份在成立利用影响力受贿罪中不应予以单独加以考虑，需要重点考虑的是其因与实施为请托人谋取不正当利益的其他国家工作人员之间是否具有“近亲属”“关系密切的人”的亲密关系，并且这种亲密关系不是因为职务上、工作上联系所形成。

（五）单位是否应当成为本罪的主体

我国刑法规定利用影响力受贿罪的主体只限于自然人，但有学者提出：“按照《公约》的规定，在国内法中承认法人责任的国家应将法人规定为贿赂犯罪的主体。”〔1〕“公约并没有对影响力交易的主体身份进行限定，只要是具有影响力即可。”〔2〕《联合国反腐败公约》第18条、《新加坡共和国刑法典》第163条、《埃及刑法典》第106条A以及《美国模范刑法典》第240条等都没有明确限定利用影响力受贿罪犯罪主体的范围。〔3〕

笔者赞同刑法将单位规定为利用影响力受贿罪的主体。理由包括：①我国刑法规定了单位受贿罪、单位行贿罪，为了严密刑网，也应将单位利用影响力受贿的行为规定为犯罪。②便于我国履行《联合国反腐败公约》的义务。③借鉴其他国家打击各种受贿犯罪的立法经验，彰显我国反腐败斗争的决心。④单位利用影响力受贿的情况是真实、大量存在的，必须用刑罚手段加以遏制。

四、利用影响力受贿罪的主观方面

通说认为，利用影响力受贿罪的主观方面是故意。有人进一步认为：“从利用影响力受贿罪的主观方面来分析，必须只能是直接故意才能够构成此罪，也就是说，中间人在整个交易行为中，必须是明码标价，根据办事的不同收取不同的贿赂费用，而且对于整个行为交易的违法性心知肚明，对于采取这种方式达到行贿人的办事目的也是知晓其危害性的，但即便是这样，依然大肆收取贿赂，通过关系、特殊渠道办事，依然不肯收手、善罢甘休，依然我行我素，对政府的廉洁形象造成了极大的损害。”〔4〕

---

〔1〕赵秉志、王志祥、郭理蓉编：《〈联合国反腐败公约〉暨相关重要文献资料》，中国人民公安大学出版社2004年版，第15页。

〔2〕陈京春：“刑事一体化视野下的利用影响力受贿罪研究”，载《当代法学》2014年第6期。

〔3〕刘方：“各国（地区）关于利用影响力受贿罪的立法比较及启示”，载《中国司法》2015年第8期。

〔4〕陈史蕃：“利用影响力受贿罪刑罚的完善”，载《法制与经济》2016年第3期。

笔者认为，利用影响力受贿罪的行为方式比较复杂，其认识因素和意志因素也因此具有复杂性，“不能够轻易说某种犯罪只能由直接故意构成，不能由间接故意构成。因为所有只能够由故意构成的犯罪，都没有排除间接故意。人们在探讨过程中，所提出的某种犯罪只能由直接故意构成，实际上是结合其自身的认识，结合其所掌握的有限的事实而作出的判断，并不是法律规定”。[1]因此，不能排除利用影响力受贿罪主观方面具有间接故意的可能性。

第三节　利用影响力受贿罪的疑难问题

一、利用影响力受贿罪未遂形态的认定

1. 利用影响力受贿罪未遂形态理论争论

利用影响力受贿罪既遂和未遂的标准在我国理论界存在着争议。

第一种观点是“收受财物说”。持该观点的学者以行为人是否收受财物为本罪既遂的标准，认为近亲属或关系密切人一旦收受了贿赂，并作出为请托人谋利益的承诺或意思表示，就可以认为是犯罪既遂。[2]

第二种观点是“请托人得到实际利益说”。持该观点的学者认为，要等到国家机关工作人员确实受到影响，通过职务行为使请托人得到了现实的好处，才可以认定全罪达成既遂。[3]

第三种观点是“收受财物和造成法益实际损害择一说”。持该观点的学者认为，通常认定利用影响力既遂与未遂以行为人是否收受财物为标准，但在行为人并未收受财物却已经给国家、社会或者人民的利益带来了较大的实际损失的情形下，也构成利用影响力受贿罪的既遂。其主要理由是：刑法规范对利用影响力受贿罪构成犯罪的标准是数额较大和情节严重，行为人利用影响力索取或收受贿赂的行为在数额较大时可以构成本罪，或者行为人利用影响力索取或收受贿赂的行为在情节严重时也可以构成本罪。所以，当行为人索取或收受了财物或者行为人虽未收受财物但其行为已经造成实际的损害时，均构成本罪的既遂。

---

〔1〕张明楷：《刑法学》（第5版），法律出版社2016年，第233页。

〔2〕张明楷：《刑法学》（第4版），法律出版社2011年版，第1079~1081页。

〔3〕邹瑛：“受贿罪既遂标准研究”，广西大学2012年硕士学位论文。

2 笔者的观点

我国刑法规定，已经着手实行犯罪，由于犯罪分子意志以外的原因而未得逞的，是犯罪未遂。着手，就是开始实施刑法分则某一具体犯罪客观要件的行为，即开始实施刑法所规定的某一犯罪的实行行为。未得逞，就是未完全符合刑法所规定的犯罪构成的全部构成要件。

利用影响力受贿罪的特点之一是多人实施了多个行为，其中“多人”包括请托人、密切关系人、国家工作人员等，“多个行为”包括索取或者收受行为、利用职务之便的行为等。但笔者认为，是否着手应当是指犯罪主体的实行行为是否着手，而不包括其他相关人员的行为是否着手。因此，在本罪中，只要是犯罪行为人开始实施利用影响力为请托人谋取不正当利益的，犯罪行为即为着手，着手之后由于犯罪行为人意志以外的原因未实际取得贿赂的，应当视为犯罪的未遂，实际取得请托人的贿赂，即为犯罪的既遂。有一种情况是，行为人未取得实际的贿赂，但请托人已经取得了不正当利益。笔者认为，从法益实际所造成的危害的角度考虑，可以认定为“情节严重”，且以犯罪既遂处理。

二、利用影响力受贿罪与斡旋受贿罪竞合时的认定与处理

（一）利用影响力受贿罪与斡旋受贿罪的不同

利用影响力受贿罪与斡旋受贿罪的界限主要在于以下几个方面：

1. 犯罪主体的范围不同

斡旋受贿罪的主体只能是国家工作人员。利用影响力受贿罪的主体是国家工作人员的近亲属以及其他与其关系密切的人。如上文所述，“国家工作人员的近亲属以及其他与其关系密切的人”也可能包括国家工作人员，但作为利用影响力受贿罪的主体，并不是利用其国家工作人员的职权或地位形成的便利条件。

2. 行为方式不同

斡旋受贿罪行为人的行为方式是斡旋受贿罪国家工作人员利用本人职权或地位形成的便利条件，通过其他国家工作人员职务上的行为，为请托人谋取不正当利益，索取请托人财物或者收受请托人财物。

利用影响力受贿罪行为人的行为方式则是通过该国家工作人员职务上的行为，或者利用该国家工作人员职权或者地位形成的便利条件，通过其他国

家工作人员职务上的行为，为请托人谋取不正当利益，索取请托人财物或者收受请托人财物。

（二）利用影响力受贿罪与斡旋型受贿罪竞合

在理论界和司法实践中，有人认为，利用影响力受贿罪与斡旋受贿罪竞合是指国家工作人员之间既有职务联系，又存在《刑法》第388条之一利用影响力受贿罪犯罪构成的“密切关系”，受贿行为同时符合利用影响力受贿罪和斡旋型受贿罪的情形。例如：李某，女，中共党员，某区发改委副主任。2016年9月，某市政工程公司为承接辖区道路排水工程项目，请托李某给予关照，李某通过该区副区长赵某分管市政工程建设的职务行为，使该市政工程公司在投标过程中谋取竞争优势，并顺利中标。为表示感谢，该市政工程公司送予李某好处费50万元。经查，李某与赵某系情人关系，赵某对李某收受该笔50万元的行为不知情。[1] 有人认为，应坚持主客观相统一的原则视具体情况而定。如果受贿人利用了其本人职权和地位形成的便利条件，从中斡旋，通过与其有密切关系的国家工作人员的职务行为为请托人谋取不正当利益，应按照受贿罪定罪量刑；如果受贿人利用本人与其有密切关系的国家工作人员的密切关系，通过与其有密切关系的国家工作人员的职务行为为请托人谋取不正当利益，则应认定成立利用影响力受贿罪。有人认为，这种情况属于法条竞合，按照法条竞合适用的特别法优于普通法、重法优于轻法的原则处理。有人则认为属于想象竞合犯，应从一重罪处罚。笔者认为，这里存在的竞合关系包括：其一，受贿人身份的竞合。受贿人身份是国家工作人员，又是与国家工作人员有密切关系的人员。其二，职权或职务便利的竞合。受贿人既利用了自己作为国家工作人员的职权或职务便利，同时又利用了与自己关系密切的国家工作人员的职权或职务便利。只有在同时具备这两种竞合关系的情况下，受贿人才能同时构成利用影响力受贿罪与斡旋型受贿罪。在上文案例中，并没有同时具备上述两种竞合关系，因此，并不是真正的利用影响力受贿罪与斡旋型受贿罪，而只是两罪有所交织。在利用影响力受贿罪与斡旋型受贿罪出现竞合的情况下，因为有交叉或重合的部分，符合刑法理论中的法条竞合，而不属于想象竞合犯，因此，应按照法条竞合的原则定

---

〔1〕 李丁涛：“斡旋受贿行为与利用影响力受贿行为交织时如何认定”，载《中国纪检监察报》2019年6月12日。

罪量刑。

三、利用影响力受贿罪与介绍贿赂罪的界限

利用影响力受贿罪与介绍贿赂罪的主要区别在于：

1. 利用职权的国家工作人员对受贿情况是否知情

在利用影响力受贿罪中，被利用的国家工作人员对自己被利用，特别是其近亲属或关系密切的人索取、收受他人贿赂，是一无所知的。但在介绍贿赂罪中，国家工作人员对收受贿赂是明知的，在主观方面与请托人存在着行贿与受贿的意思联络。

2. 贿赂的归属不同

利用影响力受贿罪的贿赂归属于国家工作人员的近亲属或与其关系密切的人，而介绍贿赂罪中的贿赂则归属于使用职权的国家工作人员。

3. 获取贿赂的方式不同

利用影响力受贿罪的行为人获取请托人贿赂的方式包括主动索取和被动收受两种方式。而介绍贿赂罪中的行为人获取请托人贿赂的方式只包括收受一种方式。

四、国家工作人员和“近亲属、与其关系密切的人”共同受贿的问题

理论界一般认为，只要利用职务上便利为他人谋取利益的国家工作人员实际知道家属收受贿赂的基本内容，就可以认定国家工作人员共同受贿的故意，而不必考虑贿赂认识内容是否具体，也不必考虑认识的来源。[1]

2003 年最高人民法院发布的《全国法院审理经济犯罪案件工作座谈会纪要》第 3 条第（五）项规定：“根据刑法关于共同犯罪的规定，非国家工作人员与国家工作人员勾结，伙同受贿的，应当以受贿罪的共犯追究刑事责任。非国家工作人员是否构成受贿罪共犯，取决于双方有无共同受贿的故意和行为。国家工作人员的近亲属向国家工作人员代为转达请托事项，收受请托人财物并告知该国家工作人员，或者国家工作人员明知其近亲属收受了他人财物，仍按照近亲属的要求利用职权为他人谋取利益的，对该国家工作人员应认定为受贿罪，其近亲属以受贿罪共犯论处。近亲属以外的其他人与国家工作人员通

〔1〕 孟庆华：《贪污贿赂罪重点疑点难点问题判解研究》，人民法院出版社 2005 年版，第 327 页。

谋，由国家工作人员利用职务上的便利为请托人谋取利益，收受请托人财物后双方共同占有的，构成受贿罪共犯。”2007 年两高《关于办理受贿刑事案件适用法律若干问题的意见》第 7 条第 2 款规定：“特定关系人与国家工作人员通谋，共同实施前款行为的，对特定关系人以受贿罪的共犯论处。特定关系人以外的其他人与国家工作人员通谋，由国家工作人员利用职务上的便利为请托人谋取利益，收受请托人财物后双方共同占有的，以受贿罪的共犯论处。”

据此，笔者认为，国家工作人员和“近亲属、与其关系密切的人”共同受贿的问题，只要有证据足以证明共同受贿的存在，均应以受贿罪定罪量刑。

行贿罪理论与实践 第六章 chapter 6

第一节 行贿罪的立法与解释

一、行贿罪的立法

1. 行贿罪的立法发展

我国关于行贿罪的立法历史悠久，最早关于行贿罪的规定出现于秦朝。《秦简·法律答问》中有如下规定："邦亡来通钱过万，已复，后来盗而得，可（何）以论之？以通钱论。"这里的"通钱"指的就是行贿。及至汉代称为"行赇"。唐又更之为"行求"，《唐律·职制篇》第47条规定："诸有事以财行求，得枉法者，坐赃论；不枉法者，减二等，即同事共与者，首则并赃论。"可见，在唐代，对于行贿者，均予以处罚，且并非以"谋取不正当利益"为目的，而是以"枉法"和"不枉法"为标准，处罚轻重有别。受《唐律》的影响，明清时期的行贿罪立法也基本沿袭了唐朝的模式，只是有些细微的变化。辛亥革命后，南京国民政府时期的行贿罪立法中也没有关于"不正当利益"的主观要件，但要求必须以相对应的受贿人违背职务行为为条件。

从1949年中华人民共和国成立到1979年改革开放期间，我国没有制定一部内容完备的刑法典，直到1979年颁布的《刑法》第185条第3款对行贿罪第一次在刑法典中以立法的形式予以规定。其实，1952年的《惩治贪污条例》（已失效）就存在关于行贿罪的立法，该条例第6条、第7条对行贿罪以单行刑法的形式作了明确规定。但上述两个法律都未规定行贿罪的概念，且没有具体规定行贿罪的罪状。1985年7月18日，两高在《关于当前办理经济犯罪案件中具体应用法律的若干问题的解答（试行）》（已失效）中，对行贿罪的构成要件作出了司法解释，增加"为谋取非法利益"为其主观要件，规定“个人为谋取非法利益，向国家工作人员行贿或者介绍贿赂的，应按刑法第一百八十五条第三款追究刑事责任”。从而限制了行贿罪的适用范围。而行贿罪的概念是在1988年1月21日全国人大常委会发布的《关于惩治贪污罪贿赂罪的补充规定》（已失效）中第一次以立法形式规定的，并且把“个人为谋取非法利益”修改变“为谋取不正当利益”，对行贿罪的主观要件作了扩大修正。1997年《刑法》第389条、第391条、第393条也沿袭了此概念，将行贿罪的主观要件规定为“为谋取不正当利益”。

对于行贿罪的惩治，司法实践中出现了以下一些问题：一是对行贿案件追究刑事责任的偏少。贿赂犯罪属于对合犯，即有受贿行为必有行贿行为，然而现实却是贿赂犯罪中存在不合理数量的行贿人未被追究刑事责任的问题。二是对行贿犯罪人适用免于刑事处罚和缓刑的比例比较高，对行贿罪的处罚上仍采取尽可能宽宥的态度。三是对行贿犯罪人适用重刑的比例很小，司法实践中对行贿罪的判决在自由裁量权的范围内尽可能趋于轻判。[1]针对这些问题，《刑法修正案（九）》作了两处重要的修改：一是对行贿罪增加了罚金刑。考虑到实践中，行贿人多是为了谋取经济上的好处，但是《刑法》对行贿罪的处罚缺少经济方面的制裁，《刑法修正案（九）》对行贿罪增设了罚金刑，形成对行贿犯罪惩处的综合手段，不使行贿犯罪分子在经济上得到好处。二是进一步严格对行贿罪的从宽处罚条件。将“行贿人在被追诉前主动交代行贿行为的，可以减轻处罚或者免除处罚”的规定，修改为“行贿人在被追诉前主动交代行贿行为的，可以从轻或者减轻处罚。其中犯罪较轻的，检举揭发行为对侦破重大案件起关键作用，或者有其他重大立功表现的，可以免除处罚”。切实加强对行贿罪的处罚力度。[2]

2. 行贿罪的立法评介

从行贿罪的历史发展过程来看，行贿罪立法的出现要明显晚于受贿罪，并且多数情况下是基于受贿与行贿构成的对合关系——有受贿，通常有行贿，因而也主要是从受贿犯罪的规定中去推测行贿行为的存在与构成。这样的立法机理的存在，对于厘清行贿受贿案件的产生与法律制裁具有极大意义。但

---

[1] 刘霜、石阳媚：“行贿罪处罚的实证分析及其优化——以某省103个行贿罪判决为研究范本”，载《河南社会科学》2018年第6期。

[2] 全国人大常委会法制工作委员会刑法室编：《〈刑法修正案（九）〉最新问答》，法律出版社2015年版，第170页。

从法律条文规范所体现的对行贿罪和受贿罪的惩治力度和司法运作实际情况上看，二者有着明显的差距。

笔者认为，关于行贿罪的立法其主要的目的是为了遏制受贿行为，而非只是为了惩罚行贿人，即惩罚受贿者是第一性目的，惩罚行贿者是第二性目的。我国 1997 年《刑法》第 390 条第 2 款前半段规定："行贿人在被追诉前主动交代行贿行为的，可以减轻处罚或者免除处罚。"这无疑是留给行贿人"退却的金桥"，大大地减少了对行贿行为的立案追究。就立法理论和立法技术分析而言，行贿人在行贿后可以借此减轻甚至免于刑事处罚，国家工作人员因担心行贿人主动交代进而拒绝贿赂。因此，从某种意义上来说，行贿罪的立法实际是受贿罪立法的婢女。笔者认为这种做法值得商榷，尽管多数情况下主要责任在于受贿一方，但并不能因此而免除行贿方的责任。行贿者出于取得非法利益或难以公告的目的，主观故意严重扰乱社会经济、生活秩序，造成不亚于受贿的社会危害性，理应受到严惩。

刑法学界通常认为，行贿罪是目的犯，必有具备"谋取不正当利益"目的才能构成行贿罪，否则即使有给予国家工作人员财物的行为，或未谋取不正当利益的，也不构成行贿罪。[1]在修订刑法的过程中，就有人大代表提出方案建议取消行贿罪的"谋取不正当利益"的限制，但立法机关经综合考虑没有采纳这一议案。立法上之所以将"谋取不正当利益"规定为构成行贿罪的必要条件，目的是把不属于"谋取不正当利益"而给予财物的行为排除在行贿罪之外。因为司法实践中给予国家工作人员财物的情况比较复杂，有些人根据法律、政策，有条件或资格得到某种正当利益，如晋职、免税、分房、招工等，但因国家工作人员在办理公务中的不正之风的缘故，不得已而送钱送物，否则合法利益便得不到应有的保护，这类案件的主要责任应归咎于受贿方。因此，刑法为保护那些基于谋取正当合法的利益而无奈行贿者的利益，对行贿罪的主观要件作出了限定。

随着我国社会经济的发展，原有的法律条文已经很难适应现在的犯罪状况，因此，适时完善相关立法，顺应时代的需要就是立法者不可推卸的责任。行贿罪及其"谋取不正当利益"要件的立法发展过程，是我国刑法自实施以

---

〔1〕 高铭暄、马克昌主编：《刑法学》，北京大学出版社、高等教育出版社 2018 年版，第 641～642 页。

后对行贿行为进行惩处的司法经验各个阶段性的总结。在该要件规定之初，对于发生在一切社会关系范围内的行贿行为，既能给予必要的惩治，同时又能严格把握刑法的打击面，特别是针对经济生活中的严重行贿行为。对于改革开放初期的基本国情和立法环境来说，既打击了犯罪行为，又兼顾了客观实际，在当时符合刑事立法原则，但是，近年来，随着腐败犯罪日趋严重，该要件的存在也备受质疑。不少学者担忧，若继续沿用这一构成要件，则会大大削弱对行贿行为的打击力度，诱发更多的贿赂犯罪，伤害社会的公平与公正。因此，我们有必要深入探讨"谋取不正当利益"这一要件，权衡这一要件的利弊得失。可见，我国行贿罪立法对于"谋取不正当利益"的主观要件的规定经历了一个从无到有，从限缩到扩大的发展过程，这中间反映了国家对行贿罪处罚立场的摇摆。

二、行贿罪的解释

在我国，刑法司法解释对于刑法的实施具有重要的意义。"面对复杂纷繁、变化万千的社会生活，刑法立法并非无所不包、无所不能。尤其是社会转型时期，各种新情况、新问题层出不穷，无论立法者多么具有前瞻性，刑法立法多么超前，在复杂多变的社会现实面前，总会显得捉襟见肘，法律缺漏在所难免。相对而言，刑事司法具有更大的灵活性，完全可以在司法运作过程中，根据立法的基本原则和基本精神进行司法解释与刑事裁判，对这些法律缺漏进行补救，以填补法律空白。"[1]行贿罪在司法适用过程中存在较多的争议，为了统一执法标准，消除分歧，最高司法机关出台了一系列的司法解释。

截止到2019年12月，已经失效的有关行贿罪的解释有：《关于当前办理经济犯罪案件中具体应用法律的若干问题的解答（试行）》（1985年）、《关于惩治贪污罪贿赂罪的补充规定》（1988年）、《关于惩治偷税、抗税犯罪的补充规定》（1993年）、《关于检察机关直接受理立案侦查案件中若干数额、数量标准的规定（试行）》（1997年）。

截止到2019年12月，仍然有效的有关行贿罪的解释有：《关于人民检察院直接受理立案侦查案件立案标准的规定（试行）》（1999年）、《关于在办

〔1〕 赵秉志：《刑法立法研究》，中国人民大学出版社2014年版，第121~122页。

理受贿犯罪大要案的同时要严肃查处严重行贿犯罪分子的通知》(1999年)、《关于国家机关、国有公司、企业委派到非国有公司、企业从事公务但尚未依照规定程序获取该单位职务的人员是否适用刑法第九十三条第二款问题的答复》(2004年)、《关于办理商业贿赂刑事案件适用法律若干问题的意见》(2008年)、《关于办理行贿刑事案件具体应用法律若干问题的解释》(2013年)、《关于办理贪污贿赂刑事案件适用法律若干问题的解释》(2016年)、《关于办理减刑、假释案件具体应用法律的补充规定》(2019年),等等。

(一)关于行贿罪立案标准的规定

1999年8月6日最高人民检察院通过的《关于人民检察院直接受理立案侦查案件立案标准的规定(试行)》对行贿罪的概念以及具体的立案标准作出了较为明确的规定。即涉嫌下列情形之一的,应予立案:一是行贿数额在一万元以上的;二是行贿数额不满一万元,但具有下列情形之一的:①为谋取非法利益而行贿的;②向3人以上行贿的;③向党政领导、司法工作人员、行政执法人员行贿的;④致使国家或者社会利益遭受重大损失的。这一司法解释同时规定,因被勒索给予国家工作人员以财物,已获得不正当利益的,以行贿罪追究刑事责任。这就明确了即使实施了行贿行为但没有获得正当利益的情形不构成行贿罪。

由于司法实践中一些大肆拉拢、腐蚀国家工作人员的行贿犯罪分子没有受到应有的法律追究,他们继续进行行贿犯罪,严重危害了党和国家的廉政建设,为了依法严肃惩处严重行贿犯罪,以便从源头上遏制和预防受贿犯罪,两高于1999年3月4日发布了《关于在办理受贿犯罪大要案的同时要严肃查处严重行贿犯罪分子的通知》。其第3条规定,当前要特别注意依法严肃惩处下列严重行贿犯罪行为:(1)行贿数额巨大、多次行贿或者向多人行贿的;(2)向党政干部和司法工作人员行贿的;(3)为进行走私、偷税、骗税、骗汇、逃汇、非法买卖外汇等违法犯罪活动,向海关、工商、税务、外汇管理等行政执法机关工作人员行贿的;(4)为非法办理金融、证券业务,向银行等金融机构、证券管理机构工作人员行贿,致使国家利益遭受重大损失的;(5)为非法获取工程、项目的开发、承包、经营权,向有关主管部门及其主管领导行贿,致使公共财产、国家和人民利益遭受重大损失的;(6)为制售假冒伪劣产品,向有关国家机关、国有单位及国家工作人员行贿,造成严重后果的;(7)其他情节严重的行贿犯罪行为。

2015年11月施行的《刑法修正案（九）》取消了贪污罪、受贿罪的定罪量刑的数额标准，代之以“数额较大”“数额巨大”“数额特别巨大”，以及“较重情节”“严重情节”“特别严重情节”。对此，两高在充分论证经济社会发展变化和案件实际情况的基础上，于2016年3月28日通过了《关于办理贪污贿赂刑事案件适用法律若干问题的解释》，根据我国社会发展现实状况大大提高了行贿罪的数额标准并对“情节严重”“情节特别严重”进行了明确解释。该解释第7条对行贿罪的入罪标准进行了明确，具体规定如下：“为谋取不正当利益，向国家工作人员行贿，数额在三万元以上的，应当依照刑法第三百九十条的规定以行贿罪追究刑事责任。行贿数额在一万元以上不满三万元，具有下列情形之一的，应当依照刑法第三百九十条的规定以行贿罪追究刑事责任：（一）向三人以上行贿的；（二）将违法所得用于行贿的；（三）通过行贿谋取职务提拔、调整的；（四）向负有食品、药品、安全生产、环境保护等监督管理职责的国家工作人员行贿，实施非法活动的；（五）向司法工作人员行贿，影响司法公正的；（六）造成经济损失数额在五十万元以上不满一百万元的。”

该解释第8条第1款对“情节严重”予以了明确，具体规定如下：“犯行贿罪，具有下列情形之一的，应当认定为刑法第三百九十条第一款规定的‘情节严重’：（一）行贿数额在一百万元以上不满五百万元的；（二）行贿数额在五十万元以上不满一百万元，并具有本解释第七条第二款第一项至第五项规定的情形之一的；（三）其他严重的情节。”

该解释第9条第1款对“情节特别严重”予以了明确，具体规定如下：“犯行贿罪，具有下列情形之一的，应当认定为刑法第三百九十条第一款规定的‘情节特别严重’：（一）行贿数额在五百万元以上的；（二）行贿数额在二百五十万元以上不满五百万元，并具有本解释第七条第二款第一项至第五项规定的情形之一的；（三）其他特别严重的情节。”

为谋取不正当利益，向国家工作人员行贿，造成经济损失数额在五百万元以上的，应当认定为《刑法》第390条第1款规定的“使国家利益遭受特别重大损失”。因被勒索给予国家工作人员以财物，已获得不正当利益的，以行贿罪追究刑事责任。

（二）关于“不正当利益”的解释

针对司法实践中对“不正当利益”理解分歧较大的问题，两高曾经针对行贿犯罪中的“谋取不正当利益”作过三次解释以试图解决司法实践中的争议，实现执法标准的统一。最高司法机关对同一问题进行不厌其烦的反复解释，可见该问题的重要性和复杂性。第一次是1999年3月4日两高下发的《关于在办理受贿犯罪大要案的同时要严肃查处严重行贿犯罪分子的通知》，指出“‘谋取不正当利益’是指谋取违反法律、法规、国家政策和国务院各部门规章规定的利益，以及要求国家工作人员或者有关单位提供违反法律、法规、国家政策和国务院各部门规章规定的帮助或者方便条件。”第二次是2008年11月20日两高发布的《关于办理商业贿赂刑事案件适用法律若干问题的意见》第9条。该条规定：“在行贿犯罪中，‘谋取不正当利益’，是指行贿人谋取违反法律、法规、规章或者政策规定的利益，或者要求对方违反法律、法规、规章、政策、行业规范的规定提供帮助或者方便条件。在招标投标、政府采购等商业活动中，违背公平原则，给予相关人员财物以谋取竞争优势的，属于‘谋取不正当利益’。”该解释把谋取竞争优势也认定为“谋取不正当利益”。第三次是2012年12月两高发布的《关于办理行贿刑事案件具体应用法律若干问题的解释》第12条。该条规定：“行贿犯罪中的‘谋取不正当利益’，是指行贿人谋取的利益违反法律、法规、规章、政策规定，或者要求国家工作人员违反法律、法规、规章、政策/行业规范的规定，为自己提供帮助或者方便条件。违背公平、公正原则，在经济、组织人事管理等活动中，谋取竞争优势的，应当认定为‘谋取不正当利益’。”一方面，该解释将办理商业贿赂刑事案件中的“不正当利益”标准推广到了全部行贿犯罪；另一方面，该解释把“谋取竞争优势”的适用范围从“招标投标、政府采购等商业活动”扩展为“经济、组织人事管理等活动”。

通过这三次解释，我们可以看出每次司法解释都在不断扩大“不正当利益”的适用空间。“刑事政策对刑法司法解释制定过程中的指导功能，尤其以定罪政策的指导功能最为明显，即刑事政策对刑法司法解释的犯罪圈划定具有明确的指导意义。”[1]不正当利益范围的不断扩张，反映了我国对行贿罪惩治的力度不断加大，这背后体现的是党和国家对腐败犯罪从严惩治的决心。当然由于各种“利益”的纷繁复杂，再详尽的司法解释也难以全部解决个案认定的深层次困难，“不正当利益”的本质和范围在刑法理论界和司法实务中

---

〔1〕 蒋熙辉等：《刑事政策之反思与改进》，中国社会科学出版社2008年版，第139页。

仍然存在不少争议之处。

第二节 行贿罪的犯罪构成

行贿罪是指为谋取不正当利益，给予国家工作人员以财物数额较大，或者违反国家规定，给予国家工作人员以各种名义的回扣费、手续费，数额较大的行为。行贿罪作为当事人企图通过不正当手段来谋取不正当利益的行为，不仅侵害了国家公职人员的职业操守，而且严重影响了我国经济秩序的运转。我们不能只严惩受贿人的行为，而放松了对行贿人员的警惕。要想科学准确地对行贿人员进行处罚，我们必须要做的就是对行贿罪的构成要件有一个科学的认识，准确地把握其罪与非罪、此罪与彼罪的界限，从而深化对行贿罪的构成要件的研究。

一、行贿罪的客体

一般说来，行贿罪侵犯的客体是国家工作人员职务行为的廉洁性，同时也危害国家机关的正常活动秩序。行贿罪是贪利性犯罪，行贿人总是在某种利益的驱动下贿赂国家工作人员，而国家工作人员经不住诱惑，在“糖衣”面前迷失自我。

何为“国家工作人员”？我国刑法以及相关司法解释将其分为三类：一类是国家机关工作人员，即在各级行政机关、司法机关、党政机关、军事机关中从事公务的人员；第二类是国家机关、国有公司、企业、事业单位委派到非国有公司、企业、事业单位、社会团体从事公务的人员；第三类是其他依照法律从事公务的人员，如人大代表、村委会、街道办事处人员履行特定职责时等。

从字面上看，刑法及有关解释是没有将外国公职人员列入行贿罪的对象的。刑法之所以这样规定当然是有理由的。首先，在这一类行为中，行贿人行贿的对象是外国国家公务员，不是我国的国家工作人员，故不满足行贿罪对犯罪主体的要求。有的人会感到不解，既然行贿人是我国公民，我国刑法当然可以对其追究刑事责任。但是，我国行贿罪是典型的对合性犯罪，在通常情况下，行贿罪与受贿罪均同时成立。不追究受贿人的刑事责任，而只是单方面地追究行贿人的刑事责任，显然是不可取的。过于注重追究行贿人的刑事责任而忽视对受贿人的追究，只会助长受贿人更加明目张胆地受贿甚至索贿。其次，在外国境内对外国公职人员进行行贿还涉及刑法的管辖范围问题，我国刑法自然不能干预他国境内发生的刑事案件。最后，对外国公职人员的行贿，并没有侵害到我国国家工作人员职务行为的廉洁性和不可收买性，因而行贿人在此种情况下的行贿是不构成犯罪的。

二、行贿罪的客观方面

行贿罪的客观方面表现为给予国家工作人员以财物的行为。“行贿罪的构成要件的行为，是提供、提议、约定贿赂。”〔1〕在市场竞争日趋激烈的今天，越来越多的行贿人把行贿看成一种自我保护的手段和一条谋取巨额利益的捷径。要想让自己在市场竞争中处于不败之地，给予掌握公共权力的国家工作人员以财物是必要的。对于行贿罪的客观方面，我们需要注意三个问题。

（1）给予财物的方式。根据 1997 年《刑法》第 389 条的规定，对给予财物的方式，主要分为两种，即主动行贿和被动行贿。被动行贿又称索贿，是指国家工作人员向有求于己的相对人强拿硬要财物的行为。对于后一种情形，行贿人如果没有获取不正当利益并不构成行贿罪。

（2）财物的范围。“财物”一般是指金钱和实物。伴随着市场经济的发展，出现了“性贿赂”。有的行贿人以支付嫖资为手段，行贿国家工作人员。有的行贿人为达目的，甚至利用自己的身体进行交易。严格来讲，行贿人自己的身体并不属于法律所讲的“财物”，目前难以纳入刑法的规制范围。根据刑法的规定，在经济往来中，违反国家规定，给予国家工作人员以财物，数额较大的，或者违反国家规定，给予国家工作人员以各种名义的回扣、手续费的，以行贿论处。实践中具有以下情形的，应当视为为谋取不正当利益而给予回扣、手续费：推销假冒伪劣产品的；在不具备加工、施工技术或者设备的情况下，为承揽加工业务，承包建筑工程的；为提高加工费、工程造价，获取高额利润的。但是，具有下列情形的不应当以行贿论处：为建立、保证、疏通企业产、供、销渠道而给予回扣的；为推销滞销产品而给予回扣的；为承揽加工、承包业务而给予回扣的；为维护企业正常经营，被索要而给予回

---

〔1〕［日］山口厚：《刑法各论》，王昭武译，中国人民大学出版社 2011 年版，第 739 页。

扣的。[1]

(3) 行贿罪的行为结构。关于行贿罪的客观行为，刑法理论界存在着不同的看法。一是复杂行为说。有人认为，行贿罪是复行为犯，行贿罪的客观方面是给予国家工作人员财物和向国家工作人员提出“谋取不正当利益”的要求，是两种行为的统一。如果行为人只是简单地交付财物，没有相应地提出“谋取不正当利益”的要求，是不成立行贿罪的。[2]二是单一行为说。张明楷教授把给予财物的方式归纳为以下四种方式：一是为了利用国家工作人员的职务行为（包括通过国家工作人员予以利用），主动给予国家工作人员以财物。二是在有求于国家公家工作人员的职务行为时，由于国家工作人员的索取而给予国家工作人员以财物。三是与国家工作人员约定，以满足自己的要求为条件给予国家工作人员以财物。四是国家工作人员利用职务上的便利为自己谋取利益时或为自己谋取利益之后。给予国家工作人员以财物，作为职务行为的报酬。第一、二种方式自不用说，因为刑法已经明文规定。第三种方式是赤裸裸的权钱交易方式，无论对行贿人和受贿人，均需要给予最为严厉的打击。第四种方式是国家工作人员作为幸会认识的特殊情形，其影响较为恶劣。笔者认为单一行为说更为合理，行贿罪的客观行为是出于谋求不正当利益的目的而向国家工作人员提供贿赂的行为，谋取不正当利益属于主观要素的范畴，直接反映的是行为人的主观恶性，因而只能是行贿罪的主观目的，而复合行为说则混淆了主观要素和客观要素的界限。

现实生活中，出现了一种非常奇怪的现象。有的国家工作人员既不喜好金钱美女，也不喜好古玩房产，这样的国家工作人员令大多数欲将行贿的人非常头疼，想拉近关系，别人的品位又高，似乎还很清廉。很快，有聪明的行贿人发现了“精神贿赂”。行贿人通过自己或者安排特定的人，或者花大价钱聘请心理专家等方式成功打垮这些自认清高看似清廉的国家工作人员的心理防线。他们在这些国家工作人员心理彷徨时总是及时给予精神上的鼓励和支持。实际上，行贿人虽然支出了钱财，但这些国家工作人员并未获得钱财和实物，而行贿人却得到了国家工作人员的关照，获得了不正当利益。司法机关对这种情形既不会以受贿罪处罚相关国家工作人员，也不会追究行贿人

---

〔1〕 周光权：《刑法总论》（第2版），中国人民大学出版社2011年版，第426页。

〔2〕 孙国祥：《贪污贿赂犯罪研究》（下册），中国人民大学出版社2018年版，第953页。

的刑事责任。其结果是法律在这一现象下显得苍白无力。笔者认为，只要损害国家工作人员职务行为的廉洁性，干扰国家工作人员在正常情况下对公共事务作出公正处理决定的，任何形式的贿赂行为都应纳入刑法调整的范围。

三、行贿罪的主体

我国刑法学界一般认为，行贿罪的主体为一般主体，即年满16周岁的自然人，既包括中国公民，也包括外国人和无国籍人。犯罪主体要求必须有人实施了相应的危害社会的行为，并且已经达到值得科处刑罚的程度。刑法由于是最为严厉的法律，因而在对待犯罪主体上要求比较严格。人必须是实实在在的人，动物或者植物等不构成犯罪的主体，除非上述物体是在人为的控制下实施了犯罪行为，并且触及刑法的底线，否则不构成犯罪。同时，充分考虑犯罪人在实施犯罪时的辨认能力和控制能力，行为人在行为时必须具有一定的认知能力和控制能力，否则也不构成犯罪。应当说，刑法的这种规定与预防犯罪的刑罚目的是相吻合的，对于不具有刑事责任能力的人发动刑罚不能实现预防犯罪的目的。根据1999年6月25日最高人民法院《关于审理单位犯罪案件具体应用法律有关问题的解释》的规定，不具备法人资格的独资、私营公司、企业也能成为行贿罪的主体。

四、行贿罪的主观方面

就行贿罪而言，毫无疑问，行为人主观上持故意的心理态度，而且还是直接故意。1997年《刑法》第389条第1款规定："为谋取不正当利益，给予国家工作人员以财物的，是行贿罪。"从这一定义可以看出，谋取不正当利益是行贿罪在主观方面必不可少的要件。如果行贿人在行贿之前或者行贿时不知道或者不应当知道其所谋取的利益为不正当利益，显然行贿人是不构成本罪的。"谋取不正当利益"这一要件，从诞生之日起就饱受争议。综合起来，刑法理论界有这么几种观点：①狭义说。该说认为，不正当利益是指根据法律、法规和有关政策不应当得到的利益，即将不正当利益等同于非法利益。[1]②中义说。该说认为，不正当利益是指非法利益或者其他不应当得到

---

〔1〕 郎胜主编：《中华人民共和国刑法修正案（八）释义》，法律出版社2011年版，第663页。

的利益，后者主要是指违反社会主义道德而取得的利益。[1]③广义说。该说认为，不正当利益是指上述非法利益和采取不正当行贿手段获得的一切利益，包括不确定的合法利益。[2]④受贿人是否违背职务说。这种观点认为，不正当利益对受贿人为行贿人谋取利益是否违背职务加以限定。为了实现行贿罪的法益保护目的，保证行贿罪构成要件结构的完整性，应当将解释方向由行为人一端转换到国家工作人员一端，将国家工作人员是否违背职务作为判断行为人所谋取的利益是否正当的标准。[3]笔者认为，对“谋取不正当利益”的解释，不能仅仅根据“不正当利益”的字面意思去解释“谋取不正当利益”，而应当紧扣行贿罪侵害的法益来理解，即应当围绕行为人给予国家工作人员以财物与国家工作人员违背职务之间的对价关系来展开，而不能脱离违背职务孤立地评价行为人谋取的利益是否正当，因此，违背任务说的立场是合理的。

不正当利益的范围很广，可以根据不同的标准有以下种类：①财产性不正当利益和非财产性不正当利益。财产性不正当利益与非财产性不正当利益的区别在于，前者可以用金钱计算或者换算来确定数额，后者则无法用金钱计算或者换算，如通过行贿获取的资格、资质、商业机会、便利条件。在同一个行贿犯罪中，两种形态的不正当利益都可能出现。区分财产性不正当利益与非财产性不正当利益的意义在于，一是两者适用的剥夺程序不同。原则上前者由司法机关在刑事诉讼中予以剥夺，后者则由司法机关建议有关部门在刑事诉讼程序之外予以剥夺。二是有无剥夺的可能不同。财产性不正当利益即使灭失、与其他财产混合或者转化存在的形态，仍然可以通过剥夺与其价值相当的其他财产来替代，而非财产性不正当利益，或因其一旦被利用就不复存在无法剥夺，或因其本身存续有一定的期限，期限届满未续期时自然不存在而无须剥夺。②实在性不正当利益和机会性不正当利益。实在性不正当利益，是指受贿人职务上作为或不作为后，无须行贿人再进一步实施相应的行为即可享有的现实利益。如违规让行贿人晋升职务，枉法不追究行贿人的刑事责任等，实在性不正当利益既可能是财产性不正当利益，又可能是非

〔1〕 尉文明等：《经济犯罪新论》，青岛海洋大学出版社 1991 年版，第 251 页。
〔2〕 张穹主编：《职务犯罪概论》，中国检察出版社 1991 年版，第 186~187 页。
〔3〕 车浩：“行贿罪之‘谋取不正当利益’的法理内涵”，载《法学研究》2017 年第 2 期。

财产性不正当利益。机会性不正当利益，是指受贿人职务上作为或不作为，给行贿人带来的仅是获取现实利益的资格、机会、条件，行贿人要将其转化为实在性利益，还需要实施生产经营等活动。获得机会性不正当利益后是否可以利用其进一步获得实在性利益，具有不确定性，无法换算为具体数额的金钱和实物，因而只可能是非财产性利益。对于机会性不正当利益，由司法机关建议相关部门予以剥夺。如通过行贿中标的，建议行政主管部门宣布中标无效，取消行贿人的中标资格。但由于行贿犯罪的高度隐蔽性，案发时间距行贿犯罪一般都相隔较长，绝大多数行贿人对其获得的机会性不正当利益已充分利用而获得了实在性的不正当利益，此时对机会性不正当利益的剥夺可能已经无法进行。③行贿犯罪直接所得不正当利益和行贿犯罪间接所得不正当利益。行贿犯罪直接所得不正当利益，是指通过行贿犯罪直接获得，不需要介入行贿人其他行为就可以获取的不正当利益。如通过行贿被违规招录为公务员，违规获得某项经营资格，被免除应当履行的债务等。行贿犯罪间接所得不正当利益，是指通过行贿犯罪获得机会性不正当利益，利用该机会、条件，行贿人实施生产经营行为或其他行为而获得的利益。行贿犯罪间接所得不正当利益，可能是获得某种便利条件后实施的违法犯罪行为直接所得的利益，如通过向海关工作人员行贿使其放弃对走私行为的查禁，实施走私违法犯罪活动而获取的利益，这种利益既是走私违法犯罪活动的直接所得，又是行贿犯罪间接所得的不正当利益。在认定和剥夺时，只要认定其中任何一种，就可以达到剥夺行贿犯罪不正当利益的效果。[1]

有学者认为，刑法对这一要素的规定是不科学的。理由如下：行贿犯罪的危害性并不在于行为人谋取利益是否正当，而是在于行贿行为对国家工作人员职务行为廉洁性的侵犯。行贿人谋取利益与否，以及谋取什么利益。这只能成为影响行贿罪危害程度的一个因素，能改变受贿罪的本质。因此，“为他人谋取不正当利益”不应成为行贿罪的构成要件。[2]还有学者认为把“谋取不正当利益”作为行贿罪的主观方面要素，会给司法实践带来困惑。因为在某些情况下，“不正当利益”和“正当利益”之间的界限是模糊不清的。

---

〔1〕 曾庆云：“行贿犯罪不正当利益的认定与剥夺思考”，载《人民检察》2014年第18期。

〔2〕 商浩文：“我国行贿犯罪的刑法立法检视与调适”，载《华北水利水电学院学报（社会科学版）》第2015年第1期。

比如说某一行贿人为了尽快地升迁，给予国家工作人员财产性利益，结果行贿人果然得到了升迁。然而事实上，行贿人即便不给予国家工作人员任何财产性利益，凭行贿人的聪明才干和踏实工作，升迁也是名正言顺的。这时候，给予财产性利益实际上未能起到任何作用。如果单凭刑法的字面规定，司法工作人员会认定行贿人不构成犯罪。因为行贿人所获得的利益是正当的、合法的。况且，行贿人一般不会主动说明自己行贿，受贿者也不会主动检举行贿人。其实，行贿人究竟是否构成犯罪，更应该综合其他方面的因素。[1]笔者认为这一观点值得认真研究，但是这一问题属于立法论的范畴，在刑法未修改之前，我们不能否认“谋取不正当利益”仍然是行贿罪的主观要件。这一问题我们将在后面进行详细论述。

第三节 行贿罪的疑难问题

党的十八大以来，我们党和政府把反腐败工作提到了前所未有的高度，始终保持反腐败的高压态势。在法治中国的建设过程中，制度反腐和法治反腐是我们理所当然的选择，而构建完备的反腐败刑法就成了反腐制度建设工作的一个重要组成部分。“反腐败刑事法治是法治中国之现代法治事业的重要方面，其事关国家反腐败的力度、相关法治的发展完善和公民的基本权益。”[2]行贿罪是反贿赂刑法中的一个重要罪名，在高压反腐的背景下，刑法学界对于行贿罪的构成要件、刑罚处罚乃至存废问题都存在较大的争议。我们对这些问题进行探析，可以破除行贿罪的诸多理论困局并为刑法立法提供有益的借鉴。

一、行贿罪的存废

行贿罪在中华人民共和国刑法立法历史比较悠久，早在1952年出台的《惩治贪污条例》（已失效）就明确将行贿行为犯罪化并予以严厉惩治，其第6条规定：“一切向国家工作人员行使贿赂、介绍贿赂者，应按其情节轻重参

---

〔1〕 卢宇蓉：“行贿犯罪中‘谋取不正当利益’的理解与适用”，载陈兴良主编：《刑事法判解》（第2卷），法律出版社2000年版，第176页。

〔2〕 赵秉志：“中国反腐败刑事法治的若干重大现实问题研究”，载《法学评论》2014年第3期。

酌本条例第三条的规定处刑；其情节特别严重者，并得没收其财产之一部或全部；其彻底坦白并对受贿人实行检举者，得判处罚金，免予其他刑事处分。凡为偷税而行贿者，除依法补税、罚款外，其行贿罪，依本条例的规定予以惩治。凡胁迫或诱惑他人收受贿赂者，应从重或加重处刑。凡因被勒索而给予国家工作人员以财物并无违法所得者，不以行贿论；其被勒索的财物，应追还原主。”1979 年《刑法》第 185 条第 3 款规定：“向国家工作人员行贿或者介绍贿赂的，处三年以下有期徒刑或者拘役。”1988 年全国人大常委会《关于惩治贪污罪贿赂罪的补充规定》则详细规定了行贿罪的构成要件、特别自首制度、单位行贿罪等。1997 年《刑法》基本上沿袭了《补充规定》的相关内容。《刑法修正案（九）》加大了对行贿罪的处罚力度，对行贿罪增设了罚金刑，并且严格了对行贿人的处罚规定。我国刑法的立法历史清晰地表明，重视对行贿犯罪的惩治是我国的一贯立场，刑法立法也是沿着严密法网、加大惩罚力度的轨迹进行的，然而，司法实践的数据却是受贿案件的查处力度远远高于行贿案件，对贿赂犯罪的严厉打击并没有从根本上扭转腐败犯罪的高发态势。这就不由得对我国的反贿赂刑法进行反思，我国究竟应该采取怎样的反贿赂刑法立法才能破除这一局面，有效治理贿赂犯罪呢？

作为对向犯的受贿行为和行贿行为往往交织在一起，相互作用，共同推动贿赂犯罪的产生并构成贿赂犯罪的两端。可以说，正是行贿罪和受贿罪之间的“孽缘”衍生出了贿赂犯罪这一“孽种”。面对我国严峻的反腐败形势，刑法学者们也希冀从理论上提供有益的智力支持和制度支撑。有学者主张将行贿行为作非罪化处理，那么就有利于打破行贿人与受贿人订立的“攻守同盟”，会产生“行贿人虽积极行贿，但受贿人不敢受贿”的结果，从而实现刑法一般预防的目标，并且还有利于提高处罚犯罪的概率。[1]在该学者看来，受贿犯罪才是贿赂犯罪中的主要矛盾，抓住受贿犯罪这一主要矛盾就可以达到事半功倍的效果。对于行贿行为除罪化而仅仅只处罚受贿行为，可以集中有限的司法资源，加大对受贿犯罪的打击力度，从而切断行贿行为的存在空间，有利于实现刑罚的一般预防目标。

对于这一石破天惊的主张，很多学者则表示出了怀疑的态度。有学者针锋相对地主张不能废除行贿罪，其理由如下：首先，取消行贿罪悖离了行贿

---

〔1〕 姜涛：“废除行贿罪之思考”，载《法商研究》2015 年第 3 期。

行为的本质特征。行贿人以收买公权力的不正当手段谋取非法利益，无论其是否达到目的，都具有明显的主观恶性和道义上的非难可能性，特别是主动“围猎”型行贿对公权力有很强的腐蚀性，拉拢腐蚀了不少党员干部，应予严惩。行贿犯罪从主客观方面都具有严重的社会危害性，废除行贿罪不符合社会危害性的评价结果。其次，取消行贿罪会误导刑法的价值取向。行贿行为与受贿行为在本质上都是对国家工作人员职务廉洁性的亵渎，都腐蚀了权力的公正运行。行贿无罪、受贿有罪的立法设计，会让人感觉到刑法对“先收买权力，再出卖贪官”反道德行为的认可，进而使刑法在价值观上面临道德上的责难。最后，“行贿去罪化”不利于打破贿赂犯罪主体的“攻守同盟”。主张“行贿去罪化”者意图通过废除行贿罪，激励行贿人揭发受贿人，从而提高受贿犯罪的查处概率，产生“虽有行贿人行贿，但受贿人不敢受贿”的社会效果，实现刑法的一般预防目的。然而在“熟人社会”中，这种预期目标很难实现，行贿者无罪的立法设计未必能促进反腐，反而可能加重腐败。取消行贿罪不仅不能提高行贿人检举、揭发的积极性，反而会使其缺乏指控受贿的动力。因此，并不能将行贿行为非犯罪化作为行贿犯罪查处不力的解决之道。〔1〕

刑法立法涉及社会最根本利益的平衡，因而我们对于每一项刑法立法活动都应当进行充分的评估以确保制定出来的罪刑规范能够科学合理。赵秉志教授指出：“未来我国不仅要继续坚持适度犯罪化的方向，要坚持适度非犯罪化的方向。其中，前者的理由仍是立足于我国社会治理的现实需要，我国刑法需要根据违法犯罪形势的变化不断增设新的犯罪，考虑到我国社会发展正逐步进入一个相对平稳期以及刑法谦抑原理，新型犯罪的增设必然要有所限制，犯罪的增设不宜过度；后者的理由主要是考虑到我国新刑法典颁行至今已经20年，人们对犯罪的认识也逐渐在发生变化，基于犯罪危害性的变化和刑法立法的观念调整，我国需要对部分犯罪（特别是无被害人的妨害风化类犯罪、纯粹属于社会管理类的行政犯罪）逐渐采取非犯罪化的做法。”〔2〕正如赵秉志教授指出的那样，犯罪化与非犯罪化虽然要考虑刑法发展的国际趋势，

〔1〕 刘春花：“行贿罪立法新动向之思考——兼议行贿罪废除论”，载《中州学刊》2015年第10期。

〔2〕 赵秉志：“中国刑法立法晚近20年之回眸与前瞻”，载《中国法学》2017年第5期。

但最主要的依据还是一个国家国内的现实情况，因此，应否取消行贿罪应当根据我国的现实需要，从我国的具体国情出发。笔者认为那种主张取消行贿罪的观点虽然可谓一鸣惊人，但是并没有考虑到行贿行为的社会危害性和我国的立法传统，保留行贿罪仍然是我国刑法的理性抉择，理由如下：首先，符合我国的立法传统。如前所述，我国刑法立法一直就存在着行贿罪的罪名设置，突然在刑法中取消行贿罪无异于鼓励大家去行贿，会起到不好的行为导向作用。德国法学家卡尔·拉伦茨指出，大部分法律规范不但是执法机关的裁判规范，同时还是国民的行为规范，要求国民按照其相关规定而行为。〔1〕刑法中的罪刑规范不但是法官定罪量刑的裁判规范，而且还会对国民的行为起到指引作用，如果删除行贿罪，无疑是鼓励国民实施行贿行为，这显然不利于刑法对于贿赂犯罪的防治。其次，符合“严而不厉”的刑事政策。“严而不厉”的刑事政策是我国著名刑法学家储槐植教授提出来的，它要求严密刑事法网，宽缓刑罚处罚。废除行贿罪事实上是将贿赂犯罪的另一端非犯罪化，结果是贿赂犯罪两端行为的性质落差过大，具有严重社会危害性的行贿行为游离于刑法之外，这显然会破坏反贿赂刑法的整个体系，不利于反贿赂刑法法网的严密。因此，主张废除行贿罪的观点是站不住脚的。最后，行贿行为本身具有严重的社会危害性。“对向犯可区分为三种类型：第一是同等地处罚参与者的场合（重婚罪）；第二是区别地处罚参与者的场合（行贿、受贿罪）；第三是当然可以预想到的对向的参与行为缺乏处罚规定的场合（例如，刑法第175条的淫秽文书贩卖罪中的购买行为）。”〔2〕正如西田典之教授指出的那样，对于对向犯的刑事责任存在不同的情形，主要的根据在于行为本身的违法性。而“规定贿赂犯罪的目的在于，防止通过将职务行为与贿赂置于对价关系之下，而‘将职务行为置于贿赂的影响之下，不公正地行使裁量权’”。〔3〕行贿行为显然有将职务行为置于贿赂影响之下的危险，严重侵害国家的正常活动，很多时候是贿赂犯罪发生的原因，必须动用刑罚予以惩处，贸然取消行贿罪无疑会致使那些具有社会危害性的行贿行为脱离刑法的调控

〔1〕［德］卡尔·拉伦茨：《法学方法论》，陈爱娥译，商务印书馆2003年版，第132页。

〔2〕［日］西田典之：《共犯理论的展开》，江溯、李世阳译，中国法制出版社2017年版，第272页。

〔3〕［日］山口厚：《刑法各论》（第2版），王昭武译，中国人民大学出版社2011年版，第719页。

范围，因此那种主张取消行贿罪的观点显然过于激进，也不利于对贿赂犯罪的惩治，显然不利于从严反腐这一公共政策的推行。

二、行贿罪的主观要素

根据刑法的现有规定，行贿罪的成立要求行为人主观上必须具备“谋取不正当利益”的目的，“谋取不正当利益”也因为其含义的复杂性而成为行贿犯罪刑法理论和刑事司法的核心问题。我国 1979 年《刑法》及 1982 年全国人大常委会出台的《关于严惩严重破坏经济的罪犯的决定》(已失效) 对行贿罪的规定都没有“为谋取非法利益”的要求，但 1985 年两高《关于当前办理经济犯罪案件中具体应用法律的若干问题的解答（试行）》(已失效) 在行贿罪的构成上，增加了“为谋取非法利益”的主观要件，事实上提高了行贿罪的入罪门槛，限制了行贿罪的适用范围。1997 年修订后的《刑法》基本上保留了行贿罪这一主观要件，只是将其表述为“为谋取不正当利益”。然而，刑法学界对于在行贿罪中是否需要保留“为谋取不正当利益”这一主观要件存在着严重的对立。

主张取消“为谋取不正当利益”这一主观要件的理由概括起来有以下几个方面的理由。首先，符合刑事政策的精神。有学者从刑事政策的角度论证了取消“为谋取不正当利益”的必要性，认为我国行贿罪刑事政策应当实现从“厉而不严”到“严而不厉”的根本转变，将更多的行贿行为犯罪化，填补刑法立法的漏洞，加大对行贿行为的打击力度。由于刑法理论界和司法解释对于“不正当利益”的内涵和外延难以达成共识，这直接导致了刑事司法实践中无所适从，严重制约了对行贿罪的打击。从行贿罪的本质看，行贿罪作为贿赂犯罪的一端，其所侵犯的直接客体是国家工作人员职务的廉洁性，只要行为人实施了行贿行为，无论其主观上为谋取什么样的利益，都是对公职的收买，都构成了对国家工作人员职务廉洁性的侵犯。至于行贿人谋取的利益正当与否，只是反映行贿人主观恶性的大小和社会危害性程度的不同，并不影响行贿罪的本质。并且国外刑法对于行贿罪一般也只从客观要件的角度设定罪状，行贿人的主观目的如何，一般并不规定。因此，“为谋取不正当利益”要件应予取消。〔1〕有学者主张引入积极治理主义理念，社会经济转型

〔1〕 文东福：“刑事政策视野中的行贿罪”，载《中国刑事法杂志》2004 年第 4 期。

初期对行贿犯罪的放任，可以说是在特定历史阶段的一种无奈选择。但是，在国家公共权力逐步退出市场、市场自发资源配置体系逐步构建的情况下，立法机关应当高度重视行贿所产生的严重后果，及时转变立法治理理念，构建更为严密的刑事治理体系。这需要根据“平行治理”原则，对行贿罪的构成要素进行修正，删除行贿罪“为谋取不正当利益”之要件。[1]这一观点认为，应该充分发挥刑法的一般预防机能，让刑法更为积极地介入对社会生活的干预，而行贿犯罪是受贿犯罪的上游犯罪，这就需要建立行贿犯罪与受贿犯罪的平行治理模式，提升对行贿犯罪的惩治力度，实现从源头上惩治贿赂犯罪。

其次，可以瓦解行贿者和受贿者的攻守同盟，提高破案的概率。有学者从博弈论的角度得出了应当取消“为谋取不正当利益”的结论，其理由是：不对称的定罪模式，势必造成贿赂案件在查处上的不平衡，即在行贿者基于谋取正当利益而给予受贿者财物时，只能处罚受贿者，而不能处罚行贿者。而且，由于在这种情形下，行贿者的行为不具有违法性，因而司法机关也不能运用博弈理论置行贿者和受贿者于囚徒困境，从而取得其中一方或双方的招供。这是因为，适用囚徒困境的前提是，每个嫌疑犯的行为事实上均已构成犯罪，只是尚缺乏充分的证据予以证明，但侦查机关有可能突破其中一个嫌疑犯的招供从而补强证据、证明涉嫌犯罪的成立，由此对每个嫌疑犯产生极大的心理压力。然而，如果行贿者的行贿行为在法律上不构成犯罪，司法机关就不能对其采取拘留、逮捕等强制措施，行贿者就缺乏招供的积极性。在受贿者涉嫌为他人谋取正当利益的案件中，行贿者既可以选择招供，也可以选择不招供，且不管哪种选择都不会带来不利的法律后果，都无须承担刑事责任。进一步，在这种情形下，行贿者更可能选择不招供，因为不招供不仅不会改变自己的法律地位，而且还可能保护受贿者继续维系与受贿者之间的伙伴合作关系。这种利人不损己的共赢局面，无疑会是行贿者的最佳选择。其结果，必将进一步增加贿赂犯罪得以隐瞒的概率，增大侦查机关破案的难度。就此而言，毫无疑问，应当取消行贿罪的“为谋取不正当利益”的要件，实现行贿和受贿在定罪上的完全对称。[2]我国现行行贿犯罪构成要件的配置

---

〔1〕 魏昌东：“《刑法修正案（九）》贿赂犯罪立法修正评析”，载《华东政法大学学报》2016年第2期。

〔2〕 叶良芳：“行贿受贿惩治模式的博弈分析与实践检验——兼评《刑法修正案（九）》第44条和第45条”，载《法学评论》2016年第1期。

导致打击行贿犯罪的立法决策长时间处于严格化的处理状态，成本高而产出不高。合理的结果应当是刑事司法成本的高投入与高产出，进而提供持续性的行贿犯罪的抑制因素。取消“为谋取不正当利益”要件的立法限制，将必然提高刑事司法系统的效率，通过刑事司法系统的强制力对建筑、医药、产品、教育等市场交易领域进行广泛的高效干预，行贿犯罪行为将会得到实质性监控与处理。[1]

最后，可以实现和《联合国反腐败公约》的对接，顺应国际立法的潮流。《联合国反腐败公约》是联合国历史上通过的第一个用于指导国际反腐败斗争的法律文件，对预防腐败、界定腐败犯罪、反腐败国际合作、非法资产追缴等问题进行了法律上的规范，对各国加强国内的反腐行动、提高反腐成效、促进反腐国际合作具有重要意义。有学者从与《联合国反腐败公约》的对接出发，认为《公约》仅规定行贿罪“以使该公职人员在执行公务时作为或者不作为”，而我国刑法则规定行贿罪必须是“为谋取不正当利益”，我国刑法中行贿罪主观要件比公约更为严格，不利于行贿犯罪的惩治。[2]为了严密反贿赂刑法法网，实现和《公约》的顺利对接，我国刑法删除“为谋取不正当利益”的主观要件也就成为合理的选择。

但是，不少学者主张在行贿罪中应当保留“为谋取不正当利益”的主观要件。有学者认为，贿赂犯罪的惩治重点在国家工作人员将公权力“私有化”的以权力换取利益的行为，而不是行贿人无可奈何的交付行为。腐败风气的形成主要不应归咎于那些被迫行贿的人，在缺少有效监督的政治体制下，国家工作人员恣意滥用自己手中的权力，进行权钱交易，这才是贿赂严重化的源头。因此，从刑事政策出发，刑法对腐败行为的惩治重点应当是国家工作人员利用职务之便的受贿行为。那种认为在我国刑法上的行贿罪中立即取消“为谋取不正当利益”要素的见解是没有道理的。[3]据此观点，依靠取消行贿罪的主观要素来意图反腐无异于隔靴搔痒，要从根本上杜绝腐败还是需要

---

〔1〕 郑高键：“博弈分析视角下行贿犯罪构成要件之结构性完善”，载《政法论坛》2014 年第 3 期。

〔2〕 梁根林：“中国反贿赂刑法与《联合国反腐败公约》：一个比较分析”，载《中国法律评论》2017 年第 4 期。

〔3〕 孙国祥：“‘加速费’‘通融费’与行贿罪的认定——以对‘为谋取不正当利益’的实质解释为切入”，载《政治与法律》2017 年第 3 期。

构建国家工作人员“不敢腐”“不能腐”和“不想腐”的系统反腐制度。

我国刑法立法有不少通过修改构成要件扩大处罚范围的立法例，但是这也不能成为我们立马取消“谋取不正当利益”的充足理由。相反地，这一立法规定具有一定的内在合理性：首先，它符合我国“定性+定量”的犯罪立法模式。中外刑法由于法律文化传统、法律演进路径的不同而形成不同的犯罪定量模式，即西方国家一般实行“立法定性，司法定量”的模式而中国则实行“立法既定性又定量”的模式。犯罪概念中的定量因素至少有两大价值：①可以缩小犯罪圈，使相当比例的公民留下犯罪的污名劣迹；②可以使国家集中刑事司法资源打击重大犯罪活动，从而使刑事司法发挥最佳效果。[1]在我国立法者看来，如果仅仅只存在行贿行为，违法程度还达不到刑罚处罚的标准，因此需要通过“为谋取不正当利益”来增加其违法性的程度。其次，它更加符合贿赂犯罪的本质。贿赂犯罪的本质在于钱权交易，只有行贿促使国家工作人员实施了违反职务的行为，才能体现贿赂犯罪的这一特征。我国《刑法》中行贿罪的“为谋取非法利益”作用相当。最后，它可以缩小刑法的处罚范围。虽然国外刑法以及旧中国刑法都没有将“谋取不正当利益”作为行贿犯罪的主观要件，但我国刑法考虑到许多制度不健全等具体情况，也为了缩小处罚范围，故将“为谋取不正当利益”规定为行贿罪的主观要件。[2]因此，行贿罪的主观要件要求具有“谋取非法利益的目的”并非是为行贿者专门“开后门”，故意降低行贿者的犯罪成本，而是根据我国当下社会的现实情况作出的妥当抉择，符合刑法谦抑性的要求。当然，随着社会进步和制度建设的完备，在我国已经不存在贿赂犯罪制度基础的时候，我们可以考虑取消行贿罪的这一主观要素，以实现和《联合国反腐败公约》的对接。

三、行贿罪的处罚

2017 年《刑法》第 390 条第 2 款规定：“行贿人在被追诉前主动交代行贿行为的，可以从轻或者减轻处罚。其中，犯罪较轻的，对侦破重大案件起关键作用的，或者有重大立功表现的，可以减轻或者免除处罚。”《刑法》第 390 条第 2 款这一规定和第 164 条第 3 款及第 392 条第 2 款一起被称为刑法分

---

〔1〕 储槐植：《刑事一体化论要》，北京大学出版社 2007 年版，第 58 页。

〔2〕 张明楷：《刑法学》（第 5 版），法律出版社 2016 年版，第 1230 页。

则中的特别自首制度。由于刑法分则中并没有受贿罪的特别自首制度，所以可以大致认为我国刑法典采取了“重受贿轻行贿”的处罚结构。

面对汹涌而来的腐败犯罪浪潮，很多人不断呼吁要加大对腐败犯罪的刑罚处罚力度。近年来，贪污犯罪的数量降速明显，而贿赂犯罪数量则急剧增长，贿赂犯罪俨然成了反腐斗争的主战场，于是，行贿罪被当成反腐败斗争的突破口，并形成了行贿和受贿同等处罚的观念。有不少学者开始对传统“重受贿轻行贿”政策提出批评，认为该政策导致了不好的法治效果，因为大量行贿人未被追究刑事责任，法院审理的行贿犯罪案件数远远低于受贿犯罪案件数，行贿案件刑罚适用量过低，缓刑和免于刑事处罚适用率过高，不利于惩治腐败等。[1]立法者只有对两者配置大致相当的刑罚量，才是符合公平正义理念和罪责刑相适应原则的。有学者明确主张我国应该取消行贿犯罪的特别自首制度，对行贿犯罪和受贿犯罪进行同等处罚，其理由有：①行贿犯罪与受贿犯罪是犯罪性质相同、社会危害性相当的两种犯罪，特别自首制度本身就是“重受贿、轻行贿”思想的产物，违背了对这两类犯罪社会危害性的认识；②特别自首制度在分化、瓦解行贿、受贿利益共同体方面的作用有限，而且存在被滥用的风险。③特别自首减少了行贿人的行贿成本和风险，可能会对行贿行为产生“反向激励”作用，刺激更多行贿行为的产生。[2]在主张对行贿犯罪和受贿犯罪进行同等处罚的学者看来，行贿犯罪是受贿犯罪的起因，两者侵犯的客体相同，加大对行贿犯罪的处罚有利于从源头上抑制贿赂犯罪。

但是，也有学者认为“行贿与受贿并重惩罚”的观念本身是过于迷信刑罚功能理念的产物，“行贿与受贿并重惩罚”的观念转移了国家治理腐败的中心，引发刑法适用的道义难题，弱化宽严相济刑事政策的执行，忽视了行贿在我国产生的制度基础，表面化地理解了行贿行为和受贿行为之间的因果关系。[3]从而，治理贿赂犯罪应该主要加快政治体制改革和反腐败制度建设，这才是釜底抽薪之策。的确，行贿犯罪与受贿犯罪虽然是对合性犯罪，位于贿赂犯罪的两端，但是它们的社会危害性并非完全等同，一般情况下，行贿

---

〔1〕李少平：“行贿犯罪执法困局及其对策”，载《中国法学》2015年第1期。

〔2〕刘仁文、黄云波：“行贿犯罪的刑法规制与完善”，载《政法论丛》2014年第5期。

〔3〕何荣功：“‘行贿与受贿并重惩罚’的法治逻辑悖论”，载《法学》2015年第10期。

行为比受贿行为的社会危害性要小。首先，受贿行为是国家工作人员滥用权力的结果，是一种背信犯罪，行贿人并没有权力可用，只是诱使国家工作人员滥用权力，其行为的危害性较受贿要小。因此，那种主张行贿和受贿同等处罚的观点是难以成立的。[1]其次，行贿对社会的危害只能建立在受贿者收受贿赂的基础上，行贿对社会的危害是间接的。假如受贿人不接受贿赂，或者接受了贿赂但未滥用职权，行贿行为就不能侵害国家工作人员的职务廉洁性。被动行贿的社会危害性显著轻微，立法已经将其排除出犯罪圈，而主动行贿的，必须通过受贿人的受贿行为才会产生社会危害。只有当受贿人收受贿赂后利用职务之便为行贿人谋取了不正当利益，行贿行为才会对社会造成现实的危害。若对行贿罪与受贿罪异罪同罚，恐怕难为社会公众所接受。在贿赂关系中，行贿人处于相对弱势地位，多数情况下都是迫不得已而行贿。权力缺乏有效的制约和监督，是导致腐败滋生的体制性因素。[2]因此，可以说，受贿犯罪是反贿赂刑法中的核心罪名，行贿犯罪则可以认为是反贿赂刑法中的一个外围性罪名，受贿犯罪才应当是反贿赂刑法打击的重点，行贿罪和受贿罪同等处罚显然是错误理解了两者的关系。

犯罪学的研究表明，犯罪产生的原因包括个人因素、自然因素和社会因素等多方面的原因。因此，我国受贿犯罪数量居高不下的原因不能归咎于刑法对行贿犯罪的法定刑配置过轻，更加不在于行贿犯罪特别自首制度的存在，而是存在深层次的复杂原因。何家弘教授通过全面分析当下中国的腐败犯罪生成的原因，指出腐败犯罪产生的原因是多方面的，既有人性本能中生成腐败的原因，也有社会习俗和社会转型期中生成腐败的原因，以及制度设计和制度运行中生成腐败的原因。就人性本能而言，包括人性向恶、食色本能、争夺之心、基因差异；社会习俗的原因包括：重人亲规、送礼成风、公私不分、喜爱特权；社会转型期的特殊原因包括：信仰缺失、道德滑坡、私欲膨胀、行为失范；制度设计的原因包括：人治为本、民主虚化、权力集中、制衡阙如；制度运行的原因包括：暗箱操作、监督不力、有法不依、执法不严。[3]诚然，加大行贿罪的惩罚力度会加大行贿犯罪的违法成本是预防贿赂犯罪的

---

〔1〕 卢勤忠："行贿能否与受贿同罚"，载《人民检察》2008年第14期。

〔2〕 刘春花："行贿罪立法新动向之思考——兼议行贿罪废除论"，载《中州学刊》2015年第10期。

〔3〕 何家弘："中国腐败犯罪的原因分析"，载《法学评论》2015年第1期。

重要途径，但是，只要腐败犯罪的原因无法消除，仅仅依靠刑罚处罚是难以有效预防贿赂犯罪的。

笔者认为，我国设立并保留行贿罪特别自首制度具有正当的依据，具体理由如下：首先，设立行贿罪特别自首制度符合刑罚目的。刑罚的目的是预防犯罪，对于行贿人犯罪的行为人而言，只要行贿人在被追诉前有主动交代行贿行为的情形就反映了其具有一定的悔改表现，如果其人身危险性降低的情况下对于从轻或者减轻处罚完全不会存在理论上的障碍。其次，设立行贿罪特别自首制度可以促进刑罚及时性的实现。公正是刑事司法追求的最高目标，但是刑事司法需要消耗大量的资源，因而为了提高诉讼效率，世界各国都设立了适当牺牲公正的具体制度，行贿罪特别自首制度可以说正是这一类制度的代表。从各国立法实践来看，特别自首制度主要是针对那些隐蔽性、危害性大或者发案率高、查处难度大、司法运作成本高的犯罪，或者是属于从属某些主犯罪而存在的"从罪"而设立的目的在于给予此类犯罪人更为宽缓的处罚以达到尽早发现严重犯罪或者严厉打击危害严重的相关主犯罪的目的。〔1〕在贿赂犯罪多发、惩罚概率较低的社会环境下，提高惩罚的概率对于预防效果的提升更具有意义，纸面上的严厉程度作用非常有限。为了激励行贿人主动交代并提高贿赂犯罪的处罚概率，我国应当设立贿赂犯罪的特殊自首制度，对于被追诉前主动交代行贿行为的，应当免除刑事责任。〔2〕再次，符合对行贿罪的社会危害性认识。行贿罪和受贿罪在刑法理论上属于共同犯罪中的一种对合性犯罪，是以行贿人和受贿人互为行为对象而成立的犯罪。行贿罪和受贿罪侵害的法益都是国家工作人员职务的不可收买性，但是，由于受贿罪的主体是特殊主体，国家工作人员在收受贿赂之后还实施了违背职务的行为，违法性程度更高，所以对受贿处罚更为严厉符合行贿罪和受贿罪的社会危害性相一致的。最后，行贿罪特别自首制度符合刑法"从严治吏"的旨趣。我国刑法对公职人员提出了比一般主体更高的要求，在属人管辖权的规定中，国家工作人员和军人在我国领域外犯罪的都应该依法予以追究，而一般主体则可以不予追究，即我国刑法对具有特殊身份的公职人员和一般主体的处罚

〔1〕 赵秉志、于志刚："论我国刑法分则中的特别自首制度"，载《人民检察》2000年第3期。

〔2〕 陈金林："通过部分放弃刑罚权的贿赂犯罪防控——对《刑法修正案（九）》第45条的反思"，载《法治研究》2017年第1期。

是区别对待的。因此，对于行贿罪给予宽于受贿罪的刑事责任符合刑法对于公职人员从严要求的精神。

对腐败犯罪“零容忍”要求我们在刑法立法上以“严而不厉”的刑事政策为指导严密刑事法网；在刑事司法上严格执法，做到不枉不纵。严而不厉思想的精髓，非不加区分的罪名多多益善，非简单的轻刑缓罚，而是“严密”与“不厉”之间的合理关系。〔1〕因此，我们不能轻言行贿罪的存废，而是要认真评估反贿赂刑法法网的疏密和行贿行为的社会危害性形成妥当的结论。目前，行贿罪仍然是我国反贿赂刑法体系中的一个重要罪名，我国现行的立法具有一定合理性，我们首先要做的工作就是合理地解释“谋取不正当利益”主观要件。车浩教授主张，为了实现行贿罪的法益保护目的，保证行贿罪构成要件结构的完整性，应当将解释方向由行为人一端转换到国家工作人员一端，国家工作人员是否违背职务作为判断行为人所谋取的利益是否正当的标准。〔2〕这一见解或许能为行贿罪的有关争议问题提供有益的解决思路。其次，加大贿赂案件的查处力度。司法实践中行贿犯罪没有得到查处的原因很多，可能行贿人是当地重要企业的负责人，当地政府为了稳定和发展经济的需要网开一面；可能行贿人数较多，当地政府出于社会稳定和法不责众的考虑高抬贵手；也可能是办案部门“抓大放小”策略的具体运用，等等。这些做法具有一定的现实合理性，但是难说合乎形式法治的精神。比较可取的做法则是贯彻宽严相济刑事政策的精神，严格按照刑法的规定准确把握罪与非罪、从严和从宽的具体尺度，通过刑罚的不可避免性来达到预防犯罪的目的。更重要的是要完善反腐败的配套制度。刑法毕竟是一种不得已的恶，自带很大的副作用，因此，不到万不得已的时候，切记不可轻易发动刑法。笔者赞同学者提出的积极预防腐败犯罪的主张，事后的刑罚处罚固然可以起到一定的威慑作用，但是毕竟无法挽回犯罪已经对社会造成的损失，同时，国家惩治犯罪也消耗了大量的成本，是对国家司法资源的极大消耗。于是，从源头上预防和治理贿赂犯罪，规范国家权力的有序运行才是我们治理腐败的最优选项。

---

〔1〕白建军：“犯罪圈与刑法修正的结构控制”，载《中国法学》2017 年第 5 期。

〔2〕车浩：“行贿罪之‘谋取不正当利益’的法理内涵”，载《法学研究》2017 年第 2 期。

对有影响力的人行贿罪的理论与实践

第七章
chapter 7

对有影响力的人行贿罪，是指为谋取不正当利益，向国家工作人员的近亲属或者其他与该国家工作人员关系密切的人，或者向离职的国家工作人员或者其近亲属以及其他与其关系密切的人行贿的行为。本罪是利用影响力受贿罪的对向犯。

第一节　对有影响力的人行贿罪的立法与解释

一、对有影响力的人行贿罪的立法

由于我国社会制度与权力结构异常复杂，人情世故文化传统影响深远，国家工作人员的近亲属和与国家工作人员关系密切的人员、离职的国家工作人员及其近亲属或与离职国家工作人员关系密切的人员，事实上“分享”了国家工作人员具有的某种权力。

现实社会生活中，时有发生通过贿赂国家工作人员的近亲属和与国家工作人员关系密切的人员、离职的国家工作人员及其近亲属或与离职国家工作人员关系密切的人员进行钱权交易的违法事件，由于此前刑法没有明确规定对于此种情况如何处理，故使得此类违法行为在相当长时期内逍遥法外。针对这一问题，2009 年 2 月 28 日全国人大常委会通过的《刑法修正案（七）》第 13 条增设了“利用影响力受贿罪”（《刑法》第 388 条之一），而行贿和受贿是对合犯罪，没有同时规定与之对应的行贿罪，这不能不说是立法上的一大疏忽或遗漏。为了弥补这一缺陷，《刑法修正案（九）》审时度势，及时将“为谋取不正当利益，向国家工作人员的近亲属或者其他与该国家工作人员关系密切的人，或者向离职的国家工作人员或者其近亲属以及其他与其关系密切的人行贿的行为”犯罪化，为有效打击与防范此类犯罪提供了必要的刑法根据。

由于《刑法修正案（七）》增设利用影响力受贿罪而未将实践中广泛存在的对有影响力的人行贿行为纳入贿赂犯罪的罪名体系，使得这一构罪模式存在立法漏洞，刑法不能全部追究影响力受贿犯罪中对向行为人的刑事责任。行贿行为是“滋生”受贿行为的温床，如果不从源头上遏制行贿行为，受贿的存量便不能得到实质削减。《刑法修正案（九）》基于削减行贿存量、遏制行贿增量的目的，在第46条新增“对有影响力的人行贿罪”，与利用影响力受贿罪形成封闭的对合关系，严密了利用影响力犯罪的刑事法网。

同时这一罪名的设置也受到“严而不厉”刑事政策的影响。“严而不厉”的刑事政策最早是我国著名刑法学家储槐植教授提出来的。他写道，刑法结构，由犯罪和刑罚两侧组成。组合的形式，理论上有四种，事实上是两种：①严而不厉（刑事法网严密，刑罚不苛厉）；②厉而不严（刑罚苛厉，刑事法网不严密）。罪刑关系，不是简单的因果关系，而是复杂的矛盾关系：相互依存又相互排斥。罪是机体，刑是神经。刑法结构，由犯罪侧结构与刑罚侧结构组成。刑法作为国家治理体系的组成部分，国家对两侧结构的影响力度和影响方式差异重大。国家对刑罚侧结构有直接的影响力，力度强而明显；而对社会生活中犯罪的发生，变动仅有间接影响且力度不显。最明显的当属死刑政策：这就是为什么死刑从19世纪至今由多到少、由有到无、直接显现文明程度提升，从而构成世界刑法（改革）史的根本缘由。“严而不厉”是体现社会进步和文明提升的刑法结构，“厉而不严”是不可持续的刑法结构。在我国，刑法现代化就是“厉而不严”走向“严而不厉”即刑法结构调整的过程。[1]

这一罪名的确立，将行贿犯罪的惩罚对象从国家工作人员扩大到五类对国家工作人员有影响力的人，也加强了与《联合国反腐败公约》的衔接。《联合国反腐败公约》第18条“影响力交易”规定：“各缔约国均应当考虑采取必要的立法和其他措施，将下列故意实施的行为规定为犯罪：（一）直接或间接向公职人员或者其他任何人员许诺给予、提议给予或者实际给予任何不正当好处，以使其滥用本人的实际影响力或者被认为具有的影响力，为该行为的造意人或者其他任何人从缔约国的行政部门或者公共机关获得不正当好

〔1〕 储槐植：“刑法现代化本质是刑法结构现代化”，载《检察日报》2018年4月2日。

处……”虽然《联合国反腐败公约》中是“公职人员或者其他任何人员”，我国现行立法与《联合国反腐败公约》条款相比仍然存在着差距，然而立法不能过于超前，也不可能一蹴而就，在刑事法治建设的进程中，每一次的进步都无比珍贵。

二、对有影响力的人行贿罪的解释

对有影响力的人行贿罪是《刑法修正案（九）》新增设的一个罪名，目前并没有关于这个罪名专门的司法解释。对有影响力的人行贿罪的定罪量刑适用标准，也是参照两高发布的《关于办理贪污贿赂刑事案件适用法律若干问题的解释》关于行贿罪的规定执行。为谋取不正当利益，向有影响力的人行贿数额在 3 万元以上的，追究刑事责任。行贿数额在 1 万元以上不满 3 万元，具有下列情形之一的，应当依照《刑法》第 390 条的规定以行贿罪追究刑事责任：①向三人以上行贿的；②将违法所得用于行贿的；③通过行贿谋取职务提拔、调整的；④向负有食品、药品、安全生产、环境保护等监督管理职责的国家工作人员行贿，实施非法活动的；⑤向司法工作人员行贿，影响司法公正的；⑥造成经济损失数额在 50 万元以上不满 100 万元的。

具有下列情形之一的，应当认定为“情节严重”：①行贿数额在 100 万元以上不满 500 万元的；②行贿数额在 50 万元以上不满 100 万元，并具有两高《关于办理贪污贿赂刑事案件适用法律若干问题的解释》第 7 条第 2 款第（一）项至第（五）项规定的情形之一的；③其他严重的情节。

为谋取不正当利益，向有影响力的国家工作人员行贿，造成经济损失数额在 100 万元以上不满 500 万元的，应当认定为《刑法》第 390 条第 1 款规定的“使国家利益遭受重大损失”。

具有下列情形之一的，应当认定为“情节特别严重”：①行贿数额在 500 万元以上的；②行贿数额在 250 万元以上不满 500 万元，并具有两高《关于办理贪污贿赂刑事案件适用法律若干问题的解释》第 7 条第 2 款第（一）项至第（五）项规定的情形之一的。

为谋取不正当利益，向国家工作人员行贿，造成经济损失数额在 500 万元以上的，应当认定为《刑法》第 390 条第 1 款规定的“使国家利益遭受特别重大损失”。

单位对有影响力的人行贿数额在 20 万元以上的，应当以对有影响力的人行贿罪追究刑事责任。

第二节　对有影响力的人行贿罪的犯罪构成

由于对有影响力的人行贿罪兼具行贿罪和利用影响力受贿罪两罪的特色，因而明确本罪的构成要件具有重要的理论意义和实践意义。

一、对有影响力的人行贿罪的客体

作为一种新型的犯罪，学者们关于对有影响力的人行贿罪的犯罪客体众说纷纭。有学者认为，对有影响力的人行贿罪属于贿赂犯罪的一种，所以其客体应当和贿赂犯罪一样，都是国家工作人员职务的廉洁性。[1]有学者则主张，由于对有影响力的人行贿罪的行为对象并非现职国家工作人员，而是“国家工作人员的近亲属或者其他与该国家工作人员关系密切的人，或者是离职的国家工作人员或者其近亲属以及其他与其关系密切的人”，所以，对有影响力的人行贿罪侵害的直接客体应当是清正廉洁的价值准则，间接客体则是公共职权的公正性。[2]即认为本罪的客体是清廉的价值准则。还有学者主张，信赖性和公正性相结合的中和说是对有影响力的人行贿罪的客体。在本罪中，虽然行为对象不是拥有职务权力的国家工作人员，但行为人一旦向具有影响力、与国家工作人员关系密切的近亲属、特定人员行贿，既会使一般民众逐渐丧失对国家工作人员的信赖感，还使公务人员的职务执行活动蒙受贿赂阴影，并具备随时陷入不公正管理和裁量的危险。[3]还有的学者认为，影响力已经是一种独立的可被寻租的对象，影响力交易犯罪并不属于贿赂犯罪，从而应当将职权影响力作为一种不同于贿赂犯罪的独立法益类型对待。因此，主张将对有影响的人行贿罪的客体界定为职权影响力。[4]可以说，由于对有影响力的人行贿罪对象的特殊性导致了学者们对于其客体作出不同的解读。

---

〔1〕 参见赵秉志、李希慧主编：《刑法各论》(第3版)，中国人民大学出版社2016年版，第409页。

〔2〕 谢望原：“对有影响力的人行贿罪构成要件辨析”，载《人民检察》2016年第5期。

〔3〕 刘司墨、杜明鸣：“对有影响力的人行贿罪若干问题研析”，载《中共南宁市委党校学报》2018年第5期。

〔4〕 徐永伟：“影响力交易犯罪：法益的厘清与重构”，载《研究生法学》2016年第6期。

对有影响力的人行贿罪属于贿赂犯罪，其犯罪客体应当从属于贿赂犯罪的犯罪客体，因而我们不能脱离贿赂犯罪而孤立地探讨其客体。有关贿赂犯罪的犯罪客体的学说，日本刑法理论界存在清廉义务说、社会信赖说、职务行为的不可收买性说、职务行为的公正性说等不同的主张。[1]关于贿赂犯罪的犯罪客体，我国刑法学界大致形成四种见解。上述观点在本书受贿罪相关章节已有论述，在此不再赘述。

笔者认为，应当说以上的各种观点都具有一定的道理，但相比较而言，职务公正性的观点更加可取。首先，廉洁性说是我国刑法理论的通说，但是由于廉洁性本身具有抽象性且理论界未对廉洁义务的主体达成共识，因而该说逐渐受到质疑。“廉洁”本身语义不明，其到底是指职务行为的廉洁性还是指公职人员身份的廉洁性，没有达成共识；另外，这种见解也难以将受贿罪与贪污罪、巨额财产来源不明罪区分开来。其次，社会信赖说认为社会大众对职务行为公正性的信赖是国家秩序的精神支柱，有必要对其加以保护。但是，“社会信赖”所指为何并不明确，将其作为法益，不能发挥法益概念所应有的机能。由于国民的观感不具有普遍性，每个人的信赖感不尽相同，法律无法给“社会信赖”这一法益设定客观的评价标准，因而信赖感同廉洁性殊途同归，自身含义均具有空洞性。[2]最后，职务行为的不可收买性重视贿赂犯罪的交易属性，既要关注职务行为的实施与他人回报形成的利益对价，又要关注这种利益对价对社会公众造成的信赖伤害。但是，职务行为的不可收买性难以解释影响力贿赂犯罪、介绍型贿赂罪的保护客体。影响力贿赂类犯罪中存在仅利用自身的便利条件、特定关系而未运用与对价利益相对应的职务行为收受贿赂的情形；介绍贿赂罪中被收买的是被介绍者的职务行为，而不是介绍者的职务行为。可见，职务行为的不可收买性并不全面。笔者认为，贿赂犯罪的本质在于索取或者收受贿赂以作为不公正职务行为的对价，即权钱交易。行贿人行贿的目的在于影响职务行为的公正性，受贿人索取贿赂或者收受贿赂之后也会导致职务行为不公正的行使。因此，可以认为行贿或者受贿是贿赂犯罪的外在表现，职务行为的不公正性则是贿赂犯罪的实质，从

---

〔1〕［日］山口厚：《刑法各论》（第2版），王昭武译，中国人民大学出版社2011年版，第717页。

〔2〕孙国祥：“受贿罪的保护法益及其实践意义”，载《法律科学（西北政法大学学报）》2018年第2期。

而职务行为的公正性理所当然地就是贿赂犯罪的犯罪客体。作为贿赂犯罪的一种，对有影响力的人行贿罪的犯罪客体是职务行为的公正性。具体的理由是：①本罪的对象虽然是有影响力的人，但是，最终影响的还是国家工作人员的职权行为，本质上仍然是权钱交易，只是增加了有影响力的人这个中介而已。因此，对有影响力的人行贿罪和行贿罪侵害的客体是相同的，存在差异的只是影响的方式，即对有影响力的人行贿罪对国家工作人员的职务行为发挥的间接影响作用，而行贿罪对国家工作人员的职务行为发挥的间接影响作用。②犯罪客体是犯罪分类的依据，对有影响力的人行贿罪是贪污贿赂罪中的罪名，属于贿赂犯罪的范畴。这决定其客体和本章中其他贿赂犯罪的客体大体是相同的，从而将本罪的客体解释为一种新的法益并不符合刑法理论通常的见解。③本罪的入罪标准及法律后果与行贿罪完全一样，司法解释确立的立案标准也是参照行贿罪执行。这说明在立法者和司法者看来，两者的社会危害性是一样的。据此，我们可以推测出，我国的立法者和司法者认为这两个罪在行为方式上、客体是没有差异的。

二、对有影响力的人行贿罪的客观方面

对有影响力的人行贿罪在客观方面表现为行为人为谋取不正当利益，向国家工作人员的近亲属或者其他与该国家工作人员关系密切的人，或者向离职的国家工作人员或者其近亲属以及其他与其关系密切的人行贿的行为。因被勒索给予上述人员以财物，没有获得不正当利益的，不构成本罪。

（一）影响力的概念和特征

对有影响力的人行贿罪和利用影响力受贿罪是对向犯，两者同属于影响力交易犯罪。“影响力”是影响力交易犯罪中的一个核心范畴，但是关于“影响力”的内涵和外延并不清晰，是一个“不确定的法律概念”。赵秉志教授指出“影响力交易罪的本质不在于犯罪主体的特殊性，而在于行为人所具有的影响力”，[1]可见对影响力准确地把握和认定“影响力”，对于对有影响力的人行贿罪的认定有很大意义。

---

〔1〕 赵秉志：《大变革时代的中国刑法问题研究——赵秉志自选集》，法律出版社 2017 年版，第552 页。

1. 影响力的概念

由于在利用影响力受贿罪出现之前，《刑法》中也未曾出现过“影响力”一词，目前，对于影响力的定义、标准均未有明确规定，学者们对此也形成了不同的看法。本罪中，“影响力”可以理解为对国家工作人员施加作用，使其在心理上或行为上发生一定的变化的能力。在社会生活中，每个人都拥有一定的影响力，无论自己是否意识到影响力的存在，是否运用该影响力去影响他人。影响力的本质其实就是一种控制力，[1]体现了关系密切人对国家工作人员一种综合的控制能力。影响力是无形的，无法用很准确的标准去衡量，只能依靠法官在司法实践中具体予以判断，但是，如果完全依靠法官的自由裁量，又将导致刑事司法缺少统一标准，从而违反罪刑法定原则的要求。在本罪中，影响力人员凭借自己的影响力，为行为人谋取利益，而国家工作人员则因此种影响力，利用职务之便，满足行贿者的要求，三方均因影响力而紧密联系在一起。

从性质上看，影响力可分为权力性影响力和非权力性影响。根据《联合国反腐败公约》的规定，影响力交易罪中的影响力，不仅包括权力性影响力而且也包括非权力性影响力。权力性影响力，限于公职人员因一定的职务关系所具有的影响他人心理和行为的能力，如上级对下级的影响力。权力性影响力，指的是由于国家工作人员的职位、权力等所产生的，带有公权力的性质的控制力。权力的本质在于其影响力，权力性影响力与职权本身存在着许多差异，前者依靠的是职权对他人的作用，而不是职权本身，指不在其本身的职权范围之内，但是因其职务形成的地位的影响，使得拥有该职权的人为其牟利，权力性影响力的影响规模要比职权更大。如果国家工作人员直接利用权力性的影响力，则构成斡旋受贿罪。影响力交易罪中的非权力性影响力则泛指权力性影响力之外的所有影响力。非权力性影响力范围广泛，从实践中的情形看，主要表现为以下几个方面：

（1）基于一定的感情所产生的影响力。在生活中，情感的内容是很丰富的，有爱情、友情，并因此形成了夫妻关系和朋友关系。感情是人际交往的重要纽带，基于一定感情所产生的关系对双方都有一定的影响力。在影响力

---

〔1〕 龙腾云、贾晓蕾：“论利用影响力受贿罪中的‘影响力’——以〈联合国反腐败公约〉相关规定为视角”，载《人民检察》2010 年第 15 期。

交易中，这种影响力的滥用，主要表现为丈夫、妻子或者关系要好的朋友利用另一方的影响力帮助请托人获取不正当好处。

(2) 基于一定的血缘关系所产生的影响力。血缘关系主要表现为家属、亲戚关系。在血缘观念比较浓厚的中国，血缘关系也是影响人们日常行为的重要方面。事实上，在我们的观念中，父母、子女、兄弟姐妹以及亲戚都是无法割舍的，他们能对我们的行为产生重要的影响。国家工作人员也难以超尘脱俗，不受影响。

(3) 基于一定的地缘关系所产生的影响力，如同乡关系。同乡关系因人而异，在比较注重家乡观念的人心里，同乡关系具有一定的影响力，也会对他们的行为产生一定的影响。

(4) 基于一定的事务关系所产生的影响力。因事务的需要而产生的关系，在中国比较常见。同事关系、同学关系、师生关系等，都可以归入此类，也都对关系中另一方具有一定的影响力。[1]

所有的影响力都有可能影响公权力的正常行使，都有可能成为交易的筹码，被用来为请托人从行政部门或者公共机关获得不正当好处。

2. 影响力的特征

影响力存在的前提是行为人与国家工作人员的亲属关系或者关系密切的事实。本罪中的影响力具有以下特征：

首先，本罪的影响力是一种实质上的影响力。形式上的影响力是在言语、外部表现等方面对特定人员施加作用，使特定人员做或不做某事的力量，此种影响力只是体现在外在形式上，与实际上是否对这个特定人员拥有影响力并无关系。形式上影响力一般存在于上下级、近亲属等关系特别密切的人群之间。实质上的影响力则恰恰相反，指的是客观上行为人具有使特定人员做或不做某事的力量，这种力量不需要宣之于口，只需实际存在即可。在《联合国反腐败公约》中，没有具体说明形式上的影响力能否构成影响力交易罪，但根据我国《刑法》第388条之一和第390条之一的规定，可以推断出，我国刑法中所指的影响力是实质上的影响力，且是实际存在的。在本罪中，对犯罪对象的限制决定了影响力人员对国家工作人员必须拥有实质上的影响力，特定的时候还会表现出共同的利益诉求，否则的话，我们难以想象国家工作

[1] 袁彬："论影响力交易罪"，载《中国刑事法杂志》2004年第3期。

人员会冒着巨大风险为请托人谋取不正当利益。

其次，本罪的影响力是一种非权力性影响力。非权力性影响力又称为自然性影响力，是一种基于情感、品格等原因而产生的影响力，不具有强制和制约作用。一般来说，这类影响力产生的因素很多：亲情，如血亲、姻亲；感情，如朋友、情人；地缘，如同乡、邻居；工作，如同事、领导；地位，如金钱、名誉等。在《刑法》中，影响力人员必须为具有亲缘关系、亲密关系或离职的国家工作人员，因此，除了由于地位等原因造成的非权力影响外，才是我国《刑法》所称的影响力。此外，权力影响力只能在国家工作人员身上出现，因为他们涉及职权，而非权力影响力却不仅会出现在非国家工作人员身上。国家工作人员抛开职权，也生活在这个社会中，也会与周边人产生各种各样的关系，因此也会产生非权力性影响力。由于对有影响力的人行贿罪的对象是非国家工作人员，不可能具有权力性的影响力，从而对有影响力的人行贿罪的影响力是一种非权力性影响力，而不是国家工作人员的影响力，表现为亲情等情感性的因素对在职国家工作人员的影响。[1]

综上，对有影响力的人行贿罪的影响力是一种实质性、非权力性的影响力，行贿人正是通过攻陷国家工作人员身边“关系密切的人”，通过“关系密切的人”的影响力来影响国家工作人员职务的不公正性。为了限制刑法的处罚范围，确保刑法的公正性，我们判断影响力有无的时候还需要结合行为人的身份、利益紧密程度等因素具体衡量。

（二）对有影响力的人行贿罪的犯罪对象

对有影响力的人行贿罪的犯罪对象是有影响力的人，但是对于有影响力的人的范围如何界定，学界看法并不一致。根据刑法的规定，有影响力的人必须是国家工作人员的近亲属或者其他与该国家工作人员关系密切的人，或者离职的国家工作人员或者其近亲属以及其他与其关系密切的人。所谓关系密切的人，法律本身并没有界定“关系密切的人”的内涵和外延。实践中，“关系密切的人员”主要存在于以下几种常见的关系：一是基于血缘产生的关系，如除了近亲属之外的其他亲属；二是基于学习、工作产生的关系，如同学、师生、校友、同事关系；三是基于地缘产生的关系，如同乡；四是基于感情产生的关系，如朋友、恋人、情人关系；五是基于利益产生的关系，如

〔1〕 孙国祥：《贪污贿赂犯罪研究》（下册），中国人民大学出版社 2018 年版，第 917 页。

客户、合同、共同投资人、债权债务关系；六是在任何情况下相识并产生互相信任、相互借助的其他关系。这些人员与国家工作人员有着血缘关系、亲属关系，有的虽然不是亲属关系，但彼此是同学、战友、老部下、老上级或是有着某种共同利益，或是过从甚密，具有足够的影响力。[1]具体而言，本罪的犯罪对象包括：

1. 国家工作人员的近亲属

亲属是指因婚姻、血缘和法律拟制而产生的人与人之间的特定身份关系，以及具有这种特定身份关系的人之间的称谓。亲属具有以下一些特征：①亲属是以婚姻和血缘关系为基础产生的社会关系，是以两性的结合和血缘的联系为基础发生的民事关系。②亲属是具有固定身份和称谓的社会关系，除非依照法律的规定，不得随意变更。③一定范围内的亲属有法律上的权利和义务关系。[2]"近亲属"在我国不同位阶、不同部门的法律和司法解释中的规定并不一致。最高人民法院《关于执行〈中华人民共和国行政诉讼法〉若干问题的解释》（已失效）第 11 条规定："行政诉讼法第二十四条规定的'近亲属'，包括配偶、父母、子女、兄弟姐妹、祖父母、外祖父母、孙子女、外孙子女和其他具有抚养、赡养关系的亲属。"最高人民法院《关于贯彻执行〈中华人民共和国民法通则〉若干问题的意见（试行）》第 12 条规定："民法通则中规定的近亲属包括配偶、父母、子女、兄弟姐妹、祖父母、外祖父母、孙子女、外孙子女。"《刑事诉讼法》第 108 条规定："近亲属是指夫、妻、父、母、子、女、同胞兄弟姊妹。"由此可见，行政诉讼法上的近亲属范围最大，民法上的近亲属范围次之，刑事诉讼法上的近亲属范围最小。

由于立法和司法解释对近亲属存在不同的规定，致使刑法理论界对有影响力的人行贿罪中"近亲属"的范围形成了不同的观点。有学者认为，行政诉讼法中关于近亲属范围的规定符合扩大贿赂犯罪范围的立法本意，据此作为认定近亲属的标准有利于扩张刑事法网。[3]有学者认为，近亲属的范围要广于特定关系人的范围，主要是指夫、妻、父、母、子、女、同胞兄弟姐妹、

---

〔1〕 全国人大常委会法制工作委员会刑法室编：《〈刑法修正案（九）〉最新问答》，法律出版社 2015 年版，第 176 页。

〔2〕 王利明等：《民法学》（第 5 版），法律出版社 2017 年版，第 748 页。

〔3〕 王玉杰："利用影响力受贿罪若干问题探究"，载《河南省政法管理干部学院学报》2010 年第 1 期。

祖父母、外祖父母、孙子女、外孙子女。[1]还有学者认为，由于规制目的不一样，对形式上的同一概念各部门法可能有不同的理解和外延。刑法本身具有一定的谦抑性，其外延和民商事或者行政法律不完全一致。在刑事法已经对近亲属这一概念进行了明确规定的情况下，从刑事一体化的角度，刑法解释应当保持刑事法内部逻辑的一致性，从而，刑法中"近亲属"的范围应当与刑事诉讼法中"近亲属"的范围相一致。[2]笔者认为，法律来源于生活，法律生命是经验，从而我们对近亲属的理解不能超出普通国民的认知，否则难以形成刑法的公众认同。按照人们的一般理解，祖父母、外祖父母、孙子女、外孙子女关系非常亲近，毫无疑问都属于近亲属的范畴，将他们排除在近亲属的范围之外并不合乎我国的实际情况，因此，本罪中近亲属应当包括夫、妻、父、母、子、女、同胞兄弟姐妹、祖父母、外祖父母、孙子女、外孙子女。

2. 其他关系密切的人

"关系密切的人"一词最早见于《刑法修正案（七）》利用影响力受贿罪的条文中，从《刑法修正案（七）》颁布至今也没有对此作出明确规定。"关系密切的人"的内涵和外延过于模糊，学界对此一直有较大争议，实务中也难以准确掌握。

归纳起来，学界关于"关系密切的人"的理解存在三种立场：①形式解释论的立场。有学者主张，此处关系密切的人可以参考"特定关系人"来理解。认定"特定关系人"的关键是国家工作人员与接受贿赂者是否具有共同利益关系。共同利益关系中的利益并不包括所有类型的利益，其主要指的是经济利益关系，包括但不只限于财产关系。[3]②实质解释论的立场。有学者主张，认定是否属于关系密切的人，关键在于行为人是否对国家工作人员具有"影响力"，从对国家工作人员的影响力作实质的判断，即凡是能够在请托人和国家工作人员之间建立起桥梁，促使国家工作人员为请托人谋取不正当利益的人，均可认为是关系密切的人。[4]③折中的立场。有学者认为应当从

[1] 高铭暄、马克昌主编：《刑法学》，北京大学出版社、高等教育出版社 2017 年版，第 639~640 页。

[2] 孙国祥：《贪污贿赂犯罪研究》（下册），中国人民大学出版社 2018 年版，第 910 页。

[3] 周道鸾："《刑法修正案（七）》的立法动向的探析"，载《华东政法大学学报》2009 年第 3 期。

[4] 孙国祥：《贪污贿赂犯罪研究》（下册），中国人民大学出版社 2018 年版，第 912 页。

主客观方面综合来考察：第一，根据当事人的身份进行立法推定。为了方便司法实践的操作，除了立法中明确的“近亲属”关系，对于司法解释中的“情人关系”，有共同经济利益的“关系”，一般情况下也可以推定为具有密切关系。但如果是其他的身份关系如同学关系、老乡关系等，则不可以直接推定，只能作为是否存在密切关系的一个证据线索。第二，从当事人与国家工作人员交往的具体表现来看，包括相互联系的情况、信任程度、利益关联等，以此来把握双方亲疏程度。第三，从是否为请托人谋取不正当利益来判断。影响力是客观上的能力，所以如果国家工作人员事实上实施了为请托人谋取不正当利益的行为，无论是否达到目的，都可以表明具有密切关系。〔1〕

笔者认为，由于“关系密切的人”的含义实在难以捉摸，单纯采取形式解释论或者实质解释论的立场结论都可能偏颇，因而从主客观两方面认定“关系密切人”的思路是可取的。首先，完全采取形式解释的立场不太现实，难点在于“关系密切的人”本身是一个外延无法确定的概念，其范围无法完全予以列举。同时，“关系密切的人”不能直接替换为“特定关系人”。《关于办理受贿刑事案件适用法律若干问题的意见》所针对的是国家工作人员和非国家工作人员共同受贿的问题，其界定“特定关系人”必然受到《刑法》受贿罪和共同犯罪相关规定的约束，不能违背法条立法原意，而“关系密切的人”是立法者为惩治和预防国家工作人员的身边人用其影响力影响国家工作人员，以此给予行贿者不正当利益，两者的立法目的显然存在较大的差异。此外，《刑法修正案（七）》颁布于《关于办理受贿刑事案件适用法律若干问题的意见》之后，如两者范围一致，立法者无须再创制一个新词，可以直接使用“特定关系人”。因此，将两者等同有失妥当。〔2〕其次，完全采取实质的立场，会导致“关系密切人”的范围无限扩张，其结果虽然有利于实现对腐败犯罪“零容忍”的刑事政策目标，但是这无疑会超出国民的可预测性，不利于人权保障目标的实现，是刑事政策对刑法规定的侵越。综上，我们主张，应当从形式与实质结合判断“其他关系密切的人”的范围。在具体判断时，首先从形式上判断，有影响力的人与国家工作人员必须在客观上具有一

〔1〕 高铭暄、陈冉：“论利用影响力受贿罪司法认定中的几个问题”，载《法学杂志》2012 年第 3 期。

〔2〕 罗猛：“利用影响力受贿：仍有三点须明确”，载《检察日报》2010 年 4 月 9 日。

定的联系，例如正常的交往和不正常的交往关系，其他途径认识产生的一些关系均可；然后再从实质上判断，两者之间的这种关系是否足够“密切”，以至于达到足以影响国家工作人员，使其为行贿者谋取利益的程度。如果行为人虽然与国家工作人员存在近亲属、同学等关系，但是如果关系不佳并没有足够的影响力，就不能成为“密切关系人”。对“关系密切的人”的理解始终不能脱离开“影响力”的领域，无论接受贿赂者与国家工作人员是何种关系，只有存在实际的影响力，才能成为本罪犯罪对象。

此外，有学者还提出，“关系密切的人”这一概念本身的抽象、模糊、暧昧且内涵不确定的特质，决定了无论从理论上还是从实务上都很难建构起一套客观、公正的判断标准对其进行认定，是一个不具备司法可操作性的概念，应该予以取消。〔1〕对此，笔者认为，明确性是罪刑法定原则的要求，也应当是刑法立法追求的目标，但是法律不可避免地具有一定的模糊性，对于立法上不明确的概念我们可以采取合理的方法进行解释从而达到恰当的结论。因此，主张取消“关系密切的人”这一概念的立场处理问题的方式可谓过于简单化，甚至是情绪化。

（三）离职的国家工作人员

对于离职国家工作人员的范围，有不同的意见。一种意见认为，离职的国家工作人员是指不再具有国家工作人员身份的人。如有学者认为离职的国家工作人员指曾经是国家工作人员，但由于法定原因目前已离开国家工作人员岗位、不再具有国家工作人员的身份的人。具体包括：一是退休或者离职的国家工作人员；二是辞职或者被辞退的国家工作人员；三是被给予开除处分的国家工作人员。〔2〕另一种意见认为，离职的国家工作人员是指离开国家工作人员岗位，不再从事公务的人员。如有学者认为，《刑法修正案（七）》所指离职，应当理解为国家工作人员离开了为他人谋取不正当利益所依据的职位，而不论该国家工作人员在实施行为时是否还是国家工作人员。〔3〕在笔者看来，上述两种意见是基于不同刑法解释立场得出的结论，前者属于身份论，是形式解释论的立场；后者属于公务论，是实质解释论的立场。相比较

〔1〕张心向：“刑法中‘关系密切的人’之实证考察与再审视”，载《法治研究》2015年第6期。

〔2〕韩耀元、王文利：“如何理解利用影响力受贿罪”，载《中国监察》2009年第23期。

〔3〕马克昌主编：《犯罪通论》，武汉大学出版社1991年版，第1194页。

而言，实质解释论的立场更加能够实现处罚的妥当性，更能实现刑法正义的目标。正如有学者指出的那样："刑法中的国家工作人员是以'从事公务'为是实质要件的，尽管在单位具有行政意义上的国家工作人员身份，但不从事公务，就不是刑法意义上的国家工作人员。不过，暂时性的离职（如外出进修、出国学习等），应作为在职国家工作人员认定，因为在大多数情况下，暂时性的离职不会完全失去权力，该国家工作人员基于原有职务仍能发挥实质上的影响力。"[1]因此，笔者认为实质解释论比较符合刑法的规范目的，是可取的。

此外，在现实生活中，有的国家工作人员已离开工作岗位，不再从事公务，但仍然具有国家工作人员身份是否属于离职的国家工作人员则不无疑问。例如国家工作人员已退休，尚在办理退休手续的，这类人员是否属于离职的国家工作人员，值得研究。在现实生活中，已达到退休年龄的国家工人员，已离开工作岗位，有的原职务也被他人代替，未能办理退休手续的原因也是为了保留一些待遇和福利，而其所具有的权力显然不能与在职的国家工作人员同日而语。从而，因种种原因离开工作岗位的国家工作人员已无法再直接利用其原职位的便利条件为他人谋取利益，便不能认定为国家工作人员，而是离职的国家工作人员。需要注意的是，在《全国法院审理经济犯罪案件工作座谈会纪要》《关于办理受贿刑事案件适用法律若干问题的意见》中，离职的国家工作人员专指不具备国家工作人员身份的人。上述司法解释规定，国家工作人员利用职务上的便利为行贿人谋取利益，并与行贿人事先约定，在其离职后收受或在离职前后连续收受行贿人财物的，以受贿罪定罪处罚。其中，"离职"显然仅指不再具有国家工作人员身份的情况。如果行为人仍具有国家工作人员的身份，在职时为他人谋取利益，离职后收受他人财物的属于事后受贿，不需要加以"事先约定"的要件限制。因此，在认定行贿罪和利用影响力行贿罪时，离职的国家工作人员概念有所区别，实践中当加以注意。

（四）离职的国家工作人员的近亲属或者关系密切的人

离职的国家工作人员虽然不具有国家工作人员的身份，但是，在现实生活中仍然可能具有很大的"能量"，尤其是一些实权部门的领导。请托人向离职的国家工作人员的近亲属以及其他与其关系密切的人行贿，意图利用该离

---

〔1〕 孙国祥：《贪污贿赂犯罪研究》（下册），中国人民大学出版社2018年版，第915页。

职的国家工作人员原职权或者地位形成的便利条件，通过其他国家工作人员职务上的行为，为请托人谋取不正当利益，应当按照对有影响力的人行贿罪定罪处罚。

明确性是罪刑法定的重要原则，彰显了刑法的人权保障机能。然而，由于法律概念语义的复杂性导致了刑法条文不可能直接提供所有案件的标准答案，这就需要我们恰当运用各种解释方法对刑法规定作出合乎正义目标的解释结论。本罪中的“影响力”“关系密切的人”无疑证实了刑法解释工作的重要性。

三、对有影响力的人行贿罪的主体

对有影响力的人行贿罪的主体是一般主体，即凡是达到刑事责任年龄具有刑事责任能力的人，均可构成本罪。单位也能成为本罪的主体。

1997 年《刑法》第 390 条之一规定自然人和单位均可成为本罪的犯罪主体。当前，以单位作为主体的行贿行为是贪腐犯罪的重要源头之一。单位行贿行为具有二元的社会危害性，既会侵犯贿赂犯罪本身的保护客体，又会因谋取的不正当利益扰乱经济市场的管理秩序。

四、对有影响力的人行贿罪的主观方面

对有影响力的人行贿罪是法定的目的犯，行为人在主观方面表现为直接的故意，并且具有谋取不正当利益的目的。“为谋取不正当利益”首先规定在行贿罪的条文之中，其后在行贿类犯罪中被沿用。在行贿犯罪中，“为谋取不正当利益”起着限制处罚范围的作用，将谋取正当利益的行为排除了出去。通常认为，该要件属于主观要素，即只要行为人具备为自己或他人谋取不正当利益的目的即可。无论“为谋取不正当利益”的时间产生在何时，“为谋取不正当利益”都是行为人给付财物的主观动因，而非客观要素，只要能够确认行为人给付财物是“因为”谋取不正当利益，就可以认定行为人的主观上具有“为谋取不正当利益”的目的。[1]但是问题在于认定标准是行为时行为人是否具备这个目的，而有的行为人行贿时并没有谋取不正当利益的目的，或者行贿时谋取不正当利益的目的已经达成，因此对认定造成了障碍。因此有

〔1〕 孙国祥：“行贿罪中的‘为谋取不正当利益’辨析”，载《人民检察》2016 年第 11 期。

学者主张，“为谋取不正当利益”既可能是主观要素，也可能是客观要素。[1]但是该观点面临的批评在于，客观要素是不以人的意志为转移，客观存在的事物；主观要素则是人主观意识范畴方面的内容，两者显然存在明显的界限，同一要件不可能既是客观要素，又是主观要素，从而该观点在逻辑上难以自洽。由于该要件的解释无法形成共识，导致刑法适用上出现了困境，进而刑法理论界及实务界关于该要件的命运存在保留、废除和修改的三种不同主张。主张取消该要件的观点目前在学界及实务界呼声较高，主要理由有：首先，对照国际公约以及域外国家和地区行贿犯罪中的规定，其并没有类似的要件，我国的立法与实践与公约以及其他国家和地区的反腐标准存在一定的差距，不利于保护相关法益；其次，理论上以及实践中确实存在值得处罚但又因为该要件的限制带来的理论与实践的双重困境，理论往往难以实现解释上的逻辑自洽，实务中则常常产生不同意见，在证据的收集和认定上也存在相当的困难，因此导致要么对大量的行贿行为无法追究刑事责任，要么司法人员为了追究此类行为，对口供认定产生过渡依赖，采取不当措施；最后，行为人是否具备该目的，并不影响对法益的损害程度。[2]主张保留该要件的观点则认为，首先，在当前法治不完善的情况下，行为人相对于公职人员处于弱势，存在为获取正当的利益而不得已给予财物的行为，不值得动用刑法进行苛责，因此有必要保留该要件，以便约束刑罚权、限制处罚范围；其次，现行刑法一直延续了保留该要件的态度，司法上也在采取扩张解释对该要件予以适用，因此没有取消此要件的必要。[3]主张修改该要件的观点则认为，完全主张保留或者废除都会因为偏见而走入误区，因此应当采取折中的办法，对该要件进行修正。其中有学者提出，应该区分主动行贿行为与被动行贿行为，在主动行为中应取消该要件，在被动行为中应保留该要件并对其作限制解释。[4]

笔者认为，我国刑法中的行贿犯罪仍然是法定目的犯，从法解释学的角度上看，“谋取不正当利益”仍然是行贿犯罪的主观构成要件。刑法虽然是刑

---

〔1〕 张明楷：《罪刑法定与刑法解释》，北京大学出版社 2009 年版，第 394 页。

〔2〕 车浩：“行贿罪之‘谋取不正当利益’的法理内涵”，载《法学研究》2017 年第 2 期。

〔3〕 曾凡燕、付治国：“论行贿犯罪中‘谋取不正当利益’要件”，载《湖北社会科学》2010 年第 6 期。

〔4〕 魏汉涛：“行贿罪中‘谋取不正当利益’的误区与出路”，载《昆明理工大学学报（社会科学版）》2016 年第 1 期。

事政策不可逾越的鸿沟，但是刑法立法不可避免地彰显了刑事政策的价值追求，而这一立法规定则体现了对受贿犯罪从严打击的刑事政策目标，我们当前的要务就是做好“不正当利益”的解释工作。关于不正当利益的理解，存在着“非法利益说”“不应得利益说”“手段不正当说”“不确定利益说”等不同的见解，然而，这些学说都不够全面。“不正当利益”不但包括违法利益而且包括违规利益，不但包括实体方面的利益而且包括程序上的利益，其实质在于国家工作人员不正当的职务行为。在我们看来，“不正当利益”可以分为两大类，一类是从法律、法规、规章、政策、行业规范的规定中能够找到不正当依据的利益，另一类是发生在竞争性活动中的不公平利益。具体包括：一是违法的利益，即行为人谋取的利益违反法律、法规、规章的规定。二是违背政策的利益，即根据相关政策不应当获得的利益。三是违背行业规范的利益，即按照相关行业规范不应当获得的利益。四是程序上的不正当利益，即要求国家工作人员违反法律、法规、规章、政策、行业规范的规定，通过非正常途径、程序为自己提供帮助或者方便条件而获取的利益。五是违背公平、公正原则的利益，即在经济、组织人事管理等活动中谋取竞争优势而获取的利益。〔1〕

第三节 对有影响力的人行贿罪的疑难问题

一、对有影响力的人行贿罪和行贿罪的界分

对有影响力的人行贿罪的增设意在严密腐败犯罪刑事法网，但该罪的认定却不无与行贿罪相混淆的可能，将应认定为行贿罪的行为认定为对有影响力的人行贿罪，会导致对行贿人的放纵，因此，厘清对有影响力的人行贿罪和行贿罪的界限非常有必要。对有影响力的人行贿罪和行贿罪都属于行贿犯罪，但两者存在以下区别：

第一，两罪的犯罪对象不同，这是两罪之间最重要的不同点。行贿罪的犯罪对象为国家工作人员，利用的是行贿对象的职权或地位，且受贿对象中必定至少有一人是公务人员；而本罪的犯罪对象为“有影响力的人”。行为人

〔1〕 苗有水：“解读刑法上的‘谋取不正当利益’”，载《人民法院报》2018年4月11日。

通过他们间接影响公务人员，而后利用其职权或地位形成的便利条件，获得不正当利益。

第二，两罪的犯罪主体不同。虽然两罪的犯罪主体均为一般主体，但行贿罪的主体仅为自然人，单位行贿构成单位行贿罪，而本罪的主体还包括单位。

第三，国家工作人员对行贿事实的认识不同。在行贿罪中，行贿者一般直接给予公务人员以财物，或者通过他人间接给予，在这一过程中，公务人员对行贿者的行贿事实是有准确认知的；本罪中，受贿者收受财物的事实，国家工作人员可能有认知也可能完全不知情，国家工作人员为行贿者谋取利益仅是因为影响力人员所具有的影响力，与请托人给予的财物无关。在行贿者行贿的过程中，如果行为人将财物交给“有影响力的人”，而后“有影响力的人”又将财物给予或许诺给予国家工作人员的，“有影响力的人”与国家工作人员成立受贿罪的共犯，此时，如果行为人对国家工作人员收取财物的事实没有认识，则成立对有影响力的人行贿罪；如果行为人明知国家工作人员接受财物的事实，则不论最终财物由何人占有，行为人均成立行贿罪。

行为人为了谋取不正当利益，而向在职的国家工作人员的近亲属或者其他与该国家工作人员关系密切的人行贿，该在职国家工作人员不知情的，应当认定为本罪，国家工作人员的近亲属或者其他与该国家工作人员关系密切的人，应认定为利用影响力受贿罪。行为人为了谋取不正当利益，而向在职的国家工作人员的近亲属或者其他与该国家工作人员关系密切的人行贿，该在职国家工作人员实际知情，而行贿人并不知晓该在职国家工作人员知情的，也应当认定为本罪，该国家工作人员和其近亲属或者其他与该国家工作人员关系密切的人，应当认定为受贿罪。

二、对有影响力的人行贿罪与对非国家工作人员行贿罪的界限

对非国家工作人员行贿罪是指为谋取不正当利益，给予公司、企业的工作人员以财物、数额较大的行为。与对有影响力的人行贿罪一样，对非国家工作人员行贿罪也是为谋取不正当利益给予财物的行贿行为，这两个罪同属于行贿犯罪，犯罪对象均是非国家工作人员，故两者在犯罪行为上存在一定的相似性。

对有影响力的人行贿罪与对非国家工作人员行贿罪的不同之处在于：

第一，犯罪客体不同。对非国家工作人员行贿罪属于破坏市场经济秩序罪，规定在刑法分则第三章，侵犯的是复杂客体，即国家公司、企业的正常管理秩序和市场竞争秩序。非国家工作人员行贿罪是经济类犯罪，其没有利用公务人员职权的意图和可能，而对有影响力的人行贿罪的本质上是权钱交易的行为，此处的“权”指的是国家工作人员的职权，所以本罪的客体是国家工作人员职务的廉洁性。对非国家工作人员行贿罪多发生在经济领域，属于商业行贿，危害的是社会主义市场经济的秩序，在危害范围上相对较小；而本罪发生在公权力领域，腐蚀的是国家工作人员，涉及的公务人员的职权范围广。

第二，犯罪对象不同。对非国家工作人员行贿罪的对象为非国家工作人员，谋求是非国家工作人员拥有的权力；而在对有影响力的人行贿罪中，则是对国家工作人员有影响力的人，谋求的是其具有的影响力。

第三，谋取利益的性质不同。对非国家工作人员行贿罪中行为人谋取的利益多与经济活动有关，一般是竞争优势，即利益获取的手段不正当。对有影响力的人行贿罪中的不正当利益比对非国家工作人员行贿罪范围更大，种类更多、更复杂，行为人通过公职人员的权力，可以谋取权力、财物等任何利益。

三、对有影响力的人行贿罪和对单位行贿罪的界分

对单位行贿罪，是指为谋取不正当利益，给予国家机关、国有公司、企业、事业单位、人民团体以财物，或者在经济往来中，违反国家规定，给予上述单位各种名义的回扣、手续费的行为。对有影响力的人行贿罪和对单位行贿罪都属于行贿犯罪，具有行贿犯罪的共同特征。

两罪的不同之处主要体现在：第一，犯罪客体不同。对单位行贿罪规定于贪污贿赂犯罪一章，《刑法》扩展了“单位”的外延，单位包括国家机关、国有公司、企事业单位、人民团体，一般理论认为，该罪侵犯的客体是上述单位的正常活动秩序。笔者认为，既然该罪置于贪贿犯罪这一章节，其客体应当受贪贿犯罪保护客体的涵摄，不能享有完全独立的地位。由于单位包括国家机关，该罪的保护客体应为国家工作人员的职务廉洁性。第二，犯罪对象不同。对有影响力的人行贿罪的行为对象是有影响力的特定个人，而对单位行贿罪的行为对象是单位而不是自然人。在判定行为对象是否是单位时，

应当重点考察单位收受贿赂的行为是否基于单位整体意志而非单位管理者或直接责任人的个人意志。第三，行为方式不完全相同。对单位行贿罪的法条形式包含两类行为内容，一类是给予行为，另一类则是在经济往来中违反国家规定给予回扣、手续费行为。实际上，第二类给予行为同样是行贿罪的手段行为之一，其发生场所集中在国有企业。

四、有影响力的人索贿的问题

根据刑法的规定，利用影响力受贿罪包括索取请托人财物或者收受请托人财物两种行为方式。利用影响力受贿罪和对有影响力的人行贿罪是对向犯，这就不禁让我们思考如果国家工作人员的近亲属或者其他与其关系密切的人主动向请托人索要贿赂，请托人是否构成对有影响力的人行贿罪？由于刑法对于这种行为没有明确的规定，司法实践面对这种情形可能束手无策。笔者认为，对于这种情况，应当参照《刑法》第 389 条第 3 款的规定，因被勒索给予国家工作人员以财物，没有获得不正当利益的，不是行贿。因被勒索而给予有影响力的人财物，没有获得不正当利益的，也不构成对有影响力的人行贿罪。因为对有影响力的人行贿罪是法定目的犯，行为人的主观方面必须是故意，行为人希望通过对有影响力的人行贿来利用该国家工作人员的职权或职位便利来达到谋取不正当利益的目的，至于实际上是否因行贿获得了不正当利益，则不影响本罪的成立。而如果是有影响力的人主动向其索贿，请托人处于被动的地位，含有被迫的成分，其主观恶性明显小于积极主动的送礼牟利，其客观上的送礼也是情有可原的。若其主观上不具有行贿的故意，事实上也并未获得不正当利益，不能推定请托人具有谋取不正当利益的目的，在这种情况下，这种行为的社会危害性并不大，属于《刑法》第 13 条规定的“情节显著轻微，危害不大的”情形，可以不以犯罪论处。

对单位行贿罪的理论与实践

第八章 chapter 8

第一节　对单位行贿罪的立法与解释

一、对单位行贿罪的立法

单位行贿罪是为了严密行贿犯罪体系而在1997年《刑法》中新增设的罪名。随着政治、经济体制改革的进一步深入和发展，一些个人、单位为了谋取自身、本单位、本地方、本部门的不正当的利益而进行行贿，或者在经济往来中违反国家规定给国家工作人员、国有单位以回扣、手续费的不法现象时有发生，屡禁不止，对维护正常的经济秩序，市场经济的健康发展危害很大，但是由于这种行为不完全具备传统的自然人行贿罪的构成特征，导致司法实践中打击这类犯罪比较困难。为了惩治这种新的犯罪形式，1988年全国人大常委会《关于惩治贪污罪贿赂罪的补充规定》（已失效）规定了单位行贿罪和单位受贿罪，但是没有规定向这些单位行贿的行为也是犯罪。1988年全国人大常委会《关于惩治贪污罪贿赂罪的补充规定》（已失效）第6条规定，“全民所有制企业事业单位、机关、团体，索取、收受他人财物，为他人谋取利益，情节严重”的处罚问题。第9条规定了“企业事业单位、机关、团体为谋取不正当利益而行贿，或者违反国家规定，给予国家工作人员、集体经济组织工作人员或者其他从事公务的人员以回扣、手续费，情节严重”的处罚问题。1993年《反不正当竞争法》第8条第1款规定：“在账外暗中给予对方单位或者个人回扣的，以行贿论处。”但是，该规定仅限于经济往来中向从事经营的单位行贿的情形，不包括向一般“国有单位”行贿的行为。

其实，和行贿个人一样，对单位进行行贿从本质上来说也是一种行贿犯罪，只不过其行贿对象是单位而不是个人，因而将对单位行贿的行为由刑法对之加以规定作为犯罪来进行处罚是十分必要的。为了严密刑事法网，1997年3月13日的《刑法（修订草案）》第391条规定此罪："为谋取不正当利益，给予国家机关、国有公司、企业、事业单位、人民团体以财物的，或者在经济往来中，违反国家规定，给予各种名义的回扣、手续费的，处三年以下有期徒刑或者拘役。单位犯前款罪的，对单位判处罚金，并对其直接负责的主管人员和其他责任人员，依照前款的规定处罚。"1997年《刑法》第391条沿用该规定。由此可见，增设这一特殊犯罪对象所成立的罪名旨在严密行贿犯罪的惩治体系。《刑法修正案（九）》对第391条第1款作出了修改，调整为："为谋取不正当利益，给予国家机关、国有公司、企业、事业单位、人民团体以财物的，或者在经济往来中，违反国家规定，给予各种名义的回扣、手续费的，处三年以下有期徒刑或者拘役，并处罚金。"修改之处为增加了"并处罚金"的规定。

对单位行贿罪是基于我国的国情而设立的罪名，正如有学者指出的那样，"对单位行贿罪是根据我国公有制与私有制并存的特殊情况下规定的犯罪，古今中外法律中都没有见到有这种罪名的规定"。[1]可以说，对单位行贿罪这一罪名的设立回应了我国刑事司法实践的需求，严密了惩治腐败犯罪的刑事法网。

二、对单位行贿罪的解释

（一）对单位行贿罪的立案标准

根据最高人民检察院于1999年8月6日通过的《关于人民检察院直接受理立案侦查案件立案标准的规定（试行）》的有关规定，涉嫌下列情形之一的，应予立案：其一，个人行贿数额在10万元以上、单位行贿数额在20万元以上的；其二，个人行贿数额不满10万元、单位行贿数额在10万元以上不满20万元，但具有下列情形之一的：①为谋取非法利益而行贿的；②向3个以上单位行贿的；③向党政机关、司法机关、行政执法机关行贿的；④致使国家或者社会利益遭受重大损失的。

单位犯前款罪的，对单位判处罚金，并对其直接负责的主管人员和其他直接责任人员，依照前款的规定处罚。本罪立案标准第1项的规定，"个人行

〔1〕 周其华：《中国刑法罪名释考》，中国方正出版社2000年版，第907页。

贿数额在10万元以上、单位行贿数额在20万元以上的”，应当立案。这是一个具体的数额标准，只要个人行贿数额在10万元以上，或者单位行贿数额在20万元以上的，检察机关就应当立案侦查。

对单位行贿罪立案标准第2项的规定，个人行贿数额不满10万元、单位行贿数额在10万元以上不满20万元，但具有下列四种情形之一的，应当立案：①为谋取非法利益而行贿的。所谓非法利益，是指谋取违反法律、法规、国家政策和国务院各部门规章规定的利益，以及谋取违反法律、法规、国家政策和国务院各部门规章规定的帮助或者方便条件。只要行贿个人或者单位为了谋取非法利益，个人对单位行贿数额达到8万元以上、单位行贿数额在10万元以上不满20万元的，就应当立案。②向3个以上单位行贿的。行贿个人或者单位向3个以上单位行贿，只要个人对单位行贿数额达到8万元以上、单位行贿数额在10万元以上不满20万元的，就应当立案。③向党政机关、司法机关、行政执法机关行贿的。向党政领导、司法工作人员、行政执法人员行贿，其目的就是为了获取更多更大的不正当利益，并且严重影响了党政领导的形象，严重影响了国家司法机关、行政执法机关严格公正文明执法的形象和国家法制的统一与尊严。因此，向上述对象行贿，只要行贿数额累计个人达到8万元以上、单位达到10万元以上不满20万元的，就应当立案。④致使国家或者社会利益遭受重大损失的。行贿行为如果给国家、社会造成重大损失，且对单位行贿数额累计个人达到8万元以上、单位达到10万元以上不满20万元的，就应当立案。所谓“个人行贿数额不满10万元”是指个人行贿数额达到10万元的80%以上，即8万元以上。

（二）单位行贿与馈赠的界限

两高于2008年11月20日发布的《关于办理商业贿赂刑事案件适用法律若干问题的意见》第10条规定，办理商业贿赂犯罪案件，要注意区分贿赂与馈赠的界限。主要应当结合以下因素全面分析、综合判断：①发生财物往来的背景，如双方是否存在亲友关系及历史上交往的情形和程度；②往来财物的价值；③财物往来的缘由、时机和方式，提供财物方对于接受方有无职务上的请托；④接受方是否利用职务上的便利为提供方谋取利益。这一规定为我们对单位行贿和正常的馈赠行为进行区分提供了重要的依据。对单位行贿的目的是为了谋取不正当的非法利益，是一种钱权交易；而向亲戚、朋友、同学的单位馈赠的行为，是为了加深感情和友谊，表礼致意。对单位行贿一般以隐蔽的方式进行，往往是“以礼代贿”，贿赂物的数额比较大；而对单位馈赠的财物一般都比较小，两者的性质根本不同。

第二节　对单位行贿罪的犯罪构成

对单位行贿罪，是指为谋取不正当利益，给予国家机关、国有公司、企业、事业单位、人民团体以财物，或者在经济往来中，违反国家规定，给予上述单位各种名义的回扣、手续费的行为。

一、对单位行贿罪的客体

对单位行贿罪侵犯的客体是国家机关、国有公司、企业、事业单位、人民团体职务的廉洁性。根据《宪法》和有关法律规定，国家机关、国有公司、企业、事业单位、人民团体担负着国家、社会公共事务的管理、国有财产的运营等特定职责，这些机关、企业、事业单位、人民团体的国家工作人员必须忠于职守，正确履行职责、廉洁奉公。而对单位行贿罪的行贿人，通过贿赂收买国家机关、国有公司、企业、事业单位、人民团体，使其丧失原则，利用本部门的管理、经营职权，为其谋取不正当利益，不仅扰乱了国家机关的正常管理秩序，严重妨碍了国家机关、国有公司、企业、事业单位、人民团体的正常活动，使上述国有性质单位职务行为的不可收买性丧失殆尽，有时还会使国家的利益遭受重大损失，破坏社会主义市场经济秩序的顺利进行。

对单位行贿罪的犯罪对象只能是单位。这里的单位，根据刑法的规定，必须是国家机关、国有公司、企业、事业单位、人民团体，而不包括其他非国有单位，因为本罪侵犯的客体是国家机关、国有公司、企业、事业单位、人民团体职务的廉洁性。如果行贿的对象是国家工作人员，则可能构成行贿罪。

二、对单位行贿罪的客观方面

对单位行贿罪在客观方面表现为：行为人向国家机关、国有公司、企业、事业单位、人民团体行贿的行为。表现为两种形式：一是为谋取不正当利益，而给予国家机关、国有公司、企业、事业单位、人民团体财物；二是在经济往来中，违反国家规定，给予国家机关、国有公司、企业、事业单位、人民团体各种名义的回扣、手续费。需要特别注意的是，对单位行贿罪的相对人必须是国家机关、国有公司、企业、事业单位、人民团体。如果是其他单位，则不构成犯罪。如给予集体所有制的公司、企业、事业单位和人民团体的财物，在经济往来中，违反国家规定给予外资企业、中外合资（合作）企业各种名义的回扣、手续费的，均不能以犯罪论处。除非行为人为谋取不正当利益，给予这些单位的工作人员个人以财物的，才可根据收受财物人是国家工作人员还是其他公司、企业人员的具体情况，分别以《刑法》第389条的行贿罪或第164条向公司、企业人员行贿罪定罪处罚。

对于单位行贿罪的成立标准，刑法没有明确的规定。但是，这并不意味着无论行贿数额大小和情节轻重一律构成犯罪。首先，为谋取不正当利益，向单位行贿，要考虑所谋取的不正当利益的具体性质，给国家利益造成损失的大小以及行贿数额的大小。其次，在经济往来中，违反国家规定，给予各种名义的回扣、手续费的，要考虑给国有单位、国家利益造成损失的大小，以及给予各种名义回扣、手续费数额的大小。[1]根据1999年9月16日最高人民检察院发布施行的《关于人民检察院直接受理立案侦查案件立案标准的规定（试行）》的规定，涉嫌下列情形之一的，应予立案：其一，个人行贿数额在10万元以上、单位行贿数额在20万元以上的；其二，个人行贿数额不满10万元、单位行贿数额在10万元以上不满20万元，但具有下列情形之一的：①为谋取非法利益而行贿的；②向3个以上单位行贿的；③向党政机关、司法机关、行政执法机关行贿的；④致使国家或者社会利益遭受重大损失的。

三、对单位行贿罪的主体

对单位行贿罪的主体是一般主体，既包括自然人，也包括单位。任何已满16周岁的具有刑事责任能力的自然人和任何所有制性质的单位都能成为本罪的主体。需要说明的是，个人假借单位名义，为个人利益而向国家机关、国有公司、企业、事业单位、人民团体行贿的，应以自然人犯罪论处，不能认定为单位犯罪。另外对单位构成本罪进行处罚时，应弄清直接负责的主管人员和其他直接责任人员的范围。“直接负责的主管人员”，是指直接策划、

---

〔1〕 周道鸾、张军主编：《刑法罪名精释——对最高人民法院、最高人民检察院关于罪名司法解释的理解和适用》，人民法院出版社2003年版，第833页。

组织、指挥或批准犯罪活动的单位领导人员。“其他直接责任人员”，是指直接实施、积极参加犯罪活动，并起重要作用的人员。

四、对单位行贿罪的主观方面

对单位行贿罪的主观方面表现为直接故意，且具有谋取不正当利益的目的。行贿人应当对交付的财物是贿赂有认识，同时需要认识到接受贿赂的主体是国家机关、国有公司、企业、事业单位、人民团体。行贿人如果认识到接受贿赂的主体是国家工作人员，则构成行贿罪而非对单位行贿罪。

对单位行贿罪是法定的目的犯，需要具有为谋取不正当利益的目的。如果行为人获取的是正当的利益，而采用了给予财物的手段，则不构成本罪。成立对单位行贿罪需要具有谋取不正当利益的目的，至于行贿人所要谋取的不正当利益是否客观实现，不影响本罪的成立。如果行为人为了谋取正当合法的利益，如本来应当给办理的营业执照、户口转移等手续由于长期得不到解决，或者为了尽早得到解决而采取送钱送物的手段；或者被勒索而被迫给予国家机关、国有公司、企业、事业单位、人民团体以财物的，则不构成对单位行贿罪。如果为谋取不正当利益，即使被勒索的情况下行为人向有关单位给付财物的，仍应以对单位行贿罪论处。

学者们在论述对单位行贿罪的主观构成要件时，却有分歧之处，即罪状中的“为谋取不正当利益”是对单位行贿罪的两种客观行为方式的共同必备要件还是只是“给予国家机关、国有公司、企业、事业单位、人民团体以财物”这一种行为方式的必备要件？对此问题，学者们见解不一，有学者持肯定观点，认为本罪主观方面只能由故意构成，并且须以谋取不正当利益为目的。如果个人犯本罪，则以为个人谋取不正当利益为目的；如果单位犯本罪，则以单位为谋取不正当利益为目的，否则不能构成本罪。因为《刑法》第391条第1款中“为谋取不正当利益”是修饰对单位行为罪的两种行为方式的，从逻辑上讲，不能排除经济往来中对单位行贿罪的行为人主观上谋取不能正当利益的目的。[1]也有学者持否定观点，认为典型的对单位行贿罪，即给予国有单位以财物的，要求行为人具有谋取不正当利益的目的。经济往来中的行贿，即违反国家规定给予回扣、手续费的行贿，则不要求行为人具有

---

〔1〕 李文峰、徐彦丽：《最新贿赂十罪认定与处理实务》，中国检察出版社2012年版，第323页。

谋取不正当利益的目的。[1]

"不正当利益"，并不仅仅限于非法利益。除此之外它还包括行为人不应得到的或不确定的利益。从实践中的情况来看，"不正当利益"包括以下几种情况：①在任何情况下，法律都禁止得到的利益，如通过偷税、套汇、走私等得到的利益。②在不具备取得某种利益的条件或是否取得该利益具有不确定性时，用不正当手段取得该利益。如在建设工程招标时，以不正当手段获得承包权。③依法应当履行的义务通过不正当手段得以减免。如通过行贿得以减免债务。至于行为人所要谋取的不正当利益是否实现，不影响本罪的成立。本罪的主观方面表现为直接故意，且以谋取不正当利益为目的。对于不正当利益的含义，1999 年 3 月 4 日两高发布的《关于在办理受贿犯罪大要案的同时要严肃查处严重行贿犯罪分子的通知》对此作了明确规定："谋取不正当利益是指谋取违反法律、法规、国家政策和国务院各部门规章规定的利益，以及要求国家工作人员或者有关单位提供违反法律、法规、国家政策和国务院各部门规章规定的帮助或者方便条件。"至于谋取的不正当利益是归个人，还是归单位以及谋取的不正当利益是否得到，均不影响本罪的成立。

第三节　对单位行贿罪的疑难问题

一、对单位行贿罪与对单位赠予的界限

赠予是财产所有人基于与对方的情谊关系或出于慈善之心，无偿地给予财物的行为。"无偿给予财产是赠与的要件。所谓无偿，是指受赠人对所受的赠与并不付出对价。"[2]对单位赠予是一种合法的民事行为，与行贿有着本质的区别。在司法实务中应当注意，随着社会经济的发展和公民之间、各类各种单位之间的往来日益频繁，个人或单位向国家机关、国有公司、企业、事业单位、人民团体馈赠、捐赠财物的情况时有发生，对此不应以对单位行贿罪论处。2008 年 11 月 20 日发布的两高《关于办理商业贿赂刑事案件适用法律若干问题的意见》指出，区分贿赂与馈赠主要应当考虑以下：①发生财物往来的背景，如双方是否存在亲友关系及历史上交往的情形和程度；②往来

---

〔1〕 赵秉志主编：《渎职犯罪疑难问题司法对策》，吉林人民出版社 2000 年版，第 229 页。

〔2〕 崔建远：《合同法》，北京大学出版社 2012 年版，第 467 页。

财物的价值；③财物往来的缘由、时机和方式，提供财物方对于接受方有无职务上的请托；④接受方是否利用职务上的便利为提供方谋取利益。根据司法解释的规定，可以得出区分两者的关键在于：

(1) 从给予财物人的动机看是否基于情谊或出于慈善。对于单位的赠与一般是出于公益目的，目的是为增进单位之间情谊、促进合作，或出于对困难的资助等；如是为了谋取不正当利益，则可视为行贿行为。

(2) 从给予财物有无针对性看，行为人给予财物是否附带有请托事项，如果对单位进行赠与时附加了一些条件，针对某一特定事项需要国家机关、国有公司、企业、事业单位、人民团体为其谋取不正当利益则可以认定为行贿行为。

(3) 由于馈赠是无偿的，无条件的，因而往往是公开进行的，而行贿是为了获得不正当利益，是有条件的，因而常常是秘密地进行。

二、对单位行贿罪与行贿罪的界限

对单位行贿罪与《刑法》第389条规定的行贿罪在客观方面基本相同，都以为谋取不正当利益为要件。在个人犯对单位行贿罪时，主体上与行贿罪也相同。区分两者的关键是：

(1) 行贿的对象不同。行为人是将财物、回扣、手续费给予国家机关、国有公司、企业、事业单位、人民团体等单位，还是给予其国家工作人员。如果行为人是将财物、回扣、手续费给予单位，而单位的有关人员据为己有的，对行为人也应定对单位行贿罪，而不应以《刑法》第389条的行贿罪论处。

(2) 犯罪主体不同。对单位行贿罪的主体包括自然人和单位，而行贿罪的主体只能是自然人。

由于单位的行为都是自然人具体实施的，从而在司法实践中如何认定是对单位行贿还是对自然人行贿就不太容易。一般而言，我们可以通过以下几个方面来加以判断：

第一，从行贿人所谋取的不正当利益的实现路径来判断。对单位行贿的，行贿人所谋取的不正当利益一般需要由单位的集体意志加以决定才能实现，而仅仅对单位个别领导行贿难以实现请托目的。

第二，从财物交付的对象来判断。如果行贿人交付财物的对象是单位的个别负责人，则可以认为是对个人的行贿，如果财物交付的对象是单位的某一部门，则可以认为是对单位的行贿。“行贿时明确认识到接受贿赂者是个人而不是国家机关、国有公司、企业、事业单位、人民团体的，不构成本罪，而构成行贿罪。”〔1〕

第三，从财物交付的方式来判断。一般而言，对自然人行贿的方式是秘密地进行，对单位行贿则是半公开甚至是公开的。

第四，从财物的最后归属来判断。如果财物最终为单位少数人占有，则可以认为是对自然人的行贿，如果财物最终为单位占有，则可以认为是对单位的行贿。

三、对单位行贿罪与单位行贿罪的界限

《刑法》第 393 条规定：“单位为谋取不正当利益而行贿，或者违反国家规定，给予国家工作人员以回扣、手续费，情节严重的，对单位判处罚金，并对其直接负责的主管人员和其他直接责任人员，处五年以下有期徒刑或者拘役，并处罚金。因行贿取得的违法所得归个人所有的，依照本法第三百八十九条、第三百九十条的规定定罪处罚。”这是关于单位行贿罪及其处罚的规定，对单位行贿罪的主体也可由单位构成。

对单位行贿罪与单位行贿罪的区别是明显的。具体而言，对单位行贿罪与单位行贿罪的主要区别表现在：①犯罪对象不同。前者的犯罪对象是单位，后者的犯罪对象是自然人，即国家工作人员。单位实施的对单位行贿罪与单位行贿罪的区别在于财物送予的对象不同，前者是将财物、回扣或手续费送予国家机关、国有公司、企业、事业单位、人民团体，后者是将财物、回扣或手续费送予国家工作人员，即国家机关、国有公司、企业、事业单位、人民团体中从事公务的人员，国有单位委派到非国有单位从事公务的人员，以及其他依照法律从事公务的人员。②犯罪主体不同。前者的主体是自然人和单位，后者的主体只能是单位，自然人实施行贿构成行贿罪。③两种犯罪中的“单位”性质不同。对单位行贿罪的单位是指国家机关、国有公司、企业、事业单位、人民团体，不包括其他性质的单位在内，作为单位行贿罪中犯罪主体的单位，可以是任何单位。

---

〔1〕 周光权：《刑法各论》，中国人民大学出版社 2011 年版，第 427 页。

介绍贿赂罪理论与实践 第九章 chapter 9

第一节　介绍贿赂罪的立法与解释

一、介绍贿赂罪的立法

我国历来重视运用刑罚手段对介绍贿赂行为进行惩治，关于介绍贿赂罪的刑事立法也比较早地见之于刑法性文件中。介绍贿赂罪最早规定于1950年《刑法大纲草案》中，该草案第90条第1款规定："向国家工作人员行贿或介绍贿赂者，处三年以下监禁或批评教育。"该规定仅是草案，而没有正式生效执行。1952年4月18日实施的《惩治贪污条例》（已失效）第6条规定："一切向国家工作人员行使贿赂、介绍贿赂者，应按照其情节轻重参酌本条例第三条规定处刑。"彭真同志在《关于中华人民共和国惩治贪污条例草案的说明》中明确指出："本条例中对于非国家工作人员的犯罪行为的处理，也作了规定。因为向国家工作人员行使贿赂或者介绍贿赂，是一种恶劣的犯罪行为，应按其情节轻重参酌本条例第三条的规定去处刑。"[1]该条例可以认为是我国关于介绍贿赂罪第一个正式生效的法律文件，虽然该条例没有明确规定介绍贿赂罪，但是其明确了向国家工作人员介绍贿赂这种行为以贪污罪处罚，这可以被认为是介绍贿赂罪立法的初始状态。1979年《刑法》第185条（受贿罪）第3款规定："向国家工作人员行贿或介绍贿赂的，处三年以下有期徒刑或者拘役。"该刑法条文将介绍贿赂罪与行贿罪并列为一款规定于受贿罪条文中，从法律上肯定了介绍贿赂罪的存在及刑罚规定。但是，全国人大常委会于1988年颁布的《关于惩治贪污罪贿赂罪的补充规定》没有提及介绍贿赂罪

---

〔1〕 高铭暄、赵秉志编：《中国刑法立法文献资料精选》，法律出版社2007年版，第194页。

的处理。于是，有学者认为立法上已经取消了介绍贿赂罪这一罪名。同时还认为这一罪名并没有存在的必要，理由是，“介绍贿赂罪完全可以作为行贿罪和受贿罪、帮助犯的教唆犯看待，没有必要规定独立的罪名”。〔1〕但是，有的学者并不认同这种见解，认为这是对立法的一种误读，也即，上述补充规定对介绍贿赂没有作出规定，“这不是对这种行为不再追究刑事责任，而是未作出新的补充，今后的介绍贿赂罪，仍应按照刑法规定”。〔2〕笔者认为后一种见解是符合刑法立法实际情况的。因为法律废止的情况有两种：一是新法对旧法的内容明确进行了变更；二是明令予以废止，在介绍贿赂罪没有被明令废止和被新法取代的前提下，原来关于介绍贿赂罪的规定依然有效。1997 年《刑法》第 392 条以独立的条文规定：“向国家工作人员介绍贿赂，情节严重的，处三年以下有期徒刑或拘役，并处罚金。介绍贿赂人在被追诉前主动交代介绍贿赂行为的，可以减轻处罚或免除处罚。”现行刑法对介绍贿赂罪的立法主要有两点改进：一是将介绍贿赂罪单条规定，突出了介绍贿赂罪和其他贿赂犯罪的差异性；二是严格介绍贿赂行为的入罪条件，增加了“情节严重”的要件，这显然有利于将社会危害性较轻的介绍贿赂行为除罪化，是符合宽严相济的刑事政策的。

二、介绍贿赂罪的解释

（一）介绍贿赂罪的立案标准

最高人民检察院于 1986 年 3 月 24 日颁行的《人民检察院直接受理的经济检察案件立案标准的规定（试行）》（已失效）确立了构成介绍贿赂罪的数额标准及情节标准，是司法机关第一次明确介绍贿赂罪的定义和立案标准。该规定对指导当时的司法实践具有相当大的现实意义，也为 1997 年《刑法》将“情节严重”作为介绍贿赂罪的构成要件奠定了基础。但是，该司法解释虽然规定了介绍贿赂罪的立案标准，但未明确必须以谋取非法利益为前提。最高人民检察院于 1997 年发布了《关于检察机关直接受理立案侦查案件中若干数额、数量标准的规定（试行）》（已失效），该规定将介绍贿赂人区分为

〔1〕刘明祥：“简析全国人大常委会《补充规定》对贿赂罪的修改”，载《法学》1998 年第 6 期。

〔2〕高西江：“关于惩治走私、贪污、贿赂等犯罪的重要法律武器——两个《补充规定》的简单介绍”，载《法学研究》1988 年第 4 期。

单位和个人，并按照不同的数额设定入罪标准，同时将立案的标准进行了限制性规定。最高人民检察院于1999年8月6日通过的《关于人民检察院直接受理立案侦查案件立案标准的规定（试行）》明确规定，介绍贿赂罪是指向国家工作人员介绍贿赂，情节严重的行为。“介绍贿赂”是指在行贿人与受贿人之间沟通关系，撮合条件，使贿赂行为得以实现的行为。从介绍贿赂罪的立法沿革看，可以得出这样的结论：该罪由仅有行为无自己的罪名，到有行为有独立罪名但与其他罪同处一条一款，再到有行为有自己的罪名，单独成一条共二款。该解释明确介绍了贿赂罪的罪状表述，并对介绍贿赂罪的含义予以解释，同时也调整了解释贿赂罪的入罪数额标准，该标准仍是目前实务中对介绍贿赂罪定罪的依据。

（二）关于介绍贿赂罪的主观要件

1979年《刑法》中关于介绍贿赂罪的相关规定，同时对介绍贿赂罪的主观构成要件进行了限制，将其限定为“谋取非法利益”的范围内，缩小了定罪范围。1985年7月18日两高联合下发的《关于当前办理经济犯罪案件中具体应用法律的若干问题的解答（试行）》（已失效），承继了这一立法旨趣，其第2条规定：“个人为谋取非法利益，向国家工作人员行贿或介绍贿赂的，应按刑法第一百八十五条第三款追究刑事责任。”此条款对介绍贿赂罪的主观构成要件进行了一定限制，即限定为谋取非法利益。从该条文能够看出立法者将介绍贿赂罪与行贿罪同等对待，即介绍贿赂罪主观上需要具备“谋取非法利益”的目的。现行的刑法立法和司法解释都回避了介绍贿赂罪主观方面是否需要“谋取非法利益”这一问题。

第二节　介绍贿赂罪的犯罪构成

介绍贿赂罪是指向国家工作人员介绍贿赂，情节严重的行为。

一、介绍贿赂罪的客体

本罪侵犯的客体是国家工作人员职务的廉洁性。对于介绍贿赂罪中介绍人的身份，刑法并没有要求，但是由于介绍人是应请托人的请托向国家工作人员介绍受贿，意图影响国家工作人员职务的公正履行，从而侵害了国家工作人员职务的廉洁性。可以说，介绍贿赂罪的发生为权钱交易提供了渠道和便利，这决定了其犯罪客体应当是国家工作人员职务的廉洁性。

介绍贿赂罪的受贿方仅限于国家工作人员，不包括国家机关、国有公司、企业、事业单位、人民团体等国有单位，也不包括其他单位的非国家工作人员，还不包括外国公职人员、国际公共组织官员。根据我国刑法现有规定，个人和单位均可向国家工作人员行贿，分别构成行贿罪和单位行贿罪，因此，介绍贿赂的行贿方，既包括个人，又包括单位。

二、介绍贿赂罪的客观方面

介绍贿赂罪在客观方面表现为行为人在行贿人和受贿人之间实施沟通、撮合，促使行贿与受贿得以实现的行为。即为行贿受贿双方“穿针引线”，促使双方相识相通，代为联络，甚至传递贿赂物品，帮助双方完成行贿受贿的行为。介绍贿赂行为与行贿或者受贿的帮助行为不同，介绍贿赂行为的目的本身不是行贿也不是受贿，而是旨在帮助行贿受贿双方建立贿赂关系，其结果不仅对行贿的实现起促进作用，同时对受贿的实现也起促进作用。亦即，介绍贿赂的行为不仅指向行贿人和行贿犯罪，而且指向受贿人和受贿犯罪。〔1〕介绍贿赂就是利用各种手段，在行贿人和国家工作人员之间起中介作用，促成行贿和受贿得以实现的行为。介绍贿赂的行为有两种基本形式：一是介绍行贿，即接受行贿人的请托，向国家工作人员介绍贿赂。在这种形式下，介绍贿赂人主要是寻找行贿对象并力争劝说对方接受贿赂，代送财物。二是介绍受贿，即为国家工作人员物色可能的行贿人，居间介绍。这种形式下，介绍贿赂人主要是寻找可能的行贿人，并劝说对方行贿。〔2〕

介绍贿赂行为，只有情节严重的才构成犯罪。如果只是口头表明引见，并没有具体实施撮合行为，或者已经使行贿、受贿双方见面，由于某种原因，贿赂行为未进行的，均不能构成介绍贿赂罪。其中情节较轻，危害后果不严重的，也可以不按犯罪论处。

1997 年《刑法》第 392 条第 1 款对介绍贿赂罪作了如下规定：“向国家工作人员介绍贿赂，情节严重的，处三年以下有期徒刑或者拘役，并处罚金。”所谓介绍贿赂，是指行为人在行贿人与受贿人之间进行沟通、撮合，使行贿

〔1〕 李辰：《行贿犯罪研究》，中国政法大学出版社 2013 年版，第 72 页。
〔2〕 王作富主编：《刑法分则实务研究》（下），中国方正出版社 2010 年版，第 1829 页。

和受贿得以实现的行为。作为“贿托”的介绍贿赂人在这些不光彩的交易中穿针引线，牵线搭桥，充当“贿赂掮客”的角色，对行贿受贿的成功起到了重要作用。介绍贿赂行为的大量存在是促成或导致腐败蔓延的重要原因之一，是腐败社会的一大“毒瘤”，因此，对于介绍贿赂情节严重的行为要规定为犯罪并依法予以惩处。从介绍贿赂罪的立法沿革看，将情节严重作为本罪的构成要件是 1997 年《刑法》新增加的内容，这表明现行立法特别强调，情节不严重的，不构成介绍贿赂罪。因此，在司法实践中对情节是否严重的正确判断对本罪的准确认定极为重要，直接影响罪与非罪的区分。但是由于法律规定过于简单概括，对什么样的情形算情节严重在司法实践中往往存在争议，确有必要对情节严重的具体判断标准问题予以研究解决。

最高人民检察院于 1999 年 8 月 6 日通过的《关于人民检察院直接受理立案侦查案件立案标准的规定（试行）》对介绍贿赂罪的立案标准作了规定。根据该立案标准，一般认为下列情形属于情节严重的范围：一是介绍个人向国家工作人员行贿，数额在 2 万元以上的；介绍单位向国家工作人员行贿，数额在 20 万元以上的。二是介绍贿赂数额不满上述标准，但具有下列情形之一的，也应当视为情节严重：①为使行贿人获取非法利益而介绍贿赂的；②3 次以上或者为 3 人以上介绍贿赂的；③向党政领导、司法工作人员、行政执法人员介绍贿赂的；④致使国家或者社会利益遭受重大损失的。根据上述有关规定的精神，结合审判实践，对介绍贿赂情节严重问题应从以下几个角度予以综合分析判断：

1. 结合介绍贿赂的动机、目的判断情节是否严重

行为人的动机、目的不是介绍贿赂罪的法定构成要件，不直接决定本罪的成立，但能够反映行为人主观恶性、行为之社会危害性的大小，能够反映情节是否严重。在司法实践中，介绍贿赂的行为人之所以愿为权钱交易者牵线搭桥，其动机多种多样，有的为建立关系网联络感情，有的为阿谀奉承而卖力，有的出于情义或碍于面子而帮忙，但是在当前形势下，多数则是为了赚钱。显然，行为人若为谋取非法利益而介绍贿赂，其社会危害性更大，一般应当考虑认定为情节严重。

2. 结合介绍贿赂的次数判断情节是否严重

一些介绍贿赂的行为人尝到了甜头，把介绍贿赂作为发财致富的主要手段，这些人在受贿者和行贿者之间专司联络、议价、送货之职，常以受贿者密友自

居，受贿者对他放心，行贿者认为他可靠，久而久之，实质上已成为名副其实的介绍贿赂惯犯。在实践中，有的行为人还向职业化发展，其行为渠道广泛，手段多样，有的为调动工作、提干、招工、升学或进城、农转非而介绍贿赂，有的为承包建筑工程、招投标、拍卖、租赁而介绍贿赂，有的专门为打官司而介绍贿赂。对这些数次介绍贿赂、有职业化势头的行为人也应当认定为情节严重。

3. 结合介绍贿赂行为的客观要素判断情节是否严重

这里所谓的客观要素，包括介绍贿赂的数额、涉及官员的范围、造成的后果和社会影响、对贿赂行为实现的作用程度等客观特征。目前，介绍贿赂案件有数额不断增大、促成或导致腐败向公检法等权力部门蔓延、涉及官员日趋增多的趋势，典型的应当认定为情节严重。根据1999年9月16日最高人民检察院发布施行的《关于人民检察院直接受理立案侦查案件立案标准的规定（试行）》的规定，涉嫌下列情形之一的，应予立案：其一，介绍个人向国家工作人员行贿，数额在2万元以上的；介绍单位向国家工作人员行贿，数额在20万元以上的；其二，介绍贿赂数额不满上述标准，但具有下列情形之一的：①3次以上或者为3人以上介绍贿赂的；②为使行贿人获取非法利益而介绍贿赂的；③向党政领导、司法工作人员、行政执法人员介绍贿赂的；④致使国家或者社会利益遭受重大损失的。

三、介绍贿赂罪的主体

本罪的主体为一般主体，即具有刑事责任能力的自然人。介绍贿赂罪虽然规定在《贪污贿赂罪》这一章之中，但是本罪的成立并不要求行为人具有特殊的身份，因而这个罪的主体为一般主体。只有行为人具有国家工作人员的身份，才可能构成斡旋型受贿罪。因为当行为人具有国家工作人员的身份时，他可能“利用本人职权或者地位形成的便利条件”去影响其他国家工作人员，为请托人谋取不正当利益，侵犯职务行为的廉洁性，从而直接构成斡旋型受贿罪，而不会成立介绍贿赂罪。

四、介绍贿赂罪的主观方面

介绍贿赂罪在主观方面表现为直接故意，即行为人明知自己撮合的是行贿、受贿行为而有意为之。具体案件中，行为人应当知道行贿人具有为谋取不正当利益向国家工作人员行贿的故意，从而在行贿人和受贿人之间牵线搭桥，此时属于具有介绍贿赂的故意。如果没有介绍贿赂的故意，而仅仅只是将请托人和受贿人双方介绍认识，请托人私下给予受贿人财物的，不构成介绍贿赂罪。

犯罪动机不影响定罪，一般只影响量刑，同样，介绍贿赂的动机不影响本罪的成立。司法实践中，介绍贿赂的动机一般可以分为以下几种：

（1）联络感情型。这些人介绍贿赂是出于建立关系网，以备以后利用。

（2）贪财型。这些人利欲熏心，意图从中谋取非法利益而介绍贿赂。

（3）情义型。这些人是出于情义或碍于面子而介绍贿赂。行贿、受贿的一方或者双方往往与介绍贿赂人是同学、亲戚、同事或朋友等关系。

（4）巴结权势型。这些人主要是为了讨好与自己有一定利害关系的上司而介绍贿赂。[1]

由于现有刑法立法和司法解释对于介绍贿赂罪没有明确规定需要具备“为他人谋取不正当利益”，刑法理论界对是否属于目的犯存在着不同意见。有学者认为，从体系解释论的角度来考察，介绍贿赂罪为目的犯的结论较为妥当。刑法对社会危害性较重的受贿罪和行贿罪都设立了特定的犯罪目的，社会危害性较小的介绍贿赂罪也应当是目的犯。[2]有的学者则从刑法的规定出发，认为介绍贿赂罪不需要“谋取不正当利益”这一要件，如果承认介绍贿赂罪是目的犯会造成不适当限制刑法处罚范围的后果，导致刑法漏洞的出现。如有学者指出，有的介绍贿赂人有谋取财物和其他利益的目的，有的介绍贿赂人没有牟取私利的目的，但二者都可以构成犯罪。而且，现行刑法在1985年两高上述解答对“谋取非法利益”的内容作出规定后又取消，充分说明该要件的不要性。行为人除了谋取非法利益，还可能是出于同学、同事或亲戚的人情关系，即碍于情面为他人作中间联络，或者是出于对行贿人的同情，真心想帮其办点事，也可能是考虑通过这一行为同时为自己建立关系网，结交权贵，以备他日之需，甚至是为了在亲友面前显示自己的能耐等。但这些因素不影响其行为的性质，即自愿介绍贿赂如果是出自亲友关系，或者其他非物质利益的考虑，并不影响本罪的成立。[3]笔者认为第一种观点是合理

〔1〕 王作富主编：《刑法分则实务研究》（下），中国方正出版社2010年版，第1830页。

〔2〕 赵香如：“介绍贿赂罪应为目的犯——兼谈受贿罪的犯罪目的”，载《湖南第一师范学报》2004年第3期。

〔3〕 周其华：《中国刑法罪名释考》，中国方正出版社2000年版，第907页。

的，具体理由有：首先，目的犯为法定目的犯和非法定目的犯。在刑法分则中，目的犯之目的的规定有两种表达形式，一种是法定目的犯，即直接在条文中将该种犯罪的特殊目的明确规定，不具备这种目的的就不构成相应犯罪，这类目的犯占大多数。例如，1997 年《刑法》第 152 条走私淫秽物品罪规定“以牟利或者传播为目的”，第 192 条规定“以非法占有为目的”，第 276 条规定“由于泄愤报复或者其他个人目的”，等等。另一种是非法定目的犯，即并不在条文中规定某一犯罪所需的特殊目的，而需要法官根据一定的原则予以补充，典型的例子有刑法关于盗窃、抢劫、诈骗和抢夺等罪的规定。[1]因此，我们不能以刑法没有规定而简单地否认介绍贿赂罪非目的犯。其次，承认介绍贿赂罪是目的犯是合乎体系解释的结论。一般来说，刑法对于将社会危害性较小的行为纳入犯罪圈需要设定一定的条件以限制刑法的处罚范围，正是因为如此，我国刑法中的行贿犯罪均需要具有为他人谋取不正当利益的主观目的。介绍贿赂行为的社会危害性一般是小于行贿行为的，根据当然解释的规则，介绍贿赂罪理应是非法定的目的犯。

第三节　介绍贿赂罪的疑难问题

介绍贿赂罪是我国治理贿赂犯罪中的重要罪名，存在的疑难问题较多。

一、介绍贿赂行为和经济活动中居间行为的界限

居间行为，是指居间人为买卖双方之间的交易进行居间介绍，促成双方交易得以成功，并从中收取报酬的行为。介绍贿赂罪与合法居间行为在形式上有一定的相似之处。介绍贿赂罪与合法居间行为的界限，主要区别有三点：

（1）从行为人的主观内容上区分。介绍贿赂罪的行为人在主观上具有介绍他人从事贿赂行为的故意，即行为人明知双方具有行贿、受贿意图，而故意从中介绍，借以非法获利或谋取其他利益；而合法的中介活动，行为人的主观意图是希望通过居间介绍，使经济活动中的某种合法经济交易或合作项目得以实现，而居间人从中收取必要的报酬。

（2）从行为的性质上区分。分清介绍行为所指向的对象是从事违法活动

〔1〕 刘艳红：“论非法定目的犯的构成要件构造及其适用”，载《法律科学》2002 年第 5 期。

的行贿、受贿双方，还是进行正当经济活动的买卖双方。若被介绍的双方的经济往来关系体现的是权和钱的交易，则该介绍行为便是介绍贿赂的性质；如果被介绍的双方经济往来活动是体现等价、有偿原则，双方处于平等的法律地位上的经济关系，则该介绍行为是合法的居间活动。

(3) 从行为的后果上进行区分。前者具有严重的社会危害性，其介绍贿赂行为的成功必然要对某一违法犯罪活动的实现起到促进作用。而合法的居间活动不具有社会危害性，相反还有利于促进社会的发展。

二、介绍贿赂罪与行贿、受贿共犯的界限

从我国刑事立法和犯罪构成理论的角度来看，介绍贿赂罪和行贿罪、受贿罪有着各自不同的构成要件。其主要区别在于：一是犯罪的主观故意不同。行贿罪是行为人为了谋取不正当利益；受贿罪是国家工作人员是为了索取或收受他人财物并有为其谋取非法利益的故意；而介绍贿赂罪的行为人主观上是为了促成行贿和受贿的实现。二是犯罪的客观方面有差别。行贿罪是行为人为了谋取不正当利益，给予国家工作人员以财物；受贿罪是国家工作人员利用职务之便索取或收受他人财物并为其谋取非法利益；而介绍贿赂罪的行为人只是在行贿人和受贿人之间沟通关系、撮合条件，促成行贿和受贿的实现。

介绍贿赂行为，无论是介绍国家工作人员向他人或者单位索取或收受贿赂，还是介绍行贿人或者行贿单位向国家工作人员行贿，在客观上对受贿或者行贿行为都起到了一定的帮助作用，但不能因发挥了帮助作用，就全部不加区分地将介绍贿赂行为按受贿罪、行贿罪的共犯来处理。介绍贿赂罪是因为行为人在行贿、受贿双方之间积极联系、撮合，发挥了帮助作用，才成为独立的犯罪。更何况我国刑法对受贿罪、行贿罪、单位行贿罪所规定的刑罚远远重于介绍贿赂罪，如果一概作为前三罪的共犯处理，可能会加重介绍贿赂行为人的刑事责任，这与罪刑相适应原则是相悖的。所以，必须认真分析介绍贿赂行为的具体表现，正确予以认定和处理。第一，如果介绍人以劝说、引诱、提示等手段，教唆国家工作人员产生受贿罪的犯罪故意，并为其联系行贿人，从中积极撮合，或者积极代为向行贿人收受财物的，其行为已超越一般的介绍，应成立受贿罪的共犯，即教唆犯或帮助犯。第二，如果介绍人以劝说、引诱、提示等手段，教唆行贿人产生行贿的犯罪故意，并为其联系受贿人，从中积极撮合，或者积极代为向受贿人贿送财物的，其行为已超越

一般的介绍，应成立行贿罪的共犯，即教唆犯或帮助犯。第三，如果行为人既没有以劝说、引诱、提示等手段，促使行贿人、受贿人产生犯罪的故意，也没有积极代为贿送或收受财物，只是在行贿人和受贿人之间起联系、撮合作用，促成犯罪的实现，就不能视为行贿罪或受贿罪的共犯，而应以介绍贿赂罪来处理。

三、介绍贿赂罪的行为对象

刑法理论界和司法实务中对向国家工作人员介绍贿赂的含义即介绍贿赂的对象有两种不同的理解。一种观点为单向说，认为根据该条规定的字面含义，介绍贿赂的指向仅指为了行贿人的利益，受行贿人之托，向受贿人介绍贿赂，而不包括受受贿人之托，而向行贿人索要或者收受贿赂，否则，该条文应该在向国家工作人员介绍贿赂之后再加上一句“或者为国家工作人员介绍贿赂”。持此论者进一步认为，最高人民检察院发布的《关于人民检察院直接受理立案侦查案件立案标准的规定（试行）》将介绍贿赂解释为在行贿人与受贿人之间沟通关系，撮合条件，使贿赂得以实现的行为，将为国家工作人员介绍受贿的也包括在内，系对介绍贿赂行为的指向作了广于条文字面含义的解释。[1]另一种观点为双向说，认为介绍贿赂行为有两种基本形式，既包括介绍行贿，即接受行贿人的请托，而向国家工作人员介绍贿赂，也包括介绍受贿，即为国家工作人员物色可能的行贿人，居间介绍。[2]这是目前理解介绍贿赂犯罪行为的通说，也被最高司法机关采纳，如上述司法解释即是。

笔者认为“双向说”是合理的，具体理由如下：首先，介绍，是指在双方之间沟通、联系、搭桥、撮合，起到媒介作用，因而从刑法规定向国家工作人员介绍贿赂的字面含义理解，应将为国家工作人员介绍贿赂理解成向国家工作人员介绍贿赂的题中应有之义。须知，即使是“为国家工作人员介绍贿赂”的介绍受贿型介绍贿赂犯罪，也是最终要表现成向国家工作人员介绍贿赂。这样看来，是向国家工作人员介绍贿赂还是为国家工作人员介绍贿赂的判断只是所站角度、立场不同而已，并无本质区别，上述单向说将二者绝对对立起来不符合法条的字面含义。其次，“单向说”对介绍贿赂行为的对象

〔1〕王俊平、李山河：《受贿罪研究》，人民法院出版社2002年版，第274~275页。

〔2〕王作富主编：《刑法分则实务研究》（下），中国方正出版社2010年版，第1830页。

进行限制性的解释，表面上忠于了法条，然而会造成刑法立法的漏洞，这种解释结论不利于严密刑事法网，有可能放纵犯罪。将介绍受贿型介绍贿赂犯罪排除在介绍贿赂罪的处罚范围之外，显然不利于全面、有效地打击此类犯罪，有放纵犯罪之虞，是我们不能赞同的。“一般而言，行贿人因居间介绍，贿赂在行贿人和受贿人之间进行的，可认定是介绍贿赂的违法所得，仅仅成立介绍贿赂罪。受贿人收受财物后，给予介绍人员财物的，一般也可认为介绍贿赂的违法所得，成立介绍贿赂罪。如果向国家工作人员‘介绍贿赂’且与受贿人共同占有财物的，应成立受贿罪的共犯。”〔1〕

四、介绍贿赂罪和斡旋受贿罪的界限

根据《刑法》第392条的规定，介绍贿赂罪是向国家工作人员介绍贿赂，情节严重的行为。根据《刑法》第388条的规定，斡旋受贿是指国家工作人员利用本人职权或者地位上形成的便利条件，通过其他国家工作人员职务上的行为，为请托人谋取不正当利益，索取请托人或者收受请托人财物的行为。但斡旋受贿不是独立的罪名，它是受贿罪的一种表现形式，应以受贿罪论处。

区别这二者的要点在于是否利用本人职权或者地位形成的便利条件：

如果国家工作人员利用本人职权或者地位形成的便利条件，通过其他国家工作人员职务上的行为，为请托人谋取不正当利益，索取请托人财物或者收受请托人财物的，以受贿论处。

如果国家工作人员，仅仅是利用亲情、友情、工作上的方便等关系，出面在行贿人与受贿人之间进行介绍、联系，使行贿受贿得以实现，从而由收受贿赂的国家工作人员利用职务之便为他人谋取利益的，属于介绍贿赂的行为。行为人因为出面介绍的缘故，也可能会从请托人那里收受财物。这只能属于介绍贿赂得到的财物，不是受贿的财物。

判断行为人是否利用本人职权或者地位形成的便利条件，一方面要看与职务有无关联；另一方面要看谁的行为对促使其他国家工作人员利用职权为请托人谋利起到关键作用。如果行为人仅仅起到牵线搭桥的作用，其他国家工作人员主要是因为收受贿赂才利用职务之便为请托人谋取利益的，属于介绍贿赂的性质。斡旋受贿以利用本人职权或者地位形成的便利条件和收取财

〔1〕 阮齐林：《中国刑法各罪论》，中国政法大学出版社2016年版，第510页。

物为要件；介绍贿赂则不以此为要件。

五、介绍贿赂罪的既遂标准

关于介绍贿赂罪的既遂标准，当前刑法学界认识不一，主要存在以下两种不同的看法。一是建立联系说。这种观点认为，介绍贿赂罪的既遂应当以行贿、受贿的双方最终建立联系为标准，而不论双方所追求的结果是否达到。只有当被介绍贿赂的受贿方或行贿方拒绝了介绍，才成立介绍贿赂罪的未遂。〔1〕二是贿赂实现说。这种观点认为介绍贿赂罪的既遂应当以贿赂的实现为标准，理由是介绍贿赂罪属于行为犯，行为犯的既遂应当以行为实施完毕为标准，而介绍贿赂行为的完成当然是以贿赂的实现为结束。在贿赂实现说中具体还有以下不同看法：①认为应当以受贿人接受贿赂、为他人谋取不正当利益为标准；②认为应当以受贿人接受贿赂、为他人谋取利益为标准；③认为只要受贿人接受贿赂即可，而不必以行贿罪、受贿罪的成立为标准。〔2〕

笔者认为，建立联系说将具有实质意义的撮合、转交财物等行为泛化，对于介绍贿赂罪的既遂标准不适当地提前，在司法实践中容易导致刑法过于严苛，因而相对而言贿赂实现说更为合理。当然，贿赂实现说中的三种不同看法虽然都有一定道理，但仍然有进一步论证的必要。介绍贿赂罪侵害的客体是国家工作人员职务的廉洁性，因此，介绍贿赂罪的既遂标准应当是介绍贿赂罪的表现行为——行贿人和受贿人之间达成约定、收受贿赂，而不应当是收受贿赂，更无须有为他人谋取不正当利益的要件。因此，职务实现说中的第三种观点更为妥当。其理由有：首先，介绍贿赂罪属于行为犯，行为犯是“以法定犯罪行为的完成作为既遂标志的犯罪”。〔3〕为他人谋取不正当利益属于主观要件的内容，显然不能作为犯罪既遂的标准。其次，介绍贿赂罪有着从属性和独立性两方面特征。其从属性表现在，从某种程度上讲，介绍贿赂罪行为的既遂标准受制于受贿罪、行贿罪的既遂标准，因为它是一个中间行为，是否实现当然要看受贿、行贿是否顺利实现，是否构成介绍贿赂罪，

---

〔1〕 刘光显、张泗汉主编：《贪污贿赂罪的认定与处理》，人民法院出版社1996年版，第410页。

〔2〕 参见赵秉志主编：《疑难刑事问题司法对策》（第7辑），吉林人民出版社1999年版，第345页。

〔3〕 高铭暄、马克昌主编：《刑法学》（第8版），北京大学出版社、高等教育出版社2017年版，第149页。

在很大程度上依赖于受贿、行贿犯罪的构成与否。介绍贿赂罪具备自身的独立性，表现在这一犯罪本身的性质，是为行贿、受贿的实现穿针引线、沟通、撮合，其既遂标准不应当过于严格，因为行贿人或者受贿人本来就存在积极的犯罪意图，只是没有明确的犯罪目标或者无法接近、联络犯罪目标，介绍贿赂人给其创造了一定的条件，使得双方接洽、商讨，达成一致协议，要求介绍贿赂人"包揽"到底，以受贿人接受贿赂、为行贿人谋取了利益为既遂标准，显然是不现实的，适用这一标准，将有放纵对介绍贿赂罪处罚的可能。虽然立法对受贿罪、行贿罪的立法构成要件都有"谋取利益"的规定，但是受贿罪除索贿外，在非法收受他人财物时，只要求"为他人谋取利益"，而行贿罪则始终要求"为谋取不正当利益"。然而是否谋取利益，是受贿罪、行贿罪要考察的问题，因为这两个对合性犯罪有权钱交易的本质，才有必要考察其是否谋取利益、谋取何种利益的问题，而介绍贿赂罪的本质，是促使这种非法交易的顺利进行，即只要行贿方和受贿方达成合意则可认为介绍贿赂的行为已经完成。因此，介绍贿赂罪应当以行贿人、受贿人之间最终达成受贿人接受贿赂、为行贿人谋取利益的合意为既遂标准。

在这里，合意的内容显然是指行贿人与受贿人就权钱交易的内容而达成不法约定。只要行贿人和受贿人双方形成合意，就应当认为是犯罪既遂。因为国家工作人员对收受贿赂与行贿人形成约定，其行为就已经侵害国家工作人员职务的廉洁性，达到了既遂标准。约定一般是在接受贿赂和实施职务行为之前，而接受贿赂行为无论是在职务行为之前，还是在职务行为之后，都不影响犯罪的成立，只要行为人接受了不正当利益，就构成犯罪既遂。因此，有学者认为，鉴于介绍贿赂罪对受贿罪和行贿罪的依赖性，当受贿罪与行贿罪均不成立的情况下，一般介绍贿赂罪也不成立；当两罪中有一个成立时，如果介绍贿赂行为人主要帮助的是未成立罪的一方，一般也认定介绍贿赂罪不成立，因为在此情况下，介绍贿赂行为与未成立罪的一方的行为关系更为密切，其社会危害性更决定于未成立一方的社会危害性。[1]笔者认为这种观点是有道理的。

六、介绍贿赂罪的存废问题

刑法理论界对介绍贿赂罪的存与废的争论一直没有停止过，在刑法修订

---

〔1〕 李文燕主编：《贪污贿赂犯罪证据调查与运用》，中国人民公安大学出版社 2002 年版，第662 页。

前，持取消说的人就认为介绍贿赂可以分别作为行贿罪和受贿罪的教唆犯、帮助犯看待，没有必要规定独立的罪名。[1]刑法修订后，仍有不少学者主张取消这一不切实际、没有必要的罪名，对刑法规定介绍贿赂罪的立法价值提出质疑。[2]持保留说者则认为，介绍贿赂的主体是不依赖于受贿和行贿方的第三者，介绍贿赂罪与行贿、受贿的共犯有区别，介绍贿赂罪是一独立的罪名。[3]最近，有的人还根据介绍贿赂罪法定最高刑只有有期徒刑3年的现实，从不将介绍贿赂的实行行为解释为行贿、受贿的帮助行为，就会出现重罪轻判这一角度对介绍贿赂罪独立成罪的价值提出质疑，并主张介绍贿赂罪是一种行贿、受贿的帮助行为，在行贿人或者受贿人均构成犯罪的情况下，介绍贿赂行为应以行贿、受贿的共犯论处。只有在行贿人、受贿人都不构成犯罪的情况下，介绍人的行为方可能构成犯罪。从此意义出发，介绍贿赂罪只起到一种补漏的作用（以下简称“补漏说”）。[4]由上可见，介绍贿赂罪独立成罪不仅是一个立法问题，也是司法问题，如果不从理论上予以澄清，在实践中就容易混淆介绍贿赂罪与受贿罪和行贿罪共犯的界限。事实上，由于理论上的混乱，导致在司法实践中对介绍贿赂罪与受贿罪和行贿罪共犯的区分往往存在争议，已经成为司法实践中的疑难问题。

笔者认为，上述介绍贿赂罪取消论及补漏说都属于对现行刑法将介绍贿赂罪独立规定的一种质疑，使刑法遭受该质疑的原因之一在于刑法对介绍贿赂罪规定的法定刑过低，不能适应司法实践。

（1）介绍贿赂罪取消论不能成立。主要理由在于：①介绍贿赂行为与行贿、受贿的一般帮助行为有本质的区别。从主观故意看，行贿、受贿的帮助犯认识到自己是在帮助行贿一方或受贿一方，仅有单纯帮助行贿或帮助受贿的故意，而介绍贿赂罪的行为人认识到自己处于第三者的地位，有介绍贿赂的故意，并非仅有帮助行贿或者帮助受贿的意思。从客观行为看，行贿、受贿帮助犯的行为是为一方服务，而介绍贿赂罪的行为是在行贿人和受贿人之

---

〔1〕 肖扬主编：《贿赂犯罪研究》，法律出版社1993年版，第330页。

〔2〕 王作富、韩耀元：“论贿赂犯罪的刑法完善”，载《检察理论研究》1997年第1期。

〔3〕 朱孝清：“略论介绍贿赂罪”，载《法学》1990年第2期；王礼仁：“我国贿赂犯罪立法的现状与完善”，载《法学评论》1997年第1期。

〔4〕 朱铁军：“介绍贿赂罪与行贿、受贿共犯界限之分析——由浙江腐败‘名托’被判刑所引发的思考”，载《中国刑事法杂志》2003年第1期。

间穿梭或牵线搭桥、撮合，促成行贿人、受贿人双方行为内容的实现。从利益基础看，介绍贿赂人有自己独立的利益追求，其不是为了受贿，也不是为了行贿，而是为了通过促成受贿和行贿双方权钱交易的成功来谋取自身的物质或非物质利益。②将介绍贿赂这一种特殊的帮助行为独立成罪是立法技术上的考虑，也是全面打击贿赂犯罪的需要。说其特殊，乃是因为介绍贿赂行为既帮助行贿人，又帮助受贿人。如果取消介绍贿赂罪，则将其到底是以行贿的帮助犯还是受贿的帮助犯处理呢？显然会造成定性处理上的两难。其实，诸如此类，我国刑法中将本是共犯的行为单独定罪不乏其例，例如《刑法》第 358 条一方面规定了组织卖淫罪，另一方面又将组织卖淫的从犯定为协助组织卖淫罪，第 359 条还规定了介绍卖淫罪等；《刑法》第 158 条规定了虚报注册资本罪，第 229 条又规定了提供虚假证明文件罪等，均是分别定罪。此外，立法将介绍贿赂行为独立规定为犯罪，也是向世人昭示：不但行贿、受贿构成犯罪，介绍贿赂也要构成犯罪。这是国家全面打击和遏制贿赂犯罪、加强反腐败力度的政策需要。③将介绍贿赂行为单独定罪符合世界各国的通行做法。综观世界各国立法，除极个别国家如 1979 年《匈牙利刑法典》只规定了单一的受贿罪外，大多数国家都规定了介绍贿赂罪。

（2）补漏说也不足取。应当看到，与行贿罪、受贿罪相比，现行刑法对介绍贿赂罪配置的刑罚即最高法定刑只有有期徒刑 3 年确实过低，同时也与当前形势下介绍贿赂罪所表现的新特点及其社会危害性不符，由此确已带来不少立法和司法问题，不利于全面打击贿赂犯罪。在现阶段立法存在问题的情况下，补漏说出于严厉惩罚介绍贿赂犯罪、追求实质上的罪刑相适应考虑，将介绍贿赂行为进行限制解释，试图缩小介绍贿赂行为的犯罪圈，将大部分介绍贿赂行为都以行贿、受贿的共犯论处，这种主张的出发点是好的，但也有明显缺陷。一方面，该种所谓的限制解释不顾立法将介绍贿赂行为独立成罪的立法事实，有架空《刑法》第 392 条、虚置介绍贿赂罪的危险，其实质与介绍贿赂罪取消论相去不远。另一方面，将实践中对介绍贿赂案件重罪轻判的现象归因于立法将介绍贿赂罪独立成罪的理由并不充分。从前面的分析可见，介绍贿赂罪的独立存在是必要的，造成重罪轻判的主要原因在于目前刑法对该罪配置的法定刑过低。因此，妥善的解决方案是通过修改介绍贿赂罪的刑罚规定加以解决，而不是全盘否定该罪独立存在的价值。

单位行贿罪理论与实践 第十章 chapter 10

第一节　单位行贿罪的立法与解释

一、单位行贿罪的立法

在1979年《刑法》中，并没有规定单位可以构成行贿罪的主体，那一时期在计划经济的条件下，交易稀少，单位的独立利益较少，因此单位行贿为数不多，即使存在单位行贿的行为，也不足以引起刑法的关注。而随着改革开放的推进，人们的思想得到解放，商业气息逐渐浓厚，许多机关、单位也纷纷加入从商大军，开展商业活动，进行市场角逐，机关工作人员集资开矿、集资填海之事屡见不鲜。而市场是一个竞争的场所，一些单位为了谋取本单位、本地方、本部门的不正当利益而行贿，或者在经济往来中违反国家规定给国家工作人员以回扣、手续费的现象则日趋增多，严重干扰和破坏了正常的经济秩序，妨害了市场经济秩序的建立，腐蚀了国家公务人员，具有了显著的社会危害性。但是，单位行贿多数是为谋取单位利益，而行贿罪的主观要件则是为谋取个人私利，两者在主观方面不同，如果将单位犯罪归入行贿罪的范畴，有可能导致个人代替单位受国家责难的困惑，从而造成实质不公，为此立法尝试将此种行为纳入刑法视野。两高于1985年7月18日发布的《关于当前办理经济犯罪案件中具体应用法律的若干问题的解答（试行）》（已失效）中规定，国家机关、团体、企业事业单位和集体经济组织为谋取非法利益而行贿，数额巨大，情节严重的，对其主管人员和直接责任人员应追究刑事责任，这一规定与匈牙利现行刑法的规定类似，即只处罚与行贿有关的直接责任人员和负领导监督责任的人的责任，而不对作为组织进行处罚。[1]当然，这种规定实际上仍未突破个人行贿罪的范畴，这种处理方式虽然对遏制单位行贿起到了一定的作用，但将单位行贿作为个人行贿处理，无法解决单位故意和单位利益与个人责任间的冲突，只能视为权宜之计。

在两高解释的基础上，1988 年 1 月 21 日第六届全国人民代表大会常务委员会通过的《关于惩治贪污罪贿赂罪的补充规定》（已失效，下同）第 9 条规定："企业事业单位、机关、团体为谋取不正当利益而行贿，或者违反国家规定，给予国家工作人员、集体经济组织工作人员或者其他从事公务的人员以回扣、手续费，情节严重的，判处罚金，并对其直接负责的主管人员和其他直接责任人员，处 5 年以下有期徒刑或者拘役。因行贿取得的违法所得归私人所有的，依照本规定第八条的规定处罚。"这是我国关于单位行贿罪的最早立法规定。在 1996 年 8 月 8 日的分则修改稿中，立法机关首次将本罪写入草案。在犯罪主体上，曾删除"机关"这一犯罪主体，主要考虑对国家机关判处罚金在理论和实践上都不尽妥当。但是，1996 年 10 月 10 日的修订草案（征求意见稿）以及 1996 年 12 月 20 日的修订草案又都恢复了《关于惩治贪污罪贿赂罪的补充规定》的写法，并增加规定"公司"。而后，鉴于刑法典总则草案已经对单位犯罪作出明确的规定，没有必要再在分则具体罪状中重复列举单位种类，故 1997 年 2 月 17 日的修订草案（修改稿）将原先列举的写法以概括性的"单位"取代。由于《关于惩治贪污罪贿赂罪的补充规定》第 9 条并未明确说明究竟是按照行贿罪还是单位行贿罪处理，所以，1996 年 12 月 20 日的修订草案明确为"依照行贿罪定罪处罚"，同时明确行贿违法所得的处理。根据现行《刑法》第 393 条的规定，构成本罪依照《刑法》第 389 条、第 390 条的规定予以定罪处罚。《刑法修正案（九）》对第 393 条作出了修改，调整为："单位为谋取不正当利益而行贿，或者违反国家规定，给予国家工作人员以回扣、手续费，情节严重的，对单位判处罚金，并对其直接负责的主管人员和其他直接责任人员，处五年以下有期徒刑或者拘役，并处罚金。因行贿取得的违法所得归个人所有的，依照本法第三百八十九条、第三百九十条的规定定罪处罚。"修改之处为增加了"并处罚金"。而且，《刑法修正案（九）》对第 390 条作出了一些修改：一是对第 390 条第 1 款的三个量刑档

[1] 《匈牙利刑法典》，陈志军译，中国人民公安大学出版社 2008 年版，第 106 页。

次都增加了“并处罚金”的规定；二是修改了减免处罚规定，总体上对于行贿犯罪处罚趋严。

从《关于惩治贪污罪贿赂罪的补充规定》到1997年《刑法》，立法机关根据贿赂犯罪的主体或对象是单位抑或自然人，将它们进一步划分为受贿罪与单位受贿罪、行贿罪与单位行贿罪，以及对单位行贿罪，使刑法关于贿赂的规定更符合当时中国的社会现实，对保护社会也起到了应有的作用。现行刑法典规定的行贿犯罪在旧刑法的基础上，从早期的行贿罪、介绍贿赂罪演化为行贿罪、对非国家工作人员行贿罪、对外国公职人员、国际公共组织官员行贿罪、单位行贿罪、介绍贿赂罪等，刑事立法日趋精细化，贿赂犯罪的罪名体系日趋完善。有学者主张，应当取消单位行贿罪的设置，以防止单位受贿（行贿）行为的轻缓化待遇。一般而言，我国犯罪主体分为自然人犯罪和单位犯罪，在法条表述技巧上通常先规定自然人犯罪的构成要件，然后再单独另起一款作为单位犯罪，而不会对单位犯罪独立设置一条为单位犯罪的罪名排列。而在我国贿赂犯罪刑事立法体例中却出现单独设立单位受贿罪、单位行贿罪的现象，罪刑配置较为轻缓。针对这一现象，可取的做法是应当取消单位受贿（行贿）罪，将其并入受贿（行贿）罪，以此实现刑事立法体系化的统筹和协调。[1]笔者认为，立法无非经验的总结，刑法立法肯定要反映司法实践的现实需求，单位行贿罪的设立是符合我国实际情况的。正如周光权教授指出的那样，“每一条刑法规定都对应特定的时代，对应具体的社会生活状况”。[2]在中华人民共和国成立后较长的一段历史时期，我国实施高度集中的计划经济，国有公司、企业不存在独立的经济利益，1979年《刑法》也不需要规定单位行贿罪的内容。随着市场经济的发展，公司、企业逐渐成为市场经济的主体。然而，市场经济创立之初，我国的经济制度建设尚不完善，许多公司、企业内部缺少有效的制约监督，外部生存环境不尽理想，市场准入门槛较低。为了在竞争中获得有利的位置，赚取更高的收益，一些公司、企业就会采取行贿方式向国家工作人员输送经济利益，导致单位行贿的现象大量滋生，这不仅成为腐败的重要源头，严重破坏了国家工作人员职务

〔1〕 陈伟、熊波：“‘收受型’贿赂犯罪双向对称性刑事政策之构建”，载《安徽大学学报（哲学社会科学版）》2018年第1期。

〔2〕 周光权：“转型时期刑法立法的思路与方法”，载《中国社会科学》2016年第3期。

活动的廉洁性，而且也造成了其他严重社会危害的后果，需要动用刑罚来加以处罚。正是顺应时代的发展需要，立法者将单位行贿纳入刑法规制范围，增设了单位行贿罪。

二、单位行贿罪的解释

（一）单位行贿罪的立案标准

作为单位犯罪，单位行贿罪的社会危害性显然与自然人实施的行贿不同，因而定罪标准也应当有所差异。根据最高人民检察院于1999年8月6日通过《关于人民检察院直接受理立案侦查案件立案标准的规定（试行）》的规定：单位行贿罪是指公司、企业、事业单位、机关、团体为谋取不正当利益而行贿，或者违反国家规定，给予国家工作人员以回扣、手续费，情节严重的行为。涉嫌下列情形之一的，应予立案：其一，单位行贿数额在20万元以上的；其二，单位为谋取不正当利益而行贿，数额在10万元以上不满20万元，但具有下列情形之一的：①为谋取非法利益而行贿的；②向3人以上行贿的；③向党政领导、司法工作人员、行政执法人员行贿的；④致使国家或者社会利益遭受重大损失的。

（二）单位行贿罪与行贿罪的区分

司法实务中，单位行贿罪和行贿罪往往难以区分。针对这一难题，最高人民检察院于1999年8月6日通过的《关于人民检察院直接受理立案侦查案件立案标准的规定（试行）》规定："因行贿取得的违法所得归个人所有的，依照本规定关于个人行贿的规定立案，追究其刑事责任。"这一司法解释明确了单位行贿罪和行贿罪的界限主要在于违法所得的归属，显然这一解释体现了比较明显的客观主义立场，也为单位行贿罪与行贿罪的区分提供了一个明确的标准。

（三）单位行贿罪的自首

两高于2012年12月26日发布的《关于办理行贿刑事案件具体应用法律若干问题的解释》第7条第2款规定："单位行贿的，在被追诉前，单位集体决定或者单位负责人决定主动交代单位行贿行为的，依照刑法第三百九十条第二款的规定，对单位及相关责任人员可以减轻处罚或者免除处罚；受委托直接办理单位行贿事项的直接责任人员在被追诉前主动交代自己知道的单位行贿行为的，对该直接责任人员可以依照刑法第三百九十条第二款的规定减轻处罚或者免除处罚。”根据这一规定，单位行贿罪也可以成立自首，这实际上是以刑法司法解释的方式承认了单位行贿罪自首的成立，回应了刑法理论对于单位行贿罪能否成立自首这一问题的争议。

第二节　单位行贿罪的犯罪构成

单位行贿罪是指单位为谋取不正当利益而行贿，或者违反国家规定，给予国家工作人员以回扣、手续费，情节严重的行为。

一、单位行贿罪的客体

单位行贿罪的客体和行贿罪相同，都是国家工作人员职务的廉洁性。

对于单位行贿罪的行为对象，则存在以下一些争议问题：

1. 单位行贿罪的行为对象能否包括非国家工作人员？

有学者认为，单位行贿罪的行为对象并不仅仅为国家工作人员。本罪贿赂的对象不限于国家工作人员、国有公司、企业、国家机关、事业单位，也包括非国有公司、企业和事业单位、外国公职人员、国际公共组织官员。[1]大多数学者认为，单位行贿罪的对象是国家工作人员。如陈兴良教授指出，单位行贿罪的行为具有以下两种表现形式：一是为谋取不正当利益给予国家工作人员以财物。二是违反国家规定，给予国家工作人员以回扣、手续费。[2]笔者认为，由于本罪侵害的法益是国家工作人员职务的廉洁性，第二种观点是可取的。

2. 单位行贿罪的行为对象能否包括非国有单位？

对此问题，一些教科书认为，本罪的犯罪对象既包括国家工作人员，也包括国有单位，其理由是定义单位行贿罪的《刑法》第393条将此罪规定为两种情形，其前一种情形“单位为谋取不正当利益而行贿”中的行贿对象未指明是国有单位或国家工作人员，故将二者全部包括进去。笔者认为，这种认识是错误的，单位行贿罪的犯罪对象只能是国家工作人员，理由是：

---

〔1〕 曾粤兴、孙本雄：“《刑法》中的单位行贿罪研究”，载《昆明理工大学学报（社会科学版）》2014年第2期。

〔2〕 陈兴良：《规范刑法学》（下册），中国人民大学出版社2017年版，第1216~1217页。

第一，研究一种具体犯罪的概念及其构成，不能仅根据《刑法》的一两条法律条文来考究，而应结合同一类犯罪甚至整部《刑法》加以分析，即要重视体系解释的方法。就行贿这类犯罪行为而言，在刑法第八章“贪污贿赂罪”中规定了四种行为：①自然人对国家工作人员的行贿；②自然人对国有单位的行贿；③单位对国有单位的行贿；④单位对国家工作人员的行贿。而两高分别就《刑法》的罪名的确定问题的有关司法解释，都将第一种情形，即自然人对国家工作人员的行贿犯罪确定为“行贿罪”；对第二、三种情形，即自然人或单位对国有单位的行贿犯罪定义为“对单位行贿罪”；而对第四种情形，即单位对国家工作人员的行贿犯罪规定为“单位行贿罪”。若将单位也列为“单位行贿罪”的犯罪对象，势必造成“单位行贿罪”和“对单位行贿罪”这两种犯罪在犯罪对象上相互包容，这是不符合逻辑的。

第二，认定单位行贿罪的犯罪对象包括国有单位，势必造成在单位对国有单位的行贿犯罪行为的定罪量刑上产生分歧，给公正执法带来负面影响。如果按照上述观点，单位为谋取不正当利益而给予国有单位，即国家机关、国有公司、企业、事业单位、人民团体以财物的行贿行为，既可构成“对单位行贿罪”，也可构成“单位行贿罪”。而这两罪在量刑方面明显不同，根据《刑法》第391条及第393条的规定，“对单位行贿罪”的法定最高刑为3年有期徒刑，而“单位行贿罪”的法定最高刑为5年有期徒刑。上述对同一具体行为在定罪与量刑上存在的双重标准，显然已违反了刑法明确规定的罪刑法定原则。所以，“单位行贿罪”的犯罪对象只能是国家工作人员。依《刑法》第393条的规定，单位行贿罪的犯罪对象只能是国家工作人员，而不包括国有单位，如果向国有单位行贿的，应当构成对单位行贿罪。如果向非国有单位行贿的，则可能构成现行《刑法》第164条规定的对非国家工作人员行贿罪和对外国公职人员、国际公共组织官员行贿罪，而不是某些论者所称的“因为法律并没有规定为犯罪，应当视为无罪”。

二、单位行贿罪的客观方面

单位行贿罪在客观方面表现为直接负责的主管人员或直接责任人员根据本单位的意志以单位名义实施的行贿行为。具体包括以下两种情形：一是为谋取不正当利益而行贿；二是违反国家规定，给予国家工作人员以回扣、手续费。

司法实践中常见的单位行贿行为主要有：①经单位研究决定的由有关人

员实施的行贿行为；②经单位主管人员批准，由有关人员实施的行贿行为；③单位主管人员以法定代表人的身份实施的行贿行为。需要指出的是，根据《刑法》的有关规定，行贿行为的违法所得必须归单位所有，如果归个人所有，应以自然人的行贿罪论处。最高人民法院《关于审理单位犯罪案件具体应用法律有关问题的解释》第2、3条分别规定，个人为进行违法犯罪活动而设立的公司、企业、事业单位实施犯罪的，或者公司、企业、事业单位设立后，以实施犯罪为主要活动的，不以单位犯罪论处；盗用单位名义实施犯罪，违法所得由实施犯罪的个人私分的，依照刑法有关自然人犯罪的规定定罪处罚。

此外，“情节严重”是构成单位行贿罪的必要条件之一，也是与行贿罪、对单位行贿罪相区别的一个重要标志。至于如何认定该罪的“情节严重”，则应从主、客观两方面，即主观上的罪过程度与客观上造成的社会危害程度来确定，具有下列情形之一的应视为“情节严重”：

（1）行贿数额大。根据最高人民检察院《关于人民检察院直接受理立案侦查案件立案标准的规定（试行）》中的有关规定，单位行贿数额在20万元以上的，应予立案。

（2）具有其他严重情节。根据最高人民检察院在上述司法解释中所作的解释，单位为谋取不正当利益而行贿，数额在10万元以上不满20万元，但具有下列情形之一的，应同样予以立案：①为谋取非法利益而行贿的；②向3人以上行贿的；③向党政领导、司法工作人员、行政执法人员行贿的；④致使国家或者社会利益遭受重大损失的。

三、单位行贿罪的主体

单位行贿罪的犯罪主体必须是单位，这是没有争议的。但是，这里所讲的单位范围如何，则存在不同的见解。根据《刑法》第30条的规定，应指公司、企业、事业单位、机关、团体。而根据最高人民法院《关于审理单位犯罪案件具体应用法律有关问题的解释》的规定，“公司、企业、事业单位”，既包括国有、集体所有的公司、企业、事业单位，也包括依法设立的合资经营、合作经营企业和具有法人资格的独资、私营等公司、企业、事业单位。在单位行贿罪中，还存在单位内部机构行贿犯罪的可能性。所谓单位内部机构是相对于单位整体而言的，是指法人的分支机构，单位内设的科、室、部等下属小单位。单位内部机构可以成为单位行贿罪的犯罪主体，其犯罪行为应按单位犯罪惩处，主要理由在于，由于财务管理的不健全，各单位内部机构存在的“小金库”是产生行贿犯罪的物质基础，而这些内部机构为谋取本“小集团”的局部利益，又是产生行贿犯罪的动因，因而，为内部机构谋取不正当利益，经集体决定或由其负责人决定实施的内部机构的行贿犯罪，其行为符合单位行贿犯罪的特征，实质仍属单位行贿罪。

四、单位行贿罪的主观方面

单位行贿罪在主观方面只能是直接故意，并且具有为本单位谋取不正当利益的目的。有学者明确指出，单位行贿罪的主观方面都具有谋取不正当利益的目的，没有谋取不正当利益的目的，即使实施了行贿行为，也不能构成单位行贿罪。其行为方式具体有两种：①为了谋取不正当利益而给予国家工作人员以财物，情节严重的行为。②为了谋取不正当利益，违反国家规定，给予国家工作人员以回扣、手续费，情节严重的行为。〔1〕对此，有人则认为这一见解值得商榷，其认为1997年《刑法》第393条将单位行贿罪分为两种情形：一种是单位为谋取不正当利益而行贿的；另一种是单位违反国家规定，给予国家工作人员以回扣、手续费，即准行贿行为。对于前一种情形，已明确规定为单位“谋取不正当利益”这一要件。而对后一种情形，则不需要为单位“谋取不正当利益”这一要件。〔2〕单位行贿罪在主观方面表现为直接故意，并且，如果直接向国家工作人员行贿的，还须具有谋取不正当利益的目的。而对于本罪的第二种行为方式，即违反国家规定，给予国家工作人员以回扣、手续费，情节严重的行为，主观上不需要具有谋取不正当利益的目的，只要客观上违反国家规定即可成立单位行贿罪。〔3〕其同时认为，如果对第二种情形也必须具备为单位“谋取不正当利益”这一要件，势必放纵单位行贿犯罪的发生。甚至有人认为，这势必形成为谋取正当利益而行贿应受法律保护的推断。因而建议，无论谋取什么样的利益，只要给予国家工作人员以财物，所取得或可能取得的利益是通过国家工作人员的职权所完成的，即构成

〔1〕周其华：《中国刑法罪名释考》，中国方正出版社2000年版，第911页。
〔2〕王作富主编：《刑法分则实务研究》（下），中国方正出版社2010年版，第1834页。
〔3〕梁利波：“单位行贿罪研究”，载《刑法论丛》2003年第1期。

单位行贿犯罪。

笔者支持前一种观点，主张单位行贿罪所有的行为均必须以谋取不正当利益为目的，具体理由如下：①这是文义解释得出的结论。《刑法》第 393 条规定“单位为谋取不正当利益而行贿，或者违反国家规定，给予国家工作人员以回扣、手续费，情节严重的”行为构成单位行贿罪。根据刑法的规定，我国大多数学者都认为单位行贿罪是法定的目的犯，只有具有谋取不正当利益的目的，才能构成本罪。[1]对《刑法》第 393 条进行文义解释，可以得出“为谋取不正当利益”，既是普通单位行贿行为的主观要件，也是准单位行贿行为即“违反国家规定，给予国家工作人员以回扣、手续费”的主观要件，没有理由否认准单位行贿行为不需要“谋取不正当利益”的目的。②这一结论符合我国反腐的刑事政策精神。为了限制处罚的范围，我国刑法明确要求行贿罪的成立，行为人主观上具有“谋取不正当利益”的目的。单位行贿罪属于行贿犯罪中的一个罪名，显然也需要具有这一主观目的。持否定“不正当利益”为单位行贿罪必备构成要件的人，其目的是出于打击受贿犯罪的需要，他们认为受贿与行贿是一对导致腐败的孪生兄弟，受贿必须严惩，行贿岂能宽恕，因而力主取消“谋取正当利益”这一构成要件。显然，这已经超出了法律解释的范畴，只能由立法机关根据反腐败斗争的需要对刑法的有关规定作适当修改。③这是对“违反国家规定”和“谋取不正当利益”正确解读的结果。“谋取正当利益”属于主观方面的内容，是行为人的心理活动；“违反国家规定”是对行为违法性的判断，属于客观的事实判断，因此，两者虽然存在一定的联系，但显然不能等同。事实上，单位违反国家规定给予国家工作人员回扣、手续费所谋取的利益完全可以是正当利益，国家工作人员也完全可以采取不违反国家规定的方式提供利益，因此，作为行贿一方的单位违反国家规定，但未必谋取的就一定是不正当利益。[2]持后一种见解的人忽视了“谋取不正当利益”与“违反国家规定”之间应有的界限，将客观行为形式与手段的非法性等同于主观上“谋取不正当利益”的目的。在当前的法律条件下，应严格按照《刑法》的罪刑法定原则，以“谋取不正当利益”作为单位行贿罪的构成要件，严惩此类犯罪，对于某些单位因被勒索而给予

---

〔1〕 陈兴良：《规范刑法学》（下册），中国人民大学出版社 2017 年版，第 1217 页。

〔2〕 赵煜：《惩治贪污贿赂犯罪实务指南》，法律出版社 2012 年版，第 608 页。

国家工作人员以财物，没有获得不正当利益的，不能认定为行贿犯罪。

司法实践中，对于单位负责人或者直接主管人员打着单位行贿的旗号，为自己谋取不正当利益，而单位根本没有获取不正当利益的现象，应当以行贿罪论处，不能成立单位行贿罪。

第三节 单位行贿罪的疑难问题

一、一人公司能否成为单位行贿罪的主体

一人公司是指股东仅为一人，并由该股东持有所有股份的有限责任公司和股份有限公司。一人公司能否成为单位行贿罪的主体关系到对一人公司刑法地位的认识。对于一个公司能否成为单位犯罪的主体，学者们存在肯定说和否定说两种截然不同的看法。有学者认为，一人公司的股东虽然只有一个，但是股东和公司两者在法律上都是独立的个体，法人人格和自然人的人格是分离的，一人公司具有独立的意志，根据现行公司法的规定，一人公司是一个独立的法人，具有独立的法人地位。所以，一人公司能够成为单位犯罪的主体。〔1〕有学者则不同意这种观点，主张一人公司不宜作为单位犯罪的主体，因为刑法分则对于单位犯罪配置的法定刑一般高于自然人犯罪，司法解释对于单位犯罪的标准也远远高于自然人犯罪，如果承认一人公司可以成为单位犯罪的主体，会导致一些别有用心的人利用这一点恶意逃避刑罚的处罚。〔2〕就一人公司行贿的性质而言，相应地也存在两种对立的立场。有学者主张，刑法并未以出资人数来界定单位犯罪中的“单位”，只有一人出资的公司所有人是法定的公司代表机关，其行贿决策与其履行职务是密不可分的，行贿与谋取公司利益密切相关，公司作为行贿所得利益的承受者，对行贿行为理应承担责任；一人公司行贿也应当认定为单位行贿，〔3〕反对这一立场的学者认为，在一人公司的情况下，单位的决策机关与股东个人无法截然分开，单位利益和个人利益无法区分，单位利益完全可以推定为个人利益，因此，一人

---

〔1〕 毛玲玲：“新公司法背景下一人公司的刑法地位探析”，载《法学》2006 年第 7 期。

〔2〕 张明楷：《刑法学》（第 5 版），法律出版社 2016 年版，第 138 页。

〔3〕 余双彪：“一人公司行贿也应认定为单位行贿”，载《检察日报》2010 年 1 月 4 日。

公司行贿一般应当认定为个人行贿，而不能认定为单位行贿罪。[1]

刑法意义上的单位必须具有合法性、组织性、独立性的特征。单位的“合法性”，包括两个方面的含义：一是依法成立，即单位的设立方式、程序符合国家的法律规定，经过有权机关或组织的审批、登记注册。凡未经合法程序设立的单位实施的行贿行为，在否定其正当的单位人格的基础上，直接认定具体行贿行为的实施者构成行贿罪即可。二是合法存在，即要求单位的设立目的和宗旨应当符合国家和社会公共利益的要求；同时，依法成立的单位，其合法性在单位存续期间应持续存在。单位的“组织性”特征，是指单位由一定数量的人员组成，有一定的组织机构，并可以通过一定的决策程序形成单位的意志。单位的“独立性”是指单位具有自己固定的经营活动场所、相对独立的财产，并能以自己的名义独立地从事相关的社会经济活动。[2]一人公司是依法设立的具有法人资格的主体，具有独立的法人地位，完全具有合法性、组织性、独立性的特征，因此，一人公司当然属于《刑法》第 30 条中的“公司”，否认一人公司单位犯罪的资格无疑是违背公司法设立一人公司的理论根基的。同时，如果否认一人公司单位犯罪的资格会导致一个公司其他工作人员的职务犯罪行为本应构成单位犯罪而当作自然人犯罪处理的结果，而这一结果显然是不合理的。比较合理的结论就是，一人公司具有独立的法律地位，符合单位犯罪的主体资格，一个公司行贿应当成立单位行贿罪。当然，如果公司设立后主要以犯罪作为主要活动，则可以借鉴英美公司法上的“公司人格否认”理论否认单位犯罪的成立，以便防止行为人因恶意规避刑法的规定而从法律上获利。

二、私营企业能否成为单位行贿罪的主体

私营企业是个人投资的企业，通常指独资企业与合伙企业。独资企业是指依照法律在中国境内设立，由一个自然人投资，财产为投资人个人所有，投资人以其个人财产对企业债务承担无限责任的经营实体。独资企业通常不具备健全的组织机构，不具备企业法人资格的基本条件。合伙企业是指依照

〔1〕 孙国祥：《贪污贿赂犯罪研究》（下册），中国人民大学出版社 2018 年版，第 1016 页。

〔2〕 龚培华、徐亚之：“论单位行贿与个人行贿的司法认定”，载《上海政法学院学报（法治论丛）》2011 年第 6 期。

法律在中国境内设立的由各合伙人订立合伙协议，共同出资、合伙经营、共享收益、共担风险，并对合伙企业债务承担无限连带责任的营利性组织。合伙企业的显著特征表现为由合伙人共同决定其经营活动。刑法理论界与司法实务界对单位行贿罪的主体包括具备法人资格的私营企业已无争议，但对是否包括合伙企业尚未形成定论。一种观点认为，合伙企业是两个以上合伙人共同出资、合伙经营、共享收益、共担风险并对合伙企业债务承担无限连带责任的营利性组织，合伙企业不具有法人资格，合伙企业的财产与合伙人的财产没有完全分离，因此不能独立承担责任。合伙企业即使触犯刑律，也属于合伙人为自己的利益而实施的共同犯罪，其刑事责任由合伙人共同承担，故不能成为单位行贿罪的主体。另一种观点认为，我国刑法规定的单位犯罪不等于也不限于法人犯罪，单位行贿罪中的企业主体不必要求具有法人资格。合伙企业不是合伙人的简单相加，其经依法注册登记设立，有自己的名称、场所和合伙财产，依据合伙协议进行运作，虽不能与法人企业相比，但仍具有一定的独立性，因此可以成为单位行贿罪的主体。[1]不难看出，个人合伙是一种人的组合，而非资产的融合，其权利能力和行为能力皆没有和合伙成员完全分离，不具有独立的意志，不是独立企业法人。由于这两种企业不具备法人资格，根本谈不上刑事责任能力。如果对这两种企业追究刑事责任实际是对自然人一个犯罪行为的重复处罚，违反罪责刑相适应原则。因此，这两类企业不是现行《刑法》第 30 条所指的企业。根据《刑法》第 393 条的规定，因为行贿而取得的违法所得归个人所有的按个人行贿处罚。私营企业主为了谋取不正当利益，向国家工作人员行贿的，虽然是以单位名义实施，但由于不正当利益主要归其个人所有，因此该行为应定为个人犯罪，不以单位犯罪论处。

三、单位分支机构或内设机构能否成为单位行贿罪的主体

单位的分支机构和内设机构是否可以成为单位行贿罪即单位犯罪的主体，刑法理论界存在不同的看法。有学者认为，按照刑法规定，单位犯罪主体只能是公司、企业、事业单位、机关、团体，没有注明包括其分支机构和内部

---

〔1〕 赵秉志主编：《犯罪总论问题探索》，法律出版社 2002 年版，第 169~170 页。

组成单位，因此单位的附属机构不能单独构成单位犯罪。[1]另有学者则认为，公司、机关、事业单位及其分支机构、内设职能部门拥有一定的决策自主权，可以独立对外活动，完全能够成为单位犯罪主体。[2]2001 年 1 月 21 日最高人民法院发布的《全国法院审理金融犯罪案件工作座谈会纪要》规定："单位的分支机构或者内设机构、部门实施犯罪行为的处理。以单位的分支机构或者内设机构、部门的名义实施的犯罪，违法所得亦归分支机构或者内设机构、部门所有的，应认定为单位犯罪。不能因为单位的分支机构或者内设机构、部门没有可供执行罚金的财产，就不将其认定为单位犯罪，而按照个人犯罪处理。"这一司法解释明确肯定了单位的分支机构或者内设机构可以成为单位犯罪的犯罪主体，亦即可以成为单位行贿罪的主体。

我国刑法规定的单位犯罪并不同于国外刑法中的法人犯罪，一般认为，单位犯罪的范围大于法人犯罪的范围。从逻辑来讲，单位犯罪并不排除单位分支机构或内设机构成为单位犯罪主体，在判断单位的分支机构或者单位的内设机构能否成为单位犯罪的主体关键在于其独立性。笔者认为，无论单位的分支机构或者单位的内设机构是否具有相对独立性，都可以成为单位犯罪的主体。因此，单位的分支机构或内设机构以自己的名义实施的行贿行为并且违法所得为分支机构或内设机构所有的，都应当认定为单位行贿罪。

四、个人挂靠型主体、个人风险经营型主体能否成为单位行贿罪的主体

挂靠经营常见于工程建设领域，是指具有一定资质的企业允许他人以自己企业的名义对外承接工程的行为。个人挂靠型主体其经营模式具体表现为：本身不具备合法经营主体的个人，挂靠具有经营权的单位，并以该单位的名义对外从事营利性活动。个人风险经营型主体其经营模式具体表现为：单位中的工作人员以单位名义对外从事营利性活动，而个人自主经营，自负盈亏。以上两种单位在经营过程中，为谋取不正当利益，而向国家工作人员行贿或违反国家规定给予国家工作人员回扣、手续费的行为，表面看来，虽然是以集体名义，但实际均由个人投资，除了向挂靠单位交纳一定的管理费外，其经营所得全部归个人所有。"仅仅因为行贿人为了个人谋取不正当利益而向单

---

〔1〕 丁慕英等主编：《刑法实施中重点难点问题研究》，法律出版社 1998 年版，第 302 页。

〔2〕 黎宏："单位犯罪的若干问题新探"，载《法商研究》2003 年第 4 期。

位支付一定费用，就将这种费用理解成‘为单位创造的利益’，从而判断其行为是单位行为，显然不妥。”[1]以单位的名义实施的行为，其实质是个人行为。行贿主体的行贿行为体现的是个人意志，不受单位集体意志影响。单位犯罪主观上体现为单位集体意志决定，而个人犯行贿罪没有单位集体意志左右，纯属单位以外的个人意志。这两类行贿主体的行贿行为不能体现单位集体意志。行贿人的行贿行为与单位的关系是：第一，行贿人的行贿不需要得到单位同意，也没必要得到单位的同意；第二，行贿人实施行贿行为后，不需要单位事后的认可，也没必要得到单位事后的认可；第三，行贿人用来行贿的财物，完全由其个人承担、支出，不存在由单位承担的可能。由这三个特征也可判断出，行贿人的行贿行为是其个人的意志体现，而不是单位集体意志的体现。个人借单位名义实则为了自己谋取不正当利益而行贿或借单位名义实则是自己违反国家规定将单位或自己的财物以回扣、手续费方式，送给国家工作人员，数额较大的，属于个人行贿。《刑法》第 393 条规定，因行贿取得违法所得归个人所有的，依照本法第 389 条、第 390 条之规定定罪处罚，即依照行贿罪定罪处罚。这一规定也表明，是否以单位名义对于单位犯罪的成立无关紧要，而最终利益的归属则对单位犯罪的成立至关重要。因此，无论行为人是以单位的名义行贿，还是以个人名义行贿，只要行贿取得的违法所得归个人所有的，就应以个人行贿论处，从而个人挂靠型主体、个人风险经营型主体不能成为单位行贿罪的主体。

五、承包企业能否成为单位行贿罪的主体

承包企业是指行为人通过签订承包合同，取得对企业的经营管理权，并以该企业的名义从事经营活动的主体。笔者认为，对承包企业能否成为单位行贿罪的主体这一问题，不能一概而论，应视具体情况而定。以发包单位在被承包企业中有无资产投入为标准，承包企业分两种，一是发包单位有资产投入的。因被承包企业是发包单位资产所有权与经营权相分离的表现，是发包单位自主选择经营方式的结果，其不因采用发包经营方式而改变其资产属性和单位的性质。因此，对于该类个人承包企业所实施的行贿犯罪行为，构成单位犯罪，应以单位行贿罪论处。二是发包单位没有资产投入的。其实际

---

〔1〕 张荣川：“几类行贿罪特殊主体的认定”，载《人民检察》2001 年第 2 期。

表现是企业的经营资本实际由承包人个人投入，发包单位仅仅提供营业执照，届时按约收取固定的承包费，企业在经营过程中所获得的利润主要由承包人所得，所以这种承包企业的承包人虽然以单位的名义去行贿，但行贿的不正当利益主要由承包人获得，对此应按个人行贿来处罚。[1]

六、单位行贿罪的自首

《刑法》第390条第2款对于行贿罪的处罚有如下规定："行贿人在被追诉前主动交代行贿行为的，可以从轻或者减轻处罚。其中，犯罪较轻的，对侦破重大案件起关键作用的，或者有重大立功表现的，可以减轻或者免除处罚。"但是，《刑法》第393条对于单位行贿罪的处罚却没有相同的规定。实践中因此而产生的争议是：在被追诉前，单位主要负责人或者单位授权人员主动交代单位行贿行为的，单位及其直接责任人员可否参照《刑法》第390条第2款的规定，在处罚上获得减免？我国刑法没有明文规定单位犯罪是否可以成立自首。对于单位能否成立自首，刑法理论上一直存在否定说和肯定说两种观点。否定说认为，法律上规定自首的主体是犯罪嫌疑人、被告人和罪犯，这里的犯罪嫌疑人、被告人和罪犯应理解为自然人，故自首很难直接适用于犯罪的单位。[2]肯定说则认为，我们刑法并没有明确规定自首的犯罪嫌疑人、被告人只能是自然人，单位也可以成为自首的主体。一方面，单位可以具有投案意图。单位犯罪后，其法定代表人或者直接责任人员出于愧疚、减轻责任和恐惧等心理，产生投案意图，把自己的意图通过特定方式上升为单位意志，并由单位决定向有关机关投案，从而可以实现投案意图。另一方面，在客观上，单位也可以自动投案，如实供述自己的罪行。单位的投案是先由其决策机关作出决定，再向有关机关投案。在实践中，主要有两种情形：法定代表人自动投案，单位向司法机关或者其他单位投送加盖其公章、承认其犯罪的书面材料。[3]笔者认为，肯定说的理由更加充分。承认单位自首的主要理由有：①单位具有独立的意志。单位是一个人格化的社会系统整体，它具有自己的整体意志，从而也具有自己的犯罪能力和刑事责任能力。当刑

[1] 吴浪："关于单位行贿罪中的主体认定及相关问题的法律思考"，载《湖南公安高等专科学校学报》2010年第2期，第52页。

[2] 竹怀军："建立单位犯罪量刑制度的构想"，载《济南大学学报》2001年第1期。

[3] 周光权：《刑法总论》，中国人民大学出版社2011年版，第314页。

法将单位作为与自然人并列的犯罪主体，就意味着单位具有了独立的意志，从而单位基于自己的意志理应可以自首。②符合自首制度的宗旨。自首制度设立的理论依据一方面是基于行为人悔罪表现而导致人身危险性降低，另一方面是出于节省司法资源的考量。承认单位自首完全符合自首制度的旨趣。

那么单位行贿后能否都成立单位自首呢？对此，也存在截然对立的两种观点。否定说认为，一方面，从法律规定的角度来说，《刑法》第390条第2款的规定不同于《刑法》第67条关于自首的规定，是对行贿罪处罚的一种拟制，而不是注意规定，“法律拟制规定的适用仅限于法律明文规定的情形，不能扩大到该规定以外。”另一方面，从单位行贿行为的社会危害性上来说，也不应该对单位行贿行为适用《刑法》第390条第2款的规定。“越来越多的例证表明，在市场经济条件下，行贿人多是自愿‘寻租者’，是‘加害人’，而不是天生的受害人，而很多的官员正是在行贿人的拉拢、腐蚀、利诱甚至威逼之下走上腐败犯罪的歧途、坠入堕落的深渊。”虽然造成单位实施这些行为的原因是多方面的，包括文化传统、国家制度等方面的原因。但是作为保障法的刑法应该对现在无法改变的经济、政治、历史条件下实施的触犯刑法规范，且具有严重社会危害性的行为作出应有的相当反应。“单位行贿犯罪渗透到社会政治经济生活的各个领域，直接诱发受贿犯罪，侵害国家工作人员职务廉洁性，腐蚀国家政权肌体，社会危害性极大。”故而，对在被追诉前主动交代单位行贿行为的，不能比照行贿罪的拟制规定减免处罚。〔1〕肯定说则认为，《刑法》第390条第2款的规定同样适用于单位行贿罪。虽然《刑法》第390条是关于普通行贿罪的规定，单位行贿罪即第393条的条文中并没有“行贿人在被追诉前主动交代行贿行为的，可以减轻处罚或者免除处罚”的类似表述，但行贿罪是比单位行贿罪更严重的犯罪，因为行贿罪最高可处无期徒刑，而单位行贿罪最高只能处5年有期徒刑。因此，根据“举重以明轻”的逻辑解释规则，既然行贿罪中的行贿人在被追诉前主动交代行贿行为的，可以减轻处罚或者免除处罚，那么单位行贿罪中行贿人同样可以适用这一规定，这才符合刑事立法的本意。〔2〕

---

〔1〕陈超：“单位行贿罪立法完善之探讨”，载《上海法治报》2016年7月20日。

〔2〕张平、谢雄伟：“单位行贿罪若干问题新探”，载《理论月刊》2005年第4期。赵煜：《惩治贪污贿赂犯罪实务指南》，法律出版社2012年版，第613页。

笔者认为，肯定说的理由是成立的。首先，单位具有独立的意志。单位行贿主观上是为单位谋取不正当利益，这反映出单位具有相对独立的意志和利益，单位行贿后也可以根据自己的意志自首。其次，符合我国反腐的刑事政策。对于单位行贿后在被追诉前主动交代行贿的行为定性为自首，有利于分化犯罪分子，为司法机关查明危害更为严重的国家工作人员的受贿行为提供便利条件。最后，符合我国司法实践的现实情况。《关于办理行贿刑事案件具体应用法律若干问题的解释》第7条第2款规定："单位行贿的，在被追诉前，单位集体决定或者单位负责人决定主动交代单位行贿行为的，依照刑法第三百九十条第二款的规定，对单位及相关责任人员可以减轻处罚或者免除处罚；受委托直接办理单位行贿事项的直接责任人员在被追诉前主动交代自己知道的单位行贿行为的，对该直接责任人员可以依照刑法第三百九十条第二款的规定减轻处罚或者免除处罚。"最高司法机关的解释明确规定了单位行贿自首制度，这反映了实务部门对这一问题的态度。

七、单位行贿罪和行贿罪的界限

我国刑法根据主体的不同对性质相同的行贿犯罪分别设立行贿罪和单位行贿罪。这两个罪名在成立条件和刑罚处遇等方面都存在较大的差异。

单位行贿罪是指单位为谋取不正当利益，给予国家工作人员以财物或者违反国家规定，在经济往来中，给予国家工作人员各种名义的回扣、手续费，情节严重的行为。行贿罪是指为谋取不正当利益，给予国家工作人员以财物的行为，以及在经济往来中，违反国家规定，给予国家工作人员以财物，数额较大的，或者违反国家规定，给予国家工作人员以各种名义的回扣、手续费的行为。

理论上单位行贿罪和行贿罪两者的区别明显，但在纷繁复杂的司法实践中，个人以单位名义谋求个人利益而行贿，或以形式上表现为个人行贿，实际上是单位行贿的情况经常出现，并且给司法认定带来了一定的困难，我们必须厘清单位行贿罪和行贿罪的界限，才能对犯罪分子做到罚当其罪。一般而言，二者的区分主要从以下三个方面来考察：

（1）要看是以谁的名义去行贿以及行贿资金、财物的来源。单位行贿罪的主体是单位。根据《刑法》第30条及最高人民法院于1999年6月18日通过的《关于审理单位犯罪案件具体应用法律有关问题的解释》的有关规定，单位一般是指公司、企业、事业单位、机关、团体等。如果以单位的名义利用单位的资金、财物给予有关国家工作人员的，可以认定为单位行贿。

(2) 要看行贿的决定是谁作出的。如果行贿的决定是经单位集体研究决定或有关负责人在其职权范围内作出的，则可以认定为单位行贿。但是在具体的司法实践中，对这一问题需要灵活把握，结合意志的形成过程进行综合把握。

首先，在行贿犯罪中对于通过决策程序形成的单位意志，其表现形式具有多样性，既可以表现为单位的领导决策后形成具体执行贿赂款、回扣支付的指令；也可以表现为通过公司的内部章程、工作手册、备忘录、合同等书面文件确定或约定的公关费用、产品销售回扣等；甚至具有较强的隐蔽性，表现为并无明文规定，但已成为单位潜规则的由业务人员具体操作的给付贿赂款、回扣的惯例性做法。

其次，有些意志的形成并未经过严格的决策程序，但结合决策者的身份、动机、事后因素等，仍可以认定为单位意志。如单位的领导、负责人未经正规的决策程序，个人决定或者授意实施行贿，这种决策尽管不是单位集体意志，但是由于是掌握了单位领导决策权的人作出的，如果作出决定的动机是为了单位整体的利益，那么也应该认定为单位的意志。

再次，单位的意志不仅局限于事先的决策，也可以是事后追认。实践中经常出现主管人员甚至一般工作人员超越授权范围行使职务，自作主张从事行贿活动，为单位谋取非法利益。对此，如果单位事后加以追认或默认的，个人意志就转化为单位意志。

最后，有些行贿的决定看似是通过决策程序作出的，但结合意志形成的具体过程和动机来考察，往往又应认定为个人意志。如某些实行“一言堂”的单位，领导的决策虽然经过其他成员的同意或认可，但其决策过程不是代表决策层集体的意志，在这种情况下，打着单位的旗号，以单位的财物向关系人行贿，谋取个人利益的，仍应认定为个人行贿。[1]

(3) 关键要看行贿所得的不正当利益的归属。单位行贿罪的实质就是为了单位整体的利益而行贿，因此，不正当利益的归属是区分单位行贿和自然

---

〔1〕 龚培华、徐亚之：“论单位行贿与个人行贿的司法认定”，载《上海政法学院学报（法治论丛）》2011年第6期。

人行贿的关键所在。根据《刑法》第 393 条的规定，对于“因行贿取得的违法所得归个人所有的”应当以行贿罪论处。因此，如果行为人事先出于为个人谋取不正当利益的目的，而以单位名义行贿并且个人获取违法所得的，或者在进行单位行贿过程中临时起意而将获取的违法所得归个人所有的，应以个人行贿罪论处。

在对具体的行贿行为究竟属于单位行贿还是个人行贿进行判断时，应综合把握“意志主体”和“利益归属”两个关键因素进行综合评判，而“利益归属”的判断又是重中之重。因为“意志主体”的判断往往由于单位决策程序的不规范、行贿的动机由于其属于主观范畴难以直接查明等原因，无法直接得出准确的结论。而利益归属则属于客观判断，比较容易准确地把握，并可据此推定行贿人行贿的动机，进而认定意志主体。利益的归属折射了行为人的主观目的，行贿罪是为个人谋取不正当利益，单位行贿罪是为单位谋取不正当利益。因此，实践办案中，对利益归属问题的查明往往成为准确区分单位行贿和个人行贿的核心问题。

巨额财产来源不明罪理论与实践 第十一章 chapter11

第一节　巨额财产来源不明罪的立法与解释

一、巨额财产来源不明罪的立法

（一）国外的立法例

巨额财产来源不明罪起源于域外刑法。法国是最早在刑法中惩治巨额财产来源不明的国家。从立法例上看，刑惩公职人员巨额财产来源不明大致分为如下几种情况：

（1）规定为巨额财产来源不明罪。1810年《法国刑法典》规定："无固定职业的人和乞丐，如果被发现身边有一件或几件价值一法郎以上的物品，而又不能说明这些东西的来源时，将被判处有罪。"美国在1978年颁布了《政府官员行为道德法》，在1989年将该法修订为《道德改革法》。该法规定，总统、副总统、国会议员、联邦法官以及行政、立法和司法三大机构的工作人员，必须在任职前报告自己的财产状况，上任后还须按月申报。同时，财产申报不只限于申报者本人，还必须包括其配偶或受抚养的子女的有关情况。除在国家安全部门工作或其他不宜暴露身份的官员外，各受理申报的机关均须将财产申报资料公开，供大众查阅复印，以便接受社会监督。对拒不申报、谎报、漏报、无故拖延申报者，各单位可对当事人直接进行处罚。司法部也可对当事人提出民事诉讼，法院将酌情判处1万美元以下的罚款。对故意提供虚假信息的人，司法部可提出刑事诉讼，判处最高25万美元的罚款或5年监禁。美国《政府官员行为道德法》也规定，拒报与虚报的一般公职人员，应处5000美元以下的罚款；若是各机关的领导具有上述情节，则可请司法部长对其行为进行处理，相关政府首脑也可以采取适当的人事或其他措施。

（2）规定为贪污罪。新加坡在1970年颁布的《防止贿赂法》第20条规定，逐一列举本人、配偶和子女拥有或者占有的全部动产或者不动产，并且详细说明通过购买、送礼、遗赠、继承或者其他方式取得所列各项财产的日期。1988年颁布的《没收贪污所得利益法》第4条规定，一个人所拥有的财产在本法公布实施之前已经占有，而该人又不能向法院作出合理满意解释时，其财产应视为贪污所得。被告人作出"合理满意的解释"义务在1960年颁布、1985年重新修订的《防止贪污法》中予以规定。根据规定，每一位公务员在被聘用时，要填写财产清单、到法院设置的公证处接受审查并由指定的宣誓官签名……新加坡所有的公务员都要申报，由政府各部门自行管理。各部门对每份财产申报表进行审核。如果发现有财产来源违法问题，就立即交送反贪污调查局调查。贪污调查局只需查实犯罪嫌疑人的财产与其收入明显不相符合，控方无须证明受贿者是否有能力、权力、机会或者是否办理受人所托的事项。财产来源是否合法，则由犯罪嫌疑人自己证明。调查人员可命令受调查者以宣誓书的方式报告他和家人的资产，并让其说出来源。不能说明合理来源的，则认定为贪污。被贪污调查局问话的人有法律上的义务提供说明。

（3）规定为刑事不良罪。印度于1947年颁布的《防止腐败法》第5条（1）项规定"如他或他的代表人拥有，或在其任职期间曾拥有与其公开收入来源不相称的财物，而本人又不能满意解释的"，这被称为"刑事不良罪"。

（4）规定为贿赂罪。文莱于1982年颁布的《防治腐败法》将本罪类归于之中。〔1〕

（二）我国巨额财产来源不明罪的立法

"法的关系正像国家的形式一样，既不能从它们本身来理解，也不能从所谓人类精神的一般发展来理解，相反，它们根源于物质的生活关系。"〔2〕新中国成立以后，由于我国经济发展水平较低，国家工作人员拥有巨额财产几无可能，因此，我国1979年以前的刑事立法以及1979年《刑法》中都没有规定巨额财产来源不明罪。

随着社会的发展，特别是社会经济发展水平的迅速提高，国家工作人员

---

〔1〕吴娜："国际视野下巨额财产来源不明罪立法研究"，湖南大学2014年硕士学位论文。

〔2〕《马克思恩格斯选集》（第2卷），人民出版社1972年版，第82页。

巨额财产来源不明的情况日益严重，逐步形成了一种严重的腐败形式和逃避刑法制裁的手段。在此背景之下，1988 年全国人大常委会通过的《关于惩治贪污罪贿赂罪的补充规定》（已失效）第 11 条第 1 款规定："国家工作人员的财产或者支出明显超过合法收入，差额巨大的，可以责令说明来源。本人不能说明其来源是合法的，差额部分以非法所得论，处 5 年以下有期徒刑或者拘役，并处或者单处没收其财产的差额部分。"全国人大常委会副委员长王汉斌在全国人大常委会上作《〈关于惩治贪污罪贿赂罪的补充规定〉法律草案的说明》中阐述了增设相关刑法规定的理由："近几年，国家工作人员中出现了个别财产来源不明的'暴发户'，或者支出明显超过合法收入，差额巨大，不是几千元，而是几万元，十几万元，甚至更多，本人又不能说明财产的合法来源，显然是来自非法途径。对于这种情况，首先应当查清是否是贪污、受贿、走私、投机倒把或者其他犯罪所得，依照刑法有关规定处罚。但有的很难查清具体犯罪事实，因为没有法律规定，不好处理，使罪犯逍遥法外，事实上，国家工作人员财产超过合法收入差额巨大，而不能说明来源的就是一种犯罪事实，一些国家和地区的法律规定，这种情况属于犯罪。因此，草案规定国家工作人员的财产或者支出明显超过合法收入，差额巨大的，可以责令说明来源。本人不能说明来源是合法的，差额部分以非法所得论，处五年以下有期徒刑或构役，并处没收其财产的差额部分。"可见，我国刑惩国家工作人员巨额财产来源不明主要基于如下原因：①社会经济发展的形势出现了巨大变化；②国家工作人员巨额财产来源不明的情况日益严重，社会性危害增大，必须加以遏制；③刑法对打击国家工作人员巨额财产来源不明存在规范缺失，无法可依；④不加以打击，就会放纵犯罪，使罪犯逍遥法外，且导致腐败行为更加猖獗；⑤借鉴其他一些国家和地区的刑事立法经验。

理论界对巨额财产来源不明入刑看法不一，持赞成意见者、持反对意见者、持折中意见者均有。[1]持赞成意见者认为，本罪之设置，是我国当前同经济领域违法犯罪作斗争的需要，是保证国家机关廉洁高效以及国家工作人员职务廉洁性之需要。[2]持反对意见者的主要理由归纳起来主要有如下几点：巨额财产来源不明入刑的规定降低了刑罚应有的功效，为投机钻营、试图避

〔1〕 高铭暄、赵秉志编著：《新中国刑法学研究的历程》，中国方正出版社 1999 年版，第 150 页。

〔2〕 刘佑生主编：《职务犯罪研究综述》，法律出版社 1996 年版，第 134~135 页。

重就轻、希望得到较轻处罚的贪腐犯罪分子打开了方便之门；与《刑事诉讼法》规定的证明规则背道而驰；涉嫌有罪推定，严重违背了疑罪从无的人权保障精神；具体定罪标准与界限变得模糊不清；办案的精准质量也难以保证，从而极易造成冤假错案的发生。有学者甚至认为，规定巨额财产来源不明罪对社会产生负面影响不容小视，因为该罪已经成为一些犯罪分子的救命稻草、免死金牌等。[1]

1997 年《刑法》第 395 条第 1 款规定："国家工作人员的财产或者支出明显超过合法收入，差额巨大的，可以责令说明来源。本人不能说明来源是合法的，差额部分以非法所得论，处五年以下有期徒刑或者拘役，财产的差额部分予以收缴。"该规定基本上吸纳了《关于惩治贪污罪贿赂罪的补充规定》对本罪的罪状表述，仅将法定刑中"或者单处没收其财产的差额部分"改为"财产的差额部分予以追缴"。

全国人大常委会于 2009 年 2 月 28 日通过的《刑法修正案（七）》第 14 条将《刑法》第 395 条第 1 款修改为："国家工作人员的财产、支出明显超过合法收入，差额巨大的，可以责令该国家工作人员说明来源，不能说明来源的，差额部分以非法所得论，处五年以下有期徒刑或者拘役；差额特别巨大的，处五年以上十年以下有期徒刑。财产的差额部分予以追缴。"全国人大常委会将 1997 年《刑法》中的巨额财产来源不明罪的犯罪构成中的"财产或者支出"修改为"财产、支出"，将"不能说明其来源是合法的"修改为"不能说明其来源的"，将量刑幅度增加一档："差额特别巨大的，处五年以上十年以下有期徒刑。"全国人大常委会在《刑法修正案（七）草案全文及说明》指出，这样修改是鉴于这类犯罪社会影响恶劣，为适应反腐败斗争的需要，对其加重刑罚是必要的，建议将本罪的最高刑由 5 年有期徒刑提高到 10 年有期徒刑。这样修改，加重了对这类犯罪的惩处，在量刑上又与贪污贿赂犯罪有所差别。司法实践中，对涉嫌贪污贿赂犯罪的，司法机关应当依法尽力查证犯罪事实，依照贪污贿赂犯罪的规定严惩。学者们在解读时也认为：①将原规定中的"财产或支出"改为"财产、支出"，扩大了本罪对国家工作人员非法所得的认定范围，即只要其财产或者支出中的一项与其合法收入存在差额之巨大的情况，就可以认定行为人的行为构成了犯罪。②将"不能说明

---

[1] 邵道生："'巨额财产来源不明罪'负面影响不容小视"，载《记者观察》2005 年第 3 期。

其来源是合法的”修改为“不能说明来源的”，意味着国家工作人员拥有与其收入不相符的财产且能够作出合理解释和说明的，就不构成犯罪；行为人虽然能够说明其财产来源，但其来源于违法行为获得的，视该违法行为是否构成相应犯罪，而分别按照一般违法或者相应犯罪进行处理。③“可以责令该国家工作人员说明来源”，明确了本罪说明义务的主体，更符合罪刑法定原则之明确性要求。④将本罪的法定最高刑提高到了10年有期徒刑，加大了对犯罪的震慑力度。[1]

二、巨额财产来源不明罪解释的沿革

全国人大常委会出台的《关于惩治贪污罪贿赂罪的补充规定》第11条第1款并没有明确规定罪名。当时的刑法理论界对《关于惩治贪污罪贿赂罪的补充规定》第11条第1款的罪名大致有四种表述：非法所得罪，非法得利罪，说不明财产合法来源罪，巨额财产来源不明罪。[2]先后提出的罪名有：①非法所得罪；②非法得利罪；③拥有不明财产罪；④巨额财产来源不明罪；⑤隐瞒巨额财产来源罪；⑥不能说明巨额财产来源合法罪；⑦拒不说明巨额财产真实来源罪；⑧拥有不能说明之财产罪；⑨拥有来源不明的巨额财产罪；⑩巨额财产来源非法罪等。

公安部、两高于1988年10月发布的《关于全国人大常委会两个〈补充规定〉中有关几类案件管辖问题的通知》规定：由人民检察院立案侦查巨额财产来源不明案。这样，就以有权解释的方式确定本罪为巨额财产来源不明罪。最高人民检察院于1993年10月22日公布的《关于认真查办巨额财产来源不明犯罪案件的通知》，再一次加以确认。

最高人民法院于1997年12月9日通过的《关于执行〈中华人民共和国刑法〉确定罪名的规定》，最高人民检察院于1997年12月25日发布《关于适用刑法分则规定的犯罪的罪名的意见》，将《刑法》第395条第1款的罪名确定为巨额财产来源不明罪。

最高人民检察院于1993年10月22日公布的《关于认真查办巨额财产来源不明犯罪案件的通知》将巨额财产来源不明罪中的“差额巨大”的数额标

---

[1] 黄太云：“刑法修正案（七）解读”，载《人民检察》2009年第6期。

[2] 张绿芸：“浅谈巨额财产来源不明案的几个问题”，载《政法学刊》1990年第3期。

准规定为5万元。最高人民检察院于1997年12月31日发布《关于检察机关直接受理立案侦查案件中若干数额、数量标准的规定（试行）》（已失效）将巨额财产来源不明罪的立案标准提高到10万元以上。最高人民检察院于1999年9月16日公布的《人民检察院直接受理立案侦查案件立案标准的规定（试行）》规定巨额财产来源不明罪的“差额巨大”的立案标准为30万元以上。

针对刑法条文中一些用语的理解和在司法实践中的歧义，最高人民法院在2003年11月13日颁布的《全国法院审理经济犯罪案件工作座谈会纪要》第5条对《刑法》第395条第1款规定的“不能说明”“非法所得”的数额计算问题进行了解释。

第二节　巨额财产来源不明罪的犯罪构成

一、巨额财产来源不明罪的客体

（一）巨额财产来源不明罪的客体的争议

理论界对于巨额财产来源不明罪的客体，众说纷纭。概括起来大致有如下几类：其一，不特定客体说。该说认为，由于犯罪行为人非法获取巨额财产的具体行为模式无法确定，贩卖毒品、非法经营、贪污、受贿、侵占、诈骗等方式均有可能。在取得巨额财产行为模式难以确定的条件下，对于本犯罪行为所侵害的社会关系也就无法准确界定。〔1〕其二，廉洁性说。该说认为，本罪的法益是国家工作人员职务行为的廉洁。〔2〕因为国家公务人员持有超过合法收入且来源不明的巨额财产，就是对国家要求其履行廉洁义务之违反，它侵犯的是国家公务人员应有的廉洁性。〔3〕其三，司法秩序说。该说认为，犯罪嫌疑人负有如实供述其巨额财产来源的义务；若拒绝说明其所获巨额财产的来源，就妨害了司法机关的正常活动，因而构成本罪。〔4〕其四，财产申报义务说。该说认为，本罪的本质特征是国家工作人员对法律赋予其如实申

〔1〕赵明开：“巨额财产来源不明罪若干问题探析”，载《萍乡高等专科学校学报》2001年第2期。

〔2〕高铭暄、马克昌主编：《刑法学》，北京大学出版社、高等教育出版社2017年版，第644页。

〔3〕刘志洪主编：《贪污贿赂罪立案追诉标准与司法实务认定》，中国人民公安大学出版社2010年版，第272页。

〔4〕孟庆华：《巨额财产来源不明罪研究新动向》，北京大学出版社2002年版，第76页。

报、说明其财产状况义务的违反。[1]其五，廉洁制度与财产权说。该说认为：“本罪的客体是复杂客体，即国家工作人员职务行为的廉洁制度和公私财物的所有权。”[2]

(二) 对巨额财产来源不明罪客体的评价

在上述观点中，学者们支持更多的是廉洁性说和廉洁制度与财产权说。[3]国家工作人员职务行为的廉洁性的判断标准取决于一个国家的相关的廉洁制度，侵害国家工作人员职务行为的廉洁性必须以侵害一个国家的相关的廉洁制度为前提，二者密不可分。所以，侵害国家工作人员职务行为的廉洁性与侵害一个国家的相关的廉洁制度并无实质上的差异。同时，既然巨额财产的来源是不明的，也就必然侵害了社会主义的财产关系，侵犯了国有财产、集体财产和公民个人的财产所有权。因此，巨额财产来源不明罪的客体是复杂客体，该罪既侵害了国家的廉洁制度，也侵害了公私财产的所有权。

二、巨额财产来源不明罪的客观方面

巨额财产来源不明罪的客观方面表现为国家工作人员的财产、支出明显超出合法收入，且差额巨大，本人不能说明其来源。具体而言，表现为如下几个方面：①行为人拥有的财产、支出明显超过合法收入，且差额巨大。②行为人不能说明其拥有的财产、支出与合法收入之间巨大差额的来源。

(一) 实行行为性质的争议与理解

理论界对巨额财产来源不明罪实行行为的性质存在不同的看法，主要表现为如下几种观点：

(1) 不作为说。持该观点的学者认为，行为人具有说明自己拥有财产合法来源的义务，如果行为人不履行这种义务，不管是拒不说明还是虚假说明，都是一种不作为的犯罪行为。[4]本罪是真正不作为犯，财产、支出明显超过合法

[1] 中国检察理论研究所组织编写：《国家工作人员犯罪认定中疑点难点问题研究》，中国方正出版社2000年版，第135页。

[2] 《刑法学》编写组：《刑法学》(下册·各论)，高等教育出版社2019年版，第278页。

[3] 赵俊编著：《贪污贿赂罪各论》，法律出版社2017年版，第381页。

[4] 参见刘家深主编：《新刑法案例释解——根据最高人民法院最新司法解释修订》，人民法院出版社2002年版，第1275页。

收入并不是本罪的实行行为，只是本罪的前提条件，也可以说是行为状况。〔1〕

（2）持有说。主张持有说的学者认为，本罪的行为样式既不是典型的作为，也不是典型不作为，而是理论界称为第三种行为样式的“持有”行为。〔2〕本罪实行行为的内容是国家工作人员非法持有来源不明的巨额财产。〔3〕

（3）复合行为说。有学者主张巨额财产来源不明罪的实行行为是持有巨额财产与不能说明来源行为的复合行为，由表现为作为形式的非法获取巨额财产和表现为不作为形式的拒绝说明巨额财产来源双重行为复合而成。〔4〕更有学者主张，巨额财产来源不明罪是一种超常规的犯罪行为，在本罪中同时存在三种行为样式：一是持有，即行为人拥有明显超过合法收入的巨额财产；二是作为，即行为人支出明显超过合法收入的巨额财产；三是不作为，即行为人拒不说明所拥有或支出的巨额财产的合法来源，包括不说明和作虚假说明，虚假说明本质上也是不想说明，也是一种不作为的行为，而且只有当持有和不作为两种行为样式并存或者作为和不作为两种行为样式并存的时候，本罪才能成立。

（4）非法获取说。该说认为，巨额财产来源不明罪中的“非法所得”也与特定的行为方式相对应，这里的特定行为方式，主要是指贪污受贿等腐败行为。〔5〕

（5）无行为要件说。该说认为，巨额财产来源不明罪作为一种刑事立法推定性罪名，不存在客观行为要件。一方面，“财产、支出明显超过合法收入，差额巨大”本质上是一种静止的事实状态，是构成本罪的前提和基础。另一方面，“不能说明来源”是司法机关需要证明的对象，而不是行为人的行为。〔6〕

---

〔1〕张明楷：《刑法学》（下）（第5版），法律出版社2016年版，第1196页。

〔2〕陈兴良主编：《刑事法评论》（第3卷），中国政法大学出版社1999年版，第11页。

〔3〕陈洪兵：“论巨额财产来源不明罪的实行行为”，载陈兴良主编：《刑事法评论》，北京大学出版社2015年版，第427页。

〔4〕薛进展：“巨额财产来源不明罪行为本质的实践检示——从《刑法修正案（七）》修改后的法律适用展开”，载《法学》2011年第12期。

〔5〕李本灿：“巨额财产来源不明罪实行行为的重新界定‘非法获取’”，载《政治与法律》2014年第7期。

〔6〕于冲：“关于巨额财产来源不明罪客观要件的反思与重构”，载《法学论坛》2013年第3期。

笔者认为，从我国刑法关于不作为犯罪的基本理论来分析，行为人负有特定义务且能够履行该义务而不履行或不正确履行，即应为、能为、不为，情节严重或者情节恶劣的，就可以依法成立不作为犯罪。因此，巨额财产来源不明罪的行为在性质上应是不作为，其特定义务的来源属于法定（刑法规定）的义务。

（二）对“不能说明来源”的理解

如何理解“不能说明”，曾经在我国理论界存在着很大的争议。有人认为，“不能说明”是指行为人拒绝向有关机关说明巨额财产的真实来源。有人认为，“不能说明”是在行为人能够说明的情形下不说明，并非是客观上真的不能说明，而是主观上不愿说明财产的真实来源，所以“不能说明”的本意应该包括完全拒绝说明以及向司法机关作虚假说明两种情况。[1]

对于理论上的争论，2003 年最高人民法院发布的《全国法院审理经济犯罪案件工作座谈会纪要》作出了回应。根据该司法解释，行为人不能说明巨额财产来源合法的认定《刑法》第 395 条第 1 款规定的“不能说明”，包括以下情况：①行为人拒不说明财产来源；②行为人无法说明财产的具体来源；③行为人所说的财产来源经司法机关查证并不属实；④行为人所说的财产来源因线索不具体等原因，司法机关无法查实，但能排除存在来源合法的可能性和合理性的。依据该会议纪要，行为人说明财产来源的对象是向司法机关。

由于 2007 年《刑法修正案（七）》将本罪罪状修改为“……，不能说明来源的，……”将“合法”二字去掉。因此，行为人只要能说明财产的来源就不构成巨额财产来源不明罪，并不要求行为人说明该财产来源是合法的。因此，“不能说明”包括拒绝说明、虚假说明和说而不明。对于拒绝说明和虚假说明而言，比较容易认定。但对于“说而不明”问题，则涉及“不能说明”的程度问题。对此，有学者认为“说明”就是应当“能够圆满说明”。[2]有学者则认为，巨额财产来源不明案中，被告人的这种说明行为不同于举证责任，不需要充分证明自己无罪，只要被告人能够提出可信的财产来源，不能排除

〔1〕郭洁：“反思与重构——对巨额财产来源不明罪的再认识”，载《河北法学》2003 年第 5 期。

〔2〕陈正云、文盛堂主编：《贪污贿赂犯罪认定与侦查实务》，中国检察出版社 2002 年版，第 162 页。

存在来源合法的可能性和合理性的，就应当视被告人“说明了财产来源合法”。[1] 域外立法中对说明程度作出了具体要求，例如“合理解释”“圆满说明”“未达有罪判决之确信”。[2]这种“说明”本质上不是诉讼法意义上的举证，而仅仅是被告人对自己的辩解。因此，这种说明的程度只要达到“构成合理怀疑”的程度即可。因为在日常生活中，人们的个人财务状况往往是比较混乱的，一般不会像公共账目那样有清晰的往来记录。被告人无法将每一笔收入和支出都说清楚是正常的。所以被告人只负责提供来源的线索，由司法机关去调查核实，如果是由于司法机关侦查水平不高，或者是需要境外调查导致成本较高而无法证实也无法否认，那么应根据案件事实存疑时有利于被告的原则进行处理，否则无异于让被告人为侦查能力不足而买单。对于巨额财产来源不明罪中的“不能说明来源”说明程度的把握可以借鉴证明程度等级理论，将证明分为狭义的证明和释明两种，释明只要求法官形成“可以推定事实存在”的心证即可。就是指被告人对财产的说明，如果确实由于证据原因司法机关无法查实，但是司法机关可以推定说明的事实存在便不成立本罪。除非司法机关能够证实被告人的说明是虚假的，否则被告人就不成立本罪。[3]犯罪行为人的相关犯罪事实得以证明，犯罪行为人承担了一定的举证责任，站在举证责任的角度看，检察机关才是最终承担举证责任的主体，而不是由犯罪嫌疑人或被告人承担。[4]

（三）巨额财产来源不明数额的计算

最高人民法院在2003年《全国法院审理经济犯罪案件工作座谈会纪要》（二）“非法所得”的数额计算中指出，《刑法》第395条规定的“非法所得”，一般是指行为人的全部财产与能够认定的所有支出的总和减去能够证实的有真实来源的所得。在具体计算时，应注意以下问题：①应把国家工作人员个人财产和与其共同生活的家庭成员的财产、支出等一并计算，而且一并减去他们所有的合法收入以及确属与其共同生活的家庭成员个人的非法收入；②行

[1] 沈志先主编：《职务犯罪审判实务》，法律出版社2013年版，第269页。

[2] 邱忠义：“‘财产来源不明罪’之域外立法例及我国历来修法之简介”，载《法学论著》第56卷第4期，第203页。

[3] 于东雨：“巨额财产来源不明罪司法认定疑难问题研究”，辽宁大学2018年硕士学位论文。

[4] 李宝岳、吴光升：“巨额财产来源不明罪及其证明责任研究”，载《政法论坛》1999年第6期。

为人所有的财产包括房产、家具、生活用品、学习用品及股票、债券、存款等动产和不动产；行为人的支出包括合法支出和不合法的支出，包括日常生活、工作、学习费用、罚款及向他人行贿的财物等；行为人的合法收入包括工资、奖金、稿酬、继承等法律和政策允许的各种收入；③为了便于计算犯罪数额，对于行为人的财产和合法收入，一般可以从行为人有比较确定的收入和财产时开始计算。

根据《刑法》第395条对于巨额财产来源不明罪的界定，结合最高人民法院《全国法院审理经济犯罪案件工作座谈会纪要》中相关计算说明，目前常用计算公式为：巨额财产来源不明数额=（现有财产+所有支出）-（有来源的收入+本案认定的巨额财产以外的涉嫌犯罪所得）。[1] 在司法实践中，一般计算犯罪嫌疑人来源不明的财产数额：家庭财产总额=现金结存+账户资金结存+理财资金+房产+物品价值+消费性支出+其他特别支出。有来源的财产数额=账户利息收入+理财资金损益+犯罪（线索）收受资金+犯罪收受房产+房产收益+犯罪收受物品+其他来源明确的物品+工资福利收入+其他收入。来源不明的财产数额=家庭财产总额-有来源的财产数额。[2]

巨额财产来源不明罪中的支出，是指国家工作人员个人和家庭已经对外实际支付的物质、精神消费和其他财产处分。[3] 日常消费支出：国家统计局《居民消费支出分类（2013）》将居民消费支出划分为8类，即：①食品烟酒类，包括谷物、肉及水产品、蔬菜水果等，饮料、烟草、酒及其他饮食服务；②衣着，包括服装、衣类加工服务，鞋类、鞋类配件及加工服务费；③居住，包括房租、住房装潢和维修、物业费、水电燃料费、取暖费等；④生活用品及服务，包括家具及室内装饰品、电器、纺织品、家庭日用杂品、家政服务等；⑤交通和通信，包括交通工具、交通工具用燃料等、交通工具使用和维修、交通费，通信工具、邮递服务等；⑥教育、文化和娱乐，包括小学、初中、高中、高等教育，其他教育及培训，文化和娱乐耐用消费品、服务等；⑦医疗保健，包括医疗器具及药品、滋补保健品、门诊医疗及住院医疗费等；⑧其他用品和服务等，包括首饰、手表，其他用品，旅馆住宿，美容、美发

---

〔1〕 何苗："巨额财产来源不明的数额认定"，载《中国纪检监察报》2019年8月21日。

〔2〕 马淑伟、高自光、孟曦："巨额财产来源不明案的查证与犯罪数额的计算——以司法会计协助办案为视角"，载《中国检察官》2018年第14期。

〔3〕 孙谦主编：《国家工作人员职务犯罪研究》，法律出版社1998年版，第161~162页。

和洗浴等服务支出等。专项支出改善型大项支出捐赠支出：特定赠与和其他捐赠、捐助支出；其他偶然性支出。主要包括以下4种：侵权或违约支出以及被侵权损失；意外财产损失。各类行政罚款；情往来支出。违法违纪支出。

（四）差额巨大

1993年最高检察机关发布的《关于认真查办巨额财产来源不明犯罪案件的通知》（已失效），首次对本罪的入罪的具体的标准进行了规定：差额在5万元以上，构成犯罪。1997年，最高检察机关发布的《关于检察机关直接受理立案侦查案件中若干数额、数量标准的规定（试行）》（已失效）规定：差额在10万元以上，构成犯罪。1999年，最高检察机关发布的《关于人民检察院直接受理立案侦查案件立案标准的规定（试行）》规定：差额在30万元以上，构成犯罪。

三、巨额财产来源不明罪的主体

（一）巨额财产来源不明罪主体"国家工作人员"的一般理解

理论界对巨额财产来源不明罪的主体的范围，存在着不同的看法："扩大解释说"认为，巨额财产来源不明罪的犯罪主体不应仅限于《刑法》第93条规定的国家工作人员，还应对它进行扩大解释，即除《刑法》第93条规定的国家机关中从事公务的人员、国有公司、企业、事业单位、人民团体中从事公务的人员和国家机关、国有公司、企业、事业单位委派到非国有公司、企业、事业单位、社会团体从事公务的人员以及其他依照法律从事公务的人员外，还应包括受委托从事公务的人员。简言之，巨额财产来源不明罪的主体应为所有国家公务人员。这样理解不仅有必要性，也有现实的可能性。[1]"限制解释说"认为，巨额财产来源不明罪的主体应当限于"真正的国家工作人员"，即国家机关中从事公务的人员，而不应包括"以国家工作人员论"的"非真正的国家工作人员"。[2]由于巨额财产来源不明罪的特殊性，将这些实际上并非国家工作人员而只是有时候以国家工作人员论的人员也作为巨额财产来源不明罪的主体是不合适的，因此，《刑法》第93条所规定的国家工作人员原则上均属于本罪主体，但该条第2款所规定"其他依照法律从事公务

〔1〕李宝岳、吴光升："巨额财产来源不明罪及其证明责任研究"，载《政法论坛》1999年第6期。

〔2〕孟庆华：《巨额财产来源不明罪研究新动向》，北京大学出版社2002年版，第103~105页。

的人员”除外。[1]

笔者认为，1997年《刑法》第395条规定本罪的主体是国家工作人员。笔者赞同通说，认为本罪的主体是特殊主体，只能由国家工作人员构成。[2]对于国家工作人员应当按照字义解释。《刑法》第93条第1款所谓的“真正国家工作人员”成为巨额财产来源不明罪的主体没有问题；根据我国现有体制，《刑法》第93条第2款中国有公司、企业、事业单位、人民团体中从事公务的人员和国家机关、国有公司、企业、事业单位委派到非国有公司、企业、事业单位、社会团体从事公务的人员，也可以成为本罪的主体。需要注意的是：“委派”与“委托”存在区别，最高人民法院在2000年2月24日实施的《关于对受委托管理、经营国有财产人员挪用国有资金行为如何定罪问题的批复》又专门指出：受国家机关、国有公司、企业、事业单位、人民团体委托，管理、经营国有财产的人员，是非国家工作人员，不能构成挪用公款罪。那么，该部分受“委托”的人，不能成为本罪的主体。

而对于《刑法》第93条第2款中的“其他依照法律从事公务的人员”，全国人民代表大会常务委员会2000年4月29日发布的《关于〈中华人民共和国刑法〉第九十三条第二款的解释》规定，村民委员会等村基层组织人员协助人民政府从事下列行政管理工作，属于《刑法》第93条第2款规定的“其他依照法律从事公务的人员”：①救灾、抢险、防汛、优抚、扶贫、移民、救济款物的管理；②社会捐助公益事业款物的管理；③国有土地的经营和管理；④土地征用补偿费用的管理；⑤代征、代缴税款；⑥有关计划生育、户籍、征兵工作；⑦协助人民政府从事的其他行政管理工作。对于上述七种人，因为他们是群众自治组织的工作人员，所从事的工作只是一些临时的或者专项事务，因此，他们只有在特定情况下才可视为国家工作人员，除此之外，他们只具有原本的非国家工作人员的身份。

（二）巨额财产来源不明罪主体“国家工作人员”的特殊形态

1. 行为人以前并非国家工作人员，后成了国家工作人员

有学者认为，行为人以前并非国家工作人员，成为国家工作人员以后，检察机关发现其拥有巨额财产，要求其说明来源，行为人不能说明来源的，

---

〔1〕李文峰：《贪污贿赂犯罪认定实务与案例解析》，中国检察出版社2011年版，第579页。

〔2〕高铭暄、马克昌主编：《刑法学》，北京大学出版社、高等教育出版社2019年版，第645页。

应以本罪论处。[1]笔者认为，国家工作人员是一种法定身份而不是自然身份，每一个人以前均非国家工作人员，只是后来依法成了国家工作人员。因此，本罪只能涉及其在具有国家工作人员身份期间的巨额财产来源不明的问题，而不能涉及其作为非国家工作人员使其的财产来源问题，只有其具有国家工作人员身份期间的巨额财产来源不明，才有可能构成巨额财产来源不明罪。

2. 离、退休后的国家工作人员

离、退休职后的国家工作人员被发现拥有巨额财产的，能否成为巨额财产来源不明罪的主体，学界存在肯定说与否定说。否定说认为，基于罪刑法定原则，离职后的国家工作人员被发现拥有来源不明巨额财产的，不能成立本罪。[2]离休、退休的原国家工作人员已经与其职务相脱离，不可能利用其职务便利之有利条件进行非法敛财活动，即使其拥有巨额财产，也与之职务行为无关，不能认定他们构成巨额财产来源不明罪。[3]肯定说认为，离、退休后的国家工作人员可以成为本罪的主体。[4]具体分为两种情况：其一，国家工作人员在退休前便拥有来源不明的巨额财产，到离职之后才被司法机关发现。这种情况与离职国家工作人员在离职前犯受贿罪，在离职后进行追诉的情形是相同的，刑法对此同样具有溯及力，司法机关完全有理由对其追究刑事责任。[5]其二，司法机关查明，原国家工作人员在离职后利用原职权或者地位形成的便利条件聚集了来源不明的巨额财产，却不能查明该巨额财产的具体来源。我国有学者认为，这种情况应当成立巨额财产来源不明罪，因为“刑法设置利用影响力受贿罪，不单单是为了限制国家工作人员的近亲属和密切关系人借用国家工作人员的职务和地位实施贿赂犯罪，而且也是限制了离职国家工作人员实施贿赂犯罪……既然离职国家工作人员可以构成利用影响力受贿罪的主体，同样也可以构成巨额财来源不明罪”。[6]也有人提出离

---

〔1〕 张明楷：《刑法学》（第5版），法律出版社2016年版，第1196页。

〔2〕 魏超：“巨额财产来源不明罪法益与主体新论——信赖说之提倡与国家工作人员之证立”，载《东北大学学报（社会科学版）》2018年第4期。

〔3〕 杨俊：“巨额财产来源不明罪若干争议问题研究”，载《金陵科技学院学报（社会科学版）》2005年第3期。

〔4〕 倪泽仁：《贪污贿赂犯罪检察实务疑难问题解析》，中国检察出版社2009年版，第325页。

〔5〕 陈洪兵：“论巨额财产来源不明罪的实行行为”，载陈兴良主编：《刑事法评论》（第36卷），北京大学出版社2015年版，第433页。

〔6〕 刘方：《贪污贿赂犯罪的司法认定》，法律出版社2016年版，第340~341页。

退休年限的限制，认为离退休国家工作人员应限定在：离退休5年内的各级国家工作人员及离岗前5年支配与使用过国有资产的其他人员。〔1〕

笔者认为，离退休国家工作人员仍可以成为巨额财产来源不明罪的主体。主要理由如下：其一，由于腐败行为的复杂性，有些国家工作人员可能会与利益相关人约定在其离退休后收取相关财产，但司法机关没有证据证明该财产是通过其他违法犯罪（特别是职务犯罪）所得，如果不追究不以巨额财产来源不明罪追究该国家工作人员的刑事责任，就会出现刑网的漏洞，放纵了犯罪。正是由于该原因，2007年两高《关于办理受贿刑事案件适用法律若干问题的意见》第10条规定，国家工作人员利用职务上的便利为请托人谋取利益，并与请托人事先约定，在其离退休后收受请托人财物，仍可以受贿罪定罪处罚。那么，国家工作人员在离退休后存在巨额财产来源不明的情形，同样可以追究刑事责任。其二，其他国家和地区刑法有类似的规定。例如，文莱于1982年颁布的《防止贿赂法》对该类犯罪的主体范围规定较宽，既包括现任的公共官员，也包括已经卸任的公共官员。

四、巨额财产来源不明罪的主观方面

（一）巨额财产来源不明罪的主观方面的基本观点

理论界对于巨额财产来源不明罪的主观方面存在如下几种不同的观点：

（1）直接故意说。该说认为，巨额财产来源不明罪应被认定为直接故意，当行为人知道或者应当知道其所占有的财物或支出和其正当性收入相比，数额差距巨大的，且该差额部分的财产经说明以后，其合法性仍旧无法得以证实的，其主观层面应认定为直接故意。〔2〕

（2）间接和直接故意说。该说认为，若行为人拒绝说明巨额财产来源的正当性，也就意味着行为人明知该部分财产来源的不正当性，同时明知拒绝说明该部分财产来源的法律后果，并且对此种法律后果的出现持希望或者放任的主观心理。和拒绝说明相匹配的主观心理为直接故意，而在无法说明的情节中，针对与超越其合法收入的大额资产，显然犯罪嫌疑人知道自己无法

〔1〕 仲丽娜："巨额财产来源不明罪探析——以其立法缺陷及完善为视角"，载《学术交流》2008年第4期。

〔2〕 周振想主编：《中国新刑法释论与罪案》，中国方正出版社1998年版，第1688~1689页

履行全面的说明义务，并放任此种情形的出现，在这种模式中，一般来说行为人的主观心理表现为间接故意。[1]

(3) 过失说。该观点认为，一个普通人的记忆能力是有限的，会出现行为人真的忘记财产的来源的可能性。司法实务中也有行为人忘记自己获取非法财物的数额的情形，确实因为忘记而不能够说明本罪财产之来源的，其主观方面应属于过失的范畴，但是只要行为人不能说明财产来源的，司法机关就可根据本罪的规定对其进行处罚。[2]

(4) 复合罪过说。该说认为，本罪既可以由故意构成，也可以由过失构成。因为从一般意义上讲，国家工作人员对于自己的收入情况是了解的，尤其是本人拥有的财产数额或支出数额明显超过其合法收入时，行为人不能说明其来源是合法的，其主观心理活动的实质在于故意掩盖巨额财产的非法性质和来源。但是，从辩证的角度讲，行为人对其差额财产亦可能由于时间久等客观原因确实“不能”说明。[3]

(5) 无罪过说。该说认为，行为人的主观心理状态对于本罪的认定不具有影响，用传统的构成要件来进行分析巨额财产来源不明罪显然时过境迁。作为职务犯罪的兜底性罪名，无须考虑行为人主观心理状态，只需要有客观实际状况，即行为人持有与其收入不相符的财产即可定罪。只要本罪客体、主体、客观行为三个要件齐备便可认定，不受行为人的主观心态的影响。[4]

(二) 笔者的观点

笔者认为，上述观点中，“间接和直接故意说”较为可取。正如我国刑法通说所指出：“本罪的主观方面是故意，即行为人明知财产不合法而故意占有，案发后又故意拒不说明财产的真正来源，或者有意编造财产来源的合法途径。”[5]一般情况下，巨额财产来源不明罪的主观方面是直接故意，也不排除间接故意的可能性。从巨额财产来源不明罪“不能说明”的三种情形分析，“拒不说明”和“虚假说明”就是行为人明知巨额财产的真实来源，也知道

---

〔1〕叶高峰、王明星：“巨额财产来源不明罪的几个问题探讨”，中国刑法学会 2001 年年会论文。

〔2〕蔡兴教主编：《财产贪贿的疑难和辨症》，中国人民公安大学出版社 1999 年版，第 472 页。

〔3〕曹华：“巨额财产来源不明罪主观要件探究”，载《中国市场》2009 年第 1 期。

〔4〕钱舫：“论巨额财产来源不明罪”，载《政法论坛》2001 年第 6 期。

〔5〕《刑法学》编写组：《刑法学》(下册·各论)，高等教育出版社 2019 年版，第 278 页。

"拒不说明"和"虚假说明"所造成的危害社会的结果，却希望这种结果发生。因此，所应对的主观心理态度是直接故意。在"不能说明"中，行为人明知自己不能说明差额巨大的财产或支出的真实来源，也知道其危害社会的结果，却持放任的态度。因此，所对应的主观心理态度就是间接故意。

第三节　巨额财产来源不明罪的疑难问题

一、巨额财产来源不明罪共同犯罪

（一）巨额财产来源不明罪是否存在共犯

理论界对巨额财产来源不明罪是否存在共犯，存在如下观点：

（1）肯定说。该说主张国家工作人员的亲属可以构成巨额财产来源不明罪的共犯。"就本罪来说，如果国家工作人员的亲属明知国家工作人员超过合法收入的巨额财产来源于非法途径，并且希望和追求自己与国家工作人员共同持有这些来源于非法途径的巨额财产，而且通过一系列的积极行动，与国家工作人员共同经手、保管、存储这些来源于非法途径的巨额财产，或者为国家工作人员出谋划策，帮助其掩饰、转移、隐匿、销毁这些财产，那么，该亲属就完全可以构成巨额财产来源不明罪的共同犯罪。当然，对于那些仅仅是感觉到家中财产与收入不符，且未经手、保管、存储、转移、隐匿、销毁这些财产，也不知道财产的具体来源的亲属，则不能认定为巨额财产来源不明罪的共犯。"[1]"在巨额财产来源不明罪案件中，贪官的配偶不论是否具备国家工作人员身份，都可以成为巨额财产来源不明罪共同犯罪中的从犯。"[2]

（2）否定说。否定说认为，本罪的主体只能是国家工作人员，不具有国家工作人员身份的主体既不能单独构成巨额财产来源不明罪，也不能成立巨额财产来源不明罪的共犯。[3]有论者更进一步主张，巨额财产来源不明罪作为一种持有型犯罪，具有自己的特点，不管家庭成员是否具有国家工作人员

〔1〕 侯国云："有关巨额财产来源不明罪的几个问题"，载《政法论坛》2003年第1期。

〔2〕 戴东风、吴玉平："巨额财产来源不明罪共犯问题的实证研究"，载《中国检察官》2010年第20期。

〔3〕 陈正云、文盛堂主编：《贪污贿赂犯罪认定与侦查实务》，中国检察出版社2002年版，第159页。

身份，都不宜认定为该罪的共犯；无论是否属于家庭成员，教唆、帮助国家工作人员继续持有来源不明的巨额财产的，或者参与保管、理财、隐匿、使用不明财产的，可能单独成立洗钱罪，掩饰、隐瞒犯罪所得、犯罪所得收益罪，包庇罪，帮助毁灭，伪造证据罪，伪证罪等妨害司法罪；家庭成员亦为国家工作人员的，对于共有的家庭财产不能说明来源的，可能单独成立巨额财产来源不明罪，而不是成立该罪的共犯；家庭财产可能来源于家庭其他成员非法所得的，根据存疑时以有利于被告人的原则，应作出有利于行为人的推定，不应让其对这部分来源不明的财产数额负责。在确定来源不明的财产数额时，对于具有国家工作人员身份的家庭成员，不应适用共同正犯的“部分实行全部责任”归责原则。〔1〕

（3）限制肯定说。该说认为，巨额财产来源不明罪存在共同犯罪的，“但并不是任何人都可以与国家工作人员一起构成巨额财产来源不明罪，只有那些与国家工作人员共同拥有来源不明的巨额财产并且具有国家工作人员身份的人，才可以构成巨额财产来源不明罪的共犯，实践中他们通常是共同生活在一起的家庭成员，如夫妻等”。〔2〕有学者认为，当家庭成员中只有一人具备国家工作人员身份时，不应认定其他家庭成员为共犯，“因为巨额财产来源不明罪本身就是一种推定型的犯罪，没有必要也不应该扩大打击面，在对人的处理上还是慎重为好”。〔3〕还有学者认为，巨额财产来源不明罪成立共犯的类型化分析。即：①家庭成员中只有一人是国家工作人员。在这种类型中，不应该认定非国家工作人员构成巨额财产来源不明罪的共犯。法院通常根据具体事实对使用或者参与管理、转移、掩饰财产来源的家庭成员判处掩饰、隐瞒犯罪所得罪或者包庇罪或者帮助毁灭、伪造证据罪，伪证罪等妨害司法犯罪。②家庭成员中二人或二人以上是国家工作人员。在这种类型中，在某些情况下存在成立共同犯罪的余地。〔4〕

笔者认为，上述观点中，肯定说比较合理。主要理由如下：其一，从共同犯罪构成理论出发，故意犯罪均可构成共同犯罪。其二，在我国无身份者

〔1〕 陈洪兵：“共犯论的分则思考——以贪污贿赂罪及渎职罪为例”，载《法学家》2015年第2期。

〔2〕 李文峰：《贪污贿赂犯罪认定实务与案例解析》，中国检察出版社2011年版，第593页。

〔3〕 杨兴国：《贪污贿赂犯罪认定精解精析》，中国检察出版社2011年版，第312页。

〔4〕 于东雨：“巨额财产来源不明罪司法认定疑难问题研究”，辽宁大学2018年硕士学位论文。

可以与有身份者成立身份犯的共犯。其三，从现行的司法判例来看，已有较多的国家工作人员与其家庭成员构成巨额财产来源不明罪共犯的案例。国家工作人员与其家庭成员构成巨额财产来源不明罪共犯的条件如下：①主犯必须具备国家工作人员的身份，从犯可以具备国家工作人员的身份，也可以不具备国家工作人员的身份。②国家工作人员必须与其他共犯具有一定亲属关系。③不能说明来源的巨额财产必须是行为人与其他共犯共同占有的家庭共有财产，而不是行为人的个人财产。④共同犯罪人有共同的故意和意思联络，即对行为人行为在主观上是否认可，在行动上是否给予配合与支持。

（二）巨额财产来源不明罪自首的认定

巨额财产来源不明罪是否存在自首，理论界存在不同的观点，主要包括：

（1）肯定说。该说认为，由于《刑法》第395条没有规定限制巨额财产来源不明罪适用自首制度的条款，那么原则上只要符合自首制度的条件、对象，巨额财产来源不明罪的行为人就可以依照法律在刑罚裁量时适用自首。但是该罪具有特殊性，其自首存在的条件也具有特殊性，可以将该罪作为一种存在自首的特殊情况看待。[1]具体地说，巨额财产来源不明罪行为人自首的认定，应以其获取巨额财产的行为构成犯罪为前提。行为人不论是在被认定为巨额财产来源不明罪前或者是在服刑期间，甚至在刑满释放后交代了巨额财产的犯罪来源，都应认定为自首，并依法予以从轻、减轻处罚或免除处罚。[2]行为人自动投案，如实交代自己巨额财产来源不明罪行的，可以认定构成自首；行为人在被采取调查或者强制措施期间，主动交代办案机关尚未掌握的自己巨额财产来源不明罪行的，则以自首论。[3]

（2）否定说。该说认为，巨额财产来源不明罪不存在自首的情形。其主要理由是：巨额财产来源不明罪是不作为犯罪，不作为犯罪必须以负有某种特定的义务为前提，且不履行该义务时，才可能成立。巨额财产来源不明罪行为人构成犯罪的特定义务就是必须说明其巨额财产的真实来源。因此，当司法机关责令说明巨额财产的真实来源时，他已被视为犯罪嫌疑人，其说明

---

〔1〕张忠斌：“关于巨额财产来源不明罪若干争议问题的法理分析”，载《法学评论》2004年第5期。

〔2〕钱大群、孙国祥主编：《职务犯罪研究》，南京大学出版社1996年版，第242~244页。

〔3〕孟庆华：“巨额财产来源不明罪自首问题探讨”，载《人民检察》2003年第6期。

行为就不可能构成一般自首。[1] 还有人进一步说明本罪不存在自首的理由，认为在本罪中，如实供述的内容应当是巨额财产的真实来源，这与本罪的客观行为表现相冲突。因为本罪在客观上表现为"不能说明巨额财产的真实来源"，这违反了自首制度对于供述必须全面真实的要求，不符合成立自首的条件。如果犯罪嫌疑人如实供述自己的巨额财产是来自于贪污、受贿、挪用公款等其他非法来源的，在有确实充分的证据证明时，其行为构成他罪，并因为如实供述而对他罪成立自首，也不会成立巨额财产来源不明罪的自首。[2]

(3) 只存在一般自首说。该说认为，巨额财产来源不明罪可以适用自首制度，但只存在一般自首，不存在特殊自首，且一般自首的如实供述的内容应当是供述财产的下落。归纳起来，在否定说中，从不同角度进行论证，有自首价值否定论、自首时间否定论、自首要件否定论、制罪不足否定论等不同观点。[3]

笔者赞同否定说，认为巨额财产来源不明罪犯罪行为人不存在一般自首，也不存在特殊自首，这是刑法总则所规定的自首制度在分则具体罪名中的一个例外。

三、巨额财产来源不明罪与其他犯罪的界限

研究一个罪名与另一个罪名的区别，基本上就是比较他们在犯罪构成上的不同，这也从一定意义上说明了明确犯罪构成的重要性。下面就来分析一下与巨额财产来源不明罪有着很大关系的贪污罪、受贿罪以及隐瞒境外存款罪的区别。

(一) 巨额财产来源不明罪与贪污罪的区别

贪污罪是指是指国家工作人员和受国家机关、国有公司、企业、事业单位、人民团体委托管理、经营国有财产的人员，利用职务上的便利，侵吞、窃取、骗取或者以其他手段非法占有公共财物的行为。

巨额财产来源不明罪与贪污罪的区别在于：①犯罪主体不同。巨额财产

---

〔1〕 刘凌梅、司明灯："我国刑法中自首制度司法适用若干问题研究"，载姜伟主编：《刑事司法指南》，法律出版社 2002 年版。

〔2〕 顾学峰："浅析巨额财产来源不明罪的自首问题"，载《陕西师范大学学报（哲学社会科学版）》2009 年第 S1 期。

〔3〕 胡磊："巨额财产来源不明罪自首问题辨正"，载《人民司法（应用）》2018 年第 19 期。

来源不明罪的犯罪主体是国家工作人员，而贪污罪的犯罪主体除了国家工作人员之外，还有受国家机关、国有公司、企业、事业单位、人民团体委托管理、经营国有财产的人员，贪污罪的主体是特殊主体。②犯罪主观方面不同。主观方面贪污罪不像巨额财产来源不明罪那样复杂，它只需要是故意就可。在犯罪客体上两者确实相同的，都是犯罪主体职务的廉洁性；③犯罪客观方面不同。客观方面上，贪污罪的实行行为为利用职务之便，侵吞、窃取、骗取或者以其他手段非法占有公共财物的行为，它没有包括巨额财产来源不明罪中所需的“不能说明巨额财产来源”的一项，也就是说，“不能说明巨额财产来源”是贪污罪和本罪的主要区分点。

（二）巨额财产来源不明罪与受贿罪的区别

巨额财产来源不明罪与受贿罪的区别：①犯罪主体不同。首先，受贿罪的犯罪主体的范围要比巨额财产来源不明罪大一些，除国家机关工作人员，还包括国有公司、企业、事业单位其他经手管理公共财产的人员和其他依法从事公务的人员。②犯罪客观方面不同。在犯罪的客观方面，巨额财产来源不明罪只要求行为人拥有超过合法收入的巨额财产，而且行为人不能说明、司法机关又不能查明其来源的即可。也就是说，行为人拥有的来源不明的巨额财产既可能是来自于贪污、受贿，也可能是来自于走私、贩毒、盗窃、诈骗等行为，这些都不影响构成巨额财产来源不明罪。

（三）巨额财产来源不明罪与隐瞒境外存款罪的区别

隐瞒境外存款罪是指国家工作人员隐瞒在境外的存款，不按照国家规定申报，并且数额较大的行为。它的主体是国家工作人员，这个基本上和巨额财产来源不明罪的主体是一致的，主观方面是犯罪故意。

巨额财产来源不明罪与隐瞒境外存款罪的区别：①犯罪客体不同。客体为国家的廉洁制度和国家的外汇管理制度，它比巨额财产来源不明罪的犯罪客体多了国家外汇管理制度。②犯罪客观方面不同。在客观方面表现为在境外有数额较大的存款，依照国家有关规定应当申报而隐瞒不报的行为，隐瞒境外存款罪探讨的是境外的财产，国内的存款不在该罪的考虑范围内；而巨额财产来源不明罪中的财产、支出和合法收入既包括境外也包括境内。

四、巨额财产来源不明罪追诉时效的起算

对于巨额财产来源不明罪追诉时效的起算在理论界存在不同的观点，“第

一种观点认为，从取得财物之日起计算；第二种观点认为，从行为人拒不说明（包括不作任何说明和作虚假说明）之日起计算”。第三种观点认为，巨额财产来源不明罪的追诉时效应从拒绝说明巨额财产真实来源行为之日起计算。也就是说，国家工作人员的财产来源或支出超过合法收入，差额巨大而被有关机关责令说明，其拒不说明行为之日即是巨额财产来源不明罪追诉时效的起算之日。[1]第四种观点认为，巨额财产来源不明罪是在司法机关的侦查过程中成立的犯罪，它的犯罪事实因追诉而形成，这就决定了追诉时效制度对该罪失去了应有的意义，其原因在于缺少时效的存在空间，这是由于该罪的特殊构成决定的。因此，巨额财产来源不明罪无所谓追诉时效问题。[2]第五种观点认为，追诉时效从非法所得发生时起算不合理，把追诉时效当作办案期限也是错误的，应从何时起再无向组织说明巨额财产来源的合法性义务计算追诉时效。[3]

笔者认为，按照我国刑法总则关于追诉时效的规定，追诉时效适用于所有的犯罪行为，因此，巨额财产来源不明罪存在着追诉时效。对于追诉时效的起算，1997 年《刑法》第 89 条规定：“追诉期限从犯罪之日起计算；犯罪行为有连续或者继续状态的，从犯罪行为终了之日起计算。在追诉期限以内又犯罪的，前罪追诉的期限从犯后罪之日起计算。”理论界一般认为，“犯罪之日”是指犯罪成立之日。因此，巨额财产来源不明罪追诉时效的起算应当也就是巨额财产来源不明罪的“犯罪成立之日”。巨额财产来源不明罪的“犯罪成立之日”应当同时考虑如下因素：①差额达到法定标准；②负有向有关部门说明真实情况的义务。

〔1〕 袁绍义、吕义良：“如何计算巨额财产来源不明罪的追诉时效”，载《律师世界》1996 年第 12 期。

〔2〕 范德繁、于宏：“浅析巨额财产来源不明罪的行为要件及其追诉时效”，载《浙江省政法管理干部学院学报》2001 年第 4 期。

〔3〕 王登辉：“巨额财产来源不明罪中追诉时效的计算”，载《人民法院报》2017 年 2 月 22 日。

隐瞒境外存款罪理论与实践

第十二章 chapter 12

第一节　隐瞒境外存款罪的立法与解释

一、隐瞒境外存款罪的立法

隐瞒境外存款罪与公职人员财产申报制度紧密相关。《联合国反腐败公约》第52条第5款明确规定，各缔约国均应对公职人员确立有效的财产申报制度。世界主要国家均建立了相应的财产申报制度。[1]比如，美国《道德改革法》对财产申报内容进行了详细的规定，具体包括：①财产及收入。主要包括个人、配偶和抚养子女的所有财产以及这些财产所带来的收益、各种服务性收入。财产包括证券、债券、退休金、抚恤金、避税年金、个人储蓄、互助基金、房地产、自产粮食、牲畜、用于出售和投资的收藏品以及任何用于投资或产生收入的财产。收入分投资收入和劳动收入。投资收入指申报人及其配偶和抚养子女从财产和经营中获得的利息、租金、版税、股利、资本收益等；劳动收入包括工资、佣金、服务费、讲演投稿费、其他劳动性补偿。②交易活动情况。申报人必须报告本人及其配偶和抚养子女某些财产的买卖和交换情况。③本人及其配偶和抚养子女的获赠及报销情况。④债务及受雇情况。关于债务，申报人必须申报本人及其配偶和抚养子女任何超过1万美元的债务（含申报期间从1万美元降到1万美元以下的债务）。关于受雇情况，申报人必须报告个人在社会上所有有偿和无偿的兼职情况。再如，新加坡法律规定每位公务员在每年1月2日应申报以下财产：所有在私人或公开上市公司的投资股份、拥有的土地、房屋等不动产与其他财产；配偶、任何

---

〔1〕 刘晓坤："公务员财产申报主体和内容的国别比较及经验借鉴——以美国、新加坡、韩国、中国为例"，载《法制与社会》2013年第19期。

依其生活之家庭成员的利益和投资（特别是在私人公司）、其他可能会导致利益冲突的财产。

中共中央办公厅、国务院办公厅于1995年4月印发了《关于党政机关县（处）级以上领导干部收入申报的规定》，这是我国第一个关于公职人员财产申报的规定。中共中央办公厅、国务院办公厅于1997年1月印发《关于领导干部报告个人重大事项的规定》（已失效）；中纪委、中组部于2001年6月印发《关于省部级现职领导干部报告家庭财产的规定（试行）》；中央办公厅于2006年发布《关于党员领导干部报告个人有关事项的规定》；中共中央办公厅、国务院办公厅于2010年印发了《关于领导干部报告个人有关事项的规定》，该规定同时废止了1995年发布的《关于党政机关县（处）级以上领导干部收入申报的规定》；2013年中组部印发《关于进一步做好领导干部报告个人有关事项工作的通知》；2017年4月，中共中央办公厅、国务院办公厅印发《领导干部报告个人有关事项规定》和《领导干部个人有关事项报告查核结果处理办法》。

除此之外，也有部分地区试点实行财产申报。例如，新疆阿勒泰地区、浙江慈溪、四川高县、重庆江北及开县、湖南浏阳和湘乡、上海浦东、安徽庐江、南京江宁、广州南沙、韶关始兴县等。[1]

全国人大常委会在1988年1月21日通过的《关于惩治贪污罪贿赂罪的补充规定》最早规定了隐瞒境外存款的刑事处罚。该补充规定第11条第2款规定："国家工作人员在境外的存款，应当依照国家规定申报。数额较大，隐瞒不报的，处二年以下有期徒刑或拘役；情节较轻的，由其所在单位或者上级主管机关酌情给予行政处分。"

1997年《刑法》第395条第2款规定："国家工作人员在境外的存款，应当依照国家规定申报。数额较大、隐瞒不报的，处二年以下有期徒刑或者拘役；情节较轻的，由其所在单位或者上级主管机关酌情给予行政处分。"

1997年《刑法》虽然规定了对隐瞒境外存款不报行为予以刑惩，但在理论界对隐瞒申报财产的行为是否需要动用刑法手段进行规制，仍然存在一定的不同意见。持赞同观点学者的主要理由可总结如下：①实现立法意图，为财产申报法的实施提供有力支撑；②打击犯罪，降低司法成本；③有利于肃

〔1〕刘志勇：《中国官员财产申报制度研究》，中国社会科学出版社2013年版，第101~114页。

贪倡廉；④我国目前对于违反财产申报的惩处太轻；⑤符合现代刑事政策的要求；⑥保护人权，避免伤及无辜；⑦替代巨额财产来源不明罪。[1]持否定观点学者的主要理由是：隐瞒境外存款罪具有隐蔽性、难以取证、立法不完善，在实践中被问责追责、被党纪、政务处分的较为少见，被起诉和判刑更少。主要原因有：①个人有关事项报告制度尚未实现公职人员全覆盖，目前公职人员财产（包括境外存款、房产、投资等）申报，主要适用于县处级以上领导干部，而处级以下总数占绝大多数的公职人员并无相应的报告制度设计。②公职人员的配偶、子女或其他亲戚朋友或托管人在境外开立银行账户，公职人员故意隐瞒，是否可以依据党纪法规法律对其问责追责，并无明确规定。一些人钻了党纪政纪、法律法规的空子。③公职人员以因职务犯罪获取的不义之财存入境外银行，其隐瞒境外存款行为已被相应的犯罪行为（如贪污受贿）吸收，不再单独以隐瞒境外存款问责处分、定罪量刑。④在实践中，查处这类行为，往往是几种职务违法犯罪并存，既有贪污贿赂等行为，又有隐瞒境外存款的行为，而后者往往由于无法查实该存款是否属于其他犯罪所得或者纯属因合法所得没有申报，所以才单独立罪，并依照数罪并罚原则处置。而一般情况下，如果没有查处其他职务违法犯罪行为，纪检监察机关单纯查处隐瞒境外存款行为难度大。⑤公职人员境外存款取证难度较大。由于办理这类案件往往需要通过国际刑事司法协助的方式从境外银行查询取证，而世界各国普遍实行严格银行保密制度，一些国家并无外汇管制，任何公民（不论是否公职人员）都允许在境内外银行开立账户和存款。除非涉及跨国洗钱或涉案存款被判令为非法所得，多数国家不会提供这类案件的司法协助。[2]

二、隐瞒境外存款罪的解释

对于《关于惩治贪污罪贿赂罪的补充规定》第11条第2款所涉及的罪名在相关机关未作出有效解释之前，理论界存在着“隐瞒境外存款罪”和“境外存款隐瞒不报罪”“拒不申报境外存款罪”等的争论。主张《关于惩治贪

---

〔1〕 刘子平：“关于官员财产申报制度的理性思考”，载《学理论》2010年第32期。

〔2〕 陈雷：“公职人员应如实申报境外存款——关于对隐瞒境外存款违法犯罪行为问责追责处置实践的研究与思考”，载《中国纪检监察报》2018年10月11日。

污罪贿赂罪的补充规定》第11条第2款规定应为“拒不申报境外存款罪”的理由是：该罪名能完整准确地概括本罪的主客观要素；能济上述两种罪名的概述之弊；这一犯罪的查处有赖于外国的司法协助，大多数国家将这类罪概述为“拒不……”因而将此罪定为“拒不申报境外存款罪”有利于实现立法的目的。〔1〕

1997年12月11日最高人民法院出台的《关于执行〈中华人民共和国刑法〉确定罪名的规定》、1997年12月25日最高人民检察院出台的《关于适用刑法分则规定的犯罪的罪名的意见》将《刑法》第395条第2款的罪名确定为隐瞒境外存款罪。

1999年9月16日施行的《最高人民检察院关于人民检察院直接受理立案侦查案件立案标准的规定（试行）》规定：“隐瞒境外存款罪是指国家工作人员违反国家规定，故意隐瞒不报在境外的存款，数额较大的行为。涉嫌隐瞒境外存款，折合人民币数额在30万元以上的，应予立案。”

第二节　隐瞒境外存款罪的犯罪构成

一、隐瞒境外存款罪的客体

（一）隐瞒境外存款罪的客体

1. 对隐瞒境外存款罪客体的争论

对于隐瞒境外存款罪的客体，理论界存在诸多观点，有人认为，“本罪侵犯的客体是双重客体，即侵犯了国家的外汇管理制度和国家机关的管理活动”。〔2〕有人认为，隐瞒境外存款罪客体是“国家外汇金融管理制度和国家关于国家工作人员申报境外存款的有关规定”。〔3〕有人认为，“本罪的直接客体是国家对国家工作人员的境外存款申报制度的管理”。〔4〕有人认为，本罪客体是国家的货币管理制度和国家工作人员在境外存款的申报制度。〔5〕有人认为，本罪侵犯了国家的廉政制度和国家对国家工作人员的境外存款申报制度

〔1〕郑琼现：“对拒不申报境外存款罪的思考”，载《法学天地》1995年第5期。

〔2〕罗庆东编著：《刑事立案中的法律适用手册》，中国民主法制出版社2003年版，第566页。

〔3〕李恩慈主编：《特别刑法论》，中国人民公安大学出版社1993年版，第294页。

〔4〕李黎明主编：《新罪刑各论》，群众出版社1992年版，第199页。

〔5〕李三宝、祖铁军主编：《罪名适用新解》，中国人民公安大学出版社2003年版，第935页。

的管理。[1]有人认为,“隐瞒境外存款罪的直接客体是复杂客体,主要客体是侵犯国家关于国家工作人员境外存款的申报制度,次要客体是侵犯国家的外汇管理制度”。[2]有人认为,国家工作人员隐瞒境外存款侵犯了国家对外汇的管理,使国家损失了这部分应缴纳的外汇收入,而为自己非法占有,侵害职务廉洁性。[3]有人认为,隐瞒境外存款罪的客体是国家工作人员的财产申报制度。[4]

2. 笔者的观点

笔者认为,由于本罪的主体仅限于国家工作人员,而根据我国相关外汇管理法规无论是不是国家工作人员,都不能擅自将外汇存放境外,即使非国家工作人员擅自将外汇存放境外,也同样侵犯国家的外汇管理制度,因此,本罪所保护的社会关系并非是国家的外汇管理制度。同时,本罪的对象包括合法收入,国家工作人员也并没有利用职务上的便利,所以也没有直接侵犯国家工作人员职务行为的廉洁性。另外,从一般意义上讲,国家机关的正常管理活动属于同类客体,是一个宽泛的概念,不宜作为直接客体。同时,本罪是不作为犯罪,违背了国家工作人员依法向有关部门申报境外存款的特定义务,因此,其直接侵犯的是国家机关工作人员的财产申报制度。

(二)隐瞒境外存款罪的犯罪对象

隐瞒境外存款罪的犯罪对象是国家工作人员的境外存款。在理论和司法实践中,有如下问题需要进一步厘清。

1. “境外”的理解

有人认为,巨额财产来源不明罪中的“境外”,是指在我国境外的国家或地区的外汇存款。[5]有人认为,巨额财产来源不明罪中的“境外”,指在中华人民共和国所属银行以外的其他国家和组织的银行或公司内的存款,在香港、澳门、台湾地区的非中华人民共和国的银行或公司,以及外国的一些金融

[1] 郑琼现:“对拒不申报境外存款罪的思考”,载《法学天地》1995年第5期。
[2] 张平、谢雄伟:“隐瞒境外存款罪构成要件研究”,载《湖北社会科学》2005年第3期。
[3] 郑晖:“隐瞒境外存款罪的争议与研究”,载《检察实践》2001年第1期。
[4] 高铭暄、马克昌主编:《刑法学》北京大学出版社,高等教育出版社2017年版,第654页。
[5] 裴广川主编:《经济犯罪的认定与处罚》(下),吉林人民出版社2002年版,第945页。

机构或组织在我国大陆设立的银行或公司的存款。[1]有人认为，“境外”是指我国国境、边境外的国家或地区，包括港、澳、台地区，但不包括在我国境内设立的外资银行或者外国银行分行。[2]

2. “存款”的理解

其一，“存款”是否包括人民币。有人认为，隐瞒境外存款罪中的“存款”只能是外汇，不能是人民币，因为人民币不能在外国自由兑换。[3]有人认为，虽然人民币确实还不能在国际市场自由兑换，但在香港已实行人民币流通，香港一些银行也开始经营人民币业务。因此，在香港地区金融机构存放人民币完全是有可能的。另外，随着经济体制改革的深入，金融体制还会进一步改革，我国的金融市场将会一步一步向世界开放，现在人民币不能自由兑换并不代表以后也不能自由兑换。因此，应当将巨额财产来源不明罪中的“存款”理解为各种货币，即本罪中“存款”是指存入境外金融机构的各种货币、有价证券、货币支付凭证以及黄金等贵重金属。这样会更加有利于加强对国家工作人员的廉政监督。[4]

笔者赞同第二种观点，随着我国经济的迅速发展和金融体制的改革开放，人民币国际化的步伐不断加快，正逐步成为一种重要的国际货币。同时，在此背景之下，如果将人民币排斥在隐瞒境外存款罪存款的犯罪对象之外，势必留下巨大的刑网漏洞，给犯罪人逃避刑罚惩罚提供了十分便利的条件，甚至使隐瞒境外存款罪的规定归于空名化。综上所述，境外存款，是指在我国国（边）境以外的国家和地区（包括中国香港、澳门、台湾地区）存入金融机构的各种货币、有价证券、支付凭证、贵重金属及其制品等。

其二，存款的来源问题。有人认为，隐瞒境外存款罪存款的来源不论国家工作人员在境外的工作报酬、继承遗产或接受赠与，还是违法犯罪所得，也不论是本人亲自存在境外，还是托人辗转存于境外，都是境外存款，均为本罪的犯罪对象。[5]有人认为，本罪中的境外存款仅指非法收入，如果境外存

---

〔1〕颜茂昆、贺小电、翟玉华：《刑法适用新论》（下），吉林人民出版社 2001 年版，第 1818 页。

〔2〕张平、谢雄伟：“隐瞒境外存款罪若干争议问题研究”，载《中国检察官》2006 年第 2 期。

〔3〕陈兴良主编：《职务犯罪认定处理实务全书》，中国方正出版社 1996 年版，第 715 页。

〔4〕张平、谢雄伟：“隐瞒境外存款罪若干争议问题研究”，载《中国检察官》2006 年第 2 期。

〔5〕杨兴国：《贪污贿赂罪法律与司法解释应用问题解疑》，中国检察出版社 2002 年版，第 304 页。

款来源是合法的，则不应作为犯罪对待。〔1〕

笔者认为，国家工作人员、公职人员的境外存款来源是否合法对隐瞒境外存款罪的构成不构成影响。隐瞒境外存款罪的实行行为的本质特征是不作为犯罪，其成罪的前提条件是国家工作人员负有申报境外存款的法定义务。只要国家工作人员有能力履行该义务而拒不履行，且造成了法律规定的危害结果，就构成犯罪。刑法并没有限定该境外存款的来源是否合法，因此，无论国家工作人员的境外存款是其在境内境外的工作报酬、继承遗产或接受赠予还是违法犯罪所得，也不论是其本人亲自存于境外还是托人辗转存于境外，都属于境外存款，应当如实申报。只要行为人明知与其共同生活的配偶、子女在境外开设了账户并存款或者辗转委托他人办理其在境外的存款，都属于隐瞒境外存款，可以构成隐瞒境外存款罪。

其三，"存款"是否包括实物。有人认为，从刑法条文的字面意义理解，存款应当不包括实物。但是，在刑法规范用语上理解，应包括汽车、房地产、黄金等实物。理由如下：①法益保护范围的扩张要求对犯罪对象进行扩大解释。②隐瞒境外存款罪构成要件所指引的规范性文件早已突破了"存款"的范畴。特别是中纪委、中组部于 2001 年 6 月发布的《关于省部级现职领导干部报告家庭财产的规定（试行）》中，已经将申报个人收入改为报告现金、存款、有价证券、房产、一万元以上的债权债务、贵重物品等主要家庭财产，已把申报的范围扩大到财产，而不限于存款了。〔2〕

有人认为，刑法条文只规定本罪的对象为"存款"是本罪立法的一个缺陷，应当加以修正。首先，"存款"与"财产"是两个不同的概念。前者仅指存入境外金融机构的各种货币、有价证券、货币支付凭证以及黄金等贵重金属，后者是指包括存款在内的各种收入的累积，如房产、交通工具等。可见，"财产"当然包括"存款"，而"存款"不能涵盖"财产"。其次，国外的财产申报法案，一般规定申报的对象是"财产"，而不仅是"存款"，如美国的《道德改革法》等。最后，中纪委在 2000 年 12 月决定要在省部级现职领导干部中首先实行家庭财产报告制度。中纪委和中组部在 2001 年联合发布

〔1〕 宣炳昭主编：《刑法各罪的法理与实用》，中国政法大学出版社 2002 年版，第 415 页。

〔2〕 张苏："对隐瞒境外存款罪构成要件要素的新论证"，载《重庆电力高等专科学校学报》2013 年第 1 期。

《关于省部级现职领导干部报告家庭财产的规定（试行）》之后，我国也开始逐渐把申报的范围扩大到“财产”。因此，为了更好地加强廉政建设，建议及时地将本罪罪状中的“隐瞒境外存款”修改为“隐瞒境外财产”，以严密法网，更有利地惩处腐败犯罪行为。[1]

笔者认为，为了有效地打击隐瞒境外存款罪，结合当前隐瞒境外存款的实际情况，避免刑法漏洞，应当将国家工作人员存在境外的财产作为隐瞒境外存款罪的犯罪对象。但在刑法没有依法进行修订的情况下，按照罪刑法定的基本原则，不宜在司法实践中将“存款”的范围扩大到“财产”。同时，按照我国目前的财产申报制度，国家工作的人员申报范围已经超出了存款的范围，已经包括了存款以外的其他财产。例如，2017年2月8日施行的中共中央办公厅、国务院办公厅《领导干部报告个人有关事项规定》第4条第1款规定：“领导干部应当报告下列收入、房产、投资等事项：（一）本人的工资及各类奖金、津贴、补贴等；（二）本人从事讲学、写作、咨询、审稿、书画等劳务所得；（三）本人、配偶、共同生活的子女为所有权人或者共有人的房产情况，含有单独产权证书的车库、车位、储藏间等（已登记的房产，面积以不动产权证、房屋所有权证记载的为准，未登记的房产，面积以经备案的房屋买卖合同记载的为准）；（四）本人、配偶、共同生活的子女投资或者以其他方式持有股票、基金、投资型保险等的情况；（五）配偶、子女及其配偶经商办企业的情况，包括投资非上市股份有限公司、有限责任公司，注册个体工商户、个人独资企业、合伙企业等，以及在国（境）外注册公司或者投资入股等的情况；（六）本人、配偶、共同生活的子女在国（境）外的存款和投资情况。”并且明确规定“共同生活的子女”，是指领导干部不满18周岁的未成年子女和由其抚养的不能独立生活的成年子女。所称“股票”，是指在上海证券交易所、深圳证券交易所、全国中小企业股份转让系统等发行、交易或者转让的股票。所称“基金”，是指在我国境内发行的公募基金和私募基金。所称“投资型保险”，是指具有保障和投资双重功能的保险产品，包括人身保险投资型保险和财产保险投资型保险。根据2017年2月8日施行的中共中央办公厅、国务院办公厅《领导干部报告个人有关事项规定》的规定，领导干部对其本人、配偶、共同生活的子女在境内所取得的财产以及在境外

[1] 张平、谢雄伟：“隐瞒境外存款罪若干争议问题研究”，载《中国检察官》2006年第2期。

所取得的存款和投资都有依法申报的义务。因此，隐瞒境外存款罪的犯罪对象并不只限于存款，也不只限于领导干部本人的存款，应包括领导干部本人、配偶、共同生活的子女在境外的存款和各种投资。

二、隐瞒境外存款罪的客观方面

隐瞒境外存款罪的客观方面表现为：违反国家规定，故意隐瞒不报在境外的存款，数额较大的行为。

(一) 行为人具有按照国家规定申报境外存款的法定义务

从《刑法》第395条第2款的规定来看，隐瞒境外存款罪罪状描述形式为空白罪状，其行为方式为不作为犯罪，因此，行为人具有按照国家规定申报境外存款的法定义务是该行为构成隐瞒境外存款罪的前提条件。

何谓“国家规定”？1997年《刑法》第96条规定：“本法所称违反国家规定，是指违反全国人民代表大会及其常务委员会制定的法律和决定，国务院制定的行政法规、规定的行政措施、发布的决定和命令。”因此，刑法中的“国家规定”具体包括：①全国人民代表大会及其常务委员会制定的法律和决定。包括由全国人民代表大会通过的法律；由全国人大常委会通过的法律、决定以及对现行法律的修改和补充的规定。宪法规定，立法权必须由全国人民代表大会及其常务委员会行使，法律是全国人民的意志表现，所以只有代表全体人民的最高国家权力机关才可以制定。②国务院制定的行政法规、规定的行政措施、发布的决定和命令。包括由国务院直接制定的行政法规、规定的行政措施、发布的决定和命令；由国务院直属的有关部委制定，经国务院批准并以国务院名义发布的。宪法规定，国务院是最高国家权力机关的执行机关，是最高国家行政机关，可以根据宪法和法律，制定行政法规、规定行政措施、发布决定和命令。各级地方人民代表大会及其常务委员会制定的地方性法规以及国务院各部委制定的规章和发布的决定和命令都不属于刑法所指的国家规定。

笔者经过梳理发现，我国关于国家工作人员申报境外存款的规定主要有：1995年《关于党政机关县（处）级以上领导干部收入申报的规定》（失效），1997年《关于领导干部报告个人重大事项的规定》（失效），2001年《关于省部级现职领导干部报告家庭财产的规定（试行）》（现行有效），2006年《关于党员领导干部报告个人有关事项的规定》（失效），2010年《关于领导干部报告个人有关事项的规定》（失效），2017 年 4 月中共中央办公厅、国务院办公厅印发《领导干部报告个人有关事项规定》和《领导干部个人有关事项报告查核结果处理办法》（现行有效）等。除此之外，新疆阿勒泰、宁夏银川（2009 年 12 月）、江西黎川（2010 年 4 月）、安徽庐江和青阳（2011 年 8 月）、江苏淮安（2012 年 8 月）等地出台了专门规定财产申报的规范性文件。

上述这些规定，是否属于刑法中的“国家规定”呢？有学者认为，1997 年中央办公厅、国务院办公厅下发的《关于领导干部报告个人重大事项的规定》虽不是由全国人大常委会和国务院直接颁布，但该规定指出：“《关于领导干部报告个人重大事项的规定》，已经党中央、国务院批准，现颁发给你们，请遵照执行。”从该表述中可以得出结论：经过党中央、国务院批准的规定，不管从哪个角度、哪个层面上来说，其效力完全应当属于刑法总则中的“国家规定”的范畴。〔1〕有人认为，应当完善《刑法》第 395 条第 2 款中关于隐瞒境外存款罪条款中“国家规定”内容，做到执法司法有据。〔2〕

笔者认为，依据《刑法》第 96 条和《立法法》的相关规定，我国目前关于国家工作人员对境外存款申报的规定不属于刑法层面的“国家规定”。因此，司法实践与法律规范之间的矛盾与冲突是十分明显的，可以通过修订刑法或抓紧制定相关国家工作人员财产申报的“国家规定”对这种尴尬状况加以解决。

（二）行为人不履行申报义务，对境外存款隐瞒不报

行为人不履行申报义务，对境外存款隐瞒不报。这里的“不报”包括完全不申报，也包括申报部分境外存款的不如实完全申报。

理论界对于隐瞒境外存款不报的时间界限存在不同的观点。有人认为，“隐瞒不报”的时间界限是在司法机关第一次询问后，立案以前；有人认为，“隐瞒不报”的时间界限是在司法机关立案后，第一次讯问犯罪嫌疑人之日起 3 日内；有人认为，“隐瞒不报”的时间界限是在一审判决前行为人仍然隐瞒不报。〔3〕其中，第一种观点得到了较多的认同。其主要理由如下：①本罪是

〔1〕王群智、李君：“隐瞒境外存款罪的准确认定”，载《犯罪研究》2007 年第 2 期。

〔2〕陈雷：“公职人员应如实申报境外存款——关于对隐瞒境外存款违法犯罪行为问责追责处置实践的研究与思考”，载《中国纪检监察报》2018 年 10 月 11 日。

〔3〕郑晖：“隐瞒境外存款罪的争议与研究”，载《检察实践》2001 年第 1 期。

纯正的不作为犯罪，其构成以刑法的明文规定为特征，行为人的作为义务主要来源于由刑法认可的其他法律规定（即有关国家工作人员境外存款申报方面的国家规定）。[1]②纯正的不作为犯罪的构成要求同时具备行为人具有法定的义务、行为人应当且有能力履行该法定义务而没有履行、没有履行的不作为行为造成了刑法所要求的危害后果。诉讼过程中行为人再去履行这种申报义务的，这种事后补救行为已经无法阻却其先前不作为行为的犯罪性，而只可能影响量刑。③相关司法解释已经确立了纯正的不作为犯罪成立犯罪的原则。例如，最高人民法院《关于审理偷税抗税刑事案件具体应用法律若干问题的解释》第 1 条第 3 款规定："实施本条第一款、第二款规定的行为，偷税数额在五万元以下，纳税人或者扣缴义务人在公安机关立案侦查以前已经足额补缴应纳税款和滞纳金，犯罪情节轻微，不需要判处刑罚的，可以免予刑事处罚。"再如，最高人民检察院《关于渎职侵权犯罪案件立案标准的规定》附则第 4 条第 3 款规定，直接经济损失和间接经济损失，是指立案时确已造成的经济损失。移送审查起诉前，犯罪嫌疑人及其亲友自行挽回的经济损失，以及由司法机关或者犯罪嫌疑人所在单位及其上级主管部门挽回的经济损失，不予扣减，但可以作为对犯罪嫌疑人从轻处理的情节考虑。从前述解释的规定可以看出，对于这种纯正的不作为犯罪只要行为人没有按照法律规定的时间、程序、内容等履行自己的应尽义务的，就已经构成犯罪，诉讼前或者诉讼过程中的履行义务行为或者事后补救行为对犯罪构成不产生影响。[2]

笔者认为，隐瞒境外存款不报罪是不作为犯罪，应当遵循不作为犯罪成立的基本理论，因此，只要是在立案时负有特定义务的国家工作人员已经构成了隐瞒境外存款不报罪就行了，隐瞒境外存款不报的时间界限应当以纪检、监察机关发现相关犯罪并予以立案为截止点。

（三）隐瞒境外存款数额较大

依据 1999 年 9 月 16 日实施的《最高人民检察院关于人民检察院直接受理立案侦查案件立案标准的规定（试行）》的规定，涉嫌隐瞒境外存款，折合人民币数额在 30 万元以上的，应予立案。

---

〔1〕 陈兴良：《刑法适用总论》（上卷），法律出版社 1999 年版，第 268 页。
〔2〕 龚培华、王立华："隐瞒境外存款罪的司法认定"，载《法学》2007 年第 5 期。

三、隐瞒境外存款罪的主体

隐瞒境外存款罪的主体是国家工作人员。1997 年《刑法》第 93 条和相关司法解释对“国家工作人员”的范围作了明确的规定和解释。

但是，隐瞒境外存款罪的成立必须以行为人依据国家规定的负有申报境外存款的特定义务为前提，根据我国目前国家工作人员财产申报的实际情况，并非所有国家工作人员都可成为隐瞒境外存款罪的主体，没有向国家申报境外存款的义务的国家工作人员，就不能不构成本罪。因此，本罪中的“国家工作人员”是指国家工作人员中负有财产申报义务的人员。[1]其主要理由是，中共中央办公厅、国务院办公厅发布的《关于党政机关县（处）级以上领导干部收入申报的规定》明确申报收入的主体为：各级党的机关、人大机关、行政机关、政协机关、审判机关、检察机关中的县处级以上（含县处级）领导干部，以及国有大、中型企业的负责人。据此，其他国家工作人员不能成为此罪的主体。

2017 年 2 月 8 日中共中央办公厅、国务院办公厅印发的《领导干部报告个人有关事项规定》第 2 条规定：“本规定所称领导干部包括：（一）各级党的机关、人大机关、行政机关、政协机关、审判机关、检察机关、民主党派机关中县处级副职以上的干部（含非领导职务干部，下同）；（二）参照公务员法管理的人民团体、事业单位中县处级副职以上的干部，未列入参照公务员法管理的人民团体、事业单位的领导班子成员及内设管理机构领导人员（相当于县处级副职以上）；（三）中央企业领导班子成员及中层管理人员，省（自治区、直辖市）、市（地、州、盟）管理的国有企业领导班子成员。上述范围中已退出现职、尚未办理退休手续的人员适用本规定。”第 5 条规定：“领导干部应当于每年 1 月 31 日前集中报告一次上一年度本规定第三条、第四条所列事项，并对报告内容的真实性、完整性负责，自觉接受监督。非本规定第二条所列范围的人员，拟提拔为本规定第二条所列范围的考察对象，或者拟列入第二条所列范围的后备干部人选，在拟提拔、拟列入时，应当报告个人有关事项。本规定第二条所列范围的人员辞去公职的，在提出辞职申请

〔1〕 李文燕主编：《贪污贿赂犯罪证据调查与运用》，中国人民公安大学出版社 2002 年版，第 738 页。

时，应当一并报告个人有关事项。”从《领导干部报告个人有关事项规定》第2条规定分析，我国目前有义务申报个人境外财产的人员主要包括：①按照公务员法管理的县处级副职以上的领导干部或非领导职务干部；②参照公务员法管理担任现职的县处级副职以上的领导干部；③未列入参照公务员法管理的人民团体、事业单位的领导班子成员及内设管理机构领导人员和相当于县处级副职以上的领导干部；④中央企业领导班子成员及中层管理人员；⑤省（自治区、直辖市）、市（地、州、盟）管理的国有企业领导班子成员；⑥已退出现职、尚未办理退休手续的上述人员；⑦拟提拔为本规定第二条所列范围的考察对象；⑧拟列入为且在拟列入时的第二条所列范围的后备干部人选；⑨拟提拔且在拟提拔时的第二条所列范围的后备干部人选；⑩在提出辞去公职申请时的第二条所列范围的人员。

同时，笔者注意到，全国人民代表大会在2018年3月20日通过的《监察法》第15条规定：“监察机关对下列公职人员和有关人员进行监察：（一）中国共产党机关、人民代表大会及其常务委员会机关、人民政府、监察委员会、人民法院、人民检察院、中国人民政治协商会议各级委员会机关、民主党派机关和工商业联合会机关的公务员，以及参照《中华人民共和国公务员法》管理的人员；（二）法律、法规授权或者受国家机关依法委托管理公共事务的组织中从事公务的人员；（三）国有企业管理人员；（四）公办的教育、科研、文化、医疗卫生、体育等单位中从事管理的人员；（五）基层群众性自治组织中从事管理的人员；（六）其他依法履行公职的人员。”相比较而言，《监察法》第15条规定的监察人员的范围要远远大于《领导干部报告个人有关事项规定》第2条规定的有财产申报义务人员的范围。这样一来，《刑法》隐瞒境外存款罪的主体“国家工作人员”与《领导干部报告个人有关事项规定》第2条、《监察法》第15条的规定之间就失去了协调性。

笔者认为，应通过修订法律或者进行司法解释的方式对此加以解决。就目前情况而言，为了加大反腐败的力度，完善国家工作人员财产申报制度，将《刑法》第395条第2款规定的国家工作人员解释为《监察法》第15条规定的范围是比较适当的。

另外，在许多情况下，国家工作人员为了转移视线、逃避打击，常常以其配偶、子女或者亲戚朋友名义，或者委托其他个人或组织在境外金融机构开设银行存款账户，因此，应当针对这一情形，通过修订刑法或法律解释的方法对相关疑难问题作出明确规定。

四、隐瞒境外存款罪的主观方面

有人认为，本罪的主观方面是间接故意，即行为人明知隐瞒境外存款会危害国家廉政制度，但为了隐瞒非法所得（包括犯罪所得）或为了不暴露其合法收入之难言之隐等，而放任危害国家廉政制度。[1]

笔者认为，隐瞒境外存款罪的主观方面表现为故意犯罪，即明知国家工作人员在境外存款依照国家规定应当申报而故意隐瞒不报。如果不是出于故意隐瞒，而是对国家的申报不明知，或准备申报而暂未申报等，都不能构成此罪。隐瞒不报境外存款的动机多种多样，但无论是何种动机，都不影响隐瞒境外存款罪的成立。

第三节　隐瞒境外存款罪的疑难问题

一、隐瞒境外存款罪与非罪的界限

隐瞒境外存款罪不以存款来源的违法性为构成要件，在境外取得的合法收入，也属于规定的境外存款，如依法继承的财产等。因为隐瞒境外存款罪的立法原则是针对境外存款的监督，而不在于追究其财产来源是否有过错。构成隐瞒境外存款罪必须达到“数额较大”的标准，否则不构成隐瞒境外存款罪。

隐瞒境外存款罪属于结果犯，必须具备隐瞒不报境外存款，且数额较大的事实才能构成犯罪。因此，从犯罪形态看，这种犯罪只有既遂，没有未遂。

二、隐瞒境外存款罪的一罪与数罪

隐瞒的境外存款为贪污、受贿所得时，成立隐瞒境外存款罪还是数罪并罚？有学者认为，此时应当实行数罪并罚，即应当分别以隐瞒境外存款罪和相应的其他犯罪，如贪污罪、受贿罪等数罪并罚。[2]也有学者认为，此种情形下，应根据其境外存款的来源性质的行为定罪，不应再定隐瞒境外存款罪，

---

〔1〕 李文燕主编：《贪污贿赂犯罪证据调查与运用》，中国人民公安大学出版社 2002 年版，第 739 页。

〔2〕 裴广川主编：《经济犯罪的认定与处罚》（下），吉林人民出版社 2002 年版，第 946 页。

即不主张实行数罪并罚。[1]有人认为，不能一概而论，应当区分不同的情形，分别认定为隐瞒境外存款罪或者数罪并罚。行为人通过贪污、受贿或实施其他犯罪后取得财物，将其存放于境外的，应认定为贪污、受贿罪一罪，将赃物存放于境外的行为，属于刑法中事后不可罚的行为，不另成立犯罪。

笔者认为，按照我国刑法理论，隐瞒境外存款与贪污或者受贿属于两个不同的行为，故意内容不同，当隐瞒的境外存款为贪污、受贿所得时，应当按照我国刑法理论中的一罪与数罪理论所确立的原则进行定罪和处罚。一般而论，应当根据案件的具体情况处理：如果存在吸收关系，按照吸收犯处理；如果存在牵连关系，按照牵连犯处理；如果不存在上述关系，则按照数罪并罚处理。

三、隐瞒境外存款罪与逃汇罪的界限

《刑法》第190条规定，国有公司、企业或者其他国有单位，违反国家规定，擅自将外汇存放境外，或者将境内的外汇非法转移到境外，情节严重的，构成逃汇罪。

隐瞒境外存款罪与逃汇罪的区别主要表现为：

（1）犯罪主体不同。前者的犯罪主体是自然人，即仅限于具有国家工作人员身份的自然人，后者的主体是单位，即公司、企业或者其他单位。实践中，可以从两个方面区分两罪：其一，看用于存款的外汇所有权属谁。用于存款的外汇经查证属个人财产的，即使以单位名义存入境外，也应认定为隐瞒境外存款罪，而不应该认定为逃汇罪。其二，看有无单位意志。对于经查实外汇属单位资产，则应查证将该笔外汇存入境外时，有无表示单位意志的证据。如果经单位集体研究决定或者由负责人决定实施的，无论该存款以何种名义存入境外，均构成逃汇罪。

（2）行为对象不同。前者的行为对象是存款，包括各种流通的货币；后者的行为对象只能是外汇。

（3）犯罪地点不同。前者的犯罪地点只能是国外或境外，后者的犯罪地点既可能在国外、境外，也可能在国内。

---

[1] 李文燕主编：《贪污贿赂犯罪证据调查与运用》，中国人民公安大学出版社2002年版，第754页。

(4) 客观行为方式不同。前者主要表现为对自己应当按规定申报的境外数额较大的存款，予以隐瞒不按规定申报的行为；后者主要表现为违反国家有关规定，擅自将外汇存放境外，或者将境内的外汇非法转移到境外的行为。两罪区分的关键是对主体的区分。而区分主体不能简单以存款名称来判断。

四、隐瞒境外存款数罪与巨额财产来源不明罪竞合时的处理

行为人隐瞒境外存款且该巨额存款来源不明，重合部分应当如何定罪?理论界存在着不同的观点。有人认为，构成隐瞒境外存款罪；有人认为，此种情形属于想象竞合犯，应择重罪认定构成巨额财产来源不明罪；有人认为应以隐瞒境外存款罪与巨额财产来源不明罪数罪并罚。[1]

笔者认为，该种情形不属于想象竞合犯，想象竞合犯也称观念的竞合、想象的数罪，是指基于一个罪过，实施一个犯罪行为，同时侵犯数个犯罪客体，触犯数个罪名的情况。想象竞合犯的前提基础是行为人只实施了一个犯罪行为。而在上述情形，行为人实施了两个犯罪行为：违反了有关国家工作人员境外存款申报规定的行为和不说明巨额财产来源行为。上述情形如果实行数罪并罚，理论上也有赞同与反对两种意见。反对者的主要理由是：如果实行数罪并罚就违背了禁止重复评价原则。赞同者认为，实行数罪并罚并不违背禁止重复评价原则。禁止重复评价，是指在定罪量刑时，禁止对同一犯罪构成事实予以二次或二次以上的法律评价。应当注意的是：只有对同一犯罪构成事实才有重复评价可言；重复评价必须发生在同一诉讼之内；禁止的是相同性质的重复评价。禁止重复评价原则首先体现在定罪之中，在定罪过程中，禁止重复评价主要是指：一个行为只能定一个罪名或者说一个行为只能在构成要件中使用一次，不得在定罪中重复使用。定罪情节作为犯罪构成的基本事实在定罪时已经使用因而在量刑时不能再度使用否则就会有悖禁止重复评价的原则。[2]因此，根据禁止重复评价原则的一般原理，定罪时对不同的行为进行评价不属于重复评价，上述情形是两个不同的行为，也就不存在重复评价的问题，对上述行为进行数罪并罚，没有违背禁止重复评价的原则。

---

〔1〕 龚培华、王立华："隐瞒境外存款罪的司法认定"，载《法学》2007年第5期。

〔2〕 陈兴良："禁止重复评价研究"，载《现代法学》1994年第1期。

私分国有资产罪理论与实践

第一节　私分国有资产罪的立法与解释

一、私分国有资产罪的立法

私分国有资产罪是1997年《刑法》新增加的罪名。在1997年《刑法》生效之前，对相关行为的处罚也有一些分散的规定。例如，全国人大常委会在1988年1月21日颁行的《关于惩治走私罪的补充规定》第13条规定："处理走私案件没收的财物和罚金、罚款收入，全部上交国库，不得提成，不得私自处理。私分没收的财物和罚金、罚款收入的，以贪污论处。"全国人大常委会在1990年9月7日通过的《中华人民共和国铁路法》第69条规定："铁路运输企业违反本法规定，多收运费，票款或者旅客、货物运输杂费的，必须将多收的费用退还付款人，无法退还的上缴国库。将多收的费用据为己有或者侵吞私分的，依照关于惩治贪污罪贿赂罪的补充规定第一条、第二条的规定追究刑事责任。"全国人民代表大会常委会在1991年6月29日通过的《中华人民共和国烟草专卖法》第42条规定："人民法院和处理违法案件的有关部门的工作人员私分没收的烟草制品，依照关于惩治贪污罪贿赂罪的补充规定第一条、第二条的规定追究刑事责任。"1996年3月17日通过的《中华人民共和国行政处罚法》第58条规定："行政机关将罚款、没收的违法所得或者财物截留、私分或者变相私分的，由财政部门或者有关部门予以追缴，对直接负责的主管人员和其他直接责任人员依法给予行政处分；情节严重构成犯罪的，依法追究刑事责任。"除上述规定以外的其他集体私分国有财产的行为，都是按一般违法、违规、违纪处理。

由于打击的力度较弱，集体私分国有财产的现象呈现出日趋严重的状况，且贪污罪与集体私分国有资产的性质、主客观特征也存在着明显的不同，因此，以刑罚手段打击集体私分国有资产行为已经成为必要。最高人民检察院在 1989 年 6 月对刑法修改问题进行了调查，在其提出的《修改〈刑法〉调查提纲》的第一部分中，曾经将“集体私分公款的，如何确定性质？怎样划分责任？”作为调查的重要问题。〔1〕

为了有效地打击各种严重的集体私分国有资产的行为，1997 年《刑法》增设了私分国有资产罪。1997 年《刑法》第 396 条第 1 款规定：“国家机关、国有公司、企业、事业单位、人民团体，违反国家规定，以单位名义将国有资产集体私分给个人，数额较大的，对其直接负责的主管人员和其他直接责任人员，处三年以下有期徒刑或者拘役，并处或者单处罚金；数额巨大的，处三年以上七年以下有期徒刑，并处罚金。”

二、私分国有资产罪的解释

在 1997 年《刑法》增设私分国有资产罪之前，学术界对集体私分国有资产的行为如何定性，存在不同的看法，大致有如下几种观点：其一，构成贪污罪。认为私分公共财物的行为符合贪污罪的犯罪构成要件，应以贪污罪对私分公共财物的主管人员或直接责任人员定罪处罚。〔2〕其二，构成玩忽职守罪。〔3〕其三，不构成犯罪。认为私分公共财物的行为具有一定的公开性，责任比较分散，一般不宜按犯罪处理，但对其中个别领导人借机侵吞肥己，情节严重的，可以按贪污罪论处。〔4〕其四，增设集体私分国家财产罪。认为私分国家财产，危害极大，对其直接负责的主管人员和其他直接责任人员予以刑罚处罚是必要的。但私分在构成特征上与共同贪污有明显不同，难以适用贪污罪加以处罚，实践中因法无明文规定，对此类行为多没有处理，故应在刑法中增设集体私分国家财产罪。〔5〕

在 1997 年《刑法》生效后，理论界对《刑法》第 396 条第 1 款规定的罪

---

〔1〕 高铭暄、赵秉志编：《新中国刑法立法文献资料总览》，中国人民公安大学出版社 2015 年版，第 2449 页。

〔2〕 夏云华、蔡怡：“浅议集体私分公共财物的定性和处罚”，载《人民检察》1990 年第 5 期，第 18 页。

〔3〕 孙文胜：“集体私分财物行为的犯罪构成分析”，载《黑龙江法制报》1997 年 3 月 13 日。

〔4〕 陈兴良主编：《案例刑法教程》（下），中国政法大学出版社 1994 年版，第 33 页。

〔5〕 赵秉志主编：《刑法修改研究综述》，中国人民公安大学出版社 1990 年版，第 490 页。

名存在集体私分罪、集体私分国有资产罪、集体私分公款罪等不同的看法。1997 年最高人民法院《关于执行〈中华人民共和国刑法〉确定罪名的规定》与 最高人民检察院《关于适用刑法分则规定的犯罪的罪名的意见》均将《刑法》第 396 条第 1 款集体私分国有资产的犯罪行为的罪名规定为私分国有资产罪。

在本罪认定的其他方面，1999 年 9 月 16 日颁行的最高人民检察院《关于人民检察院直接受理立案侦查案件立案标准的规定（试行）》对私分国有资产罪中的“国有资产”“数额较大”等作了界定。最高人民法院研究室《关于如何理解私分国有资产问题的研究意见》，对县交通局稽查队代征的车船使用税、代办的个体工商管理费的返还款及停车费是否属于《刑法》第 396 条第 1 款所规定的国有资产进行了答复。因此，私分国有资产罪的有效解释尚显缺乏，定罪量刑中的许多问题还需进一步厘清和明确。

第二节　私分国有资产罪的犯罪构成

一、私分国有资产罪的客体

理论界对私分国有资产罪的犯罪客体众说纷纭，大致有复杂客体说和简单客体说。

（1）复杂客体说。该说认为，私分国有资产罪的犯罪客体是复杂客体。具体表述又各有不同：有人认为，私分国有资产罪侵犯的是国家对国有资产的所有权及廉政建设制度。[1]有人认为，私分国有资产罪侵犯的客体是复杂客体，既侵犯了国家工作人员职务行为的廉洁性，也侵犯了国有资产的所有权。[2]有人认为，本罪的客体是国有单位及其工作人员的廉洁性和国有资产所有权。[3]还有人认为，本罪既侵犯国有财产所有权、国家工作人员职务行为的廉洁性和国家廉政建设秩序。[4]

（2）简单客体说。该说则认为，私分国有资产罪的犯罪客体是国有资产

〔1〕詹复亮：《贪污贿赂犯罪及其侦察实务》，人民出版社 2013 年版，第 258 页。

〔2〕《刑法学》编写组：《刑法学》（下册·各论），高等教育出版社 2019 年版，第 279 页。

〔3〕周光权：《刑法各论》，中国人民大学出版社 2008 年版，第 450 页。

〔4〕曲新久等：《刑法学》，中国政法大学出版社 2004 年版，第 2 页。

所有权。〔1〕

笔者赞同私分国有资产罪侵犯的客体是复杂客体，私分国有资产的犯罪行为既侵犯了国家工作人员职务行为的廉洁性，也侵犯了我国国有资产的所有权。

二、私分国有资产罪的犯罪对象

私分国有资产罪的犯罪对象是国有资产。

1993 年国家国有资产管理局颁布的《国有资产产权界定和产权纠纷处理暂行办法》第 2 条第 2 款规定："国有资产，是指国家依法取得和认定的，或者国家以各种形式对企业投资和投资收益、国家向行政事业单位拨款等形成的资产。"但在理论界和司法部门对国有资产的范围存在着争议。

（一）理论界对国有资产范围的争议

理论界对国有资产范围存在着广义和狭义之争。在持广义观点的学者中也有不同的看法：有人认为，"广义的国有资产是指所有权或产权属于国家，且能够被法律和会计计量所确认的，且与资本或者业主权益中的一定比例相等值的资产"。〔2〕具体包括：国家对国企、央企以及其他企业的投资及收益等经营性资产；全民所有的土地、森林、河流、矿藏等资源性资产；国家向行政事业单位拨款形成的非经营性资产。有人认为，"国有资产指各级政府通过购买、捐赠或依据法律、法令、条例等所持有的资产，主要有国有不动产和国有企业两大类，具体包括：不动产及其附属物；车船、飞机及其附属物；政府公司的设备、工具及政府的设施；地役权、矿藏开采权以及类似的权利；股票和债券等的收益权；专利权、版权等无形资产。因此，是指那些不属私有资产之外的一切资产"。〔3〕

持狭义观点的学者认为，私分国有资产罪中国有资产的认定，应当严格按照 1999 年最高人民检察院《关于人民检察院直接受理立案侦查案件立案标准的规定（试行）》附则（六）中关于国有资产的规定：私分国有资产罪案中的"国有资产"，是指国家依法取得和认定的，或者国家以各种形式对企业

〔1〕詹复亮：《贪污贿赂犯罪及其侦察实务》，人民出版社 2013 年版，第 258 页。

〔2〕葛家澍、裘宗舜：《会计热点问题》，中国财政经济出版社 2001 年版，第 511 页。

〔3〕董宏：《创建国有资产管理新体制百题问答》，中国财政经济出版社 2003 年版，第 28 页。

投资和投资收益、国家向行政事业单位拨款等形成的资产。

（二）司法解释对国有资产范围的争议

如上所述，按照1999年最高人民检察院的解释，国有资产包括：①国家依法取得和认定的资产；②国家对企业投资和投资收益；③国家向行政事业单位拨款等形成的资产。但最高人民法院研究室《关于如何理解私分国有资产问题的研究意见》与最高人民检察院的意见并不一致。[1]这种分歧在杜某一案中有明确的体现。杜某基本案情是：被告人杜某于1993年7月至1995年3月在任某县交通局稽查二队副队长、主持工作期间，擅自决定为税务所代征车船使用税，为工商所代办个体工商管理费，并从中收取返还款。杜某决定将收取的返还款以及稽查队收取的停车费3910元，合计72 029.20元在稽查队内私分，其个人分得11 972.20元。杜某于1998年1月以贪污罪被判处有期徒刑一年。判决发生法律效力后，杜某申诉。有关部门就本案中杜某在稽查队内私分的所代征的车船使用税、代办的个体工商管理费的返还款以及停车费是否属于《刑法》第396条第1款所规定的"国有资产"问题，向最高人民法院研究室征求意见。

第一种意见认为，稽查队所代征代办税费的返还款以及停车费不属于《刑法》第396条第1款所规定的"国有资产"。主要理由是：①国有资产不同于国有财产。财产，是指以物质财富以及与物质财富有直接关系的其他权益（如债权、知识产权等）的总和，具有相对静态的意义。财产作为生产要素进入商品生产领域、具有增值要求时，才被称为资产。广义的资产在内涵和外延上与财产相同，但狭义的资产，仅指权利主体为取得一定的经济效益而投入到经营性活动中的各种形态的资产，即用于生产经营的财产。因此，国有资产也有广义与狭义之分，广义的国有资产与国有财产等同，泛指我国境内外属于全民所有（即国家所有）的各种形态的财产。狭义的国有资产，是指国家投入到生产经营领域内的各种形态的资产。②1997年《刑法》直接使用国有资产的条文共有两条，直接使用国有财产的条文共有四条。这就表明国有财产与国有资产不能完全等同，刑法条文中的国有资产只能作狭义的理解。③依据最高人民检察院于1999年出台的《关于人民检察院直接受理立

[1] 黄应生："最高人民法院研究室关于如何理解私分国有资产问题的研究意见"，载《司法研究与指导》2012年第1辑（总第1辑）。

案侦查案件立案标准的规定（试行）》的规定，本案中交通局稽查队代征代办税费的返还款以及停车费，既不是国家的拨款，也不是国家的投资，故不应认定为国有资产。

第二种意见认为，稽查队所代征代办税费的返还款以及停车费属于“国有资产”。主要理由是：①虽然根据经济学理论，资产和财产并非同一概念，但是在实际生活中，人们运用这两个词并没有作这样的区分，甚至认为资产包括了财产。②我国 1992 年公布的《企业会计准则——基本准则》也规定：“资产是企业拥有或者控制的能以货币计量的经济资源，包括各种财产、债权和其他权利。”可见，财产属于资产。国有资产，是指国家基于国家权力的行使而依法取得和认定的，或者国家以各种形式对企业投资及投资收益形成的，以及国家拨款、接受赠与等形成的各种财产和财产权利的总和。同时，根据 1991 年 3 月 26 日原国有资产管理局、财政部和原国家工商行政管理总局联合发布的《企业国有资产所有权界定的暂行规定》第 4 条以及《企业国有资产监督管理暂行条例》第 3 条的规定，国有资产和国有财产基本上没有明确划分，大都是在同一意义上使用，国有资产在法律意义上一般可以包括国有财产以及财产性利益。③本案稽查队所代征代办税费的返还款以及停车费均属于公款，可以认定为“国有资产”。

最高人民法院研究室认为：县交通局稽查队代征的车船使用税、代办的个体工商管理费的返还款均属于利用国家公权力收取的费用，虽然系违法代收，但仍无法改变款项的公款性质。县交通局稽查队收到的停车费也属于公款。因此，上述钱款属于《刑法》第 396 条第 1 款所规定的“国有资产”。理由如下：

第一，刑法规定中行政单位的“国有资产”与“国有财产”“公共财产”含义基本相同。对于什么是国有资产，刑事法律及司法解释均没有明确规定。财政部《行政单位国有资产管理暂行办法》第 3 条、《企业国有资产法》第 2 条所规定的企业和行政单位国有资产的内涵不完全一致。而《行政单位国有资产管理暂行办法》所规定的行政单位的国有资产和国有财产、公共财产是同一概念。《刑法》第 91 条规定了“公共财产”的范围，《刑法》第 92 条规定了“私人财产”的范围。根据刑法对私人财产和公共财产的界定，可以明确作为行政单位县交通局稽查队代征的车船使用税、代办的个体工商管理费的返还款及停车费不属于公民和集体的合法收入，不属于私人财产，也不属于集体财产，而是属于国有财产，即俗称的“公款”。由于在刑法中，行政单位的“国有资产”与“国有财产”“公共财产”含义基本相同，因此，县交通局稽查队代征的车船使用税、代办的个体工商管理费的返还款及停车费可以认定为《刑法》第396条第1款所规定的“国有资产”。

第二，私分“小金库”中公款的行为，应当认定为私分国有资产。对单位私分“小金库”的行为，如果“小金库”中的财物属于国有资产，应当以私分国有资产罪论处。比如，行政单位以经费紧张等名义向有关企业、事业单位索要的“赞助费”，单位隐瞒、截留应当上交国家的行政收费或其他收入，单位虚报冒领、骗取国家财政拨款或补贴等，而后予以私分的行为，所私分的对象实质均是国有资产，故对有关责任人员应以私分国有资产罪追究刑事责任。本案中，稽查队私设小金库予以私分的行为，实际上是私分“小金库”中的公款，对杜某应当以私分国有资产罪论处。

从上述可见，最高人民检察院和最高人民法院的分歧主要表现在：①国有资产和国有财产是否属于同一概念；②国有单位通过非法手段取得的资产取得的财产是否属于国有资产的范围。

（三）笔者的观点

第一，国有资产范围的确定必须依法进行。对于上述理论界与司法机关对国有资产范围的争议，笔者基本评价是：①我国尚处于改革深入发展的阶段，国有资产的范围尚处于不断的发展变化的过程中。②对国有资产的认定应当以现行有效的法律、法规规定为基础。③对相关国有资产和国有财产的界定应当合乎科学，且与世界上通行的标准相接轨。以此分析，法律和司法解释对国有资产、国有资源、国有财产、公共财产的外涵与内延缺乏明确、科学的规制，导致了在追究私分国有资产罪时的争论与困难。因此，应当尽快以法律或司法解释的方式明确国有资产的外涵与内延。

第二，在没有明确法律依据的情形下，对国有资产范围的认定应贯彻刑法谦抑性原则。在法律、法规、司法解释不完善的情况下，对于私分国有资产罪中的国有资产范围的认定，应当贯彻刑法谦抑性的原则，即没有明确法律依据的“法律灰色地带”的部分的资产，一般不能认定为国有资产，以避免私分国有资产罪被滥用。

第三，对来源不合法的资产能否被认定为国有资产的问题，应当采取审慎的态度。有人认为，国有资产的认定不应过分强调其来源的合法性。国有单位通过非法手段取得的资产同样也属于国有资产的范围。该观点的主要理由是：这些违法取得的资产一旦被国有单位取得后，就属于单位管理、使用的财产。根据《刑法》第 91 条的规定，应属于拟制的国有财产。如果国有单位非法敛财手段本身触犯了其他罪名，又将违法所得的财产集体私分的，就成立了实质的数罪，应以私分国有资产罪和所构成的其他犯罪实行数罪并罚。[1]笔者认为，国有单位通过非法手段获取的私人资产，其合法所有权仍然属于原来的合法所有权人，国有单位只是暂时管理、使用，并未在实质的法律意义上取得该私人财产的所有权，因此，该部分财产不能成为私分国有资产罪的犯罪对象。

第四，“小金库”的财产不宜都作为国有资产处理。一般认为，“小金库”，是指“应列入而未列入符合规定的单位账簿的各项资金”。[2]从该定义出发，“小金库”资金显然属于合法收入，只是应列入而未列入符合规定的单位账簿而已，因此，该部分资金就应当属于国有资产的范围。而在实际生活中，“小金库”资金的来源却十分复杂，既有合法取得的资产，也有国有单位违反行政法规、规章所获取的收益，因此，对“小金库”资金的性质仍需进一步甄别，如果依法属于国有资产，当然可以成为私分国有资产罪的对象，否则，就不应作为成为本罪的对象。

第五，私分国有资产罪的对象并不涵盖国有资产的全部类型。是否所有的国有资产都能成为私分国有资产罪的犯罪对象？有学者认为，本罪的对象并不涵盖国有资产的全部类型。如国有资产中的无形资产，就不存在私分的问题。草原、滩涂、矿藏等资源性资产，由于其形态特殊，通常也不存在私分的问题。[3]笔者认为，从应然的角度，刑法对私分国有资产罪的对象国有资产的范围并没有加以限制，因此，本罪的对象在法理上涵盖了国有资产的全部类型。但从实然的角度，因为国有资产存在形态的复杂性、权利转移方式存在重大差异，确实有些国有资产在现有的法律体制下难以集体私分，但不宜作为例外排除在本罪的犯罪对象之外。

---

〔1〕 孙国祥：“私分国有资产罪认定问题研究”，载《华东刑事司法评论》2004 年第 2 期。

〔2〕 陈正云、文盛堂主编：《贪污贿赂犯罪认定与侦查实务》，中国检察出版社 2002 年版，第 175 页。

〔3〕 李如君：“‘小金库’概念浅析”，载《中国监察》2011 年第 18 期。

二、私分国有资产罪的客观方面

私分国有资产罪的客观方面表现为“违反国家规定，以单位名义将国有资产集体私分给个人，数额较大”。但对私分国有资产罪的客观方面各要件具体含义的理解，在理论界和司法实际部门也存在着不同的意见。

（一）“违反国家规定”的理解

1. 理论争论

何谓“违反国家规定”？有人认为，我国刑法分则中的“违反国家规定”必须严格按照《刑法》第96条加以认定，不包括国务院部门规章、地方性法规以及行业规则。〔1〕有人认为，“违反国家规定”，是指违反全国人民代表大会及其常务委员会制定的法律、国务院及有关部门制定的法规、规章中关于国有资产管理、使用、处理等方面的规定。〔2〕有人认为，“违反国家规定”，是指违反全国人民代表大会及其常委会制定的法律和决定，国务院制定的行政法规、规定的行政措施、发布的决定和命令中有关国有资产管理、使用、处理等方面的规定。〔3〕也有人认为，如果只是严格按照《刑法》第96条所确定的范围来判断某一行为是否违反了相关国家规定，那么，在司法实践中将很难找到相关依据。所以，应当从宽解释“违反国家规定”中国家规定的具体范围，将其拓展至国务院各部委制定的部门规章及各省、自治区、直辖市制定的地方性法规。甚至还有意见认为，还应当包括国有公司、企业的上级主管单位关于国有资产管理的内部规定。〔4〕

2. 相关立法和司法解释

《刑法》第96条规定：“本法所称违反国家规定，是指违反全国人民代表大会及其常务委员会制定的法律和决定，国务院制定的行政法规、规定的行政措施、发布的决定和命令。”

2011年最高人民法院的《关于准确理解和适用刑法中“国家规定”的有

---

〔1〕 蒋铃：“刑法中‘违反国家规定’的理解和适用”，载《中国刑事法杂志》2012年第7期。

〔2〕 于志刚主编：《惩治职务犯罪疑难问题司法对策》（上册），吉林人民出版社2001年版，第183页。

〔3〕 刘生荣、张相军、许道敏：《贪污贿赂罪》，中国人民公安大学出版社2003年版，第293页。

〔4〕 肖晚祥：“私分国有资产罪中违反国家规定的理解与把握”，载《人民司法》2008年第16期。

关问题的通知》明确规定，根据《刑法》第96条的规定，刑法中的“国家规定”包括：全国人民代表大会及其常务委员会制定的法律和决定；国务院制定的行政法规、规定的行政措施、发布的决定和命令。其中，“国务院规定的行政措施”应当由国务院决定，通常以行政法规或者国务院制发文件的形式加以规定。以国务院办公厅名义制发的文件，符合以下条件的，亦应视为刑法中的“国家规定”：①有明确的法律依据或者同相关行政法规不相抵触；②经国务院常务会议讨论通过或者经国务院批准；③在国务院公报上公开发布。同时，该通知还规定：各级人民法院在刑事审判工作中，对有关案件所涉及的“违反国家规定”的认定，要依照相关法律、行政法规及司法解释的规定准确把握。对于规定不明确的，要按照本通知的要求审慎认定。对于违反地方性法规、部门规章的行为，不得认定为“违反国家规定”。对被告人的行为是否“违反国家规定”存在争议的，应当作为法律适用问题，逐级向最高人民法院请示。

3. 笔者的观点

笔者认为，“违反国家规定”属于刑法中的空白罪状。如果除了“违反国家规定”“违反……的法规”“违反……的规定”这样的表述之外再没有其他构成要件文字表述的话，就属于完全的空白罪状；如果在此之外还有其他构成要件文字规定，就是所谓的不完全的空白罪状。〔1〕刑法规定空白罪状是否违反罪刑法定原则的问题，在我国刑法学界曾经产生过争议。通说认为，空白罪状尤其是相对空白罪状并不违反明确性原则：“从‘应然’角度来讲，空白罪状并不会违反罪刑法定的明确性原则，而是刑法相对明确的一种立法体现。但是，从‘实然’角度来看，我国空白罪状的具体参照内容是否符合罪刑法定的明确性原则，还值得进一步研究”。〔2〕“空白罪状因为存在参照规范，只要参照规范是明确的，则应当认为并不违反明确性的要求。”〔3〕“违反国家规定”的内容必须以明确规定为前提，“国家规定”的范围应当从严把握，不应作扩张解释。

---

〔1〕 陈兴良：“刑法的明确性问题：以《刑法》第225条第4项为例的分析”，载《中国法学》2011年第4期。

〔2〕 杨剑波：《刑法明确性原则研究》，中国人民公安大学出版社2010年版，第99页。

〔3〕 陈兴良：“刑法的明确性问题：以《刑法》第225条第4项为例的分析”，载《中国法学》2011年第4期。

第一，基于法律、行政法规的授权所制定的规定是否属于“国家规定”。《立法法》第9条规定：“本法第八条规定的事项尚未制定法律的，全国人民代表大会及其常务委员会有权作出决定，授权国务院可以根据实际需要，对其中的部分事项先制定行政法规，但是有关犯罪和刑罚、对公民政治权利的剥夺和限制人身自由的强制措施和处罚、司法制度等事项除外。”

对于授权立法形成的规定是否属于“国家规定”，在我国存在不同的看法。《立法法》第10条规定：“授权决定应当明确授权的目的、范围。被授权机关应当严格按照授权目的和范围行使该项权力。被授权机关不得将该项权力转授给其他机关。”依据该规定，全国人民代表大会及其常务委员会授权国务院所制定的行政法规应当属于“国家规定”。但是，由于《立法法》限制被授权机关将该项权力转授给其他机关，因此，基于“二次授权”所形成的规定就不属于“国家规定”。

第二，国务院各部委制作、经国务院批准、以各部委名义发布的规定，不属于《刑法》第96条的“国家规定”。其主要理由如下：①宪法规定国务院制作的规定与各部委制作的规定名称不同（前者称为行政规章，后者称为部门规章），效力不同（前者的效力高于后者），既然《刑法》第96条没有明确各部委可以视为其制作主体，自然不能对其作扩大解释。②行政部门具有专业性的优点，熟悉本部门的业务，但由于缺乏中立的和超然的立场，容易造成对人权的破坏。为了避免授权立法任意性，出现“二次授权”的情形，《立法法》第10条已经作了明确的限制性规定。③“二次授权”立法很多时候会出现前述的部门利益化的倾向。[1]

第三，经国务院、国务院办公厅批转的部门规章是否属于“国家规定”。对于这些以“国办发”名义转发的部门规章，以及以“国发”名义发布的决定认定的部门规章，是否能认定为国务院“发布的决定”甚至“制定的行政法规”呢？2011年4月8日最高人民法院发布的《关于准确理解和适用刑法中“国家规定”的有关问题的通知》（法发［2011］155号）进行了有条件的认定。笔者认为，2000年《立法法》、2002年《行政法规制定程序条例》及《规章制定程序条例》的相继颁布实施，对行政法规及规章的制定主体、

〔1〕 詹红星：“‘违反国家规定’的宪法解释与司法适用”，载《湘潭大学学报（哲学社会科学版）》2016年第5期。

程序作了明确的区分，此后国务院主管部门发布的规定，虽经国务院批准、国务院办公厅转发，也不再属于行政法规。《立法法》第61条规定："行政法规由总理签署国务院令公布。"《立法法》颁布施行之后，行政法规的制定公布程序已经实现了一元化，必须经过国务院总理签署并通过国务院令公布的相关规范性文件才是行政法规。此时如果还有经国务院主管部门发布的国务院批准的规范性文件，则不能再作为"国家规定"。[1]同时，国务院办公厅是国务院的内设机构，虽然其具有协助国务院领导组织起草或审核以国务院、国务院办公厅名义发布公文的权限，但是国务院组织法中并没有授权其可以制定并发布行政法规。

（二）"以单位名义"的理解

理论界对"以单位的名义"理解存在着争议：有人认为，"以单位名义"是指私分行为是由单位领导共同研究决策的，是他们利用职务上的便利，代表单位意志却背离自己职责义务的结果；而且，私分的款物是以单位分配的形式分发给个人的，从表面上看具有公开性与合法性。因而，一方面，决策者对单位的私分行为应当具有违法性的意识，即明知或应该明知，而另一方面，多数被分得者却认为分得的款物是自己劳动报酬的一部分，缺乏违法性的认识。[2]有人认为，"以单位名义"是指私分行为是在单位意志支配下实施的，私分的目的是为了每个单位成员利益。[3]有人认为，"以单位名义"是指单位的决策机构集体研究决定或者单位有决策权的负责人决定，或者是单位全体成员共同商议后，以单位的名义，如公司、企业的名义，用单位的分配形式，如福利、奖金、分红、补贴等名目由单位统一组织进行私分。有人认为，"以单位名义"，首先要求私分行为是体现单位意志的行为，即要求直接责任人员实施的私分行为，表面上是与单位意志相一致的；其次，要求私分行为实质上是在单位意志支配下由直接责任人员实施的，某些在形式上体现了单位意志的私分行为，若非由单位意志支配而实施的，也不是单位行为；最后，"以单位名义"还要求私分行为体现的是单位的真意志，那种假借单位名义实施的私分行为不是单位行为，而是个人行为。[4]

---

〔1〕陈超然："非法经营罪适用范围的扩张及其限制研究"，上海交通大学2013年博士学位论文。

〔2〕沈维嘉、金泽刚："试论私分国有资产罪的司法认定"，载《政治与法律》2004年第1期。

〔3〕张兆松、刘鑫："论集体私分国有资产罪"，载《检察理论研究》1997年第6期。

〔4〕刘生荣、张相军、许道敏：《贪污贿赂罪》，中国人民公安大学出版社2003年版，第294页。

两高、海关总署在2002年7月8日颁布的《关于办理走私刑事案件适用法律若干问题的意见》中的规定：“以单位的名义实施走私犯罪，即由单位集体研究决定，或者由单位的负责人或者被授权的其他人员决定、同意。”笔者认为，以此为参照，私分国有资产罪“以单位名义”主要应当考虑是否由相关单位依照法律、法规授权的决策机构或个人决议或决定。如果是，该决议或决定就体现了其单位的意志。至于其决议或决定形成的具体程序和内容是否完全符合相关法律、法规的规定，可以不予考虑。

(三)“集体私分给个人”的理解

理论界一般认为，“集体私分给个人”，是指将国有资产擅自分给单位的每一个成员或者绝大多数成员。如果在少数负责人或员工中私分，应属贪污行为，不构成私分国有资产罪。[1]有人认为，“私分给个人是指经集体研究决定私分，往往是以发奖金、补贴等合法形式进行私分，并且单位人人有份，有些还是按照职务高低或者贡献大小进行分配”。[2]“如果不是将国有资产分给单位的所有人员或者绝大多数人员，而是分给单位的管理人员，那就不成立本罪，构成贪污罪，按贪污罪定罪处罚。”[3]“分配时，可能是平均分配，也可能是按不同标准分配。”[4]也有人认为，私分国有资产罪的“私分”在特征上表现为相对公开性、公利性、形式合理性、实质违法性。因此，只要私分行为为单位大多数成员所知晓并认同，是为单位成员集体利益出发，哪怕只分给单位成员中的一人，也应属私分行为。私分的范围是灵活的，其既可是单位成员中的一人，也可是单位成员之全部。[5]

笔者认为，将国有资产私分给单位小部分成员的行为，不构成私分国有资产罪。由于私分国有资产罪的“以单位名义”为要件，具有“集体私分”的要素，因此，将国有资产分给“单位成员中的一人”或“小部分单位成员”，不能体现出私分国有资产罪的“集体私分”的这一本质特征，不能构成私分国有资产罪。私分国有资产罪中的“集体私分”应当包括如下几个方面

---

〔1〕 高铭暄、马克昌主编：《刑法学》，北京大学出版社、人民教育出版社2017年版，第646页。

〔2〕 陈兴良主编：《刑法疏议》，中国人民公安大学出版社1997年版，第647页。

〔3〕 高铭暄主编：《新编中国刑法学》，中国人民大学出版社1999年版，第990页。

〔4〕 张穹主编：《贪污贿赂渎职“侵权”犯罪案件立案标准精释》，中国检察出版社2000年版，第109页。

〔5〕 钟凯：“私分国有资产罪之客观构成要件要素解析——以刑法解释原则为视角”，载《四川经济管理学院学报》2010年第2期。

的含义：其一，私分行为以单位的名义在单位的组织下按一定标准进行。其二，将国有资产分给了本单位中的全体成员或绝大多数成员。其三，将国有资产私分给个人（自然人），而不是私分给相关部门部门或单位。其四，私分行为的形式一般是以发福利、发奖金、付劳务、分红利等名义进行。其五，私分的分配标准、得到私分国有资产的人员的组成不影响私分国有资产罪的构成。

（四）“数额较大”

1999年9月16日颁行的最高人民检察院《关于人民检察院直接受理立案侦查案件立案标准的规定（试行）》对私分国有资产罪中的“数额较大”等作了界定，该司法解释第（十一）私分国有资产案（第396条第1款）规定，涉嫌私分国有资产，累计数额在10万元以上的，应予立案。

在理论界对于“数额较大”是属于集体私分国有资产的总数额还是个人所分得的财产数额存在着不同的看法。有人认为，数额较大是指私分国有资产的总数额，而不是指单个人所分得的财产数额。还有人认为，数额较大是指既规定集体私分的总数额，又规定个人所得数额，作为两个选择性的数额要件，只要其中任何一个达到标准即可。[1]也曾有人认为，由于集体私分有一定的特殊性，可以考虑两个数额标准，一个是集体私分的总数额，另一个是个人私分的数额。[2]

笔者认为，从本罪侵犯的客体来看，其侵害的是国有资产的所有权，因此，对国有资产所有权的侵害情况是私分国有资产罪社会危害性的集中体现，个人私分到的国有资产数额的大小与国有资产受损失的程度关联性不大，国有资产被集体私分的总数额才能真正体现私分国有资产罪社会危害性程度。因此，“数额较大”，并非指单个人分得的财产数额，而是指私分国有资产的总额。两高于2016年颁布的《关于办理贪污贿赂刑事案件适用法律若干问题的解释》第19条第2款规定：“对刑法规定并处罚金的其他贪污贿赂犯罪，应当在十万元以上犯罪数额二倍以下判处罚金。”从该规定可以看出，私分国有资产罪中的各人单个人分得的国有资产的数额与各人应判处的罚金数额存在着关联性。

---

〔1〕宣炳昭主编：《刑法各罪的法理与实用》，中国政法大学出版社2002年版，第417页。

〔2〕高格：《定罪与量刑》（下卷），中国方正出版社1999年版，第948页。

三、私分国有资产罪的主体

(一) 学界关于私分国有资产罪的主体的争议

学术界对私分国有资产罪犯罪主体大致有三种观点：

其一，单位主体说。该说现为理论界的通说，认为私分国有资产罪的犯罪主体是单位。“本罪是单位犯罪，而且是纯正的单位犯罪，单位中直接负责的主管人和其他直接责任人不是犯罪主体，只是受刑主体。”〔1〕“本罪是特殊主体，即只能由国家机关、国有公司、企业、事业单位、人民团体等国有单位构成。”〔2〕“本罪的主体是特殊主体，即只能是由国家机关、国有公司、企业、事业单位、人民团体及其直接负责的主管人员和其他直接责任人员构成。本罪是纯正的单位犯罪，只能由国家机关等国家单位实施，但受处罚的只是国家机关等国有单位的直接负责的主管人员和其他直接责任人员，单位并不受处罚。”〔3〕其二，双重主体说。该说认为，私分国有资产罪“只能由国家机关等国有单位及其直接负责的主管人和其他直接责任人构成”。〔4〕其三，自然人主体说。该说认为，“本罪的犯罪主体只能是实施私分行为的直接主管人员等自然人”。〔5〕私分国有资产罪不具备“为了单位的利益”这一单位犯罪的必要要件。“单罚制”不符合单位犯罪刑事责任的发展趋势。私分国有资产罪的主体是且应当是自然人，而不是单位。〔6〕“本罪的犯罪主体只能是自然人，不能是单位。本罪在集体私分这一点上与单位犯罪有所吻合。但是，本罪中被私分的国有资产归属于单位个人。因此，本罪实际上是自然人以单位名义实施的犯罪。”〔7〕

(二) 私分国有资产罪主体应为自然人主体

笔者认为，私分国有资产罪的主体应为自然人主体。上述观点分歧的主要原因在于“为了单位利益”是否单位犯罪成立的必要条件。肯定者认为“为了单位的利益”是单位犯罪的实质要件，是判断某一自然人行为是否为单

〔1〕 陈兴良主编：《罪名指南》，中国政法大学出版社 2000 年版，第 1563 页。

〔2〕 高铭暄、马克昌主编：《刑法学》，北京大学出版社、高等教育出版社 2017 年版，第 646 页。

〔3〕《刑法学》编写组：《刑法学》(下册·各论)，高等教育出版社 2019 年版，第 280 页。

〔4〕 高铭暄主编：《新编中国刑法》，中国人民大学出版社 2004 年版，第 990 页。

〔5〕 周振想主编：《中国新刑法释论与罪案》(下册)，中国方正出版社 1997 年版，第 163 页。

〔6〕 竹怀军：“私分国有资产罪主体的定性分析”，载《河北法学》2006 年第 7 期。

〔7〕 刘家琛主编：《新刑法常用罪认定与处理》(下册)，人民法院出版社 1998 年版，第 195 页。

位行为的重要标准之一。[1]单位犯罪应符合三个条件：其一，以单位名义实施；其二，在单位意志支配下实施；其三，为了单位利益。[2]“单位犯罪区别于个人犯罪的本质特征是为单位利益而实施的犯罪行为。正因为这种犯罪是为单位牟取非法利益的，因此以单位名义进行的、由单位内部人员实施的犯罪行为，才能视为依法是单位的犯罪行为。[3]否定说则认为，“为了单位的利益”不是单位犯罪的构成要件。将“为了单位的利益”作为单位犯罪的构成要件，与我国犯罪目的的一般理论相矛盾。将“为了单位的利益”作为单位犯罪构成的实质要件，势必就将单位间接故意犯罪和单位过失犯罪排除在单位犯罪之外，与我国刑法理论及现行刑法的规定相矛盾。但这种观点难以成立。理由如下：

第一，国外刑法中也规定了法人过失犯罪，但“为了法人的利益”仍是法人犯罪的必备要件。《法国刑法典》第 121-2 条规定：“除国家之外，法人依第 121-4 条至第 121-7 条所定之区分，且在法律或条例有规定的情况下，对其机关或代表为其利益实行的犯罪负刑事责任。”法国刑法学家让·帕拉德尔、贝尔纳·布洛克等在《法国刑法典》总则条文释义中指出：法人负刑事责任应具备两个实质性条件：其一，由法人的机关或代表所实施；其二，为了法人的利益而实施。[4]

第二，我国有关司法解释进一步确认了“为了单位的利益”是单位犯罪构成的实质要件。例如，1999 年 6 月 25 日最高人民法院发布的《关于审理单位犯罪案件具体应用法律有关问题的解释》第 3 条规定：“盗用单位名义实施犯罪，违法所得由实施犯罪的个人私分的，依照刑法有关自然人犯罪的规定定罪处罚。”再如，2001 年 1 月 21 日最高人民法院出台的《全国法院审理金融犯罪案件工作座谈会纪要》规定，单位犯罪的构成要件有两个，一是以单位名义，二是违法所得归单位。以单位分支机构或内设机构、部门的名义实施犯罪，违法所得亦归分支机构或内设部门所有的，应认定为单位犯罪。

第三，私分国有资产罪不具有“为了单位的利益”的动机。首先，私分国有资产罪中违法所得的归属是个人而非单位。“集体私分给个人”，一般是

〔1〕马克昌主编：《犯罪通论》，武汉大学出版社 1999 年版，第 301 页。
〔2〕王朋：“法人犯罪理论与实践问题国际研讨会综述”，载《政治与法律》2003 年第 6 期。
〔3〕祝铭山主编：《中国刑法教程》，中国政法大学出版社 1998 年版，第 137 页。
〔4〕罗结珍译：《法国新刑法典》，中国法制出版社 2005 年版，第 332~334 页。

指将国有资产分给单位的全体人员或者绝大多数人员，也就是将本来归国家所有的资产通过私分后转归本单位的全体人员或者绝大多数人员个人所有。其次，在私分国有资产罪中，单位利益实际上受到了损害。国有单位作为国有资产的管理者，负有对国有资产保值增值的责任，而私分国有资产的行为不但不能使国有资产保值增值，也不能使国有单位从私分行为中得到潜在的非经济型利益。相反，私分国有资产会导致国有资产的大量流失，使国有单位的利益受到严重损害。在私分国有资产罪中，国有单位的国有资产被私分给个人，受害人显然是国有单位。若认定私分国有资产罪为单位犯罪，那么国有单位必定为犯罪主体，势必造成国有单位既是受害人又是犯罪主体的尴尬情形。

（三）直接负责的主管人员和其他直接责任人员的认定

笔者认为，私分国有资产罪的“直接负责的主管人员”，就是在私分国有资产罪犯罪中拥有决策权力、负有主要决策责任的国有单位的负责人员。参照最高人民法院于2001年1月21日印发的《全国法院审理金融犯罪案件工作座谈会纪要》的解释，私分国有资产罪的“直接负责的主管人员”，是在私分国有资产的犯罪中起决定、批准、授意、纵容、指挥等作用的人员，一般是单位的主管负责人，包括法定代表人。具体包括如下人员：直接作出私分决定的单位负责人；直接作出私分决定的单位分管负责人；参与集体研究并同意研究决定的相关负责人；具体组织、领导、指挥私分行为的负责人。私分国有资产罪的“其他直接责任人员”，是在私分国有资产犯罪中具体实施犯罪并起较大作用“直接负责的主管人员”以外的其他人员，既可以是单位的经营管理人员也可以是单位的职工，既可以是正式的在编人员也可以是聘任、雇佣的人员，既可以是私分国有资产罪的直接实施者也可以是帮助者等。

特别需要指出的是，上述“直接负责的主管人员”和“其他直接责任人员”都必须是对私分国有资产罪负有“直接责任”。如果有如下几种情形，不能认为对私分国有资产罪负有“直接责任”：①对私分国有资产持反对意见的主管人员。在研究、决策过程中以书面、口头等方式明确表示反对并对该反对意见坚持到底的主管人员，因为没有共同犯罪的故意，这部分人不能构成私分国有资产罪。②因为过失参与私分国有资产的人员。③在完全不知情的情况下参与私分国有资产的人员。④对于受单位领导指派或奉命而参与实施了一定犯罪行为的人员，一般不宜作为直接责任人员追究刑事责任。

四、私分国有资产罪的主观方面

私分国有资产罪的主观方面表现为直接故意。

（一）私分国有资产罪的认识因素

1. 是否需要对认识到其行为“违反国家有关规定”

私分国有资产罪的行为人在认识方面必须有明知是国有资产而违反国家规定，将其集体私分给个人的确定故意。在理论界对私分国有资产罪的行为人是否明知其行为“违反国家有关规定”，存在着争议。有人认为，私分国有资产罪的犯罪主体犯罪故意的认识因素包括明知其行为是否“违反国家有关规定”，私分国有资产的违法性判断应当是构成犯罪的要件。[1]对于犯罪故意的内容是否需要包含违法性的认识，国内外刑法理论界一直是不同的意见，存在着违法性认识不要说、违法性认识必要说、限制故意说和责任说等观点。特别是有人认为自然犯和法定犯存在着明显的区别，对自然犯而言，本身即具有当然反社会和反道义的性质，即使没有法律规定，也应被认定为犯罪。所以，自然犯的犯罪故意的成立不需要考察其违法性认识。但是，法定犯是指侵害或者威胁法益但没有明显违反伦理道德的现代型犯罪。其危害性难以被一般人认识，且法定犯的社会危害性也具有较大的变易性，因此，对于法定犯，行为人犯罪故意的认识因素还应当包含该行为是否为法律所不允许，即认识其行为的违法性。在国外刑法立法中，法定犯的犯罪行为人对其行为违法性能否认识及其认识程度成为阻却刑事责任或减免刑事责任的归责要素。例如，《德国刑法典》第17条规定：“行为人行为时没有认识其违法性，如该认识错误不可避免，则对其行为不负责任。如该错误认识可以避免，则对其行为依第四十九条第一款减轻其刑罚。”《日本刑法》第38条第3款规定：“不得因不知法律而认为没有犯罪的故意，但根据情节可以减轻刑罚。”

笔者认为，我国刑法规定故意犯罪的认识因素为“明知自己的行为会发生危害社会的结果”，这显然是提示我国刑法中犯罪故意只要求行为人明知自己的行为及行为结果的危害性，而没有要求行为人明知其行为及结果的刑事违法性。也有人给出的理由是，我国刑法规范与我国社会的行为价值观、是非观是一致的，危害社会的行为及其结果达到了一定的严重程度就会被刑法

〔1〕 刘生荣、张相军、许道敏：《贪污贿赂罪》，中国人民公安大学出版社2003年版，第295页。

所禁止所制裁，具有正常理智的公民都会了解这一点。如果把认识因素要求为明知刑事违法性，要求行为人明确知道其行为和结果触犯了哪一条文，应当怎样定罪判刑，这就不现实、不合理，一般公民难以做到，甚至也难以确切地查明行为人是否真的具备这种认识，而且也容易使有些人钻空子，借口不懂法律来实施犯罪以逃避罪责。〔1〕对此，笔者基本持赞同的观点。“不知法不免责”原则起源于一概不允许认识错误的诺曼底时代的绝对责任，它意味着行为人“在作为主观的犯罪成立要件的犯意中，不要求认识到自己行为的违法性”。20世纪以前，世界各国在处理“法律错误”时均毫无例外地坚持“不知法不免责”的原则。但是，人类社会进入20世纪以后，随着社会的日益复杂化，社会对犯罪的考察和惩罚由犯罪行为转向了行为人，人类文明进程的发展迫使“不知法不免责”这一古老的原则作出了让步，刑法的错误理论与实践发生了巨大变化。在各国的立法和司法实践中，也出现了大量与“不知法不免责”原则相悖离的立法例和判例，“不知法不免责”原则这一处理违法性错误的铁律正随着时代的发展而悄然松动。纵观世界各国违法性错误理论和实践的发展状况，我们可以看出如下发展趋势：其一，逐步修正其违法性错误的理论与实践，使之更加符合其国情。其二，在坚持“不知法不免责”原则的前提下，允许大量的免责或减轻责任情形的存在。其三，严格限定不知法律免责的条件，以避免以不知法律为理由而逃避刑事责任。在这样的时代背景下，我国违法性错误理论也应当与时俱进，汲取国外违法性错误的最新理论研究成果和立法、司法经验加以修正。在我国《刑法》“犯罪与刑事责任”一节中明确规定：“不得因不知法律而免除刑事责任。但行为人有正当理由能证明自己是由于不可避免原因，确实无能力认识自己行为违法性的，应当根据案件具体情节免除、减轻或从轻处罚。”然后，再通过立法解释或司法解释，对“正当理由”和“不可避免”的判断标准进行严格的界定，以避免该规定被滥用。对于确信自己之行为合法，应有客观的根据，这些根据包括：①行为人因客观事实不知法律；②信赖法规、判决或解释；③信赖公务机关见解；④信赖专业机关见解；⑤信赖专家意见；⑥其他客观情况。〔2〕

〔1〕 高铭暄、马克昌主编：《刑法学》，北京大学出版社、人民教育出版社2017年版，第108页。

〔2〕 竹怀军、利子平：“‘不知法不免责’原则价值的嬗变与选择——违法性错误理论与实践发展的比较考察及借鉴”，载《比较法研究》2007年第5期。

基于上述理由，笔者认为，私分国有资产罪犯罪故意的认识因素中是否明知其行为“违反国家有关规定”的问题，不能一概而论，应当综合考虑行为人的社会地位、个人能力、个人认识能力及价值观念的合理运用等进行判断。当行为人对于其行为是否涉及不法有所怀疑时，行为人即负有查询义务。如果确有确信自己之行为合法的理由，可以在量刑时予以从轻处罚。

2. 是否需要认识到所私分资产属于“国有资产”

我国刑法理论一般认为，《刑法》第14条犯罪故意明知的内容包括：对行为本身的认识；对行为结果的认识；对危害行为和危害结果相联系的其他犯罪构成要件之要素事实的认识；对法定的犯罪对象的认识。“国有资产”属于私分国有资产罪的犯罪对象，因而，国有资产私分行为人应当对私分对象是否属于国有资产有明确的认识。当行为人对是否属于国有资产未能作出清晰判断时，应当根据行为人的法定身份和法定责任进行推定，即依据行为人的法定身份和法定职责，其应当知道也有能力知道时，就推定其明知私分的资产为“国有资产”。只有当行为人有确实、充分的理由证明其确实“不知”时，才能认定其为不知。此时，该行为人不构成私分国有资产罪。

（二）私分国有资产罪的意志因素

理论界对私分国有资产罪主观故意的分歧表现在本罪是否包括间接故意？有人认为，本罪的主观方面是直接故意，行为人明知按国家规定不能将国有资产集体私分给个人，却违反规定以单位名义集体私分。[1]有人认为，本罪的主观方面不仅包括直接故意而且包括间接故意。行为人对侵犯国有资产的所有权是持直接故意态度的，行为人明知私分国有资产会危害国有资产的所有权，而希望结果发生。但行为人对侵犯廉政制度是放任的，不可能是希望的。如果行为人对侵犯廉政制度只是希望，不构成本罪。[2]笔者认为，本罪的主观方面不包括间接故意，因此在意志因素方面不存在放任的情形。对于参加集体讨论者，积极主张私分国有资产者和赞成私分国有资产者具有希望的意志因素，对于不支持，也不反对的随大流者，则不具备希望的意志因素，因而该类人员不构成私分国有资产罪。

---

〔1〕 张穹主编：《贪污贿赂“侵权”犯罪案件立案标准精释》，中国检察出版社2000年版，第109页。

〔2〕 李文燕主编：《贪污贿路犯罪的证据调查与运用》，中国人民公安大学出版社2002年版，第764~765页。

第三节　私分国有资产罪的疑难问题

一、对以单位名义将国有资产集体私分，但个人所得差距巨大的行为的定性问题。

对于以单位名义将国有资产集体私分但个人所得差距巨大的行为如何定性的问题问题，按照刑法理论和私分国有资产罪的犯罪构成，构成私分国有资产罪似乎并不存在争议。但有学者认为，单位主管人员多次将本单位的国有财产以发奖金的形式予以集体私分，其中，直接负责的主管人员和其他直接负责的人员与一般人员的个人所得数额相差十几甚至几十万元。这种在集体私分，因其主体身份、客观行为均符合私分国有资产罪的构成要件，表面上看是集体私分，实质上是一些直接负责的主管人员和其他直接负责的人员利用职务之便侵吞公共财物的行为。由于刑法对贪污罪的法定刑明显重于私分国有资产罪的法定刑，这样，就为犯罪分子留下了立法上的空白：以私分国有资产之名行贪污犯罪之实。但如果仅以处刑较轻的私分国有资产罪定罪，则违背了罪刑相适应原则，量刑畸轻无疑会使犯罪分子有机可乘，助长了私分国有资产的行为。而且对这种行为定性上的困惑，造成检察机关和人民法院执法中的混乱现象。[1]

笔者认为，对于这种情况，仍应以私分国有资产罪定罪。但在量刑时可以将“以单位名义集体私分国有资产，但个人所得数额差额巨大的”作为私分国有资产罪的从重处罚量刑情节。

二、关于国有公司、企业在改制过程中隐匿公司、企业财产归职工集体持股的改制后公司、企业所有的行为的处理

这是一种特殊情况，2010年两高《关于办理国家出资企业中职务犯罪案件具体应用法律若干问题的意见》第1条、第2条对各种情形所构成的犯罪作了具体的解释。其中，第2条“关于国有公司、企业在改制过程中隐匿公司、企业财产归职工集体持股的改制后公司、企业所有的行为的处理”规定：

---

〔1〕 王黎：“私分国有资产罪的立法缺陷及建议”，载《北京检察》2003年第1期。

"国有公司、企业违反国家规定，在改制过程中隐匿公司、企业财产，转为职工集体持股的改制后公司、企业所有的，对其直接负责的主管人员和其他直接责任人员，依照刑法第三百九十六条第一款的规定，以私分国有资产罪定罪处罚。改制后的公司、企业中只有改制前公司、企业的管理人员或者少数职工持股，改制前公司、企业的多数职工未持股的，依照本意见第一条的规定，以贪污罪定罪处罚。"

三、私分国有资产罪与正当发放奖金、津贴的界限

在许多种情况下，私分国有资产犯罪就是以发放奖金、津贴的形式进行的，因此，正确划分私分国有资产犯罪与正当发放奖金、津贴的界限是十分必要的。私分国有资产罪的行为与违规发放奖金、津贴在表现形式、对国家规定以及单位内部财经纪律的违反等方面基本相同，有学者认为："认定滥发奖金、津贴等与私分国有资产罪的界限主要应把握两点：一是国有单位予以私分的奖金、津贴等属于国有资产的范畴；二是国有单位超过上级核定的工资总额发放奖金、津贴等，并达到数额较大的标准。只要具备了上述两点即可认定为私分国有资产罪。"[1]笔者认为，2013 年 8 月 1 日执行的监察部《违规发放津贴补贴行为处分规定》（监察部令 31 号令）具体规定了违规发放津贴补贴行为的主体、行为表现、处罚等，其中，第 16 条规定："有违规发放津贴补贴行为，应当给予党纪处分的，移送党的纪律检查机关处理；涉嫌犯罪的，移送司法机关处理。"可见，国家机关、国有公司、企业、事业单位、人民团体违规发放奖金、津贴从刑法规范的角度其形式要件与私分国有资产完全吻合，区别的关键在于是否达到了私分国有资产罪的立案标准。如果尚未达到私分国有资产罪的立案标准，予以党纪、政纪处分；达到私分国有资产罪的立案标准的，则应当按照私分国有资产罪追究刑事责任。具体可以从私分国有资产的总数额、领导与一般员工个人分得数额的差距、国有资产的来源、是否造成国有资产损失以外的其他严重后果等因素进行综合判断。

四、私分国有资产罪与私分罚没财物罪的界限

私分国有资产罪和私分罚没财物罪的主要区别在于：

---

〔1〕 李艳茹："如何界定滥发奖金与私分国有资产"，载《中国监察》2008 年第 19 期。

(1) 犯罪主体不同。私分国有资产罪的犯罪主体包括国家机关、国有公司、企业、事业单位、人民团体，范围更广；私分罚没财物罪的犯罪主体仅限于司法机关、行政执法机关，如公安执法机关、检察机关、审判机关，以及工商执法机关、海关执法机关、交通执法机关等。

(2) 犯罪对象不同。私分国有资产罪的犯罪对象是国有资产，范围更广；私分罚没财物罪的犯罪主体仅限于司法机关、行政执法机关罚没的应当上缴国家的财物，如果私分的不是罚没财物，则构成私分国有资产罪。

五、私分国有资产罪与贪污罪的界限

私分国有资产罪和贪污罪的区别主要表现在：

(1) 犯罪主体特征不同。本罪的主体是国有单位，以单位名义实施；贪污罪的犯罪主体是国家工作人员等自然人。

(2) 客观特征不同。本罪表现为本单位领导集体研究决定并统一组织实施，虽然需要采取一定的欺骗手段逃避监管，但就本单位内部而言是相对公开的，具有较大程度的公开性；贪污罪一般采取侵吞、窃取、骗取或者其他手段非法占有公共财物，除了行为人或者共同行为人之外，其他人并不知情，具有相当的隐蔽性。

(3) 受益人员的范围方面不同。本罪属于以单位名义集体私分的行为，表现为单位多数人员甚至所有人员均分取财物的情况，在受益人员的范围上具有广泛性特征；贪污罪涉及共同犯罪的，分取赃物的人员一般仅限于参与决策、实施行为的人。

(4) 最高法定刑方面不同。本罪最高法定刑为七年以下有期徒刑，并处罚金；贪污罪最高法定刑为死刑。

上述区别在理论上比较易于归纳，但在司法适用中如何区分私分国有资产罪与贪污罪仍然是一件十分复杂的问题，应当抓住其核心区别，但其核心区别是什么呢？有人认为，在区分私分国有资产罪与贪污罪的过程中，首当其冲需要考虑的要素是参与者的多寡以及集体性，在参与者众多的场合，只要不违反基本的犯罪构成，本着“法不责众”的原则，可以尽量认定为私分国有资产罪，处以较轻的法定刑，也有利于实质正义的实现；相反，在可罚性较高、社会影响较大、参与者较少的情况下，则偏向于贪污罪的认定，让行为人承担全部责任。[1]有人则认为，私分国有资产罪与贪污罪的核心区别在于贪污行为具有隐蔽性，以侵吞、盗窃、骗取等不为人知的秘密方式将国有资产据为己有，除行为人本人或共同行为人之外，其他人并不知情；而私分国有资产的行为则具有公开性，表现为单位内部全体员工或大部分员工知情并认可。[2]笔者认为上述观点都有一定的道理，但是都存在一定的局限性，因为“多”与“寡”“公开”和“隐蔽”都具有相对性，在司法实践中很难成为判断某一行为到底是属于私分国有资产罪或贪污罪的标准，还是应该从犯罪构成的全部构成要件来考虑，同时，还应抓住私分国有资产罪全部突出的特性，根据案件的具体情况，充分考虑定罪量刑后的法律效果和社会效果，进行综合分析与判断。

---

〔1〕 陈文昊：“私分国有资产罪与贪污罪的罪质与区分——从责任分配的视角”，载《山东青年政治学院学报》2017年第3期。

〔2〕 张爱宁：“私分国有资产罪与贪污罪辨析”，载《法律适用》2008年第6期。

私分罚没财物罪理论与实践

第十四章
chapter 14

第一节　私分罚没财物罪的立法与解释

一、私分罚没财物罪的立法

私分罚没财物罪是1997年《刑法》中新设立的罪名。但我国对该类违法行为的防范与规制并非自1997年开始。一方面，修订前的刑法通过规定贪污贿赂罪对私分罚没财物现象进行惩戒；另一方面，其他规范性文件对该类行为也有明确约束，如1993年10月9日，中央办公厅、国务院办公厅联合下发了《关于对行政性收费、罚没收入实行预算管理的规定》。该规定指出，国家机关依法对公民、法人和其他组织收费、罚款和没收财物，是国家管理社会经济生活的重要手段。但是近几年来，有些地方的行政机关和司法机关超越职权乱设收费、罚没项目，有的将收费和罚没收入与部门的经费划拨和职工奖金、福利挂钩，有的坐支、留成甚至挥霍滥用收费和罚没收入。这不仅增加了企业和个人的负担，而且助长了不正之风，腐蚀了干部，影响了国家机关的形象。为了贯彻落实党中央关于开展反腐败斗争的工作部署，经党中央、国务院同意，现就对行政性收费、罚没收入实行预算管理（即“收支两条线”）的问题规定如下：“一、行政性收费、罚没收入范围……罚没收入包括：国家行政机关、司法机关和法律、法规授权的机构依据法律、法规，对公民、法人和其他组织实施处罚所取得的罚没款以及没收赃物的折价收入。在法律、法规之外，任何地方、部门和个人均无权擅自设置收费、罚没项目。各级政府和财政部门要对本级各部门、各单位的收费和罚没情况进行清理，凡越权自行设立的收费、罚没项目，要一律取消。二、各级执收、执罚部门和单位要严格执行国家有关收费和罚没项目的规定。收费、罚没收入必须全部上缴财政，绝不允许将收费、罚没收入与本部门的经费划拨和职工的奖金、福利挂钩，严禁搞任何形式的提留、分成和收支挂钩。各级财政部门和主管部门不得给执收、执罚单位和个人下达收费、罚没收入指标……六、各级执收、执罚部门和单位所取得的收费收入、罚没收入，应在3日内上缴国库。对零星收入，账面余额不足1000元的，经本级财政部门同意，可每15日上缴一次；达到1000元的，应即时上缴国库。任何单位和个人不得拖欠、截留、坐支、挪用、私分……十、各级执收、执罚部门和单位应加强对行政性收费收入和罚没收入的管理，建立、健全内部管理和核算制度。各级财政部门应加强对行政性收费收入和罚没收入的监督和检查。对拖欠、截留、坐支、挪用、私分行政性收费收入和罚没收入，实行提留、分成和收支挂钩办法或者下达罚没收入指标的，要按违反财经纪律论处，情节严重的，要追究直接责任人员和有关领导人的法律责任。”该文件对私分罚没收入行为的管理十分详细。虽然文件对私分罚没收入行为只规定了“按违反财经纪律论处，情节严重的，要追究直接责任人员和有关领导人的法律责任”，但却为在1997年《刑法》中单列私分罚没财物罪提供了制度规范的基础。

1997年《刑法》第396条第2款规定：“司法机关、行政执法机关违反国家规定，将应当上缴国家的罚没财物，以单位名义集体私分给个人的，依照前款的规定处罚。”简言之，所谓私分罚没财物罪，是指司法机关、行政执法机关违反国家规定，将应当上缴国家的罚没财物以单位名义私分给个人，数额较大的行为。

私分罚没财物罪的产生背景与私分国有资产罪一样，都与国家加强对贪污贿赂犯罪的打击力度有关。全国人大常委会于1988年1月21日通过了《关于惩治贪污罪贿赂罪的补充规定》，该补充规定根据《刑法》和全国人大常委会《关于严惩严重破坏经济的罪犯的决定》中关于惩治贪污罪贿赂罪的规定，作如下补充规定：“国家工作人员、集体经济组织工作人员或者其他经手、管理公共财物的人员，利用职务上的便利，侵吞、盗窃、骗取或者以其他手段非法占有公共财物的，是贪污罪。与国家工作人员、集体经济组织工作人员或者其他经手、管理公共财物的人员勾结，伙同贪污的，以共犯论处。”不过，这个补充规定只是将私分罚没财物与私分国有资产笼统地规定在贪污罪之下，并没有单列出来，直到1997年10月《刑法》修改时才进行了区分，明确这是两种不同的犯罪。

二、私分罚没财物罪的解释

1997年12月9日最高人民法院通过了《关于执行〈中华人民共和国刑法〉确定罪名的规定》（法释［1997］9号），提出为正确理解、执行全国人大通过的修订的《刑法》，统一认定罪名，根据修订的《刑法》，对刑法分则中罪名规定如下，即将1997年《刑法》第396条第2款的罪名确定为“私分罚没财物罪”，自1997年12月16日公布之日起施行。

针对单位犯罪案件具体应用法律的问题，1999年6月最高人民法院发布的《关于审理单位犯罪案件具体应用法律有关问题的解释》第3条规定：“盗用单位名义实施犯罪，违法所得由实施犯罪的个人私分的，依照刑法有关自然人犯罪的规定定罪处罚。”即，如果以“盗用”单位名义的方式实施的包括罚款、没收等违法行为，有关人员将获得的罚没收入进行私分的话，视为一种自然人犯罪而不是单位犯罪，不处罚单位而只处罚个人。

为了明确私分罚没财物罪的立案追诉标准，1999年9月最高人民检察院发布的《关于人民检察院直接受理立案侦查案件立案标准的规定（试行）》第12条规定，私分罚没财物罪是指司法机关、行政执法机关违反国家规定，将应当上缴国家的罚没财物，以单位名义集体私分给个人的行为。涉嫌私分罚没财物，累计数额在10万元以上，应予立案。该解释规定的标准，迄今仍然有效。

随着我国市场经济的发展和贪污贿赂等职务犯罪的高发，为依法惩处贪污贿赂、渎职等职务犯罪，根据《刑法》和相关司法解释的规定，结合办案工作实际，2009年两高就办理职务犯罪案件有关自首、立功等量刑情节的认定和处理问题发布了《关于办理职务犯罪案件认定自首、立功等量刑情节若干问题的意见》，提出：职务犯罪案件立案后，犯罪分子及其亲友自行挽回的经济损失，司法机关或者犯罪分子所在单位及其上级主管部门挽回的经济损失，或者因客观原因减少的经济损失，不予扣减，但可以作为酌情从轻处罚的情节。此规定，当然适用于私分罚没财物罪。

为进一步规范贪污贿赂、渎职等职务犯罪案件缓刑、免予刑事处罚的适用，确保办理职务犯罪案件的法律效果和社会效果，2012年两高根据《刑法》有关规定并结合司法工作实际，就职务犯罪案件缓刑、免予刑事处罚的具体适用问题，发布了《关于办理职务犯罪案件严格适用缓刑、免予刑事处罚若干问题的意见》，提出以下意见："一、严格掌握职务犯罪案件缓刑、免予刑事处罚的适用。职务犯罪案件的刑罚适用直接关系反腐败工作的实际效果。人民法院、人民检察院要深刻认识职务犯罪的严重社会危害性，正确贯彻宽严相济刑事政策，充分发挥刑罚的惩治和预防功能。要在全面把握犯罪事实和量刑情节的基础上严格依照刑法规定的条件适用缓刑、免予刑事处罚，既要考虑从宽情节，又要考虑从严情节；既要做到刑罚与犯罪相当，又要做到刑罚执行方式与犯罪相当，切实避免缓刑、免予刑事处罚不当适用造成的消极影响。二、具有下列情形之一的职务犯罪分子，一般不适用缓刑或者免予刑事处罚：（一）不如实供述罪行的；（二）不予退缴赃款赃物或者将赃款赃物用于非法活动的；（三）属于共同犯罪中情节严重的主犯的；（四）犯有数个职务犯罪依法实行并罚或者以一罪处理的；（五）曾因职务违纪违法行为受过行政处分的；（六）犯罪涉及的财物属于救灾、抢险、防汛、优抚、扶贫、移民、救济、防疫等特定款物的；（七）受贿犯罪中具有索贿情节的；（八）渎职犯罪中徇私舞弊情节或者滥用职权情节恶劣的；（九）其他不应适用缓刑、免予刑事处罚的情形。……四、人民法院审理职务犯罪案件时应当注意听取检察机关、被告人、辩护人提出的量刑意见，分析影响性案件案发前后的社会反映，必要时可以征求案件查办等机关的意见。对于情节恶劣、社会反映强烈的职务犯罪案件，不得适用缓刑、免予刑事处罚。"

为在新形势下做好贪污贿赂刑事案件适用法律的问题，自 2016 年 4 月 18 日起施行的两高《关于办理贪污贿赂刑事案件适用法律若干问题的解释》第 18 条规定："贪污贿赂犯罪分子违法所得的一切财物，应当依照刑法第六十四条的规定予以追缴或者责令退赔，对被害人的合法财产应当及时返还。对尚未追缴到案或者尚未足额退赔的违法所得，应当继续追缴或者责令退赔。"显然，该规定适用于私分罚没财物罪的犯罪行为人。第 19 条第 2 款规定："对刑法规定并处罚金的其他贪污贿赂犯罪，应当在十万元以上犯罪数额二倍以下判处罚金。"

此外，两高还单独或联合发布有其他有关职务犯罪的司法解释，大多对私分罚没财物罪都是适用的。

第二节　私分罚没财物罪的犯罪构成

一、私分罚没财物罪的客体

（一）私分罚没财物罪的客体

关于私分罚没财物罪所侵犯的客体，学者们几乎无一差别地认为是复杂客体，但在具体界定复杂客体时在认识上仍存在一定的差别，主要有三种观点。第一种观点认为，私分罚没财物罪的犯罪客体是复杂客体。因为司法机关、行政执法机关作为从事国家社会管理活动的社会主体，依法具有经手、管理罚没财物的职责；其违背职责将应当上缴国家的罚没财物予以截留并进行私分的行为，不仅是对其公职行为廉洁性的严重侵犯，同时也必然侵犯了国家对罚没财物的所有权。〔1〕第二种观点认为，本罪侵犯的客体主要是国有资产所有权，同时也破坏了国有公司、企业、事业单位、机关、团体的正常活动。第三种观点认为，本罪侵犯的客体是国家对罚没财物的管理权和国家司法机关、行政执法机关的廉洁性。〔2〕

笔者同意第三种观点。因为罚没财物必须上缴国库，严格实行“收支两条线”，是我国长期实行的一项财经政策，任何单位不得截留、私分罚没财物。这一方面是为了保证国家对罚没财物有最终的管理权和支配权；另一方面也是为了树立司法机关、行政执法机关的公正、廉洁形象，防止其为了多分罚没财物而滥用司法权和行政执法权，影响国家机关的声誉。而私分罚没财物罪正是对国家财经管理制度和国家机关廉洁性的破坏。

（二）私分罚没财物罪的犯罪对象

私分罚没财物罪的犯罪对象是罚没财物。1997 年《刑法》第 64 条规定：“犯罪分子违法所得的一切财物，应当予以追缴或者责令退赔；对被害人的合法财产，应当及时返还；违禁品和供犯罪所用的本人财物，应当予以没收。没收的财物和罚金，一律上缴国库，不得挪用和自行处理。”我国《行政处罚法》第 53 条也规定：“除依法应当予以销毁的物品外，依法没收的非法财物必须按国家规定公开拍卖或者按照国家有关规定处理。罚款、没收违法所得

〔1〕何秉松主编：《职务犯罪的预防与惩治》，中国方正出版社 1999 年版，第 534 页。

〔2〕陈兴良主编：《罪名指南》（下册），中国政法大学出版社 2000 年版，第 566 页。

或者没收非法财物拍卖的款项、必须全部上缴国库，任何行政机关或者个人不得以任何形式截留、私分或者变相私分；财政部门不得以任何形式向作出行政处罚决定的行政机关返还罚款、没收的违法所得或者返还没收非法财物拍卖的款项。”从以上规定可以看出，罚没财物包括罚金、罚款、违法所得和非法财物的拍卖款项，用于犯罪的财物及犯罪所得的财物等。虽然法律条文对“罚没财物”的范围规定得比较详细，但在司法实践中如何界定“罚没财物”仍有一定难度，有必要进一步地加以认识。

司法机关和行政执法机关以“罚款”和“没收”的名义收缴的款物归纳起来主要有以下几类：

第一类是经人民法院判决没收的用于犯罪的财物及犯罪所得的财物和罚金。

第二类是司法机关或行政执法机关依照法律、法规或规章规定，按法定程序出具处罚决定书或财政统一制发的罚没单据，没收的违法所得或非法财物，对违法的公民、法人或其他组织的罚款，这些财物必须按编号上缴国库，无疑也是“罚没财物”的一种。

第三类是司法机关、行政执法机关依照法律、法规或规章规定，在没有制作处罚决定书、出具的收据也不是法定部门制发的罚款单据的情况下，没收的违法所得和非法财物，对违法者所处的罚款，这种财物可否认定为罚没财物呢？我们不妨从两方面来分析：一方面，按照《行政处罚法》第3条第2款的规定：“没有法定依据或者不遵守法定程序的，行政处罚无效。”而上述情形下没收的“财物”或“罚款”程序不合法，当属于“无效处罚”，行政相对人可通过行政复议或行政诉讼请求撤销。从另一方面看，这样没收的“财物”或“罚款”有收缴的法律依据，为合法单位收缴的，也是国家应该收缴的，执法机关之所以没按法定程序收缴，其目的就是为了截留后私分。因此，这类财物和罚款应认定为刑法意义上的“罚没财物”。

第四类是司法机关、行政执法机关既不制作处罚决定书，还以非法定部门制发的罚没单据或不开收据，以单位名义巧立名目乱收乱罚得来的“罚没财物”。有人认为这种“罚没财物”虽不合法，但它是以国家名义收缴的，应认定为“罚没财物”。笔者认为这样“没收的财物”或“罚款”既无处罚的法定依据，又没有遵守法定程序，根本就是国家不应该收的，不能视为“罚没财物”。这种乱收乱罚的行为严重损害了国家机关的形象，侵害了公民、法人或其他组织的合法财产的所有权，人民群众对此深恶痛绝。从某种意义上说，单位私分此类财物，其社会危害性远远大于集体私分罚没财物。对单位私分乱收乱罚财物的行为如何定性和处罚，1997 年《刑法》尚未明确规定，这不能不说是立法上的一个疏漏。[1]

二、私分罚没财物罪的客观方面

私分罚没财物罪在客观方面表现为司法机关、行政执法机关违反国家规定，将应当上缴国家的罚没财物予以私分，数额较大的行为。据此，私分罚没财物罪在客观上必须同时具备以下三个要素：

(1) 违反国家规定。根据 1997 年《刑法》第 96 条之规定，所谓违反国家规定是指“违反全国人大及其常委会制定的法律和决定，国务院制定的行政法规、规定的行政措施、发布的决定和命令”。私分罚没财物罪违反的主要是国家关于罚没财物应当上缴国家的财经法规。

(2) 将应当上缴国家的罚没财物以单位名义集体私分给个人。此行为含两层意思，首先是司法机关、行政执法机关将应当上缴国家的罚没财物不予上缴，截留在本单位。二是私分，即将应当上缴的罚没财物以单位的名义集体分给单位所有员工或大部分员工。必须明确的是私分行为是在单位意志支配下实施的。因此必须严格划清单位行为与个人行为之间的界限。单位行为反映了单位组织的整体意志，而个人行为体现的不是集体意志，而是个人意志，就不能追究整个单位的刑事责任，而应当依法追究个别责任人员的刑事责任或行政违法责任。至于私分罚没财物是分其所有权还是使用权，抑或是所有权和使用权，刑法学界有下述三种主张：①所有权说；②使用权说；③所有权或使用权说。对此，我们比较赞成第三种主张。因为罚没财物中的相当部分属来路不正的不合法财物，即其本身不是通过合法买卖、赠予或转让关系取得的，因而对此类财产之“分”，不可能分到什么“所有权”，而只能分得其“使用权”。例如，对没收的犯罪分子走私而来的汽车，要想分得所有权，至少得在形式上“过户”，但其本来就没有“户”，因而对此类罚没物品，完全没有私分到其所有权的可行性。当然在罚没财物中，也不乏本属被罚没人的合法财产者，只因其违法犯罪而被国家依法没收了。笔者认为上述

---

[1] 邱玉梅：“论私分罚没财物罪”，载《中国青年政治学院学报》2001 年第 2 期。

观点是比较切合司法实际的。在此有必要进一步明确的是，这里的“私分”仅指将罚没财物私分给个人并带回家私用，如果将应当上缴国家的罚没财物没有上缴，而将其用于单位基本建设或用于购置办案或办公用品、交通工具、装备等，由于没有私分行为，不能构成本罪，违反的是国家的财经法规。

（3）私分罚没财物，数额较大。根据《刑法》规定，司法机关、行政执法机关截留私分罚没财物必须达到“数额较大”。但多少才算较大，现行《刑法》没有具体规定。为便于解决立案追诉问题，1999 年 9 月，最高人民检察院发布的《关于人民检察院直接受理立案侦查案件立案标准的规定（试行）》规定，涉嫌私分罚没财物，累计数额在 10 万元以上，应予立案。

三、私分罚没财物罪的主体

私分罚没财物罪的主体是特殊主体，即只能由司法机关和行政执法机关构成。司法机关从广义上说一般是指侦查机关、国家安全机关、检察机关、审判机关和监狱；行政执法机关则包括海关、税务、市场监管、卫生检疫、商检、环保、城管等享有行政处罚权的国家各级行政机关。基于此，笔者对私分罚没财物罪的主体相关问题梳理如下：

（1）私分罚没财物罪属于单位犯罪，自然人以及除上述以外的国有公司、企业、事业单位、团体不能成为本罪主体。有学者根据现行《刑法》第 30 条的规定，将私分罚没财物罪的主体涵括为国有公司、企业、事业单位、机关、团体。笔者认为，这样的界定有违《刑法》第 396 条第 2 款明确规定的主体内容。国有公司、企业、事业单位、团体既不是司法机关，也不是国家行政执法机关，因此不能成为该罪的主体范围。虽然行政执法机关可以通过委托的方式依法将行政处罚权委托给具有处罚资格的组织行使，但根据委托原理，处罚的结果由受托者而非委托者承担。故犯罪主体仍然是原行政执法机关。

（2）由法律、法规授权的组织依据有关法律、法规对违反有关行政法律秩序的公民、单位组织给予行政罚款，若该组织私分罚没财物，是否构成私分罚没财物罪呢？有学者认为不能成为私分罚没财物罪主体，即使情节严重者，也只能对该组织按行政违法处理。[1]笔者认为应当构成私分罚没财物罪，理由是该组织此时行使的是行政执法权，具有执法的主体资格，从事的是公

〔1〕 邱玉梅：“论私分罚没财物罪”，载《中国青年政治学院学报》2001 年第 2 期。

共管理职能，维护的是国家利益和社会公共利益，该组织的行为和行政执法机关的行为没有任何本质区别。如果不将该组织私分罚没财物且数额较大的行为规定为犯罪，显然不公平，也是有违立法的本意的。在刑法上，行为的社会危害性是犯罪最本质的特征。法律、法规授权的组织对其依法罚没的财物私分且数额较大的话，同样具有严重的社会危害性，应当追究刑事责任。

（3）本罪的犯罪主体可以是法人单位，也可以是非法人单位。从立法精神上讲，这里的单位既包括一级单位，也包括一级单位之下的职能机构和部门所有的合法单位，并不只包括具有法人资格的单位。1997 年《刑法》修订时，正是考虑到把单位犯罪的主体限定为法人范围过窄，容易造成缺漏，不利于对这类犯罪的惩治与预防，才决定规定为“单位犯罪”，而不是规定为“法人犯罪”。如果对一级单位之下的职能部门（小单位）的犯罪让法人（大单位）负责，那么刑罚措施将无法落实。因为法人单位的决策机构没有集体决定犯罪，当然也就不能追究法人单位主管人员的刑事责任。司法机关、行政执法机关中有许多职能部门，其业务具有相对独立性，如检察机关的反贪局，法院的各个庭室，公安派出所，工商管理所，税务局下设的分局等，这类单位私分罚没财物，处罚的理所当然是这些“小单位”，而不是检察机关、法院、公安局等上一级的“大单位”。

四、私分罚没财物罪的主观方面

私分罚没财物罪在主观方面属故意犯罪。即司法机关、行政执法机关明知是应当上缴国家的罚没财物，而违反规定加以私分。单位的这种直接故意是通过其构成要素的单位成员集体（主要是通过其领导者）表现出来的，是单位对私分罚没财物罪承担刑事责任的主观基础。如果单位缺乏这种组织体的整体意志，就不能由单位承担刑事责任。

第三节　私分罚没财物罪的疑难问题

一、私分罚没财物罪的罪与非罪

如何在司法实践中认定私分罚没财物罪呢？笔者认为可以从客观上、数额上、处罚对象上加以区分识别。

（一）从客观上区分罪与非罪

根据1997年《刑法》的规定，构成私分罚没财物罪，在客观上不仅是将应当上缴国家的罚没财物予以截留，而且必须以单位的名义私分给个人。如果只有截留没有私分，例如，将截留的罚没款存入银行后私分利息，将没收的计算机配备给职工上班使用，将罚没的汽车留在本单位自用等，均不能以私分罚没财物罪论处。此外，在司法实践中也出现了一些新的情况，我们还需要进一步加以探究。

（1）有些司法机关、行政执法机关，特别是在基层，由于财政拨款没有到位，基层单位截留罚没财物用以发放职工工资，能否认定为私分罚没财物罪？笔者认为不宜认定为私分罚没财物罪。因为工资是单位职工应得的劳动报酬，并且有权利要求按时得到，单位在这种情况下用截留的罚没款来发放工资也是迫于无奈，是一种坐支罚没款的行为。虽然其违反了财经政策法规，但还是不宜认定为私分罚没财物罪的行为。

（2）单位用截留的罚没款给职工发“开口工资”（所谓“开口工资”是指按财经政策允许发放，但国家财政不拨款，由单位自筹解决的工资部分），或合理的补助、加班费。这种情况能否认定为私分罚没财物呢？一种意见认为，“开口工资”、合理的补助、加班费虽是政府允许发放的，但只能用本单位自筹的资金，如果该单位没有自筹资金就不能发放。按照规定，罚没财物必须上缴国库，严格实行收支两条线。因此，用罚没财物来发上述费用，是私分罚没财物的行为。另一种意见认为，司法机关、行政执法机关本身不能创造利润，它的办公费用和职工工资、福利都是依靠财政拨款，不存在资金自筹的问题。“开口工资”、合理补助、加班费等属国家财经政策允许的，但财政不拨款，这些单位又没有自筹资金，那么国家规定的“开口工资”之类的报酬，岂不是画饼充饥、口惠而实不至？所以单位用罚没财物来发放“开口工资”、合理补助、加班费，其实是单位把罚没财物当作自筹资金来对待了。当然，单位的这种行为违反了财经政策，是错误的，可以采取其他办法予以防范和纠正，但要作为私分罚没财物罪来处理，未免失之过严。“错”与“罪”之间应该严格区分。我们同意后一种意见。

（3）司法机关、行政执法机关巧立名目，用罚没财物发放所谓的福利费、补助费、过节费和虚假的加班费如何认定？表面看，单位发放这些费用有名目、有理由，而事实上却是要么不符合规定，要么就是虚假的。因此，单位的这种行为应认定为集体私分罚没财物的行为，数额较大即可构成私分罚没财物罪。如某县公安局下属的某派出所将应当上缴国库的罚没款发给了本所的全体干警，发放的款项中有一部分是财政允许的，另一部分是该派出所违反规定，私自发的所谓福利费、补助费、加班费。对于这样的情况，我们在认定时应该区别对待。前一种情况可以按违反财经纪律对待；后一种情况应该认定为集体私分罚没财物的行为，数额较大即涉嫌犯罪。

（二）从数额上区分罪与非罪

1997年《刑法》第396条明确规定，构成私分罚没财物罪必须数额较大。何谓“数额较大”法律上没有明确规定。有的人认为可以考虑适用贪污罪的数额标准，有的则根据最高人民检察院检察委员会《关于人民检察院直接受理立案侦查案件立案标准的规定（试行）》的规定，认为私分罚没财物数额在10万元以上的，应予以立案。笔者认为，上述两种观点都有值得商榷之处。因为，如果考虑当前适用贪污罪立案的最低标准，即犯罪数额认定起点为1万元（这是从单个角度来说的），未免太严厉了。[1]而按总数额10万元计算，也有其偏颇之处。诚然，私分的总数额也就是国库收入减少的数额。总数额的大小标志着社会危害性程度的大小，而社会危害性是犯罪最本质的特征，也是行为人承担刑事责任的基础，所以，集体私分罚没财物罪中的“数额”首先应指私分的总数额。但是由于“单位”概念外延很大，各单位的人数悬殊，如果仅规定集体私分的总数额，就会导致刑罚机制的显失公平。例如，一个200人的单位每人分得500元即已达到数额较大，单位构成犯罪，其直接负责的主管人员和责任人员（个人实得500元）即将受到刑事追究。而一个10人的单位每人假如分得9000元，总数额不足10万元，单位不构成犯罪，直接负责的主管人员和责任人员（个人实得9000元）不受刑事追究，这显然不合理，怕是违背了设立该罪的初衷。因此，笔者认为在认定该罪时，应根据私分的总数额和私分后个人所得数额，综合认定。也就是说两高作出司法解释时，应当既规定私分的总数额，又规定个人所得数额。在认定时，

〔1〕 参见最高人民法院、最高人民检察院《关于办理贪污贿赂刑事案件适用法律若干问题的解释》（2016年）第1条第2款：“贪污数额在一万元以上不满三万元，具有下列情形之一的，应当认定为刑法第三百八十三条第一款规定的“其他较重情节”，依法判处三年以下有期徒刑或者拘役，并处罚金：（一）贪污救灾、抢险、防汛、优抚、扶贫、移民、救济、防疫、社会捐助等特定款物的……”

既看私分的总额，又兼顾个人所得数额。[1]那么数额标准多少才合适呢？笔者认为根据本罪特点和目前的实际生活水平，私分罚没财物，个人私分所得数额在1万元以上，或者私分的总额在10万元以上，应当属于数额较大。对于集体私分虽然一次达不到起刑标准的，但多次集体私分应按累加原则予以处罚。

（三）从处罚对象上区分罪与非罪

我国刑法对单位犯罪一般采取“两罚制”原则。但根据第396条第1款的规定，对集体私分罚没财物者采取的是“两罚制”的例外情况即“单罚制”，也就是说，对于司法机关、行政执法机关违反国家规定，将应当上缴国家的罚没财物以单位名义集体私分给个人，数额较大构成犯罪的，只追究单位直接负责的主管人员和其他直接责任人员的刑事责任。对于单位其他得益者，无论其私分到多少，均不以犯罪论处。

二、私分罚没财物罪的处罚：单罚制还是双罚制

（一）1997年《刑法》对单位犯罪的规定

一般认为，单位犯罪是指公司、企业、事业单位、机关、团体实施的依法应当承担刑事责任的危害社会的行为。我国1997年《刑法》第30条规定：“公司、企业、事业单位、机关、团体实施的危害社会的行为，法律规定为单位犯罪的，应当负刑事责任。”第31条规定：“单位犯罪的，对单位判处罚金，并对其直接负责的主管人员和其他直接责任人员判处刑罚。本法分则和其他法律另有规定的，依照规定。”以上两条是我国1997年《刑法》对单位犯罪的基本规定。在处罚对象上来看，单位犯罪一般实行“双罚制”，即一是对单位判处罚金，二是对直接负责的主管人员和其他直接责任人员判处刑罚。不过，第31条后半句还规定：“本法分则和其他法律另有规定的，依照规定。”也就是说，如果1997年《刑法》分则或者其他法律另有规定的，可以不适用双罚制，而适用单罚制，如本章讨论的私分罚没财物罪。

（二）单位犯罪的处罚原则

（1）单位犯罪的两罚制。1997年《刑法》对单位犯罪在绝大部分情况下采取两罚制。在两罚制中，对单位是判处罚金，判处罚金采取“无限额”罚

---

〔1〕邱玉梅：“论私分罚没财物罪”，载《中国青年政治学院学报》2001年第2期。

金制，即对罚金的数额未作规定。在两罚制中，对直接负责的主管人员和直接责任人员是判处刑罚，这里的刑罚包括自由刑与罚金，主要是自由刑。对个人判处自由刑的，又有以下两种情况：①在绝大多数情况下，判处与个人犯罪相同刑罚。例如1997年《刑法》第220条规定："单位犯本节第二百一十三条至第二百一十九条规定之罪的，对单位判处罚金，并对其直接负责的主管人员和其他直接责任人员，依照本节各该条的规定处罚。"这里所谓依照本节各该条的规定处罚，就是指依照对个人犯罪的规定处罚。②在少数情况下，判处低于个人犯罪的刑罚。例如个人犯受贿罪的，最重可以判处死刑，但根据1997年《刑法》第387条规定："国家机关、国有公司、企业、事业单位、人民团体，索取、非法收受他人财物，为他人谋取利益，情节严重的，对单位判处罚金，并对其直接负责的主管人员和其他直接责任人员，处五年以下有期徒刑或者拘役。"由此可见，在单位犯受贿罪的情况下，对直接负责的主管人员和其他直接责任人员判处的刑罚远轻于个人犯受贿罪的情况。

（2）单位犯罪的单罚制。1997年《刑法》在某些情况下规定了单位犯罪的单罚制，即只处罚自然人而不处罚单位。例如第396条规定："国家机关、国有公司、企业、事业单位、人民团体，违反国家规定，以单位名义将国有资产集体私分给个人，数额较大的，对其直接负责的主管人员和其他直接责任人员，处三年以下有期徒刑或者拘役，并处或者单处罚金；数额巨大的，处三年以上七年以下有期徒刑，并处罚金。司法机关、行政执法机关违反国家规定，将应当上缴国家的罚没财物，以单位名义集体私分给个人的，依照前款的规定处罚。"这里1997年《刑法》规定的犯罪主体是国家机关、国有公司、企业、事业单位、人民团体，但只处罚直接负责的主管人员和其他直接责任人员，而不处罚单位。至于为何对私分国有资产罪、私分罚没财物罪施行单罚制，尤其只惩罚个人，理论上众说纷纭。笔者认为，其原因固然很多，但最重要的原因或许是，无论是国有公司、企业、事业单位、人民团体还是司法机关、行政执法机关，无论是私分国有资产还是私分罚没财物，这些单位都是由国家财政保障或国家投资设立的，资产和罚没收入都属于国家，如果处罚单位的话，等于将"左口袋里的钱挪到右口袋里"，没有什么实际意义，故处罚个人即可。

（3）单位犯罪的处罚适用。我国1997年《刑法》关于单位犯罪的规定，在多数情况下，对直接负责的主管人员和其他直接责任人员都要追究刑事责任。在少数情况下，只追究直接责任人员的刑事责任。那么，如何认定单位中的直接负责的主管人员和其他直接责任人员呢？对此，2001 年 1 月 21 日《全国法院审理金融犯罪案件工作座谈会纪要》明确规定：“直接负责的主管人员，是在单位实施的犯罪中起决定、批准、授意、纵容、指挥等作用的人员，一般是单位的主管负责人，包括法定代表人。其他直接责任人员，是在单位犯罪中具体实施犯罪并起较大作用的人员，既可以是单位的经营管理人员，也可以是单位的职工，包括聘任、雇佣的人员。应当注意的是，在单位犯罪中，对于受单位领导指派或奉命而参与实施了一定犯罪行为的人员，一般不宜作为直接责任人员追究刑事责任。”这一规定，对于司法机关在审理单位犯罪案件中正确地认定直接负责的主管人员和其他直接责任人员具有重要指导意义。《最高人民法院关于审理单位犯罪案件对其直接负责的主管人员和其他直接责任人员是否区分主犯、从犯问题的批复》规定：“在审理单位故意犯罪案件时，对其直接负责的主管人员和其他直接责任人员，可不区分主犯、从犯，按照其在单位犯罪中所起的作用判处刑罚。”

结合我国 1997 年《刑法》的规定可知，私分罚没财物罪作为一种单位犯罪，适用的是单罚制，即只处罚司法机关、行政执法机关的直接负责的主管人员和其他直接责任人员。在审理私分罚没财物罪案件时，对其直接负责的主管人员和其他直接责任人员，可不区分主犯、从犯，按照其在私分罚没财物行为中所起的作用判处刑罚。

三、私分罚没财物罪的界定：单位犯罪与共同犯罪

私分罚没财物罪是单位犯罪，前文述及，根据《最高人民法院关于审理单位犯罪案件对其直接负责的主管人员和其他直接责任人员是否区分主犯、从犯问题的批复》的规定，在审理单位故意犯罪案件时，对其直接负责的主管人员和其他直接责任人员，可不区分主犯、从犯，按照其在单位犯罪中所起的作用判处刑罚。显然，这个规定体现的规则不同于一般的共同犯罪，即不能把单位犯罪视为共同犯罪。二者的区别主要表现在以下几个方面：

（1）产生犯意的时间不同。一般认为，在单位犯罪中，犯意只能产生于犯罪行为实施以前。这是因为，单位犯罪总是在单位集体研究决定或单位负责人决定之后才去实施，因而必然是在犯意产生之后才去实施。在共同犯罪中，犯意产生的时间是较为随意的，既可以是在实施犯罪以前，也可以是在

实施犯罪过程中。

(2) 犯意的种类不同。单位犯罪中的行为人在主观上表现为直接故意，如私分罚没财物罪中的“私分”行为，只能是直接故意，不可能是间接故意或过失。共同犯罪的行为人在主观上既可以都表现为直接故意，也可以有的表现为直接故意，有的表现为间接故意，还可以都表现为间接故意。

(3) 承载犯意的最终主体不同。单位犯罪中，除了存在直接负责的主管人员和其他直接责任人员的犯意外，还存在一个“单位犯意”，并且最终是以单位整体犯意来追究的。即在单位犯罪中，犯罪活动是以单位的名义实施的，个人意志要通过单位的意志表现出来。共同犯罪中，除了各个共同犯罪人的犯意外，不存在其他犯意，犯罪活动一般就是以犯罪分子的名义实施的，不存在以另一个单位的名义实施犯罪的情况；即使是以另一个单位的名义实施的，也不能代表该单位的意志。这是区分单位犯罪和共同犯罪的一个重要标准，也是不能简单地把单位犯罪视为共同犯罪的一项重要原因。

(4) 犯罪动机不同。单位犯罪中，各犯罪人实施犯罪活动的动机是为了实现单位的整体利益。共同犯罪中，各共同犯罪人实施犯罪活动的动机主要是为了实现个人目的。这是区分单位犯罪和共同犯罪的另一个重要标准。当某些犯罪分子利用单位的名义实施犯罪时，究竟是按照单位犯罪处理，还是按照共同犯罪处理，就必须考查是为了少数个人的利益还是为了单位的整体利益。

(5) 成员构成不同。在单位犯罪情况下，单位成员并非都有犯罪意图和犯罪行为，如私分罚没财物罪中并非每个人都有私分罚没财物的意图，个别人只是被动地参与进来，或者得到了相应的财物。但共同犯罪尤其犯罪集团的参加人，一般都有犯罪意图和相应的犯罪行为。

(6) 单位组织与共同犯罪中组织不同。在单位犯罪的情况下，单位都是合法组织。[1]共同犯罪中组织即犯罪集团是为了犯罪而建立起来的非法组织。在某些情况下，建立非法组织的行为本身就构成犯罪的既遂，例如1997年《刑法》第294条规定的组织、领导、积极参加黑社会性质的组织罪。多数情况下，建立犯罪集团是犯罪的预备行为。

---

[1] 根据司法解释，为了犯罪组建法人或非法人组织，然后以单位名义进行犯罪，其犯罪行为不是单位犯罪。

（7）法律规定的模式不同。对于单位犯罪，1997 年《刑法》采取的是总则统一规定与分则具体规定相结合的模式。如果刑法分则没有对某种具体犯罪设立单位犯罪条款，即使行为符合单位犯罪的条件，也不能按单位犯罪处理。例如，某行政执法机关经集体讨论决定，挪用本单位 200 万元资金从事股票、基金投资，希望给本单位谋取一些预算外资金，但结果造成重大损失。这种行为完全符合单位犯罪的特征，但由于刑法没有对挪用公款罪规定为单位犯罪，因而对该行为不得以单位犯罪论处。对此情况，如果该行为符合挪用公款罪的构成要件，可以按挪用公款罪追究有关人员的责任。对于共同犯罪，刑法采取在总则统一规定的模式，犯罪活动只要符合刑法总则有关共同犯罪的规定，就应当按共同犯罪处理，除非法律有特殊规定。

综上，私分罚没财物罪属于刑法规定的单位犯罪而不是共同犯罪。在私分罚没财物罪中，犯意只能产生于私分罚没财物行为实施以前，犯罪活动是以单位的名义实施的，个人意志通过单位的意志表现出来，各犯罪人实施犯罪活动的动机是为了实现单位的整体利益。这和《最高人民法院关于审理单位犯罪案件对其直接负责的主管人员和其他直接责任人员是否区分主犯、从犯问题的批复》的精神是一致的。

四、私分罚没财物中的刑事责任与行政责任

根据最高人民检察院发布的《关于人民检察院直接受理立案侦查案件立案标准的规定（试行）》，涉嫌私分罚没财物，累计数额在 10 万元以上，应予立案。即累计数额在 10 万元以上的，应当追究刑事责任。这里的问题是，如果累计数额不足 10 万元的，是否就没有其他法律责任了呢？显然不是这样。

针对行政执法人员对罚没收入的处理，行政处罚法有专门规定。《行政处罚法》第 58 条第 1 款规定："行政机关将罚款、没收的违法所得或者财物截留、私分或者变相私分的，由财政部门或者有关部门予以追缴，对直接负责的主管人员和其他直接责任人员依法给予行政处分；情节严重构成犯罪的，依法追究刑事责任。"针对法官、检察官的行为，法官法、检察官法也有专门规定。《法官法》（2019 年修订）第 46 条规定："法官有下列行为之一的，应当给予处分；构成犯罪的，依法追究刑事责任：……（七）利用职权为自己或者他人谋取私利的。"《检察官法》（2019 年修订）第 47 条规定："检察官有下列行为之一的，应当给予处分；构成犯罪的，依法追究刑事责任：……

（七）利用职权为自己或者他人谋取私利的。”

无论是行政执法人员还是法官、检察官，都属于国家公务员。针对他们不构成犯罪而构成行政违法的责任，《公务员法》（2018 年修订）第 57 条规定：“机关应当对公务员的思想政治、履行职责、作风表现、遵纪守法等情况进行监督，开展勤政廉政教育，建立日常管理监督制度。对公务员监督发现问题的，应当区分不同情况，予以谈话提醒、批评教育、责令检查、诫勉、组织调整、处分。对公务员涉嫌职务违法和职务犯罪的，应当依法移送监察机关处理。”第 59 条规定：“公务员应当遵纪守法，不得有下列行为：……（八）贪污贿赂，利用职务之便为自己或者他人谋取私利。”第 61 条规定：“公务员因违纪违法应当承担纪律责任的，依照本法给予处分或者由监察机关依法给予政务处分；违纪违法行为情节轻微，经批评教育后改正的，可以免予处分。对同一违纪违法行为，监察机关已经作出政务处分决定的，公务员所在机关不再给予处分。”第 62 条规定：“处分分为：警告、记过、记大过、降级、撤职、开除。”

概言之，司法机关、行政执法机关违反国家规定，将应当上缴国家的罚没财物，以单位名义集体私分给个人，且数额累计不足 10 万元的，由该公务员所在机关、公务员主管机关或监察机关给予其谈话提醒、批评教育、责令检查、诫勉、组织调整、处分，其中处分包括警告、记过、记大过、降级、撤职、开除等。

五、私分罚没财物罪与私分国有资产罪的界限

私分罚没财物罪与私分国有资产罪的区别主要有以下几点：

（1）二者的犯罪对象不同。私分国有资产罪的对象可以是任何国有资产，范围较宽；而后者的对象仅指应上缴国家的罚没财物，外延上较前者要小。

（2）二者的犯罪主体不同。私分国有资产罪的主体是任何国家机关、国有公司、企业、事业单位、人民团体；而私分罚没财物罪的主体只能是国家机关中的司法机关和行政执法机关，前者主体较后者要宽。

（3）二者违反国家规定的内容不同。私分国有资产罪违反的国家规定可以是国有资产保护、管理、使用、处分等方面的规定，也可以是财经纪律方面的规定；而私分罚没财物罪违反的主要是国家关于罚没财物应当上缴国家的财经法律法规。两者之间虽然存在相似之处，但又有显著区别。

后　记 Postscript

广东众同信律师事务所成立于2000年仲夏，从成立之初就确立了走专业化道路、做专家型律师的发展思路，在律师事务所分别设立了刑事业务部、民事业务部、商事业务部、破产业务部、综合业务部，律师事务所的每一位律师都要对自己选定的专业不断专研深耕。经过多年的磨练，不少律师在所选的专业领域具备了一定的理论水平，也积累了丰富的实践经验。

为纪念律师所成立二十周年，律师所组织刑事业务部的资深律师，根据自己的专长和办案经验，撰写了本书，既作为律师多年来对所学、所思的一个总结，也希望能为社会主义法治建设添砖加瓦。

本书内容分别由以下律师撰写：

陈小雄：第三章、第四章、第五章；

游北灵：第二章、第十三章、第十四章；

陈晓琴：第十一章、第十二章；

黄　飙：第六章、第七章；

杨珊珊：第八章、对九章；

朱小玲：第十章；

刘志刚：第一章。